...예상문제집 민법

# 문제풀이 단과강의 3...쿠폰

## 2978E543CCE443B5

해커스 주택관리사 사이트(house.Hackers.com)에 접속 후 로그인
▶ [나의 강의실 – 결제관리 – 쿠폰 확인] ▶ 본 쿠폰에 기재된 쿠폰번호 입력

1. 본 쿠폰은 해커스 주택관리사 동영상강의 사이트 내 2024년도 문제풀이 단과강의 결제 시 사용 가능합니다.
2. 본 쿠폰은 1회에 한해 등록 가능하며, 다른 할인수단과 중복 사용 불가합니다.
3. 쿠폰사용기한 : **2024년 9월 30일** (등록 후 7일 동안 사용 가능)

## 무료 온라인 전국 실전모의고사 응시방법

해커스 주택관리사 사이트(house.Hackers.com)에 접속 후 로그인
▶ [수강신청 – 전국 실전모의고사] ▶ 무료 온라인 모의고사 신청

* 기타 쿠폰 사용과 관련된 문의는 해커스 주택관리사 동영상강의 고객센터(1588-2332)로 연락하여 주시기 바랍니다.

# 해커스 주택관리사 인터넷 강의 & 직영학원

## 인터넷 강의
### 1588-2332
house.Hackers.com

## 강남학원
### 02-597-9000
2호선 강남역 9번 출구

# 해커스 주택관리사

## 출제예상문제집

**1차** 민법

 해커스 주택관리사

## 김지원 교수

**약력**

**현** | 해커스 주택관리사학원 민법 대표강사
해커스 주택관리사 민법 동영상강의 대표강사

**전** | 노량진한국법학교육원 민법 강사 역임
강남한국법학교육원 민법 강사 역임
올에듀넷 민법 강사 역임
새롬행정고시 민법 강사 역임
박문각 에듀스파 민법 강사 역임
부평 윌비스 민법 강사 역임
랜드스터디 민법 강사 역임
박스쿨 민법 강사 역임
경기도 홈런 민법 강사 역임

**저서**

민법(기본서), 한국법학교육원, 2009~2012
민법(문제집), 한국법학교육원, 2009~2012
민법(요약집), 한국법학교육원, 2009~2012
민법(요약집), 에듀나인, 2012~2015
민법(문제집), 새롬에듀, 2012
민법(요약집), 새롬에듀, 2012
행정사 1차 민법총칙(기본서), 에듀나인, 2013~2014
행정사 1차 민법총칙(문제집), 에듀나인, 2013~2014
행정사 2차 민법계약(기본서), 에듀나인, 2013~2014
행정사 2차 민법계약(문제집), 에듀나인, 2013~2014
민법(기본서), 해커스패스, 2015~2024
민법(문제집), 해커스패스, 2015~2024
기초입문서(민법) 1차, 해커스패스, 2021~2024
핵심요약집(민법) 1차, 해커스패스, 2023~2024
기출문제집(민법) 1차, 해커스패스, 2022~2024

## 2024 해커스 주택관리사 출제예상문제집
# 1차 민법

| | |
|---|---|
| 개정8판 1쇄 발행 | 2024년 3월 25일 |

| | |
|---|---|
| 지은이 | 김지원, 해커스 주택관리사시험 연구소 |
| 펴낸곳 | 해커스패스 |
| 펴낸이 | 해커스 주택관리사 출판팀 |
| 주소 | 서울시 강남구 강남대로 428 해커스 주택관리사 |
| 고객센터 | 1588-2332 |
| 교재 관련 문의 | house@pass.com |
| | 해커스 주택관리사 사이트(house.Hackers.com) 1:1 수강생상담 |
| 학원강의 | house.Hackers.com/gangnam |
| 동영상강의 | house.Hackers.com |
| ISBN | 979-11-6999-926-7(13360) |
| Serial Number | 08-01-01 |

주택관리사 시험 전문,
해커스 주택관리사(house.Hackers.com)

**해커스 주택관리사**

- 해커스 주택관리사학원 및 인터넷강의
- 해커스 주택관리사 무료 온라인 전국 실전모의고사
- 해커스 주택관리사 무료 학습자료 및 필수 합격정보 제공
- 해커스 주택관리사 문제풀이 단과강의 30% 할인쿠폰 수록

**합격**을 좌우하는
**최종 마무리,**

핵심문제 풀이를
**한 번에!**

주택관리사(보) 민법은 매년 시험을 반복할수록 그 출제범위가 넓어지고 난도가 상승하고 있습니다. 기존에 단순 암기형과 단답형 문제가 출제되는 경향에서 기본이론의 이해를 바탕으로 한 종합형·판례형·사례형·응용형 문제가 다수 출제되는 경향으로 변화하고 있습니다.

따라서 단순암기식으로 학습하는 것이 아니라, 기본서의 이론을 정독하고 객관식 문제를 풀어보며 기본이론을 다시 확인하는 과정을 거쳐야 합니다. 객관식 문제를 반복하여 풀어보는 과정을 통하여 취약한 부분을 찾고, 그 부분을 다시 반복학습함으로써 고득점을 할 수 있습니다.

이에 본 저자는 주택관리사(보) 민법을 공부하는 수험생들에게 최적의 문제집이 될 수 있도록 출제경향을 철저하게 분석한 『2024 해커스 주택관리사 출제예상문제집 1차 민법』을 출간하게 되었습니다.

1 단원별 대표예제를 수록하여 출제유형을 파악할 수 있도록 하였습니다. 기출문제를 분석하여 도출한 출제포인트별로 문제를 구성함으로써, 출제경향을 파악함은 물론 시험에 완벽하게 대비할 수 있도록 하였습니다.

2 민법과 관련된 국가고시 기출문제를 최대한 반영하였으며, 종합형·고난도 문제를 수록하였습니다.

3 최근 시험 문제는 주로 판례형과 사례형으로 출제되고 있으므로 출제가 예상되는 중요한 판례를 예상문제로 수록하였습니다.

더불어 주택관리사(보) 시험 전문 **해커스 주택관리사**(house.Hackers.com)에서 학원강의나 인터넷 동영상강의를 함께 이용하여 꾸준히 수강한다면 학습효과를 극대화할 수 있습니다.

2024년 제27회 주택관리사(보) 시험 합격을 위해 해커스에 들어오신 모든 분을 진심으로 환영합니다.

해커스와 본 교재가 모든 분들의 합격을 위해 환한 빛이 되어드리겠습니다.

2024년 2월
김지원, 해커스 주택관리사시험 연구소

# 이 책의 차례

# 이 책의 특징

## 01 전략적인 문제풀이를 통하여 합격으로 가는 실전 문제집

2024년 주택관리사(보) 시험 합격을 위한 실전 문제집으로 꼭 필요한 문제만을 엄선하여 수록하였습니다. 매 단원마다 출제 가능성이 높은 예상문제를 풀어볼 수 있도록 구성함으로써 주요 문제를 전략적으로 학습하여 단기간에 합격에 이를 수 있도록 하였습니다.

## 02 실전 완벽 대비를 위한 다양한 문제와 상세한 해설 수록

최근 10개년 기출문제를 분석하여 출제포인트를 선정하고, 각 포인트별 자주 출제되는 핵심 유형을 대표예제로 엄선하였습니다. 그리고 출제가 예상되는 다양한 문제를 상세한 해설과 함께 수록하여 개념을 다시 한번 정리하고 실력을 향상시킬 수 있도록 하였습니다.

## 03 최신 개정법령 및 출제경향 반영

최신 개정법령 및 시험 출제경향을 철저하게 분석하여 문제에 모두 반영하였습니다. 또한 기출문제의 경향과 난이도가 충실히 반영된 고난도 · 종합 문제를 수록하여 다양한 문제 유형에 충분히 대비할 수 있도록 하였습니다. 추후 개정되는 내용들은 해커스 주택관리사(house.Hackers.com) '개정자료 게시판'에서 쉽고 빠르게 확인할 수 있습니다.

## 04 교재 강의 · 무료 학습자료 · 필수 합격정보 제공(house.Hackers.com)

해커스 주택관리사(house.Hackers.com)에서는 주택관리사 전문 교수진의 쉽고 명쾌한 온 · 오프라인 강의를 제공하고 있습니다. 또한 각종 무료 강의 및 무료 온라인 전국 실전모의고사 등 다양한 학습자료와 시험 안내자료, 합격가이드 등 필수 합격정보를 확인할 수 있도록 하였습니다.

# 이 책의 구성

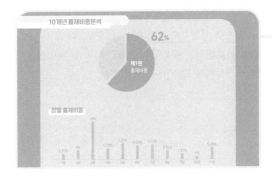

## 출제비중분석 그래프

최근 10개년 주택관리사(보) 시험을 심층적으로 분석한 편별·장별 출제비중을 각 편 시작 부분에 시각적으로 제시함으로써 단원별 출제경향을 한눈에 파악하고 학습전략을 수립할 수 있도록 하였습니다.

---

**대표예제 04**   **민법의 효력 ★**

**민법의 효력에 관한 설명으로 옳지 않은 것은?**

① 민법은 외국에 있는 대한민국 국민에게 그 효력이 미친다.
② 민법에서는 법률불소급의 원칙이 엄격하게 지켜지지 않는다.
③ 동일한 민사에 관하여 한국 민법과 외국의 법이 충돌하는 경우에 이를 규율하는 것이 섭외사법이다.
④ 우리 민법은 국내에 있는 국제법상의 치외법권자에게는 그 효력이 미치지 아니한다.
⑤ 민법은 한반도와 그 부속도서에는 예외 없이 효력이 미친다.

해설 | 속지주의의 원칙상 민법은 국내에 있는 국제법상의 치외법권자에게도 그 효력이 미친다. 속지주의란 국적에 관계없이 대한민국의 영토 내에 있는 모든 외국인에게도 적용된다는 원칙이다.

기본서 p.34~35                                                                                      정답 ④

## 대표예제

주요 출제포인트에 해당하는 대표예제를 수록하여 출제유형을 파악할 수 있도록 하였습니다. 또한 정확하고 꼼꼼한 해설 및 기본서 페이지를 수록하여 부족한 부분에 대하여 충분한 이론 학습을 할 수 있도록 하였습니다.

---

**03 민법상 무과실책임을 인정한 규정이 아닌 것을 모두 고른 것은?**

㉠ 법인 이사의 불법행위에 대한 법인의 책임
㉡ 상대방에 대한 무권대리인의 책임
㉢ 법인의 불법행위에 대한 대표기관 개인의 책임
㉣ 공사수급인의 하자담보책임
㉤ 채무불이행에 의한 손해배상책임
㉥ 금전채무의 불이행에 대한 특칙
㉦ 민법 제750조 불법행위에 대한 손해배상책임
㉧ 선의·무과실의 매수인에 대한 매도인의 하자담보책임

① ㉠, ㉡, ㉢
② ㉢, ㉣, ㉥
③ ㉠, ㉡, ㉥, ㉦, ㉧
④ ㉢, ㉣, ㉤, ㉥, ㉧

## 다양한 유형의 문제

최신 출제경향을 반영하여 다양한 유형의 문제를 단원별로 수록하였습니다. 또한 고난도·종합 문제를 수록하여 더욱 깊이 있는 학습을 할 수 있도록 하였습니다.

# 주택관리사(보) 안내

## 주택관리사(보)의 정의

주택관리사(보)는 공동주택을 안전하고 효율적으로 관리하고 공동주택 입주자의 권익을 보호하기 위하여 운영·관리·유지·보수 등을 실시하고 이에 필요한 경비를 관리하며, 공동주택의 공용부분과 공동소유인 부대시설 및 복리시설의 유지·관리 및 안전관리 업무를 수행하기 위하여 주택관리사(보) 자격시험에 합격한 자를 말합니다.

## 주택관리사의 정의

주택관리사는 주택관리사(보) 자격시험에 합격한 자로서 다음의 어느 하나에 해당하는 경력을 갖춘 자로 합니다.

① 사업계획승인을 받아 건설한 50세대 이상 500세대 미만의 공동주택(「건축법」 제11조에 따른 건축허가를 받아 주택과 주택 외의 시설을 동일 건축물로 건축한 건축물 중 주택이 50세대 이상 300세대 미만인 건축물을 포함)의 관리사무소장으로 근무한 경력이 3년 이상인 자
② 사업계획승인을 받아 건설한 50세대 이상의 공동주택(「건축법」 제11조에 따른 건축허가를 받아 주택과 주택 외의 시설을 동일 건축물로 건축한 건축물 중 주택이 50세대 이상 300세대 미만인 건축물을 포함)의 관리사무소 직원(경비원, 청소원, 소독원은 제외) 또는 주택관리업자의 직원으로 주택관리 업무에 종사한 경력이 5년 이상인 자
③ 한국토지주택공사 또는 지방공사의 직원으로 주택관리 업무에 종사한 경력이 5년 이상인 자
④ 공무원으로 주택 관련 지도·감독 및 인·허가 업무 등에 종사한 경력이 5년 이상인 자
⑤ 공동주택관리와 관련된 단체의 임직원으로 주택 관련 업무에 종사한 경력이 5년 이상인 자
⑥ ①~⑤의 경력을 합산한 기간이 5년 이상인 자

## 주택관리사 전망과 진로

주택관리사는 공동주택의 관리·운영·행정을 담당하는 부동산 경영관리분야의 최고 책임자로서 계획적인 주택관리의 필요성이 높아지고, 주택의 형태 또한 공동주택이 증가하고 있는 추세로 볼 때 업무의 전문성이 높은 주택관리사 자격의 중요성이 높아지고 있습니다.

300세대 이상이거나 승강기 설치 또는 중앙난방방식의 150세대 이상 공동주택은 반드시 주택관리사 또는 주택관리사(보)를 채용하도록 의무화하는 제도가 생기면서 주택관리사(보)의 자격을 획득 시 안정적으로 취업이 가능하며, 주택관리시장이 확대됨에 따라 공동주택관리업체 등을 설립·운영할 수도 있고, 주택관리법인에 참여하는 등 다양한 분야로의 진출이 가능합니다.

공무원이나 한국토지주택공사, SH공사 등에 근무하는 직원 및 각 주택건설업체에서 근무하는 직원의 경우 주택관리사(보) 자격증을 획득하게 되면 이에 상응하는 자격수당을 지급받게 되며, 승진에 있어서도 높은 고과점수를 받을 수 있습니다.

정부의 신주택정책으로 주택의 관리측면이 중요한 부분으로 부각되고 있는 실정이므로, 앞으로 주택관리사의 역할은 더욱 중요해질 것입니다.

① 공동주택, 아파트 관리소장으로 진출
② 아파트 단지 관리사무소의 행정관리자로 취업
③ 주택관리업 등록업체에 진출
④ 주택관리법인 참여
⑤ 주택건설업체의 관리부 또는 행정관리자로 참여
⑥ 한국토지주택공사, 지방공사의 중견 간부사원으로 취업
⑦ 주택관리 전문 공무원으로 진출

## 주택관리사의 업무

| 구분 | 분야 | 주요업무 |
|---|---|---|
| 행정관리업무 | 회계관리 | 예산편성 및 집행결산, 금전출납, 관리비 산정 및 징수, 공과금 납부, 회계상의 기록유지, 물품 구입, 세무에 관한 업무 |
| | 사무관리 | 문서의 작성과 보관에 관한 업무 |
| | 인사관리 | 행정인력 및 기술인력의 채용 · 훈련 · 보상 · 통솔 · 감독에 관한 업무 |
| | 입주자관리 | 입주자들의 요구 · 희망사항의 파악 및 해결, 입주자의 실태파악, 입주자 간의 친목 및 유대 강화에 관한 업무 |
| | 홍보관리 | 회보발간 등에 관한 업무 |
| | 복지시설관리 | 노인정 · 놀이터 관리 및 청소 · 경비 등에 관한 업무 |
| | 대외업무 | 관리 · 감독관청 및 관련 기관과의 업무협조 관련 업무 |
| 기술관리업무 | 환경관리 | 조경사업, 청소관리, 위생관리, 방역사업, 수질관리에 관한 업무 |
| | 건물관리 | 건물의 유지 · 보수 · 개선관리로 주택의 가치를 유지하여 입주자의 재산을 보호하는 업무 |
| | 안전관리 | 건축물설비 또는 작업에서의 재해방지조치 및 응급조치, 안전장치 및 보호구설비, 소화설비, 유해방지시설의 정기점검, 안전교육, 피난훈련, 소방 · 보안경비 등에 관한 업무 |
| | 설비관리 | 전기설비, 난방설비, 급 · 배수설비, 위생설비, 가스설비, 승강기설비 등의 관리에 관한 업무 |

# 주택관리사(보) 시험안내

## 응시자격

1. **응시자격**: 연령, 학력, 경력, 성별, 지역 등에 제한이 없습니다.
2. **결격사유**: 시험시행일 현재 다음 중 어느 하나에 해당하는 사람과 부정행위를 한 사람으로서 당해 시험시행으로부터 5년이 경과되지 아니한 사람은 응시 불가합니다.
   - 피성년후견인 또는 피한정후견인
   - 파산선고를 받은 사람으로서 복권되지 아니한 사람
   - 금고 이상의 실형을 선고받고 그 집행이 종료되거나(집행이 끝난 것으로 보는 경우 포함) 집행을 받지 아니하기로 확정된 후 2년이 지나지 아니한 사람
   - 금고 이상의 형의 집행유예를 선고받고 그 집행유예기간 중에 있는 사람
   - 주택관리사 등의 자격이 취소된 후 3년이 지나지 아니한 사람
3. 주택관리사(보) 자격시험에 있어서 부정한 행위를 한 응시자는 그 시험을 무효로 하고, 당해 시험시행일로부터 5년간 시험 응시자격을 정지합니다.

## 시험과목

| 구분 | 시험과목 | 시험범위 |
|------|----------|----------|
| 1차<br>(3과목) | 회계원리 | 세부과목 구분 없이 출제 |
| | 공동주택시설개론 | • 목구조 · 특수구조를 제외한 일반 건축구조와 철골구조, 장기수선계획 수립 등을 위한 건축적산<br>• 홈네트워크를 포함한 건축설비개론 |
| | 민법 | • 총칙<br>• 물권, 채권 중 총칙 · 계약총칙 · 매매 · 임대차 · 도급 · 위임 · 부당이득 · 불법행위 |
| 2차<br>(2과목) | 주택관리관계법규 | 다음의 법률 중 주택관리에 관련되는 규정<br>「주택법」, 「공동주택관리법」, 「민간임대주택에 관한 특별법」, 「공공주택 특별법」, 「건축법」, 「소방기본법」, 「소방시설 설치 및 관리에 관한 법률」, 「화재의 예방 및 안전관리에 관한 법률」, 「전기사업법」, 「시설물의 안전 및 유지관리에 관한 특별법」, 「도시 및 주거환경정비법」, 「도시재정비 촉진을 위한 특별법」, 「집합건물의 소유 및 관리에 관한 법률」 |
| | 공동주택관리실무 | 시설관리, 환경관리, 공동주택 회계관리, 입주자관리, 공동주거관리이론, 대외업무, 사무 · 인사관리, 안전 · 방재관리 및 리모델링, 공동주택 하자관리(보수공사 포함) 등 |

* 시험과 관련하여 법률 · 회계처리기준 등을 적용하여 정답을 구하여야 하는 문제는 시험시행일 현재 시행 중인 법령 등을 적용하여 그 정답을 구하여야 함
* 회계처리 등과 관련된 시험문제는 한국채택국제회계기준(K-IFRS)을 적용하여 출제됨

## 시험시간 및 시험방법

| 구분 | | 시험과목 수 | 입실시간 | 시험시간 | 문제형식 |
|---|---|---|---|---|---|
| 1차 시험 | 1교시 | 2과목(과목당 40문제) | 09:00까지 | 09:30~11:10(100분) | 객관식<br>5지 택일형 |
| | 2교시 | 1과목(과목당 40문제) | | 11:40~12:30(50분) | |
| 2차 시험 | | 2과목(과목당 40문제) | 09:00까지 | 09:30~11:10(100분) | 객관식 5지 택일형<br>(과목당 24문제)<br>및 주관식 단답형<br>(과목당 16문제) |

\* 주관식 문제 괄호당 부분점수제 도입
  1문제당 2.5점 배점으로 괄호당 아래와 같이 부분점수로 산정함
  • 3괄호: 3개 정답(2.5점), 2개 정답(1.5점), 1개 정답(0.5점)
  • 2괄호: 2개 정답(2.5점), 1개 정답(1점)
  • 1괄호: 1개 정답(2.5점)

## 원서접수방법

1. 한국산업인력공단 큐넷 주택관리사(보) 홈페이지(www.Q-Net.or.kr/site/housing)에 접속하여 소정의 절차를 거쳐 원서를 접수합니다.
2. 원서접수시 최근 6개월 이내에 촬영한 탈모 상반신 사진을 파일(JPG 파일, 150픽셀 × 200픽셀)로 첨부합니다.
3. 응시수수료는 1차 21,000원, 2차 14,000원(제26회 시험 기준)이며, 전자결제(신용카드, 계좌이체, 가상계좌) 방법을 이용하여 납부합니다.

## 합격자 결정방법

1. **제1차 시험**: 과목당 100점을 만점으로 하여 모든 과목 40점 이상이고, 전 과목 평균 60점 이상의 득점을 한 사람을 합격자로 합니다.
2. **제2차 시험**
   • 1차 시험과 동일하나, 모든 과목 40점 이상이고 전 과목 평균 60점 이상의 득점을 한 사람의 수가 선발예정인 원에 미달하는 경우 모든 과목 40점 이상을 득점한 사람을 합격자로 합니다.
   • 2차 시험 합격자 결정시 동점자로 인하여 선발예정인원을 초과하는 경우 그 동점자 모두를 합격자로 결정하고, 동점자의 점수는 소수점 둘째 자리까지만 계산하며 반올림은 하지 않습니다.

## 최종 정답 및 합격자 발표

시험시행일로부터 1차 약 1달 후, 2차 약 2달 후 한국산업인력공단 큐넷 주택관리사(보) 홈페이지(www.Q-Net. or.kr/site/housing)에서 확인 가능합니다.

## 전 과목 8주 완성 학습플랜

일주일 동안 3과목을 번갈아 학습하여, 8주에 걸쳐 1차 전 과목을 1회독할 수 있는 학습플랜입니다.

| 구분 | 월<br>회계원리 | 화<br>공동주택<br>시설개론 | 수<br>민법 | 목<br>회계원리 | 금<br>공동주택<br>시설개론 | 토<br>민법 | 일<br>복습 |
|---|---|---|---|---|---|---|---|
| 1주차 | 1편 1장~<br>2장 문제 04 | 1편 1장 | 1편 1장~<br>2장 문제 10 | 1편 2장<br>대표예제 08~<br>3장 문제 07 | 1편 2장 | 1편 2장<br>대표예제 08~<br>3장 문제 13 | |
| 2주차 | 1편 3장<br>대표예제 15~<br>3장 문제 56 | 1편 3장 | 1편 3장<br>대표예제 15~<br>3장 문제 38 | 1편 4장 | 1편<br>4장~5장 | 1편 3장<br>대표예제 20~<br>3장 문제 63 | |
| 3주차 | 1편 5장~<br>6장 문제 04 | 1편<br>6장~7장 | 1편 3장<br>대표예제 28~<br>4장 | 1편 6장<br>대표예제 34~<br>6장 문제 33 | 1편<br>8장~9장 | 1편 5장~<br>5장 문제 28 | |
| 4주차 | 1편 7장~<br>8장 문제 04 | 1편<br>10장~11장 | 1편 5장<br>문제 29~<br>6장 문제 10 | 1편 8장<br>대표예제 46~<br>9장 문제 14 | 1편 12장~<br>2편 1장 | 1편 6장<br>대표예제 49~<br>6장 문제 36 | |
| 5주차 | 1편 9장<br>대표예제 51~<br>10장 | 2편<br>2장~3장 | 1편 7장 | 1편 11장~<br>12장 문제 29 | 2편<br>4장~5장 | 1편<br>8장~9장 | |
| 6주차 | 1편 12장<br>문제 30~13장 | 2편<br>6장~7장 | 1편<br>10장~11장 | 1편 14장~<br>15장 문제 18 | 2편 8장 | 2편 1장~<br>2장 문제14 | |
| 7주차 | 1편 15장<br>대표예제 78~<br>2편 3장<br>문제 11 | 2편 9장 | 2편 2장<br>대표예제 88~<br>2장 문제 55 | 2편 3장<br>대표예제 81~<br>5장 | 2편 10장 | 3편<br>1장~3장 | |
| 8주차 | 2편<br>6장~7장 | 2편 11장 | 3편<br>4장~6장 | 2편<br>8장~9장 | 2편<br>12장~13장 | 3편 7장 | |

\* 이하 편/장 이외의 숫자는 본문 내의 문제번호입니다.

## 민법 3주 완성 학습플랜

한 과목씩 집중적으로 공부하고 싶은 수험생을 위한 학습플랜입니다.

| 구분 | 월 | 화 | 수 | 목 | 금 | 토 | 일 |
|---|---|---|---|---|---|---|---|
| 1주차 | 1편 1장~<br>2장 문제 10 | 1편 2장<br>대표예제 08~<br>3장 문제12 | 1편 3장<br>대표예제 14~<br>3장 문제 38 | 1편 3장<br>대표예제 20~<br>3장 문제 63 | 1편 3장<br>대표예제 28~<br>4장 문제 11 | 1편 4장<br>대표예제 35~<br>5장 문제 24 | 1주차 복습 |
| 2주차 | 1편 5장<br>대표예제 43~<br>5장 문제 42 | 1편 6장 | 1편 7장~<br>7장 문제 26 | 1편 7장<br>대표예제 60~<br>8장 문제 6 | 1편 8장<br>대표예제 63~<br>9장 | 1편<br>10장~11장 | 2주차 복습 |
| 3주차 | 2편 1장 | 2편 2장~<br>2장 문제 26 | 2편 2장<br>대표예제 90~<br>2장 문제 55 | 3편<br>1장~4장 | 3편<br>5장~6장 | 3편 7장 | 3주차 복습 |

## 학습플랜 이용 Tip

- 본인의 학습 진도와 상황에 적합한 학습플랜을 선택한 후, 매일·매주 단위의 학습량을 확인합니다.
- 목표한 분량을 완료한 후에는 ☑과 같이 체크하며 학습 진도를 스스로 점검합니다.

[문제집 학습방법]

- '출제비중분석'을 통해 단원별 출제비중과 해당 단원의 출제경향을 파악하고, 포인트별로 문제를 풀어나가며 다양한 출제 유형을 익힙니다.
- 틀린 문제는 해설을 꼼꼼히 읽어보고 해당 포인트의 이론을 확인하여 확실히 이해하고 넘어가도록 합니다.
- 복습일에 문제집을 다시 풀어볼 때에는 전체 내용을 정리하고, 틀린 문제는 다시 한번 확인하여 완벽히 익히도록 합니다.

[기본서 연계형 학습방법]

- 하루 동안 학습한 내용 중 어려움을 느낀 부분은 기본서에서 관련 이론을 찾아서 확인하고, '핵심 콕! 콕!' 위주로 중요 내용을 확실히 정리하도록 합니다. 기본서 복습을 완료한 후에는 학습플랜에 학습 완료 여부를 체크합니다.
- 복습일에는 한 주 동안 학습한 기본서 이론 중 추가적으로 학습이 필요한 사항을 문제집에 정리하고, 틀린 문제와 관련된 이론을 위주로 학습합니다.

## 제26회(2023년) 시험 총평

2023년 제26회 주택관리사(보) 시험의 전체적인 난이도는 민법총칙 중(中), 물권법 상(上), 채권법 상(上)의 수준으로 출제되었습니다.

이론과 판례 및 조문의 결합을 통한 종합형의 문제가 상당수 출제되어, 2022년 제25회 민법 시험보다 어렵게 출제되었으며, 판례의 출제비중이 압도적으로 높아서 40문제 중 36문항을 차지하였습니다.

각 파트별로는 민법총칙은 26문항이 출제되었고, 물권법이 13문항, 채권법이 11문항 출제되어 기존에 각각 12문항씩 출제되었던 형식의 틀이 깨졌습니다.

전반적으로는 강의를 꾸준히 수강하고 학습하신 분들이라면 기본적으로 70점 정도는 받았을 것으로 보입니다.

## 제26회(2023년) 출제경향분석

| 구분 | | | 제17회 | 제18회 | 제19회 | 제20회 | 제21회 | 제22회 | 제23회 | 제24회 | 제25회 | 제26회 | 계 | 비율(%) |
|---|---|---|---|---|---|---|---|---|---|---|---|---|---|---|
| 민법총칙 | 통칙 | 민법의 법원 | 1 | | 1 | 1 | 1 | 1 | 1 | 1 | 1 | 1 | 9 | 2.25 |
| | 권리 | 권리의 종류 | 1 | | 1 | 1 | 1 | | 1 | 1 | 1 | 1 | 8 | 2 |
| | | 권리의 경합과 충돌 | | | | | | | | 1 | | | 1 | 0.25 |
| | | 권리의 행사와 제한 | 1 | 1 | 1 | 1 | 1 | | 1 | 1 | | | 7 | 1.75 |
| | 권리의 주체 | 자연인 | 3 | 4 | 3 | 4 | 3 | 4 | 3 | 3 | 3 | 4 | 34 | 8.5 |
| | | 법인 | 4 | 4 | 4 | 3 | 4 | 4 | 4 | 4 | 4 | 3 | 38 | 9.5 |
| | 권리의 객체 | 물건 | 1 | | | 1 | 1 | 1 | 1 | 1 | 1 | 2 | 9 | 2.25 |
| | | 동산과 부동산 | | | | 1 | | | | 1 | | | 2 | 0.5 |
| | | 주물과 종물 | 1 | 1 | 1 | 1 | 1 | 1 | | 1 | | | 8 | 2 |
| | | 원물과 과실 | | 1 | 1 | | | | | | | | 2 | 0.5 |
| | 권리의 변동 | 법률행위 | 4 | 2 | 3 | 3 | 4 | 2 | 2 | 4 | 3 | 3 | 30 | 7.5 |
| | | 의사표시 | 2 | 3 | 3 | 1 | 2 | 3 | 2 | 2 | 3 | 4 | 25 | 6.25 |
| | | 법률행위의 대리 | 2 | 2 | 2 | 3 | 2 | 3 | 4 | 2 | 2 | 3 | 25 | 6.25 |
| | | 무효와 취소 | 1 | 2 | 1 | 1 | 1 | 1 | 1 | 1 | 1 | 1 | 11 | 2.75 |
| | | 조건과 기한 | 1 | 1 | 1 | | 1 | 1 | 1 | | 1 | 1 | 9 | 2.25 |
| | 기간 및 소멸시효 | 기간 | | 1 | | | | | 1 | 1 | | | 3 | 0.75 |
| | | 소멸시효 | 2 | 2 | 2 | 2 | 2 | 2 | 2 | 2 | 2 | 1 | 19 | 4.75 |
| 물권법 | 총론 | 물권법 서론 | | 1 | 1 | | | | | 1 | | | 3 | 0.75 |
| | | 물권의 본질 | 1 | 1 | | 1 | | | | | 2 | | 5 | 1.25 |
| | | 물권변동 | 1 | 1 | 1 | 1 | 2 | 2 | 2 | 1 | | 2 | 13 | 3.25 |
| | 각론 | 점유권 | 1 | | 1 | 1 | 1 | 1 | | | | 1 | 6 | 1.5 |
| | | 소유권 | 1 | 2 | 1 | 1 | 1 | 1 | 1 | 1 | 2 | 2 | 13 | 3.25 |
| | | 지상권 | 1 | | 1 | 1 | 1 | 1 | 1 | | 1 | 1 | 9 | 2.25 |
| | | 지역권 | | 1 | | | | | | | 2 | | 3 | 0.75 |
| | | 전세권 | | | | | | | | | | | 7 | 1.75 |
| | | 유치권 | 1 | 1 | 1 | 1 | 1 | 1 | 1 | | | 1 | 9 | 2.25 |
| | | 질권 | | | | | | | | 1 | | 1 | 2 | 0.5 |
| | | 저당권 | | 1 | 1 | 1 | 1 | 1 | 2 | 1 | 1 | 2 | 11 | 2.75 |

| | | | | | | | | | | | | | | |
|---|---|---|---|---|---|---|---|---|---|---|---|---|---|---|
| 채권법 | 총론 | 채권의 효력 | 1 | 2 | | 1 | 1 | 1 | 2 | 1 | 1 | | 10 | 2.5 |
| | | 다수당사자의 채권관계 | | | 1 | | | | | | | 1 | 2 | 0.5 |
| | | 채권양도와 채무인수 | | | | 1 | 1 | 1 | | | 1 | 1 | 5 | 1.25 |
| | | 채권의 소멸 | 1 | | | | | | 1 | | 1 | | 3 | 0.75 |
| | 각론 | 계약법 총론 | | | 1 | | 1 | | | | 1 | | 3 | 0.75 |
| | | 계약의 성립 | | | | | | 1 | 1 | 1 | | | 3 | 0.75 |
| | | 계약의 효력 | | | | | | | | 1 | 1 | | 2 | 0.5 |
| | | 계약의 해제ㆍ해지 | 1 | 1 | | 1 | 1 | 1 | 1 | | 1 | 1 | 8 | 2 |
| | | 계약법 각론 | 4 | 4 | 4 | 4 | 3 | 3 | 1 | 2 | 3 | 2 | 30 | 7.5 |
| | | 부당이득 | 1 | | | | | | | 1 | 1 | 1 | 4 | 1 |
| | | 불법행위 | | 1 | 1 | 1 | 1 | 1 | 1 | 1 | 1 | 1 | 9 | 2.25 |
| 총계 | | | 40 | 40 | 40 | 40 | 40 | 40 | 40 | 40 | 40 | 40 | 400 | 100 |

## 제27회(2024년) 수험대책

2024년 제27회 주택관리사(보) 민법의 출제방향은 중요개념과 이론정리, 조문과의 사례 연계 및 판례 문제, BOX를 통한 선택형 문제, 종합형 문제 등이 출제될 것으로 예상됩니다. 특히 조문과 판례의 중요성은 아무리 강조해도 부족함이 없습니다.

❶ 민법은 용어의 개념정리를 철저히 해야 합니다. 일반 용어와 다른 것이 법률용어이므로 개념정립이 되지 않으면 민법 전체 내용의 이해가 어려워 원하는 합격점수를 얻을 수 없게 되므로 용어 학습을 꾸준히 해야 합니다.

❷ 입문과정을 통해서 개념정리를 하고, 기본서 정독을 통해서 기본이론을 체계적으로 학습해야 충분한 기본점수를 확보할 수 있습니다.

❸ 기본서의 내용은 중요 조문과 판례로 구성되어 있습니다. 따라서 기본서를 반복학습하면서 중요판례를 반드시 숙지해야 합니다.

❹ 단순 암기형태의 공부로는 절대 합격할 수 없으므로, 기본개념의 이해와 정리를 철저하게 해야 합니다.

❺ 강의 과정을 통한 문제풀이와 동형모의고사를 통해서 출제경향에 대비하고, 기본강의를 위주로 철저한 반복학습이 필요합니다.

# 10개년 출제비중분석

60%

**제1편**
출제비중

## 장별 출제비중

| | | 18% | | 7.5% | 6.25% | 6.25% | | | | 4.75% |
|---|---|---|---|---|---|---|---|---|---|---|
| 2.25% | 4% | | 5.25% | | | | 2.75% | 2.25% | 0.75% | |
| 1장 | 2장 | 3장 | 4장 | 5장 | 6장 | 7장 | 8장 | 9장 | 10장 | 11장 |

# 제1편

# 민법총칙

# 제1장 민법 서론

대표예제 01 **민법의 성격 ★**

**민법의 의의와 법적 성격에 관한 설명으로 옳지 않은 것은?**

① 민법총칙은 민법의 통칙(通則)으로의 성질을 가지고 있으므로 재산법과 가족법 모두 공통으로 적용된다.

② 민법은 사법 중에서도 재산관계와 가족관계를 규율하는 일반사법이며, 상법은 영리를 목적으로 활동하는 상인만을 적용대상으로 하는 특별사법이다.

③ 재산법은 합리성과 계수성이 강하지만, 가족법에 비해서 습속성(習俗性)은 상대적으로 약하다.

④ 상법은 실질적 의미의 민법에 포함되지 않는다.

⑤ 국가 또는 지방자치단체라 할지라도 공권력의 행사가 아니고 단순한 사경제의 주체로 활동하였을 경우에는 그 손해배상책임에 국가배상법이 적용될 수 없으므로, 민법상의 사용자책임이 적용된다.

해설 | 민법총칙은 민법의 통칙으로서의 성질을 갖는다. 그러나 재산법과 가족법은 그 지배이념이 다르므로, 민법총칙은 재산법에 대하여는 모두 적용되지만, 가족법에는 일부만 적용된다.

기본서 p.21~23　　　　　　　　　　　　　　　　　　　　　　　　　　　정답 ①

---

종합

**01　민법총칙의 규정 가운데 민법의 통칙규정이 아닌 것은?**

　① 제108조 통정허위표시에 관한 규정
　② 실종선고에 관한 규정
　③ 무효행위의 전환에 관한 규정
　④ 물건에 관한 규정
　⑤ 제2조 신의성실의 원칙에 관한 규정

**02** 민법의 구성부분 중 재산법과 가족법의 특징에 관한 설명으로 옳지 않은 것은?

① 재산법 분야는 사람의 경제적 행위에 대한 거래규범으로서 합리성이 지배하고, 특히 거래의 안전보호 및 동적 안전보호가 요구된다.

② 가족법 분야는 재산법과 달리 권리자의 정적 안전보호에 치중한다.

③ 민법총칙의 비진의표시, 통정허위표시, 착오에 의한 의사표시, 사기 또는 강박에 의한 의사표시 규정은 재산법에만 적용되고 가족법에는 적용되지 않는다.

④ 가족법 분야는 사람의 혈연적 관계를 규율대상으로 하기 때문에 당사자의 의사를 존중하여 의사주의가 적용되지만, 재산법 분야는 표시주의에 치우친 절충주의가 적용된다.

⑤ 가족법상의 법률행위도 원칙적으로 대리가 허용된다.

---

**정답 및 해설**

**01** ① 제한능력자 보호규정, 비정상적인 의사표시에 관한 규정, 소멸시효 규정은 재산법에는 적용되지만 가족법상의 법률행위에는 적용되지 않으므로 통칙규정이 아니다.

**02** ⑤ 민법상 대리는 특별한 사정이 없으면 재산행위에 대하여는 원칙적으로 허용되지만, 가족법상의 법률행위에 대해서는 원칙적으로 대리가 허용되지 않는다.

## 03 민법상 무과실책임을 인정한 규정이 아닌 것을 모두 고른 것은?

㉠ 법인 이사의 불법행위에 대한 법인의 책임
㉡ 상대방에 대한 무권대리인의 책임
㉢ 법인의 불법행위에 대한 대표기관 개인의 책임
㉣ 공사수급인의 하자담보책임
㉤ 채무불이행에 의한 손해배상책임
㉥ 금전채무의 불이행에 대한 특칙
㉦ 민법 제750조 불법행위에 대한 손해배상책임
㉧ 선의·무과실의 매수인에 대한 매도인의 하자담보책임

① ㉠, ㉡, ㉢
② ㉢, ㉤, ㉦
③ ㉠, ㉡, ㉥, ㉦, ㉧
④ ㉢, ㉣, ㉤, ㉥, ㉧
⑤ ㉡, ㉢, ㉤, ㉥, ㉦, ㉧

---

**대표예제 02**    **민법의 법원 ★★★**

**민법 제1조 법원(法源)에 관한 설명으로 옳은 것은? (다툼이 있으면 판례에 따름)**

① 민사에 관하여 법률에 규정이 없으면 관습법에 의하고 관습법이 없으면 판례에 의한다.
② 민법 제1조상의 법률이란 국회가 제정한 법률을 의미하므로 대통령이 발한 긴급재정·경제명령은 이에 해당되지 않는다.
③ 법원의 내부규율과 사무처리에 관하여 정한 대법원규칙도 민사에 관한 것인 때에는 민법의 법원이 될 수 있다.
④ 대법원은 관습법과 사실인 관습을 구별하지 않는다.
⑤ 관습법의 존재 여부는 원칙적으로 그 존재를 주장하는 당사자가 증명하여야 한다.

오답
체크   ① 민사에 관하여 법률에 규정이 없으면 관습법에 의하고 <u>관습법이 없으면 조리에 의한다</u>.
     ② 민법 제1조상의 법률이란 국회가 제정한 법률만을 <u>의미하는 것이 아니므로</u> 대통령이 발한 <u>긴급재정·경제명령도 민법의 법원에 해당된다</u>.
     ④ 대법원은 관습법과 <u>사실인 관습을 구별한다</u>.
     ⑤ 관습법의 존재 여부는 원칙적으로 <u>법원이 직권으로 증명한다</u>.

기본서 p.24~29                                                     정답 ③

## 04 관습법에 관한 설명으로 옳은 것은? (다툼이 있으면 판례에 따름)

> ㉠ 甲이 미등기건물을 대지와 함께 乙에게 매도하였으나 대지에 관해서만 乙 앞으로 소유권
> 이전등기가 경료된 경우, 甲에게는 관습상 법정지상권이 인정된다.
> ㉡ 관습법은 법원(法源)으로서 법령에 저촉되지 않는 한 법칙으로서의 효력이 있다.
> ㉢ 제정법규와 배치되는 사실인 관습의 효력을 인정하려면, 그러한 관습을 인정할 수 있는
> 당사자의 주장과 입증이 있어야 할 뿐만 아니라 그 관습이 임의규정에 관한 것인지 여부를
> 심리·판단해야 한다.
> ㉣ 명인방법, 동산의 양도담보 등은 사실인 관습에 해당되므로 그 존재는 당사자가 주장·
> 입증하여야 한다.

① ㉡
② ㉡, ㉢
③ ㉠, ㉡, ㉣
④ ㉠, ㉡, ㉢, ㉣
⑤ 없음

---

**정답 및 해설**

**03** ② 민법상 무과실책임을 인정한 규정이 아닌 것은 ㉢㉣㉥이다.
  ▶ 민법상 무과실책임을 규정한 경우
  • 법인 이사의 불법행위에 대한 법인의 책임(제35조)
  • 상대방에 대한 무권대리인의 책임(제135조 제1항)
  • 인지(隣地) 사용에 의한 손해배상책임(제216조)
  • 금전채무불이행에 대한 특칙(제397조)
  • 매도인의 담보책임(제570조 이하)
  • 공사수급인의 하자담보책임(제667조)
  • 공작물소유자의 책임(제758조)

**04** ② ㉠ 매수인이 대지에 대하여 등기를 하였고 건물에 대하여 등기를 하지 못하였으므로 대지의 소유권은 취득할 수 있으나, 건물의 소유권은 취득하지 못한다. 또한 매도인은 건물의 소유권을 이전해 줄 의무가 있으므로 매도인에게는 관습법상 법정지상권이 인정될 여지가 없다.
  ㉣ 명인방법, 동산의 양도담보 등은 사실인 관습이 아니라 관습법에 해당되므로 그 존재는 당사자가 아니라 법원이 직권으로 고려하여 재판의 준칙으로 삼을 수 있다.

**05** 민법의 법원에 관한 설명으로 옳지 않은 것은? (다툼이 있으면 판례에 따름)

① 관습법의 헌법 위반 여부는 대법원뿐만 아니라 헌법재판소에서도 판단할 수 있다.

② 관습법은 당사자의 주장·입증을 기다릴 필요가 없이 법원(法院)이 직권으로 확정하는 것이 원칙이지만, 사실인 관습은 그 존재를 당사자가 주장·증명하는 것을 원칙으로 한다.

③ 상행위와 관련된 법률관계에서는 민법이 상관습법에 우선한다.

④ 사실인 관습이 강행규정에 관한 것이더라도, 강행규정에서 관습에 따르도록 위임한 경우라면 그 관습에 대하여 법적 효력을 부여할 수 있다.

⑤ 판례가 인정한 민법상 관습법으로는 동산양도담보, 관습법상의 법정지상권, 사실혼제도, 명인방법, 분묘기지권 등이 있으며, 온천권, 관습법상의 소유권, 근린공원이용권, 사도통행권 등은 관습법이 아니다.

**06** 관습법과 사실인 관습에 관한 설명으로 옳지 않은 것은? (다툼이 있으면 판례에 따름)

① 사실인 관습이 강행규정에 관한 것이더라도, 강행규정에서 관습에 따르도록 위임한 경우라면 그 관습에 대하여 법적 효력을 부여할 수 있다.

② 민법에 규정된 내용과 다른 관습이 있는 경우 그 관습이 법률에 우선적으로 적용되는 경우는 없다.

③ 사실인 관습은 당사자의 목적, 임의규정, 신의성실원칙 등과 아울러 법률행위 해석의 기준이 된다.

④ 관습법이란 사회의 거듭된 관행으로 생성된 사회생활규범이 사회구성원들의 법적 확신을 얻어 법적 규범으로 승인된 것이다.

⑤ 종중구성원의 자격은 성년 남자로 한정된다는 종래의 관습법은 부정되었으므로 성년이기만 하면 성별의 구별이 없이 모두 종중구성원이 되는 것이 원칙이다.

**07** 민법의 법원(法源)에 관한 설명으로 옳은 것은? (다툼이 있으면 판례에 따름)

① 법률행위 해석의 표준인 사실인 관습은 민법의 법원이 될 수 없다.

② 적법하게 체결·공포된 국제조약이 민사에 관한 것이라 하더라도 민법의 법원이 될 수는 없다.

③ 관습법이 그 적용시점에서 전체 법질서에 부합하지 않는다 하더라도 그 법적 규범으로서의 효력이 부정되지는 않는다.

④ 당사자의 주장이 없음에도 불구하고 법원이 직권으로 관습법의 존재를 확정할 수는 없다.

⑤ 민사에 관한 대통령의 헌법상 긴급명령은 민법의 법원이 될 수 없다.

**08** 민법의 법원(法源) 등에 관한 설명으로 옳지 않은 것은? (다툼이 있으면 판례에 따름)

① 대법원판결은 민법의 법원(法源)이 될 수 없으나, 헌법재판소의 결정이 민사에 관한 것이면 민법의 법원이 된다.

② 승낙형 분묘기지권의 경우 분묘기지권이 성립한 때로부터 지료를 지급할 의무가 있다.

③ 법원(法院)의 재판에 의하여 관습법의 존재 및 그 구체적인 내용이 확인되면 그 시점부터 관습법이 성립한 것이다.

④ 민사문제에 관하여 법률, 관습법, 조리의 순서로 재판의 준칙이 된다.

⑤ 민법 제1조의 법률은 국회에서 통과된 성문의 법률만을 의미하는 것이 아니다.

---

**정답 및 해설**

**05 ③** 상사에 관하여 상법에 규정이 없으면 상관습법에 의하고, 상관습법이 없으면 민법의 규정에 의한다(상법 제1조, 특별법우선의 원칙).

**06 ②** 민법은 제106조에서 "법령 중의 선량한 풍속 기타 사회질서에 관계없는 규정과 다른 관습이 있는 경우에 당사자의 의사가 명확하지 아니한 때에는 그 관습에 의한다."라고 규정하고 있으므로 민법에 규정된 내용과 다른 관습이 있는 경우 그 관습이 법률에 우선적으로 적용되는 경우도 있다.

**07 ①** ② 적법하게 체결·공포된 국제조약이 민사에 관한 것이라면 민법의 법원이 될 수 있다.

　　③ 관습법이 그 적용시점에서 전체 법질서에 부합하지 않는다면 관습법으로서의 효력이 부정된다.

　　④ 관습법의 존부(存否)와 법원성의 인정 여부는 당사자의 주장을 기다릴 필요가 없이 법원이 직권으로 확정할 수 있다.

　　⑤ 민사에 관한 대통령의 헌법상 긴급명령도 민법의 법원이 될 수 있다.

**08 ③** 법원(法院)의 재판에 의하여 관습법의 존재 및 그 구체적인 내용이 확인된 경우, 관습법의 성립시기는 판결 확정시가 아니고 법적 확신을 획득한 시점으로 소급해서 성립한다.

**09** 관습법과 사실인 관습에 관한 설명으로 옳지 않은 것은? (다툼이 있으면 판례에 따름)

① 임의법규와 배치되는 관습법은 그 효력이 부정되지만, 사실인 관습은 임의법규에 우선해서 적용될 수 있다.
② 사실인 관습의 존재를 당사자가 알지 못한 경우에도 의사표시해석의 기준이 된다.
③ 사실인 관습은 사회의 관행에 의하여 발생한 사회생활규범인 점에서 관습법과 같다.
④ 사실인 관습은 단순한 관행으로서 법률행위의 당사자의 의사를 보충한다.
⑤ 당사자의 의사표시가 명확하지 않은 경우 관습법은 임의법규에 우선해서 해석기준이 된다.

**10** 법원(法源)에 관한 설명으로 옳지 않은 것은? (다툼이 있으면 판례에 따름)

① 관습법의 확인과 적용은 법원(法院)이 직권으로 하는 것이 원칙이나, 예외적으로 당사자가 이를 주장·입증할 수도 있다.
② 분묘기지권을 시효로 취득한 경우 토지소유자가 지료를 청구한 때로부터 분묘기지권자는 지료를 지급할 의무가 있다.
③ 온천수에 관한 권리는 관습법상 물권이 아니라 상린관계상 공용수 또는 생활상 필요한 용수에 관한 권리에 해당한다.
④ 대통령의 긴급명령이 민사에 관한 것이면 민법의 법원이 될 수 있다.
⑤ 지역주민이 관련 법령에 따른 근린공원을 자유롭게 이용할 수 있는 경우라도, 그들에게는 배타적인 관습법상의 공원이용권이 인정될 수 없다.

**11** 민법의 법원(法源)에 관한 설명으로 옳지 않은 것은?

① 제185조 물권법정주의에서 관습법은 성문법에 대하여 대등적 효력 또는 변경적 효력을 갖는다.
② 자신의 토지에 분묘를 설치한 후 그 토지를 양도하면서 분묘를 이장하겠다는 특약을 하지 않음으로써 분묘기지권을 취득한 경우, 특별한 사정이 없는 한 분묘기지권자는 분묘기지권이 성립한 때부터 토지 소유자에게 그 분묘의 기지에 대한 토지사용의 지료를 지급할 의무가 있다.
③ 물권을 관습법에 의해 창설하는 것은 물권법정주의의 원칙상 허용될 수 없다.
④ 지방자치단체의 자치법규(＝ 조례)와 규칙도 민법의 법원(法源)이 될 수 있다.
⑤ 조리의 법원성 인정 여부는 법원이 직권으로 고려하여야 하고, 최후의 적용수단이 된다.

**12** 관습법과 사실인 관습에 관한 설명으로 옳지 않은 것은? (다툼이 있으면 판례에 따름)

① 사실인 관습이 강행규정에 관한 것이더라도, 강행규정에서 관습에 따르도록 위임한 경우라면 그 관습에 대하여 법적 효력을 부여할 수 있다.

② 종중구성원의 자격은 성년 남자로 한정된다는 종래의 관습법은 부정되었으므로 법원에 의하여 새로운 관습법이 생성된 것이다.

③ 강행질서에 반하는 사실인 관습은 해석의 기준이 될 수 없다.

④ 사실인 관습은 사적 자치가 인정되는 분야에서는 법률행위의 해석기준으로서 또는 의사를 보충하는 기능으로서 이를 재판의 자료로 할 수 있다.

⑤ 관습법이 헌법에 위반될 때에는 법원(法院)도 그 효력을 부인할 수 있다.

---

**정답 및 해설**

**09 ⑤** 법령 중의 선량한 풍속 기타 사회질서에 관계없는 규정과 다른 관습이 있는 경우에 <u>당사자의 의사가 명확하지 아니한 때에는 그 관습에 의한다</u>(민법 제106조).

**10 ③** 온천수에 관한 권리는 독립된 물권의 객체가 되는 것이 아니고, 토지소유권의 일부에 불과한 것이므로 <u>관습법상 물권도 아니고 상린관계상 공용수 또는 생활상 필요한 용수에 관한 권리에도 해당하지 않는다</u>.

**11 ③** 민법은 제185조에 "물권은 법률 또는 관습법에 의하는 외에는 임의로 창설하지 못한다."라고 규정하고 있으므로 <u>물권은 관습법에 의해서도 창설될 수 있다</u>.

**12 ②** 종중구성원을 성년 남자만으로 인정한 종래의 관습법은 더 이상 인정될 수 없고, 성년 남녀 모두 종중구성원의 자격을 갖는다. 이것은 법원의 판결에 의하여 <u>새로운 관습법이 만들어진 것이 아니라 조리의 법원성을 인정한 것이다</u>.

민법의 적용과 해석방법에 관한 설명으로 옳지 않은 것은? (다툼이 있으면 판례에 따름)

① 민사에 관한 특별법은 민법에 우선하여 적용하여야 한다.

② 민법은 원칙적으로 대한민국의 영토 내에 있는 외국인에 대하여도 적용된다.

③ 민법을 해석함에 있어서 조문의 통상적인 의미에 따라 해석하는 것을 문리해석(문언적 해석, 문법적 해석)이라고 한다.

④ 어떤 법률요건에 관한 규정을 이와 유사한 다른 것에 적용하는 민법의 해석방법을 준용이라고 한다.

⑤ 민법의 해석은 구체적 타당성과 법적 안정성이 조화될 수 있도록 하여야 한다.

해설 | 어떤 법률요건에 관한 규정을 이와 유사한 다른 것에 적용하는 민법의 해석방법은 준용이 아니라 유추(또는 유추해석)라고 한다. 준용은 해석의 방법이 아니고 입법기술의 문제로서 법을 새롭게 제정하는 것이 아니고 그대로 적용하는 것을 말한다.

기본서 p.32~33 정답 ④

---

**13** 민법의 해석방법 가운데 보정해석에 해당되는 것은?

① '소멸시효의 이익은 미리 포기하지 못한다'는 규정이 있는 경우, 시효완성 후의 포기는 허용된다고 해석하는 것

② '자전거 통행금지'라는 게시판이 있는 경우, 오토바이도 통행하지 못한다고 해석하는 것

③ '배우자'의 개념에 대해서, 법률상 배우자뿐만 아니라 사실상 배우자를 포함한다고 해석하는 것

④ '미성년자가 혼인을 할 때에는 부모의 동의를 얻어야 한다'는 규정이 있는 경우, 성년자가 혼인을 할 때에는 부모의 동의를 필요로 하지 않는다고 해석하는 것

⑤ '법정대리인이 미성년자에게 허락한 영업을 취소'하는 경우 그 취소를 철회의 의미로 해석하는 것

## 대표예제 04 | 민법의 효력 ★

**민법의 효력에 관한 설명으로 옳지 않은 것은?**

① 동일한 민사에 관하여 한국 민법과 외국의 법이 충돌하는 경우에 이를 규율하는 것이 국제사법이다.

② 처음 제정된 민법에서는 법률불소급의 원칙이 엄격하게 지켜지지 않았다.

③ 민법은 외국에 있는 대한민국 국민에게 그 효력이 미친다.

④ 우리 민법은 국내에 있는 국제법상의 치외법권자에게는 그 효력이 미치지 아니한다.

⑤ 민법은 한반도와 그 부속도서에는 예외 없이 효력이 미친다.

해설 | 속지주의의 원칙상 민법은 국내에 있는 국제법상의 치외법권자에게도 그 효력이 미친다. 속지주의란 국적에 관계없이 대한민국의 영토 내에 있는 모든 외국인에게도 적용된다는 원칙이다.

기본서 p.34~35                                                    정답 ④

---

**정답 및 해설**

**13** ⑤ ⑤ 보정해석이란 '법정대리인이 미성년자에게 허락한 영업을 취소'하는 경우 그 취소를 철회의 의미로 해석하는 것과 같이 법조문에 사용된 단어를 다른 단어로 바꾸어서 해석하는 것을 말한다.

①은 반대해석, ②는 물론(= 당연)해석, ③은 확장해석, ④는 반대해석에 해당한다.

## 대표예제 05 　법률관계 · 호의관계 ★

甲은 출근하는 길에 호의로 회사 동료 乙을 자동차에 태워주기로 약속하였다. 甲과 乙 사이에 법적으로 구속당할 의사가 없는 경우, 이에 관한 설명으로 옳은 것은? (다툼이 있으면 판례에 따름)

① 甲과 乙의 약속은 법률관계이다.
② 甲이 약속을 어길 경우 乙은 약속을 지킬 것을 법원에 청구할 수 있다.
③ 甲이 자동차에 태워주지 않음으로 인해 乙이 택시비를 지출한 경우 乙은 약속위반을 이유로 한 손해배상을 청구할 수 있다.
④ 甲이 乙을 자동차에 태우고 가다가 과실로 교통사고를 일으켜 乙이 다친 경우 원칙적으로 乙은 甲에게 손해배상을 청구할 수 있다.
⑤ 甲은 원칙적으로 乙에게 자동차에 태워준 대가를 청구할 수 있다.

오답
체크
① 甲과 乙의 약속은 법률관계가 아니라 <u>호의관계이다</u>.
② 甲이 약속을 어길 경우 乙은 약속을 지킬 것을 <u>법원에 청구할 수 없다</u>.
③ 甲이 자동차에 태워주지 않음으로 인해 乙이 택시비를 지출한 경우 乙은 약속위반을 이유로 한 <u>손해배상을 청구할 수 없다</u>.
⑤ 甲은 원칙적으로 乙에게 자동차에 태워준 대가를 <u>청구할 수 없다</u>.

기본서 p.45~46　　　　　　　　　　　　　　　　　　　　　　　　　　　　정답 ④

**01** 법률관계 등에 관한 설명으로 옳지 않은 것은? (다툼이 있으면 판례에 따름)

① 법률관계란 법에 의하여 규율되는 생활관계를 말한다.

② 법률관계는 권리와 의무가 상호대응하는 것이 원칙이지만, 예외적으로 권리만 있거나 의무만 있는 경우도 있다.

③ 호의동승과 관련하여 동승자에게 손해가 발생한 경우에는 신의칙, 무상계약의 법리, 과실상계 등을 적용하여 운전자의 책임을 경감하는 것도 가능하다.

④ 증여와 사용대차는 법률관계에 해당한다.

⑤ 호의관계에 수반하여 손해가 발생한 경우 그 즉시 법률관계로 전환된다.


**02** 사회구호단체인 A법인은 甲을 비롯한 많은 사람들에게 2020년 2월 1일부터 무료급식을 제공해오고 있다. 이에 관한 설명으로 옳은 것은? (다툼이 있으면 판례에 따름)

① A법인으로부터 무료급식을 甲이 제공받은 경우 원칙적으로 법률관계에 해당한다.

② A법인이 무료급식을 중단한 경우 甲은 급식의 이행을 법원에 청구할 수 있다.

③ A법인이 제공한 급식으로 인하여 甲에게 식중독이 발생한 경우에는 甲은 A법인에게 그 손해배상을 청구할 수는 없다.

④ A법인이 급식을 제공하는 과정에서 甲 등에게 손해를 발생시킨 경우 그 손해배상책임을 경감하는 것은 가능하다.

⑤ 법률관계와 호의관계의 구별은 유상성 또는 대가성에 기인한다.

---

### 정답 및 해설

**01 ⑤** 호의관계에 수반하여 손해가 발생한 경우만으로는 법률관계로 전환되지 않는다. 따라서 손해발생을 이유로 손해배상을 청구하여 법적 구속의사를 제기하여야 법률관계로 전환된다.

**02 ④** ① A법인과 甲의 관계는 법률관계가 아니고 호의관계이다.
② A법인이 무료급식을 중단한 경우 甲은 급식의 이행을 법원에 청구할 수 없다.
③ 손해배상을 하지 않기로 한 묵시적 약정이 존재하지 않으므로 A법인이 제공한 급식으로 인하여 甲에게 손해가 발생한 경우 그 손해배상을 청구할 수 있다.
⑤ 법률관계와 호의관계의 구별은 유상성 또는 대가성에 기인하지 않고 법적 구속의사의 유무에 기인한다.

**권리의 성질에 관한 설명으로 옳지 않은 것은?**

① 동산에 대한 소유권은 일신전속권이다.
② 저당권은 피담보채권의 종된 권리이다.
③ 임금채권은 청구권이다.
④ 부동산에 대한 소유권은 절대권이다.
⑤ 건물의 소유를 위하여 토지에 설정한 지상권은 지배권이다.

해설 | 동산에 대한 소유권은 재산권이므로 일신전속권이 아니라 <u>비전속권이다</u>.
기본서 p.48~53                                                                            정답 ①

종합

**03** 권리에 관한 설명으로 옳지 않은 것은? (다툼이 있으면 판례에 따름)

① 점유물반환청구권의 행사는 점유의 침탈이 있는 때로부터 1년 이내에 행사하여야 하며 단순한 의사표시만으로 되는 것이 아니고 반드시 소송을 통해서 행사하여야 한다.
② 특정물에 대한 소유권이전등기청구권은 특별한 사정이 없는 한, 채권자대위권의 대상이 될 수 있으나 채권자취소권의 대상이 될 수 없다.
③ 인격권 침해에 대해서는 사전 예방적 구제수단으로서 침해행위의 방지청구권이 인정된다.
④ 귀속상의 일신전속권은 양도와 상속 모두가 불가능한 권리이고, 행사상의 일신전속권은 타인이 대위하여 행사할 수 없는 권리이다.
⑤ 제3자가 지배권을 침해한 때에는 원칙적으로 불법행위가 성립하며, 지배권자는 침해행위의 배제를 청구할 수 있다.

종합

**04** 권리에 관한 설명으로 옳지 않은 것은? (다툼이 있으면 판례에 따름)

① 채권자취소권은 채권자대위권의 대상이 될 수 있다.

② 형성권의 행사로 법률관계를 변동시킬 수 있다.

③ 항변권에는 상대방의 청구권의 존재를 인정하지 않는 영구적 항변권과 청구권의 존재를 인정하지만 그 행사를 저지할 수 있는 연기적 항변권이 있다.

④ 건물의 소유를 위하여 토지에 설정한 지상권은 지배권이다.

⑤ 건물 소유목적의 토지임대차기간이 만료된 경우, 임차인이 행사하는 임대차계약의 갱신청구권은 형성권이 아니다.

종합

**05** 권리에 관한 설명으로 옳지 않은 것은? (다툼이 있으면 판례에 따름)

① 유치권은 본권이다.

② 채권자취소권은 상대방에 대한 의사표시로 행사할 수 없으므로 반드시 소송을 통해서 행사하여야 한다.

③ 하자담보책임에 기한 토지매수인의 손해배상청구권은 제척기간에 걸리므로, 소멸시효 규정의 적용이 배제된다.

④ 지상권자의 지상물매수청구권과 전세권자의 부속물매수청구권은 형성권이다.

⑤ 각각의 청구권은 독립해서 소멸시효에 걸리지도 않고, 또한 각각의 청구권만 분리해서 양도하는 것도 허용될 수 없다.

---

**정답 및 해설**

**03** ④ 귀속상의 일신전속권은 양도와 상속 모두 불가능한 것도 있으나, 양도는 못하지만 상속이 가능한 것도 있다(양도금지특약이 붙어 있는 채권의 경우).

**04** ③ 항변권의 행사는 영구적 항변권이든 연기적 항변권이든 상대방의 청구권의 존재를 전제로 한다.

**05** ③ 매도인에 대한 하자담보에 기한 손해배상청구권에 대하여는 민법 제582조의 제척기간이 적용되고, 이는 법률관계의 조속한 안정을 도모하고자 하는 데에 취지가 있다. 그런데 하자담보에 기한 매수인의 손해배상청구권은 권리의 내용·성질 및 취지에 비추어 민법 제162조 제1항의 채권 소멸시효의 규정이 적용되고, 민법 제582조의 제척기간 규정으로 인하여 소멸시효 규정의 적용이 배제된다고 볼 수 없으며, 이때 다른 특별한 사정이 없는 한 무엇보다도 매수인이 매매목적물을 인도받은 때부터 소멸시효가 진행한다고 해석함이 타당하다(대판 2011.10.13, 2011다10266).

**06** 甲의 의사표시만으로써 효과가 발생하는 경우가 아닌 것은? (다툼이 있으면 판례에 따름)

① 18세 乙이 친권자 甲의 동의 없이 노트북 구매계약을 체결하여 甲이 이를 취소하는 경우

② 채무자 乙이 甲에 대하여 부담하는 1억원의 채무의 소멸시효가 완성된 후 그 시효이익을 포기하는 경우

③ 甲에게 1억원의 차용채무를 지고 있는 乙이 그의 유일한 토지를 丙에게 매매한 경우 甲이 이를 취소하는 경우

④ 후견인 甲이 피한정후견인 乙의 냉장고 구입에 동의하는 경우

⑤ 甲이 乙에게 자신의 건물을 5억원에 매도하는 계약을 체결하면서 계약금으로 2천만원을 받은 후, 며칠 뒤 계약금의 배액을 상환하며 해제하는 경우

---

**대표예제 07** | **권리의 경합과 충돌 ★★**

**권리의 충돌과 경합에 관한 설명으로 옳은 것은? (다툼이 있으면 판례에 따름)**

① 권리가 경합되는 경우에는 권리자는 그중 가장 먼저 성립한 권리를 행사하여야 한다.

② 동일한 목적을 위하여 경합되는 권리 중 하나를 행사하여 그 목적을 달성한 경우에는 나머지 권리는 모두 소멸한다.

③ 일반채권이 서로 충돌하는 경우에는 먼저 성립한 채권이 우선한다.

④ 소유권과 제한물권이 충돌하면 소유권이 제한물권에 우선한다.

⑤ 물권과 채권이 충돌하는 경우에는 원칙적으로 채권이 물권에 우선한다.

**오답**
**체크** | ① 권리가 경합되는 경우에는 권리자는 그중에서 자유롭게 선택하여 행사할 수 있다( = 선택적 청구).
③ 일반채권이 서로 충돌하는 경우에는 먼저 행사한 자가 우선한다( = 선이행의 원칙).
④ 소유권과 제한물권이 충돌하면 언제나 제한물권이 소유권에 우선한다.
⑤ 물권과 채권이 충돌하는 경우에는 원칙적으로 물권이 채권에 우선한다.

기본서 p.54~55                                                                 정답 ②

**07** 甲이 자신의 X건물을 乙과 3년을 기한으로 하여 임대차계약을 체결한 후 합의에 의하여 임대차계약을 종료하기로 하였다. 그런데 乙이 임대차기간이 종료하였음에도 X건물을 명도하지 않고 있다. 이에 관한 설명으로 옳지 않은 것은? (다툼이 있으면 판례에 따름)

① 이 경우 甲에게는 임대차에 기한 반환청구 및 소유권에 기한 반환청구권이 발생한다.

② 임대차에 기한 반환청구권을 행사하여 반환을 받으면 소유물반환청구권은 소멸한다.

③ 두 개의 청구권 중 어느 하나의 권리를 행사하더라도 다른 권리는 소멸하지 않는다.

④ 두 개의 청구권은 서로 독립하여 존재하므로 동시에 행사할 수도 있다.

⑤ 소유권에 기한 반환청구권을 행사하면 임대차에 기한 반환청구권의 소멸시효는 중단된다.

---

**정답 및 해설**

**06** ③ 채권자취소권은 의사표시로만 효력을 발생하는 것이 아니고, <u>반드시 법원의 소송을 통해서 행사하여야</u> 한다.

**07** ⑤ <u>권리경합의 경우 각각의 권리는 개별적으로 소멸시효가 적용</u>되므로 소유권에 기한 반환청구권을 행사하더라도 임대차에 기한 반환청구권을 행사한 것이 아니므로 임대차에 기한 반환청구권의 소멸시효는 <u>중단되지 않는다.</u>

**08** 권리의 경합 등에 관한 설명으로 옳은 것을 모두 고른 것은? (다툼이 있으면 판례에 따름)

> ㉠ 매매의 목적물에 물건의 하자가 있는 경우, 매도인의 하자담보책임과 채무불이행책임은 별개의 권원에 의하여 경합하여 병존할 수 있다.
> ㉡ 공무원이 공권력의 행사로 그 직무를 행함에 있어 고의 또는 과실로 위법하게 타인에게 손해를 가한 경우, 법규경합에 따라 국가배상법상 배상책임만 인정되므로 국가가 부담하는 민법상 불법행위책임은 적용하지 않는다.
> ㉢ 일방 당사자의 잘못으로 인해 상대방 당사자가 계약을 취소하거나 불법행위로 인한 손해배상을 청구할 수 있는 경우, 계약 취소로 인한 부당이득반환청구권 불법행위로 인한 손해배상청구권은 경합하여 병존한다.

① ㉠

② ㉢

③ ㉠, ㉡

④ ㉠, ㉢

⑤ ㉠, ㉡, ㉢

종합
**09** 권리의 충돌과 경합에 관한 설명으로 옳은 것은? (다툼이 있으면 판례에 따름)

① 동일한 목적을 위하여 경합되는 권리 중 하나를 행사하여 그 목적을 달성한 경우에는 나머지 권리는 모두 소멸한다.

② 권리가 경합되는 경우에는 권리자는 그중 가장 먼저 성립한 권리를 행사하여야 한다.

③ 착오(제109조)에 관한 규정과 하자담보책임(제580조)에 관한 규정이 경합하는 경우 착오취소를 할 수 없고 하자담보책임만이 적용된다.

④ 법인의 불법행위책임(제35조)과 사용자책임(제756조)이 성립하는 경우 피해자는 선택적으로 행사할 수 있다.

⑤ 사용차주인 乙이 丙의 X토지를 사용하고 있고, 나중에 그 토지에 甲의 지상권이 설정되었다면 甲은 乙에게 그 토지의 반환을 청구할 수 없다.

## 10  권리가 충돌할 때 우선순위에 관한 설명이다. 이에 관한 O·×의 연결이 옳은 것은? (다툼이 있으면 판례에 따름)

> ㉠ 소유권과 제한물권이 충돌하면 성질상 제한물권이 언제나 우선한다.
> ㉡ 양립 가능한 제한물권과 제한물권이 충돌하면 먼저 성립한 물권이 언제나 우선한다.
> ㉢ 동일한 물건에 대하여 채권과 나중에 성립한 물권이 충돌하면 채권이 대항력을 갖추지 않은 이상 물권이 언제나 우선한다.
> ㉣ 법률에 달리 정함이 없는 한, 수개의 채권은 그 발생원인·발생시기·채권액에 상관없이 순위에 우열이 없다.
> ㉤ 수개의 채권이 충돌하여 그 전부를 만족시키기에는 채무자의 재산이 부족한 경우, 채무자는 각 채권액에 안분비례하여 공평하게 변제하여야 한다.

|   | ㉠ | ㉡ | ㉢ | ㉣ | ㉤ |
|---|---|---|---|---|---|
| ① | O | × | O | × | O |
| ② | O | × | × | × | O |
| ③ | O | O | × | O | × |
| ④ | O | × | × | O | O |
| ⑤ | O | × | O | O | × |

---

**정답 및 해설**

**08** ⑤  ㉠~㉢ 모두 옳은 지문이다.

**09** ①  ② 권리가 경합되는 경우 권리자는 <u>자유롭게 선택하여 권리를 행사할 수 있다</u>(선택적 청구).
③ 착오(제109조)에 관한 규정과 하자담보책임(제580조)에 관한 규정이 경합하는 경우 <u>하자담보책임과는 별개로 착오를 이유로 취소할 수 있다</u>.
④ 법인의 불법행위책임(제35조)과 사용자책임(제756조)이 성립하는 경우 피해자는 선택적으로 행사할 수 없고 <u>법인의 불법행위책임만을 적용한다</u>.
⑤ 물권과 채권이 충돌하는 경우 원칙적으로 물권이 채권에 우선한다. 따라서 사용차주인 乙이 丙의 X토지를 사용하고 있음에도, 나중에 그 토지에 甲의 지상권이 설정되었다면 甲은 乙에게 <u>그 토지의 반환을 청구할 수 있다</u>.

**10** ③  ㉢ 담보부동산이 경매되는 경우, 성립 선후 또는 대항력 구비 여부와는 상관없이 담보물권자보다 우선하여 배당을 받는 채권[예 경매되는 목적물 자체에 부과된 국세 또는 지방세(당해세) 채권, 근로자의 3월분 체불임금, 재해보상금채권, 3년분 퇴직금채권, 저당부동산의 제3취득자의 비용상환청구권 등]이 있으므로, '~ 대항력을 갖추지 않은 이상 물권이 언제나 우선한다.'는 지문은 틀린 것이다.
㉤ 수개의 채권이 충돌하여 그 전체채권을 만족시키기에는 채무자의 재산이 부족하여 채무초과의 상태가 있는 경우라 하더라도, 채무자가 파산신청을 하기 전에는 선이행의 원칙에 의해 채권자는 자신의 채권액 전부를 변제요구할 수 있다. 따라서 <u>채무자가 임의로 각 채권액에 안분비례하여 변제하는 것은 허용되지 않는다</u>.

신의성실의 원칙(이하 '신의칙') 및 권리남용에 관한 설명으로 옳은 것은? (다툼이 있으면 판례에 따름)

① 채권자가 유효하게 성립한 계약에 따른 급부의 이행을 청구하는 때에 법원이 신의칙에 따라 급부의 일부를 감축하는 것은 원칙적으로 허용된다.

② 채무자의 소멸시효에 기한 항변권의 행사는 신의칙의 지배를 받지 않는다.

③ 신의칙은 당사자의 주장이 없으면 법원이 직권으로 판단할 수 없다.

④ 권리의 행사에 의하여 얻는 이익보다 상대방에게 발생할 손해가 현저히 크다는 사정만으로도 권리남용이 된다.

⑤ 법정대리인의 동의 없이 신용구매계약을 체결한 미성년자가 사후에 법정대리인의 동의 없음을 이유로 이를 취소하는 것은 신의칙에 위배되지 않는다.

오답
체크

① 유효하게 성립한 계약상의 책임을 공평의 이념 또는 신의칙과 같은 일반원칙에 의하여 제한하는 것은 사적 자치의 원칙이나 법적 안정성에 대한 중대한 위협이 될 수 있으므로, 채권자가 유효하게 성립한 계약에 따른 급부의 이행을 청구하는 때에 법원이 급부의 일부를 감축하는 것은 <u>원칙적으로 허용되지 않는다</u>(대판 2016.12.1, 2016다240543).

② 소멸시효 완성 전에 채무자가 채권자에게 시효중단조치가 불필요하다고 믿게 하는 행동을 하였고 채권자도 이를 신뢰하였다면 <u>채무자는 소멸시효의 완성을 주장할 수 없다.</u>

③ 신의성실원칙 및 권리남용금지의 원칙은 강행규정이므로, 당사자의 주장이 없더라도 <u>법원은 직권으로 이를 판단할 수 있다.</u>

④ 권리행사에 의하여 권리행사자가 얻는 이익보다 상대방이 잃을 손해가 현저히 크다는 사정만으로 <u>권리남용이 될 수 없고,</u> 다만 이러한 주관적 요건은 권리자의 정당한 이익을 결여한 권리행사로 보여지는 객관적인 사정에 의하여 추인할 수 있다.

기본서 p.57~63          정답 ⑤

## 11 신의칙(민법 제2조)에 관한 설명으로 옳지 않은 것은? (다툼이 있으면 판례에 따름)

① 신의칙에 반하는 것은 강행규정에 위배되는 것이므로 당사자의 주장이 없더라도 법원은 직권으로 이를 판단할 수 있다.

② 신의칙은 사적 자치가 존중되는 계약법상의 채권관계에서 적용되지만 강행법규인 물권법정주의가 엄격히 지켜지는 물권관계에서는 적용될 여지가 없다.

③ 법정대리인의 동의 없이 신용구매계약을 체결한 미성년자가 사후에 그 동의 없음을 이유로 그 계약을 취소하는 것은 신의칙에 반한다고 할 수 없다.

④ 취득시효가 완성되었는데, 당해 토지에 관하여 어떠한 권리도 주장하지 않기로 한 경우 이에 반하여 시효주장을 하였다면 특별한 사정이 없는 한 신의칙에 반한다.

⑤ 특별한 사정이 없는 한 법령에 위반되어 무효임을 알고도 그 법률행위를 한 자가 강행법규 위반을 이유로 무효를 주장하는 것은 신의칙에 반하지 않는다.

---

**정답 및 해설**

**11** ② 우리 민법은 신의칙에 관하여 스위스의 태도를 계수하여, 사법관계, 공법관계, 사회법관계 등 모두 적용되는 것을 원칙으로 한다. 따라서 신의칙은 사적 자치가 존중되는 계약법상의 채권관계뿐만 아니라 물권관계에서도 당연히 적용된다.

**12** 신의성실의 원칙에 반하는 것은? (다툼이 있으면 판례에 따름)

① 해고된 후 공탁된 퇴직금을 조건 없이 수령한 근로자가 공탁금 수령 후 8개월이 지나서 해고무효의 확인을 구하는 경우

② 주식회사가 주주 전원의 동의 없이 영업의 전부 또는 중요한 일부를 양도한 후, 주주총회 특별결의가 없었다는 이유를 들어 스스로 약정의 무효를 주장하는 경우

③ 증권회사가 고객 유치를 위하여 수익보장약정을 해준 후, 약정의 무효를 주장하는 경우

④ 상속인이 피상속인과 상속을 포기하기로 약정한 후, 상속개시 후 자신의 상속권을 주장하는 경우

⑤ 사립학교법에 위반되어 무효라는 사실을 알면서 학교교육에 직접 사용되고 있는 학교법인의 재산인 교지, 교사 등을 매도하거나 담보로 제공한 후 그 무효를 주장하는 경우

**13** 신의성실의 원칙(이하 '신의칙')에 관한 설명으로 옳지 않은 것은? (다툼이 있으면 판례에 따름)

① 토지이용권이 없는 건물에 대한 토지소유자의 철거청구가 신의칙 위반에 해당하여 허용되지 않더라도, 임료 상당의 부당이득반환청구권은 인정된다.

② 소멸시효의 원용을 하지 않기로 한 약정에 위반된 소멸시효주장은 시효완성을 알았는지 여부에 관계없이 신의성실의 원칙에 반한다.

③ 대항력을 갖춘 임차인이 임차보증금에 대한 권리주장을 하지 않겠다는 내용의 확인서를 저당권자에게 작성하여 준 경우, 그 건물에 대한 경락이 이루어진 후에 배당요구를 하는 것은 신의성실의 원칙에 반한다.

④ 종전 토지소유자가 자신의 권리를 행사하지 않았다는 사정은 그 토지의 소유권을 적법하게 취득한 새로운 권리자에게 실효의 원칙을 적용함에 있어서 고려하여야 한다.

⑤ 현저하게 변경된 사정이 계약 성립 당시에 당사자가 예견할 수 있었던 것이라면 그 당사자는 계약을 해제할 수 없다.

**14** 신의성실의 원칙에 위반되는 행위가 아닌 것은? (다툼이 있으면 판례에 따름)

① 해제권을 장기간 행사하지 않아 상대방이 해제권은 더 이상 행사되지 않을 것으로 정당하게 신뢰하였음에도 그 해제권을 행사하는 행위

② 상속인이 피상속인 생존시 상속포기의 약정을 하였으나 상속개시 후 상속포기의 절차를 밟지 않고 자신의 상속권을 주장하는 행위

③ 특별한 사정이 없는 경우, 해고된 근로자가 퇴직금을 이의 없이 수령하고 그로부터 아무런 이의제기 등이 없는 상태에서 오랜 기간이 지난 후에 해고무효의 소를 제기하는 행위

④ 대항력을 갖춘 임차인이 임대인의 근저당권자에게 자신은 임차인이 아니며, 임차인으로서의 권리를 주장하지 않겠다고 확인서를 작성해 준 후 나중에 임차권을 주장하는 행위

⑤ 농지 매매계약을 체결한 매수인이 자신은 농가가 아니고 자영의 의사도 없다는 이유를 들어 그 매매계약의 무효를 주장하는 행위

---

**정답 및 해설**

**12 ①** ① 회사가 해고한 근로자에게 지급할 퇴직금과 갑근세반환금 등을 칭신하여 변제공탁히고 근로자가 그 공탁을 조건 없이 수락하고 출급청구를 하여 수령하였다면 그 근로자는 그때에 회사의 해고처분을 유효한 것으로 인정하였다고 볼 수밖에 없으므로 그 후 8개월 가까이 지나 제기한 해고무효확인청구는 금반언의 원칙에 위배되어 위법하다.

② 상법은 주식회사가 영업의 전부 또는 중요한 일부의 양도행위를 할 때에는 출석한 주주의 의결권의 3분의 2 이상의 수와 발행주식 총수의 3분의 1 이상의 수로써 결의가 있어야 한다고 규정하고 있는데 이는 강행법규이므로, 주식회사가 영업의 전부 또는 중요한 일부를 양도한 후 주주총회의 특별결의가 없었다는 이유를 들어 스스로 그 약정의 무효를 주장하더라도 주주 전원이 그와 같은 약정에 동의한 것으로 볼 수 있는 등 특별한 사정이 인정되지 않는다면 위와 같은 무효 주장이 신의성실의 원칙에 반한다고 할 수는 없다.

**13 ④** 종전 토지소유자가 자신의 권리를 행사하지 않았다는 사정은 그 토지의 소유권을 적법하게 취득한 새로운 권리자에게 실효의 원칙을 적용함에 있어서 고려하지 않는다.

**14 ②** ① 해제권을 장기간 행사하지 않아 상대방이 해제권은 더 이상 행사되지 않을 것으로 정당하게 신뢰하였음에도 그 해제권을 행사하는 행위는 신의칙 위반이다.

③ 특별한 사정이 없는 경우, 해고된 근로자가 퇴직금을 이의 없이 수령하고 그로부터 아무런 이의제기 등이 없는 상태에서 오랜 기간이 지난 후에 해고무효의 소를 제기하는 행위는 신의칙 위반이다.

④ 대항력을 갖춘 임차인이 임대인의 근저당권자에게 자신은 임차인이 아니며, 임차인으로서의 권리를 주장하지 않겠다고 확인서를 작성해 준 후 나중에 임차권을 주장하는 행위는 신의칙 위반이다.

⑤ 농지 매매계약을 체결한 매수인이 자신은 농가가 아니고 자영의 의사도 없다는 이유를 들어 그 매매계약의 무효를 주장하는 행위는 신의칙 위반이다.

**15** 신의성실의 원칙(이하 '신의칙')에 관한 설명으로 옳지 않은 것은? (다툼이 있으면 판례에 따름)

① 채무자 乙이 채권양도의 하자를 간과한 채 채권양수인 甲에게 변제를 약속하여 그 하자가 치유되었으나, 다시 하자를 이유로 채무승인의 효력을 부인하면서 甲에게 소멸시효를 주장하는 것은 신의칙에 반한다.

② 신의칙은 법률관계의 당사자가 상대방의 이익을 배려하여 형평에 어긋나거나 신뢰를 저버리는 내용 또는 방법으로 권리를 행사하거나 의무를 이행하여서는 안 된다는 추상적인 규범이다.

③ 甲이 연대보증하여야 할 것을 乙에게 부탁하여 乙이 대신 연대보증인이 된 경우, 甲이 그 연대보증채무를 변제하고서 乙에 대하여 구상권을 행사하는 것은 신의칙에 반한다.

④ 법률행위의 해석은 당사자의 진의를 탐구하는 것이므로 신의칙이 적용될 여지가 없다.

⑤ 甲이 아무런 이의 없이 퇴직금을 수령하고 의원면직일로부터 5년이 경과한 후, 사직원의 작성과 제출이 자신의 형(兄) 乙에 의하여 이루어졌음을 이유로 의원면직의 무효를 주장하는 것은 허용되지 않는다.

**16** 신의성실의 원칙(이하 '신의칙') 내지 그 파생원칙에 관한 설명으로 옳지 않은 것은? (다툼이 있으면 판례에 따름)

① 甲이 자신의 乙에 대한 채권을 확보하기 위하여 丙의 부동산을 乙에게 명의신탁하도록 한 다음, 그 부동산에 대하여 강제집행을 하는 것은 신의칙에 반한다.

② 임대차계약에 있어서 차임불증액의 특약이 있다면 임대인에게 차임증액청구를 인정할 수 없다.

③ 甲을 상속한 무권대리인 乙이 甲의 지위에서 무권대리의 추인을 거절하는 것은 신의칙에 반한다.

④ 甲이 근저당권설정계약의 무효를 주장하면서도 그 근저당권에 기한 임의경매절차의 배당을 통하여 이의 없이 배당금을 수령한 후, 경매절차의 무효를 주장하는 것은 신의칙 내지 금반언의 원칙에 반한다.

⑤ 자신의 친딸로 하여금 그 소유의 대지상에 건물을 신축하도록 승낙한 甲이, 해당 건물이 친딸의 채권자 乙에 의하여 강제경매신청으로 경락되자 매수인 丙에 대하여 그 철거를 청구하는 것은 신의칙에 반한다.

**17** 신의성실의 원칙(이하 '신의칙')에 관한 설명으로 옳지 않은 것은? (다툼이 있으면 판례에 따름)

① 특정채무를 보증하는 일반보증의 경우, 채권자의 권리행사가 신의칙에 비추어 용납할 수 없는 성질의 것인 때에는 보증인의 책임을 제한할 수 있다.

② 계약교섭의 부당한 파기는 계약체결상의 과실책임을 적용할 수 없으나, 신의칙 위반을 이유로 불법행위에 의한 손해배상을 청구할 수 있다.

③ 권리실효가 인정되기 위해서는 의무자인 상대방이 더 이상 권리자가 그 권리를 행사하지 아니할 것으로 믿을 만한 정당한 사유가 있어야 한다.

④ 甲이 송전선이 토지 위를 통과하고 있다는 점을 알면서 X토지를 시가대로 취득한 후, 그 송전선의 철거를 청구하는 것은 신의칙에 반하므로 허용될 수 없다.

⑤ 채무자의 소멸시효에 기한 항변권의 행사에도 신의칙이 적용된다.

---

**정답 및 해설**

**15** ④ 당사자의 의사표시가 불명확한 경우에는 목적, 사실인 관습, 임의법규, 신의칙의 순서로 해석의 기준이 되므로, 법률행위의 해석에도 신의칙이 적용된다.

**16** ② 임대차계약에 있어서 차임불증액의 특약이 있더라도 그 약정 후 그 특약을 그대로 유지시키는 것이 신의칙에 반한다고 인정될 정도의 사정변경이 있다고 보여지는 경우에는 형평의 원칙상 임대인에게 차임증액청구를 인정하여야 한다.

**17** ④ 송전선이 토지 위를 통과하고 있다는 점을 알면서 그 토지를 시가대로 취득한 자의 송전선 철거 청구는 신의칙 위반도 아니고 권리남용금지의 원칙을 위반한 것도 아니다.

신의성실의 원칙(이하 '신의칙')과 파생원칙에 관한 설명으로 옳지 않은 것은? (다툼이 있으면 판례에 따름)

① 신의성실의 원칙은 합법성의 원칙을 희생해서라도 구체적 신뢰보호의 필요성이 인정되는 경우에 한해 예외적으로 적용되는 것이다.

② 신의성실의 원칙에 반하는 것은 강행규정에 위배되는 것으로서 당사자의 주장이 없더라도 법원이 직권으로 판단할 수 있다.

③ 이사의 지위에서 부득이 회사의 계속적 거래관계로 인한 불확정한 채무에 대하여 보증인이 된 자가 이사의 지위를 떠난 경우, 사정변경을 이유로 보증계약을 해지할 수 없다.

④ 농지를 매수하기로 하는 매매계약을 체결한 농지매수인 자신이 농가가 아니고 자경의 의사도 없다는 이유를 들어 그 농지 매매계약의 무효를 주장하는 것은 신의칙에 위배된다.

⑤ 채권자가 채권을 확보하기 위하여 제3자의 부동산을 채무자에게 명의신탁하도록 한 다음 그 부동산에 대해 강제집행을 하는 행위는 신의칙에 비추어 허용할 수 없다.

해설 | 회사의 임원이나 직원의 지위에 있기 때문에 회사의 요구로 부득이 회사와 제3자 사이의 <u>계속적 거래로 인한 회사의 불확정 채무에 대하여 보증인이 된</u> 자가 그 후 회사로부터 퇴사하여 임원이나 직원의 지위를 떠난 때에는 보증계약 성립 당시의 사정에 현저한 변경이 생긴 경우에 해당하므로 <u>사정변경을 이유로 보증계약을 해지할 수 있다.</u>

기본서 p.59~63                                                                  정답 ③

---

고난도

**18** 신의성실의 원칙(이하 '신의칙')과 파생원칙에 관한 설명으로 옳지 않은 것은? (다툼이 있으면 판례에 따름)

① 사정변경의 원칙을 인정하는 민법의 명문규정은 없다.

② 계약당사자 일방의 책임 있는 사유로 인하여 현저한 사정변경이 초래된 경우, 그 당사자는 사정변경을 이유로 계약을 해제할 수 없다.

③ 실효의 원칙은 청구권뿐만 아니라 형성권의 행사, 고용관계에서 해고 무효확인소송, 항소권의 행사 등 소송법상의 권리에도 적용된다.

④ 매매계약 체결 후 9년이 지났고 시가가 올랐다는 사정만으로 계약을 해제할 만한 사정변경이 있다고 볼 수 없고, 매수인의 소유권이전등기청구가 신의칙에 위배된다고 할 수 없다.

⑤ 1년 4개월가량 전에 발생한 해제권을 장기간 행사하지 아니하고 오히려 매매계약이 여전히 유효함을 전제로 잔존채무의 이행을 최고한 자가 새삼스럽게 그 해제권을 행사하는 것은 신의칙에 반한다.

**19** 사정변경의 원칙에 관한 설명으로 옳지 않은 것은? (다툼이 있으면 판례에 따름)

① 이사로 재직 중 채무액과 변제기가 특정되어 있는 회사의 특정채무에 대하여 보증을 한 후 이사직을 사임한 자는 사정변경을 이유로 그 보증계약을 해지할 수 있다.

② 계약의 해제의 경우 원칙적으로 사정변경의 원칙은 적용되지 않고 예외적으로 일정한 요건을 갖춘 경우 적용된다.

③ 계약당사자 쌍방에게 책임 없는 사유로 사정변경이 생긴 것이어야 한다.

④ 현저하게 변경된 사정이 계약 성립 당시에 당사자가 예견할 수 있었던 것이라면 그 당사자는 계약을 해제할 수 없다.

⑤ 사정변경으로 인한 계약해제에 있어서 사정이라 함은 계약의 기초가 되었던 객관적인 사정을 말하는 것이므로 당사자의 주관적 또는 개인적인 사정은 포함하지 않는다.

---

**정답 및 해설**

**18** ① 민법에는 사정변경의 원칙을 직접 규정하는 <u>일반적 규정은 없고, 개별규정만이 존재한다.</u>

**19** ① 이사로 재직 중 채무액과 변제기가 특정되어 있는 회사의 <u>확정채무</u>에 대하여 보증을 한 후 이사직을 사임한 자는 사정변경을 이유로 그 <u>보증계약을 해지할 수 없다.</u>

**20** 금반언의 원칙과 실효의 원칙에 관한 설명으로 옳지 않은 것은? (다툼이 있으면 판례에 따름)

① 농지를 매수하기로 하는 매매계약을 체결한 농지매수인 자신이 농가가 아니고 자경의 의사도 없다는 이유를 들어 그 농지 매매계약의 무효를 주장하는 것은 신의칙에 위배된다.

② 농지의 명의수탁자가 적극적으로 그 농지에 관한 소유자로 행세하면서 한편으로 증여세 등의 부과를 면하기 위하여 그 등기가 무효라고 주장하는 것은 금반언의 원칙상 허용되지 않는다.

③ 매매계약을 체결한 후 토지거래허가가 나지 아니하자 증여를 원인으로 한 소유권이전등기를 하고 나서, 그 계약과 소유권이전등기는 무효이므로 당사자가 증여세를 납부할 수 없다고 주장하는 것은 금반언의 원칙상 허용되지 않는다.

④ 소멸시효에 걸리지 않는 권리라도 권리 실효가 인정되면 더 이상 권리를 행사할 수 없다.

⑤ 甲과 乙이 강행법규에 위반되는 약정을 하고서 그 약정의 일방당사자인 甲이 강행법규 위반을 이유로 그 약정의 무효를 주장하는 것은 금반언의 원칙에 반하지 않는다.

---

**대표예제 10    권리남용금지의 원칙 ★★★**

권리남용금지의 원칙에 관한 설명으로 옳지 않은 것은? (다툼이 있으면 판례에 따름)

① 권리의 행사에 의하여 얻는 이익보다 상대방이 잃을 손해가 현저히 크다는 사정만으로는 권리남용이라 할 수 없다.

② 권리의 행사가 신의칙에 반하는 경우 권리남용이 되므로 신의성실의 원칙과 권리남용금지는 중복 적용된다.

③ 권리남용의 주관적 요건은 권리자의 정당한 이익을 결여한 권리행사로 보이는 객관적 사정에 의하여 추인할 수 있다.

④ 토지소유권 침해를 이유로 하는 건물의 철거청구가 권리남용이 되는 한 건물 소유자는 그 토지사용에 대하여 부당이득의 반환을 청구하지 못한다.

⑤ 채무자가 상계할 목적으로 부도가 난 채권자가 발행한 어음을 헐값으로 매입하여 자신의 채무와 상계하는 경우, 주관적 요건이 없어도 권리남용이 인정된다.

해설 | 토지취득 당시 초등학교 건물이 있었고 현재 학교 건물로 사용하고 있다는 사실을 알면서도 이를 취득한 후에, 소유권 행사로 철거청구를 하는 것은 권리남용에 해당한다. 그러나 토지소유권을 박탈당하는 것은 아니므로 <u>토지사용에 대한 부당이득의 반환청구는 가능하다.</u>

기본서 p.63~66                                                         정답 ④

## 21 | 권리남용금지의 원칙에 관한 설명으로 옳은 것은? (다툼이 있으면 판례에 따름)

① 대물변제예약의 이행으로 한 소유권이전등기에 대하여 10년 가까이 지난 후 차용원금에 이자제한법상의 이자제한만을 가산변제하고 그 말소를 청구한 것은 권리남용에 해당한다.

② 계약효력의 주장이 권리남용에 해당하면 계약의 효력이 발생하지 않지만, 이 경우 법률관계는 위험부담의 원칙에 따라 확정된다.

③ 청구권의 행사가 권리남용이 되기 위해서는 권리행사의 목적이 오직 상대방에게 고통을 주고 손해를 입히려는 데 있을 뿐, 행사하는 사람에게 아무런 이익이 없는 경우이어야 한다.

④ 피상속인의 생존시에 피상속인에 대하여 상속을 포기하기로 약정한 후, 자신의 상속권을 주장하는 것은 권리남용에 해당한다.

⑤ 나대지에 설정된 저당권 실행의 경매절차에서 상당한 비용이 투입된 건물이 신축 중임을 알면서 그 건물 부지를 경락받은 자가 그 후 완공된 건물의 철거를 구하는 것은 권리남용에 해당된다.

---

**정답 및 해설**

**20 ③** 매매계약을 체결한 후 토지거래허가가 나지 아니하자 증여를 원인으로 한 소유권이전등기를 하고 나서, 그 계약과 소유권이전등기는 무효이므로 당사자가 증여세를 납부할 수 없다고 주장하는 것은 <u>금반언의 원칙 또는 신위칙 위반이 아니다.</u>

**21 ③** ① 대물변제예약의 이행으로 한 소유권이전등기에 대하여 10년 가까이 지난 후 차용원금에 이자제한법상의 이자제한만을 가산변제하고 그 말소를 청구한 것은 <u>신의칙 위반도 아니고 권리남용도 아니다.</u>

② 권리남용이 성립하기 위해서는 권리의 행사가 위법하여야 한다. 따라서 권리남용이 성립하면 불법행위의 요건을 갖추게 되어 그에 따른 손해배상을 청구할 수 있으므로, 당사자에게 귀책사유가 없을 때 적용하는 <u>위험부담의 법리는 적용할 여지가 없다.</u>

④ 피상속인의 생존시에 피상속인에 대하여 상속을 포기하기로 약정하였다고 하더라도 상속개시 후에 법률규정에 따른 상속포기를 하지 아니한 이상, 자신의 상속권을 주장하는 것은 정당한 권리행사로서 <u>권리남용에 해당하지 않는다.</u>

⑤ 나대지에 설정된 저당권 실행의 경매절차에서 상당한 비용이 투입된 건물이 신축 중임을 알면서 그 건물 부지를 경락받은 자가 그 후 완공된 건물의 철거를 구하는 것은 <u>권리남용에 해당되지 않는다.</u>

**22** 신의칙 또는 권리남용에 관한 설명으로 옳은 것은? (다툼이 있으면 판례에 따름)

① 권리남용이 성립하기 위해서는 권리자가 그 권리의 행사에 의하여 얻는 이익보다 상대방에게 발생할 손해가 현저히 크다는 사정이 존재하여야 한다.
② 권리자의 권리행사에 대하여 상대방이 권리남용을 주장하지 않는다면 법원은 이를 직권으로 판단할 수 없다.
③ 당사자간의 합의로 권리남용금지원칙의 적용을 배제하기로 하는 특약은 유효이다.
④ 상계권의 남용이 되기 위해서는 객관적 요건과 주관적 요건을 갖추어야 한다.
⑤ 권리남용을 이유로 권리 그 자체가 박탈되는 경우는 없다.

---

재판 외 분쟁해결제도(ADR; Alternative Dispute Resolution)에 관한 설명으로 옳지 않은 것은?

① 재판 외 분쟁해결제도(ADR)의 절차는 비공개가 원칙이다.
② 분쟁처리의 간편성 · 신속성 · 비용절감은 보장되는 반면, 절차참여자들이 그 결과의 집행에는 소극적인 단점이 있다.
③ 화해조서는 확정판결과 동일한 효력이 있으므로 이를 집행권원으로 하는 강제집행도 허용된다.
④ 재판 외 분쟁해결제도(ADR)의 단점으로는 오히려 경제적 강자에게 면죄부를 줄 수 있다는 점, 신속함을 이유로 진실된 권리자의 권리구제에 소홀할 수 있다는 점 등을 들 수 있다.
⑤ 당사자가 선임한 자의 판단에 복종할 것을 약속하여 분쟁을 해결하는 것을 중재라고 한다.

해설 | 재판 외 분쟁해결제도는 절차참여자들이 그 진행에 주도적으로 참여하고 합의안을 도출하게 되므로 결과의 집행에 적극적이며, 법원의 업무부담이 경감되고 당사자간에 분쟁의 대립감정이 남지 않는다는 장점이 있다.

기본서 p.66~68          정답 ②

**23** 사력구제(私力救濟)로서 민법이 명문으로 인정하는 것이 아닌 것은?

① 정당방위

② 긴급피난

③ 점유자의 자력방위

④ 점유자의 자력탈환

⑤ 소유자의 자력탈환

---

**정답 및 해설**

**22 ①** ② 권리행사가 권리남용이 되는가의 여부는 개별적 · 구체적인 사안에 따라 <u>법원이 직권으로 판단할 수 있다.</u>

③ 권리남용금지의 원칙은 <u>강행규정</u>이므로 당사자간의 합의로 권리남용금지원칙의 적용을 배제하기로 하는 특약은 <u>무효</u>이다.

④ 상계권의 남용이 되기 위해서는 객관적 요건만 갖추면 되고, <u>주관적 요건을 갖출 필요는 없다.</u>

⑤ 권리남용이 있는 경우 원칙적으로 권리박탈은 일어나지 않으나, 예외적으로 <u>법률에 명문의 규정이 있는 경우 권리가 박탈된다</u>[친권상실선고(제924조)].

**23 ⑤** 민법이 인정하는 사력구제로는 <u>점유자의 자력구제(제209조), 정당방위 · 긴급피난(제761조)</u>이 있다. 이 경우 <u>점유자의 자력구제는 자력방위와 자력탈환</u> 2가지를 인정한다.

# 제3장 권리의 주체

**민법상 능력 ★★★**

권리능력에 관한 설명으로 옳지 않은 것은? (다툼이 있으면 판례에 따름)

① 2인 이상이 동일한 위난으로 사망한 경우에는 동시에 사망한 것으로 추정한다.
② 특허권, 상표권에 관해서는 상호주의에 따라 외국인의 권리능력이 제한된다.
③ 인정사망이란 사망의 확증이 없으나 사망이 확실하다고 인정되는 경우, 가족관계등록부에 사망으로 기재하여 사망을 간주하는 제도이다.
④ 동시사망시에도 대습상속이 가능하다.
⑤ 실존인물인 경우에 특별한 사정이 없는 한 생존한다고 추정되고, 사망의 사실 및 시기에 대한 증명책임은 그것을 전제로 한 법률효과를 주장하는 자가 진다.

해설 | 인정사망이란 사망의 확증이 없으나 사망이 확실하다고 인정되는 경우, 가족관계등록부에 사망으로 기재하여 사망을 추정하는 제도이다(간주 × ⇨ 추정 ○).

기본서 p.81~85                                                                        정답 ③

---

종합

**01** 민법상 능력에 관한 설명으로 옳지 않은 것은? (다툼이 있으면 판례에 따름)

㉠ 사람은 사망함으로써 권리능력을 상실하므로, 사망자의 명예는 보호될 수 없다.
㉡ 제한능력을 이유로 취소한 경우 반환범위에 관한 규정은 의사무능력자의 반환범위에도 유추적용된다.
㉢ 가족관계등록부에 사망으로 기재되었다면, 그 기재가 진실이 아니라고 볼 만한 특별한 사정이 있더라도, 그 사망기재의 효력은 번복될 수 없다.
㉣ 실종선고를 받아도 실종자의 권리능력은 소멸하지 않는다.
㉤ 법인의 권리능력은 정관에 명시된 목적 자체에 국한된다.

① ㉠
② ㉠, ㉢
③ ㉠, ㉢, ㉤
④ ㉠, ㉡, ㉣, ㉤
⑤ ㉠, ㉡, ㉢, ㉣, ㉤

**02** 민법상 능력에 관한 설명으로 옳지 않은 것을 모두 고른 것은?

> ㉠ 민법은 권리능력제도의 보충·확장을 위하여 법정대리인제도와 임의대리인제도를 두고 있다.
> ㉡ 권리능력·행위능력에 관한 규정은 당사자의 합의에 의하여 그 적용을 배제할 수 있다.
> ㉢ 의사능력과 행위능력이 모두 없는 경우에는 무효와 취소의 이중효가 인정된다.
> ㉣ 의사능력의 유무에 대한 판단도 행위능력과 같이 획일화·객관화되어 있다.
> ㉤ 태아의 권리능력에 관한 해제조건설에 의하면 일정한 경우, 태아는 태아인 상태에서도 권리능력이 인정된다.
> ㉥ 인정사망으로 기재된 자는 사망한 것으로 추정된다.

① ㉠, ㉡, ㉢
② ㉠, ㉡, ㉣
③ ㉡, ㉢, ㉣
④ ㉢, ㉣, ㉤
⑤ ㉢, ㉤, ㉥

---

**정답 및 해설**

**01** ③ ㉠ 사람은 사망함으로써 권리능력을 상실하지만, <u>사망자의 명예는 보호된다</u>.
  ㉢ 가족관계등록부에 사망으로 기재되었더라도, 그 기재가 진실이 아니라고 볼 만한 특별한 사정이 있으면, 그 <u>사망의 추정은 번복될 수 있다</u>.
  ㉤ 법인의 권리능력은 법인의 설립 근거가 된 법률과 법인의 정관상의 목적에 의하여 제한되나 그 목적범위 내의 행위라 함은 <u>정관에 명시된 목적 자체에 국한되는</u> 것이 아니라, 그 목적을 수행하는 데 있어 <u>직접·간접으로 필요한 행위는 모두 포함되고</u> 목적수행에 필요한지의 여부는 행위의 객관적 성질에 따라 판단할 것이지 행위자의 주관적·구체적 의사에 따라 판단할 것은 아니다.

**02** ② ㉠ 대리제도는 <u>행위능력</u>을 보충(법정대리)하거나 확장(임의대리)하기 위한 제도이다.
  ㉡ 민법상 권리능력·행위능력에 관한 규정은 <u>강행규정</u>이므로 당사자의 의사에 의하여 그 <u>적용을 배제할 수 없다</u>.
  ㉣ 의사능력은 행위능력과는 달리 획일적·객관적으로 판단할 수 없고, <u>구체적·개별적</u>으로 판단하여야 한다.

**03** 권리능력의 종기(終期)에 관한 설명으로 옳지 않은 것은? (다툼이 있으면 판례에 따름)

① 2인 이상이 동일한 위난으로 사망한 경우에 이들은 동시에 사망한 것으로 추정된다.

② 법인의 청산종결등기가 마쳐졌더라도 청산사무가 종결되지 않았다면 그 범위 내에서는 청산법인으로 존속한다.

③ 법인에 대해서도 부재자 재산관리인이 선임될 수 있다.

④ 인정사망은 그 확증이 없더라도 사망이 확실시되는 경우, 가족관계등록부에 사망의 기재를 통하여 사망을 추정하는 제도이다.

⑤ 위 ④의 경우, 가족관계등록부에 사망으로 기재되었더라도, 그 기재가 진실이 아니라고 볼 만한 특별한 사정이 있으면, 그 사망의 추정은 번복될 수 있다.

**04** 민법상 능력에 관한 설명으로 옳지 않은 것을 모두 고른 것은? (다툼이 있으면 판례에 따름)

> ㉠ 자연인의 권리능력은 출생과 사망에 의해서 취득·상실하는 것이 원칙이지만, 이에는 예외가 있다.
> ㉡ 의사능력이란 자신이 행위의 의미나 결과를 정상적인 인식력과 예기력을 바탕으로 합리적으로 판단할 수 있는 정신적 능력 내지 지능을 말한다.
> ㉢ 2인 이상이 동일한 위난으로 사망한 경우에는 동시에 사망한 것으로 본다.
> ㉣ 행위능력의 유무는 구체적인 법률행위와 관련하여 개별적으로 판단되어야 한다.
> ㉤ 법인은 이사 기타 대표자가 그 직무에 관하여 타인에게 가한 손해를 배상할 책임이 있다.

① ㉠                    ② ㉣                    ③ ㉢, ㉣
④ ㉠, ㉢, ㉣           ⑤ ㉠, ㉡, ㉢, ㉣, ㉤

┌종합
**05** 의사능력에 관한 설명으로 옳지 않은 것은? (다툼이 있으면 판례에 따름)

① 의사무능력자의 법률행위는 절대적 무효이지만, 자신이 의사무능력 상태를 벗어난 후 추인하는 것은 가능하다.

② 의사능력이 없는 甲이 체결한 담보설정계약과 금전소비대차계약은 모두 절대적 무효이다.

③ 의사무능력자의 법률행위가 무효인 경우 부당이득반환의 범위에 대해서는 제한능력자의 반환범위에 관한 규정을 유추적용하므로 의사무능력자는 선·악을 불문하고 현존이익만을 반환하면 된다.

④ 권리능력과 의사능력은 일치한다.

⑤ 만취한 17세 甲이 법정대리인의 동의 없이 자신의 물건을 매도한 경우 의사무능력을 이유로 무효를 주장하는 것도 가능하다.

**06** 의사능력에 관한 설명으로 옳지 않은 것은? (다툼이 있으면 판례에 따름)

① 의사무능력을 이유로 법률행위가 무효인 경우, 의사무능력자가 선의인 때에 한하여 현존이익의 반환의무를 진다.

② 미성년자인 의사무능력자가 법정대리인의 동의 없이 한 부동산처분행위는 이를 취소할 수 있다.

③ 의사능력의 유무는 구체적인 법률행위와 관련하여 개별적으로 판단하여야 한다.

④ 의사무능력을 이유로 법률행위의 무효를 주장하는 자가 의사무능력을 증명하여야 한다.

⑤ 의사무능력자라도 성년후견개시의 심판을 받지 않은 한 피성년후견인의 취소에 관한 규정을 유추적용할 수 없다.

종합

**07** 외국인의 권리능력에 관한 설명으로 옳지 않은 것은?

① 외국인의 권리능력을 인정하는 일반규정은 없고 개별규정이 존재한다.

② 원칙적으로 내외국인 평등주의를 취하며, 예외적으로 상호주의의 제한을 받는다.

③ 외국인의 권리능력을 제한하는 규정은 강행규정이다.

④ 외국인의 권리능력을 절대적으로 제한하는 규정은 무효이다.

⑤ 토지취득, 불법행위에 의한 손해배상 인정 여부, 지식재산권 향유 여부 등은 상호주의에 의한 제한을 받는다.

---

**정답 및 해설**

**03 ③** 성질상 자연인만이 부재자가 되므로, 법인은 부재자가 될 수 없다. 따라서 <u>법인에 대해서는 부재자 재산관리인이 선임될 수 없다</u>.

**04 ④** ㉠ 자연인의 권리능력은 오로지 <u>출생과 사망에 의해서만 취득·상실하므로 이에는 예외가 없다</u>.
㉢ 2인 이상이 동일한 위난으로 사망한 경우에는 동시에 사망한 것으로 <u>추정한다</u>.
㉣ 행위능력의 유무는 의사능력과 달리 <u>획일적·객관적으로 판단한다</u>. 따라서 행위능력의 유무는 오로지 연령과 가정법원의 심판만으로 판단한다.

**05 ④** 권리능력과 의사능력은 일치하지 않는다. 따라서 <u>권리능력이 있다고 해서 항상 의사능력을 가지고 있는 것은 아니다</u>.

**06 ①** 의사무능력을 이유로 법률행위가 무효인 경우, 의사무능력자는 <u>선·악을 불문하고 현존이익을 반환하면 된다</u>.

**07 ④** 항공기·선박의 소유권 취득, 도선사 자격 취득은 외국인에게 절대적으로 인정되지 않으므로 <u>일정한 경우에 외국인의 권리능력을 절대적으로 제한하는 규정도 유효하다</u>. 또한 외국변호사도 법무부장관의 허가를 받으면 대한민국에서 개업할 수 있다.

태아 甲의 아버지 乙이 자동차 운전자 丙의 과실로 교통사고를 당했다. 다음 설명 중 옳지 않은 것은? (다툼이 있으면 판례에 따름)

① 甲이 출생한 때에는 乙의 중상으로 인해 자신이 겪을 고통에 대하여 丙에게 위자료를 청구할 수 있다.

② 乙이 교통사고의 후유증으로 사망한 경우, 사망신고를 하여야 乙의 권리능력이 상실된다.

③ 甲이 아직 태아인 동안에 乙이 사망한 경우, 해제조건설에 따르면 甲은 출생 전에도 상속권이 인정된다.

④ 甲이 아직 태아인 동안에 乙이 사망한 경우, 정지조건설에 따르면 甲은 출생 전에는 상속받을 수 없다.

⑤ 甲이 사산(死産)된 경우에는 해제조건설과 정지조건설의 대립과 상관없이 甲의 丙에 대한 손해배상청구권은 존재하지 않는다.

해설 | 자연인의 권리능력은 사망신고와 상관없이 사망만으로 상실한다. 따라서 乙이 교통사고의 후유증으로 사망한 경우, <u>사망신고와 무관하게 사망과 동시에 乙의 권리능력은 상실된다.</u>

기본서 p.86~90                                        정답 ②

---

**08** 태아의 권리능력에 관한 설명으로 옳지 않은 것을 모두 고르면? (다툼이 있으면 판례에 따름)

㉠ 태아는 불법행위에 의한 손해배상청구권, 재산의 상속 등에 관해서 출생한 것으로 본다.
㉡ 태아는 채무불이행을 이유로 한 손해배상을 청구할 수 있다.
㉢ 해제조건설에 의하면 임신 중 태아에게 법정대리인이 존재하므로, 태아는 법정대리인을 통해 모든 권리를 행사할 수 있다.
㉣ 태아는 증여와 사인증여를 받을 수 없고, 인지청구도 할 수 없다.

① ㉣
② ㉡, ㉢
③ ㉠, ㉡, ㉢
④ ㉠, ㉡, ㉣
⑤ ㉠, ㉡, ㉢, ㉣

**09** 부부 사이인 甲과 그의 아이 丙을 임신한 乙은 A의 과실로 교통사고를 당했다. 이에 관한 설명으로 옳은 것을 모두 고르면? (다툼이 있으면 판례에 따름)

> ㉠ 교통사고로 丙이 출생 전 乙과 함께 사망하였다면 丙은 A에 대하여 불법행위로 인한 손해배상청구권을 갖지 못한다.
> ㉡ 교통사고 후 살아서 출생한 丙은 A에 대하여 甲의 부상으로 입게 될 자신의 정신적 고통에 대한 위자료를 청구할 수 있다.
> ㉢ 甲이 교통사고로 사망한 후 살아서 출생한 丙은 甲의 A에 대한 불법행위로 인한 손해배상청구권을 상속받지 못한다.
> ㉣ 丙이 출생하기 전이라도 甲과 乙은 丙에 대한 법정대리인의 지위를 갖는다.

① ㉠, ㉡
② ㉠, ㉢
③ ㉠, ㉡, ㉢
④ ㉠, ㉡, ㉣
⑤ ㉠, ㉢, ㉣

---

**정답 및 해설**

**08** ② ㉡ 태아는 임신 중 법정대리인을 통해서 계약을 체결할 수 없으므로, <u>채무불이행을 이유로 한 손해배상을 청구할 수 없다.</u>
   ㉢ 민법에 의하면 임신 중 태아에게 권리능력이 인정되는 것은 개별적 보호주의를 원칙으로 하기 때문에 해제조건설에 의해서도 태아는 <u>모든 권리를 행사할 수 없다.</u>

**09** ① ㉢ 아버지 甲이 사고로 사망한 후 <u>살아서 출생한</u> 丙은 사망한 甲의 A에 대한 불법행위로 인한 <u>손해배상청구권을 상속받아서 행사할 수 있다.</u>
   ㉣ 판례인 정지조건설에 따르면 丙이 출생하기 전이라도 甲과 乙은 丙에 대한 <u>법정대리인의 지위를 갖지 못한다.</u>

**10** A의 운전과실로 인한 교통사고로 甲이 현장에서 사망하였다. 甲에게는 아버지 乙과 아내 丙이 있고 丙은 丁을 임신하고 있다. 이에 관한 설명으로 옳지 않은 것은? (다툼이 있으면 판례에 따름)

① 丁이 사산된 경우, A는 丁이 입은 손해에 대하여 배상책임을 지지 않는다.
② 丁이 살아서 출생한 경우, 丁은 甲의 손해배상청구권을 상속하고, 甲의 사망에 대하여 위자료청구권도 인정된다.
③ 丁이 살아서 출생한 경우, 丁은 丙과 공동으로 甲의 재산을 상속한다.
④ 丁이 살아서 출생한 경우, 乙은 甲의 손해배상청구권을 상속받지 못한다.
⑤ 만일 A의 운전과실로 甲이 아닌 丙과 丁이 동시에 사망하였다면, 甲은 丁의 사망으로 인한 손해배상청구권을 상속한다.

**11** 태아의 권리능력에 관한 설명으로 옳지 않은 것은? (다툼이 있으면 판례에 따름)

① 태아는 증여에 관하여 이미 출생한 것으로 본다.
② 태아는 상속에 관하여 이미 출생한 것으로 본다.
③ 태아의 법정대리인은 인정되지 않는다.
④ 태아는 부(父)의 생명침해로 인한 위자료청구권에 관하여 이미 출생한 것으로 본다.
⑤ 태아는 자신이 입은 불법행위로 인한 손해배상청구권에 관하여 이미 출생한 것으로 본다.

**12** 2012년 3월 2일 횡단보도를 건너던 甲과 그의 아들 乙은 신호위반을 한 A의 차에 치어 현장에서 사망하였다. 사망 당시 甲에게는 배우자 丙, 태아 丁이 있었으며, 丁은 2012년 5월 20일에 태어났다. 이에 관한 설명으로 옳은 것은? (다툼이 있으면 판례에 따름)

① 재산상속에 있어 丁은 2012년 3월 2일에 태어난 것으로 추정한다.
② 甲과 乙은 동시에 사망한 것으로 간주한다.
③ 丙은 2012년 3월 2일부터 태아 丁의 법정대리인이 된다.
④ 丁은 2012년 3월 2일부터 모든 법률관계에서 권리능력을 취득한다.
⑤ 丁은 A에 대하여 甲의 사망으로 인한 위자료청구권을 행사할 수 있다.

## 대표예제 14 │ 제한능력자제도 일반 ★★★

**민법상 제한능력자제도에 관한 설명으로 옳지 않은 것은?**

① 성년후견심판이 종료되기 전에 피성년후견인이 의사능력을 회복한 상태에서 자신의 X건물을 매도한 경우, 그 행위는 성년후견심판이 종료 후 3년까지는 제한능력을 이유로 취소할 수 있다.

② 피성년후견인이 성년후견인의 동의를 받아 증여를 한 경우 그 증여는 취소할 수 없다.

③ 법률행위 당시 성년후견개시의 심판을 받지 못하고 그 후에 성년후견개시의 심판을 받았다 하더라도 성년후견개시의 심판 전에 한 법률행위를 취소할 수 없다.

④ 제한능력자와 거래한 상대방을 보호하기 위해서는 신의칙을 적용하지 않는다.

⑤ 경제적으로 급박한 사정이 있더라도 특정후견은 본인의 의사에 반하여 할 수 없다.

해설 │ 피성년후견인은 법정대리인의 동의를 받더라도 단독으로 재산적 법률행위를 할 수 없기 때문에 동의를 받은 그 재산행위에 대하여 여전히 취소할 수 있다.

기본서 p.91~106                                                            정답 ②

---

**정답 및 해설**

**10** ⑤ 태아가 사산한 경우에는 어떠한 경우에도 권리능력이 인정되지 않는다. 따라서 A의 운전과실로 아내 丙과 태아 丁이 동시에 사망하였다면, 甲은 丁의 사망으로 인한 손해배상청구권을 상속받을 수 없다.

**11** ① 판례는 정지조건설을 취하고 있으므로 임신 중 태아는 증여와 사인증여에 관하여 권리능력이 인정되지 않는다.

**12** ⑤ ① 임신 중 태아의 경우 법에 규정되어 있는 권리만을 개별적으로 보호받게 되는데, 판례는 정지조건설을 취하고 있으므로 임신 중에는 권리를 주장할 수 없고, 살아서 출생하여야 그 행위시로 소급해서 권리를 주장할 수 있다. 따라서 재산상속에 있어 丁은 2012년 3월 2일에 태어난 것으로 본다(추정 × ⇨ 간주 ○).
　② 甲과 乙은 동시에 사망한 것으로 추정한다(간주 × ⇨ 추정 ○).
　③ 판례는 정지조건설을 취하고 있으므로 태아의 법정대리인을 인정하지 않는다. 따라서 친권자 丙은 丁이 출생한 2012년 5월 20일부터 丁의 법정대리인이 된다.
　④ 丁은 살아서 출생한 이상 문제된 시점인 2012년 3월 2일부터 민법에 규정된 개별적 법률관계에서만 권리능력을 취득한다.

**13** 제한능력자제도에 관한 설명으로 옳지 않은 것은?

① 제한능력자제도는 거래안전을 희생하면서 제한능력자 본인을 보호하는 제도이므로 제한능력을 이유로 한 취소의 경우 선의의 제3자를 보호하지 않는다.

② 제한능력자제도는 가족법상의 법률행위에는 적용되지 않지만, 불법행위에는 적용된다.

③ 제한능력자제도는 원칙적으로 준법률행위 또는 사실행위에 적용되지 않으나, 의사의 통지나 관념의 통지에는 적용될 수 있다.

④ 제한능력자제도는 강행규정으로서 당사자의 의사에 의하여 그 적용을 배제하지 못한다.

⑤ 제한능력을 이유로 취소한 경우 제한능력자와 상대방은 부당이득으로 반환하여야 하고, 양자의 반환은 동시이행의 관계에 있다.

---

## 대표예제 15 　 미성년자 ★★★

미성년자의 법률행위에 관한 설명으로 옳지 않은 것은? (다툼이 있으면 판례에 따름)

① 18세의 甲(男)과 18세의 乙(女)이 혼인신고한 후에는 기존 친권자의 동의 없이 단독으로 법률행위를 할 수 있고, 자기의 자녀에 대하여 친권을 행사할 수 있으며, 상대방의 후견인이 될 수 있다.

② 친권자가 미성년자에 대한 영업허락의 취소나 제한을 하는 경우, 미성년후견감독인의 동의를 얻을 필요가 없다.

③ 친권자가 미성년자를 대리하는 경우에는 자기 재산과 동일한 주의의무를 부담한다.

④ 미성년자가 법정대리인으로부터 허락받은 특정한 영업의 범위 내에서는 성년자와 동일한 행위능력이 있으므로, 영업에 관한 법정대리인의 대리권과 동의권은 그 범위에서 소멸한다.

⑤ 부담 없는 증여를 받는 행위, 채무를 면제받는 행위, 채무변제를 하거나 수령하는 행위는 미성년자가 단독으로 할 수 있다.

해설 | 부담 없는 증여를 받는 행위, 채무를 면제받는 행위 등은 미성년자가 단독으로 할 수 있으나, <u>채무변제를 하거나 수령하는 행위는 미성년자가 단독으로 할 수 없다.</u>

기본서 p.92~98　　　　　　　　　　　　　　　　　　　　　　　　　　　　　정답 ⑤

**14** 17세 乙에게는 친권자 甲이 있다. 이 경우 乙의 법률행위에 관한 설명으로 옳은 것은? (다툼이 있으면 판례에 따름)

① 乙이 단독으로 자신의 물건에 대한 매매계약을 丙과 체결한 후에 미성년인 상태에서 丙에게 매매대금의 이행을 청구하고 대금을 모두 지급받았다면 甲은 매매계약을 취소할 수 없다.

② 乙이 甲의 동의를 얻지 않고 체결한 계약은 乙이 단독으로 취소할 수 있을 뿐만 아니라 추인도 할 수 있다.

③ 甲이 乙에게 특정재산에 대하여 범위를 정하여 처분을 허락하였다면 그 재산의 처분에 관한 甲의 대리권은 소멸한다.

④ 乙이 2011년 1월 1일 오후 3시에 출생하였다면, 乙은 2029년 1월 1일 0시부터 성년자가 된다.

⑤ 乙이 타인으로부터 대리권을 수여받아 甲의 동의 없이 매매계약을 체결한 경우에는 제한능력을 이유로 그 대리행위를 취소할 수 있다.

---

**13** ② 제한능력자제도는 가족법상의 법률행위, 사실행위, 불법행위에는 <u>적용되지 않는다.</u>

**14** ④ ① 미성년자는 법정대리인의 동의 없이 제145조 법정추인을 할 수 없으므로 미성년인 상태에서 매매대금의 이행을 청구하고 대금을 모두 지급받았더라도 법정대리인은 그 <u>매매계약을 취소할 수 있다.</u>
   ② 미성년자는 법정대리인의 동의를 얻지 않고 체결한 계약을 단독으로 취소할 수 있으나, <u>법정대리인의 동의 없이 단독으로 추인할 수 없다.</u>
   ③ 법정대리인이 미성년자에게 특정재산에 대하여 범위를 정하여 처분을 허락하였더라도 그 재산의 처분에 관한 <u>법정대리인의 대리권은 소멸하지 않는다.</u>
   ⑤ 의사능력 있는 미성년자는 법정대리인의 동의 없이 타인의 대리인이 될 수 있으므로 그 <u>대리행위는 취소할 수 없다.</u>

제3장 권리의 주체 **57**

**15** 다음은 친권자 甲이 미혼의 아들 乙(18세)에게 보낸 편지의 내용이다. 이 편지의 내용과 관련한 다음 설명 중 옳지 않은 것은? (다툼이 있으면 판례에 따름)

> 네가 대학을 가지 않고 서울에서 카페를 운영한다고 하니 아버지로서 걱정이 많다. 어쨌든 네 고집을 꺾을 수가 없어서 요구한 돈을 보낸다. 약속했던 바와 같이 보낸 돈 1억원 중 7,000만원은 점포를 얻는 데 사용하고, 3,000만원은 예비비로 사용하도록 해라. 그리고 이왕 마음을 먹었으니 열심히 하기를 바란다.

① 甲은 乙의 카페영업에 관하여 대리권과 동의권을 행사할 수 없다.

② 乙이 7,000만원을 가지고 점포를 얻지 않고 약속과 달리 자동차를 산 경우, 甲은 자동차 구매계약을 취소할 수 없다.

③ 乙은 영업을 하는 데 필요한 대금결제, 직원고용 등에 있어 甲의 동의 없이 단독으로 할 수 있다.

④ 乙은 甲의 동의 없이 단독으로 영업 관련 소송을 진행할 수 있다.

⑤ 甲이 乙의 카페영업에 대한 허락을 취소하더라도 그 사실을 모르는 선의의 제3자에게는 취소를 가지고 대항할 수 있다.

**16** 미성년자와 법정대리인 사이의 이해상반행위에 관한 설명으로 옳지 않은 것은? (다툼이 있으면 판례에 따름)

① 친권자가 미성년자를 대리하여 자신의 성년의 자와 거래하는 행위도 이해상반이 된다.

② 이해상반이 되는 경우 친권자는 법원에 특별대리인의 선임을 청구하여야 한다.

③ 친권자의 이해상반행위는 무효가 되어 본인이 적법하게 추인하지 않는 한 무효이다.

④ 미성년자에게 친권자가 없어 후견인이 선임된 경우에도 이해상반의 법리가 적용된다.

⑤ 이해상반이 되는 경우 후견감독인이 선임되어 있다면 후견인은 특별대리인의 선임을 청구할 필요가 없다.

**17** 미성년자의 행위능력에 관한 설명으로 옳지 않은 것은? (다툼이 있으면 판례에 따름)

① 미성년자가 처분행위로 취득한 재산을 다시 처분하는 경우 취득한 재산의 가액이 처분을 허락한 재산의 가액을 현저히 초과하지 않는 한 원칙적으로 허락을 받을 필요가 없다.

② 18세가 넘은 미성년자가 월 소득범위 내에서 신용구매계약을 체결한 경우, 스스로 얻고 있던 소득에 대하여는 법정대리인의 묵시적 처분허락이 있었으므로 그 신용구매계약은 미성년을 이유로 취소할 수 없다.

③ 미성년자가 법정대리인의 동의를 얻어 법률행위를 한 경우 그 행위는 미성년자임을 이유로 취소할 수 없다.

④ 법정대리인의 동의가 있었다는 점에 대한 증명책임은 미성년자의 상대방이 부담한다.

⑤ 소멸시효중단을 위한 최고와 승인은 미성년자가 단독으로 할 수 있다.

---

**정답 및 해설**

**15** ⑤ 甲이 乙의 카페운영에 대한 허락을 취소하더라도 그 사실을 모르는 <u>선의의 제3자에게 취소를 가지고 대항할 수 없다.</u>

**16** ① 이해상반행위의 주체는 제한능력자와 법정대리인이므로 법정대리인 자신을 위한 것이 아닌 <u>제3자를 위한 법률행위를 하는 경우</u>에는 이해상반행위에 해당하지 않는다.

**17** ⑤ 미성년자 자신의 채권보전을 위한 소멸시효중단을 위한 최고는 권리만을 유지하기 위한 행위이므로 단독으로 할 수 있으나 <u>소멸시효의 중단을 위한 승인은 의무를 증가시키는 행위</u>이므로 단독으로 할 수 없다.

**18** 17세 甲의 법률행위에 관한 설명으로 옳은 것은?

① 甲이 처분을 허락받은 재산의 처분행위를 하기 전에는 법정대리인이 그 동의나 허락을 취소할 수 있으며, 철회의 효력을 가지고 선의의 제3자에게 대항할 수 있다.

② 친권자 또는 후견인이 미성년자의 영업을 허락·제한할 때에는 후견감독인의 동의를 받아야 한다.

③ 甲은 단독으로 임금을 청구할 수 있으나, 임금청구소송에 있어서는 소송상 당사자 능력이 인정되지 않는다.

④ 친권자가 甲에게 재산의 포괄적 처분을 허락하는 것도 가능하다.

⑤ 甲의 법정대리인은 대리권, 추인권, 동의권, 취소권을 가지며, 미성년자에 대한 동의는 불요식행위이므로 묵시적 동의도 가능하다.

**19** 미성년자의 행위능력에 관한 설명으로 옳은 것은? (다툼이 있으면 판례에 따름)

① 미성년자가 법률행위를 함에 있어서 요구되는 법정대리인의 동의는 언제나 명시적이어야 한다.

② 법정대리인의 동의에 대한 증명책임은 동의가 있었음을 이유로 법률행위의 유효를 주장하는 상대방에게 있다.

③ 혼인한 미성년자라도 법정대리인의 동의가 없으면 단독으로 유효한 매매계약을 체결할 수 없다.

④ 법정대리인으로부터 그 종류를 특정하지 않은 채 포괄적으로 허락을 얻은 영업에 관하여 미성년자는 성년자와 동일한 행위능력이 있다.

⑤ 미성년자의 법률행위에 법정대리인의 동의를 요한다는 민법규정은 임의규정이다.

## 20 미혼인 18세 甲의 법률행위에 관한 설명으로 옳지 않은 것은? (다툼이 있으면 판례에 따름)

① 甲의 후견인이 영업허락 및 취소와 제한, 부동산의 매각처분 등에 대한 허락을 하는 경우 후견감독인의 동의를 받아야 하며, 그렇지 못한 경우 甲 본인도 그 행위를 취소할 수 있다.

② 甲에 대한 법정대리인의 동의는 甲에게 할 수 있으며, 甲의 상대방에게 할 수는 없다.

③ 甲은 원칙적으로 단독으로 소송행위를 할 수 없으나, 예외적으로 부양청구소송, 허락받은 영업에 관한 소송 등은 단독으로 할 수 있다.

④ 甲의 법정대리인이 후견인인 경우 지정후견인이 선임후견인에 우선하게 된다.

⑤ 甲의 후견인은 복수로 존재할 수 없다.

---

### 정답 및 해설

**18 ⑤** ① 미성년자가 그 처분행위를 하기 전에는 법정대리인이 그 <u>동의나 허락을 취소할 수 있으며</u>, 그 취소의 효력을 가지고 <u>선의의 제3자에게 대항할 수 없다.</u>

② 후견인이 미성년자의 영업을 허락·제한할 때에는 후견감독인의 동의를 받아야 하지만, <u>친권자가 미성년자의 영업을 허락·제한할 때에는 후견감독인의 동의를 받을 필요가 없다.</u>

③ 미성년자는 단독으로 임금을 청구할 수 있으며, <u>단독으로 임금청구소송을 진행할 수 있다.</u>

④ 법정대리인이 미성년자에게 재산의 <u>포괄적 처분을 허락하는 것은 무효이다.</u>

**19 ②** ① 미성년자가 법률행위를 함에 있어서 요구되는 법정대리인의 동의는 <u>불요식행위이므로 명시적·묵시적으로 할 수 있다.</u>

③ 혼인한 미성년자는 민법상 재산행위와 가족법상의 신분행위에서는 성년의제가 되므로 법정대리인의 동의가 없이 <u>단독으로 유효한 매매계약을 체결할 수 있다.</u>

④ 법정대리인이 미성년자에게 그 종류를 특정하지 않은 채 포괄적으로 영업을 허락하는 경우에는 무효이므로 미성년자는 그 행위를 여전히 <u>취소할 수 있다.</u>

⑤ 미성년자의 법률행위에 법정대리인의 동의를 요한다는 민법규정은 <u>강행규정이다.</u>

**20 ②** 미성년자에 대한 법정대리인의 동의는 미성년자 본인뿐만 아니라, <u>미성년자의 상대방에게도 할 수 있다.</u>

---

민법상 성년후견제도에 관한 설명으로 옳은 것은? (다툼이 있으면 판례에 따름)

① 법인은 성년후견인이 될 수 없다.

② 가정법원은 본인의 의사를 고려하지 않고 성년후견개시의 심판을 할 수 있다.

③ 가정법원은 취소할 수 없는 피성년후견인의 법률행위의 범위를 정한 후에는 본인의 청구가 있더라도 그 범위를 변경할 수 없다.

④ 가정법원은 본인이 성년후견개시를 청구하고 있더라도 의사(醫師)의 감정(鑑定) 결과 등에 비추어 한정후견개시의 심판을 할 수 있다.

⑤ 가정법원은 피특정후견인에 대하여 특정후견의 종료 심판 없이 한정후견개시의 심판을 할 수 있다.

오답  ① 법인도 성년후견인이 될 수 있다.
체크  ② 가정법원은 성년후견개시의 심판을 할 때 본인의 의사를 고려하여야 한다.
　　　 ③ 가정법원은 본인, 배우자, 4촌 이내의 친족, 성년후견인, 성년후견감독인, 검사 또는 지방자치단체의 장의 청구에 의하여 '취소할 수 없는 피성년후견인의 법률행위의 범위를' 변경할 수 있다.
　　　 ⑤ 가정법원이 피성년후견인 또는 피특정후견인에 대하여 한정후견개시의 심판을 할 때에는 종전의 성년후견 또는 특정후견의 종료 심판을 한다.

기본서 p.98~102 　　　　　　　　　　　　　　　　　　　　　　　　　　　　　　정답 ④

종합

**21** 법정후견제도에 관한 설명으로 옳은 것은?

① 특정후견의 심판을 하는 경우에는 특정후견의 기간을 정할 수 있다.

② 피성년후견인의 법률행위는 원칙적으로 취소할 수 있다.

③ 가정법원은 취소할 수 없는 피성년후견인의 법률행위의 기간 또는 범위를 정할 수 있다.

④ 甲에 대한 성년후견심판 또는 한정후견심판을 하는 경우 甲의 의사에 반하여 할 수 없다.

⑤ 가정법원은 질병, 장애, 노령, 그 밖의 사유로 인한 정신적 제약으로 사무를 처리할 능력이 지속적으로 결여된 사람에 대하여 본인, 배우자, 4촌 이내의 친족, 미성년후견인, 미성년후견감독인, 한정후견인, 한정후견감독인, 성년후견인, 성년후견감독인, 검사 또는 지방자치단체의 장의 청구에 의하여 성년후견개시의 심판을 한다.

## 22 한정후견심판에 관한 설명으로 옳지 않은 것은?

① 가정법원은 본인 등 일정한 자의 청구에 의하여 정신적 제약으로 사무처리능력이 부족한 사람에 대하여 한정후견개시의 심판을 한다.

② 한정후견개시의 원인이 소멸된 경우에는 가정법원은 직권이 아니라 본인, 배우자, 4촌 이내의 친족, 한정후견인, 한정후견감독인, 검사 또는 지방자치단체의 장의 청구에 의하여 한정후견종료의 심판을 한다.

③ 가정법원은 피한정후견인이 한정후견인의 동의를 받아야 하는 행위의 범위를 정하여야 한다.

④ 의사능력을 회복한 한정후견인이 동의를 받아야 하는 행위를 단독으로 한 경우 한정후견종료 심판 후 3년까지 취소할 수 있다.

⑤ 한정후견인의 동의 없이 한 법률행위는 한정후견인 또는 피한정후견인이 취소할 수 있다.

---

### 정답 및 해설

**21 ②** ① 특정후견의 심판을 하는 경우에는 특정후견의 <u>기간 또는 사무의 범위를 정하여야 한다.</u>
③ 가정법원은 취소할 수 없는 피성년후견인의 법률행위의 <u>범위를 정할 수 있다.</u>
④ <u>가정법원은</u> 성년후견심판 또는 한정후견심판을 하는 경우 <u>본인의 의사를 고려하여야 한다.</u>
⑤ 가정법원은 질병, 장애, 노령, 그 밖의 사유로 인한 정신적 제약으로 사무를 처리할 능력이 지속적으로 결여된 사람에 대하여 본인, 배우자, 4촌 이내의 친족, 미성년후견인, 미성년후견감독인, 한정후견인, 한정후견감독인, 특정후견인, 특정후견감독인, 검사 또는 지방자치단체의 장의 청구에 의하여 성년후견개시의 심판을 하여야 하므로, <u>성년후견인과 성년후견감독인은 청구권이 없다.</u>

**22 ③** 가정법원은 피한정후견인이 한정후견인의 <u>동의를 받아야 하는 행위의 범위를 정할 수 있다.</u>

**23** 특정후견심판에 관한 설명으로 옳지 않은 것은? (다툼이 있으면 판례에 따름)

① 정신적 제약으로 일시적 후원 또는 특정한 사무에 관한 후원이 필요한 사람에 대하여 특정후견개시 심판을 청구할 수 있다.

② 본인의 복리상 필요하더라도 본인의 의사에 반하여 특정후견을 개시할 수 없다.

③ 특정후견은 별도의 종료 심판 없이 기간의 종료나 정해진 사무 처리의 종결로 종료한다.

④ 특정후견인이 선임되더라도 피특정후견인의 행위능력은 제한되지 않는다.

⑤ 특정후견의 심판을 하는 경우에는 특정후견의 기간 또는 사무의 범위를 정할 수 있다.


**24** 성년후견에 관한 설명으로 옳지 않은 것은?

① 피성년후견인은 일상생활에 필요하고 대가가 과도하지 않은 일용품은 단독으로 구입할 수 있다.

② 피성년후견인은 혼인, 협의상 이혼을 단독으로 할 수 있다.

③ 미성년후견인도 성년후견개시심판을 청구할 수 있다.

④ 피성년후견인이 행한 재산상 법률행위는 성년후견인이 추인하면 유효하게 된다.

⑤ 가정법원은 취소할 수 없는 피성년후견인의 행위의 범위를 정할 수 있다.

**25** 법정후견제도에 관한 설명으로 옳은 것은?

① 피성년후견인은 혼인, 협의상 이혼은 단독으로 할 수 있다.

② 정신적 제약으로 사무처리능력이 일시적으로 결여된 경우, 성년후견개시의 심판을 해야 한다.

③ 법인은 미성년후견인과 성년후견인, 한정후견인, 특정후견인이 될 수 있다.

④ 피성년후견인이 동의서를 위조하여 자신의 부동산을 매매하였다면 그 매매는 취소할 수 없다.

⑤ 긴급을 요하는 경우라도 특정후견은 본인의 의사에 반하여 할 수 없다.

## 대표예제 17 제한능력자의 상대방보호제도 ★★★

미성년자 甲은 그 소유의 X토지를 법정대리인 丙의 동의 없이 乙에게 매도하는 계약을 체결하였다. 이에 관한 설명으로 옳지 않은 것은? (다툼이 있으면 판례에 따름)

① 甲은 매매계약을 취소할 수 있다.

② 丙이 乙로부터 매매대금의 일부를 수령한 경우에도 丙은 甲이 제한능력자임을 이유로 매매계약을 취소할 수 있다.

③ 甲은 丙의 동의가 있더라도 단독으로 매매대금의 이행을 구하는 소를 제기할 수 없다.

④ 甲이 丙의 동의가 있는 것처럼 속여서 乙이 이를 믿고 매매계약을 체결한 경우, 丙은 매매계약을 취소할 수 없다.

⑤ 丙이 매매계약을 추인하기 전에는, 甲이 미성년자임을 알지 못하였던 乙은 매매의 의사표시를 철회할 수 있다.

해설 | 법정대리인 丙이 상대방 乙로부터 매매대금의 일부를 수령한 경우에는 제145조 법정추인이 되므로 丙은 미성년자 甲이 제한능력자임을 이유로 그 매매계약을 취소할 수 없다.

기본서 p.103~107                                                                   정답 ②

---

## 정답 및 해설

**23** ⑤ 특정후견의 심판을 하는 경우에는 특정후견의 기간 또는 사무의 범위를 정하여야 한다.

**24** ② 피성년후견인은 혼인, 협의상 이혼과 같은 가족법상의 행위는 단독으로 할 수 없고 성년후견인의 동의를 받아서 하여야 한다. 그러나 피성년후견인이 의사능력을 회복한 경우 유언행위는 성년후견인의 동의 없이 단독으로 할 수 있다.

**25** ⑤ ① 피성년후견인은 혼인, 협의상 이혼과 같은 가족법상의 행위는 피성년후견인이 단독으로 할 수 없고 성년후견인의 동의를 받아서 하여야 한다.

② 정신적 제약으로 사무처리능력이 지속적으로 결여된 경우, 성년후견개시의 심판을 해야 한다.

③ 법인은 미성년후견인이 될 수는 없으나, 성년후견인과 한정후견인, 특정후견인이 될 수 있다.

④ 성년후견인에게는 피성년후견인의 재산상의 법률행위에 관하여 동의권이 없으므로, 피성년후견인이 동의서를 위조하여 자신의 부동산을 매매하였더라도 그 매매는 취소할 수 있다.

**26** 2017년 6월 3일 15세인 甲이 친권자 乙의 동의 및 처분허락 없이 본인 소유의 자전거를 丙에게 30만원에 매도하였다. 이에 관한 설명으로 옳지 않은 것은? (다툼이 있으면 판례에 따름)

제20회

① 甲은 乙의 동의 없이 매매계약을 취소할 수 있다.

② 2017년 7월 14일 甲이 乙의 동의 없이 丙에 대한 대금채권을 丁에게 양도한 후 丙에게 양도사실을 통지하였다면, 甲은 매매계약을 취소할 수 없다.

③ 甲과 丙이 제한능력자에 관한 규정의 적용을 배제하기로 약정하였더라도 乙은 매매계약을 취소할 수 있다.

④ 丙이 乙에게 1개월 이상의 기간을 정하여 매매계약에 대한 추인 여부의 확답을 촉구한 경우, 乙이 그 기간 내에 확답을 발송하지 아니하면 이를 추인한 것으로 본다.

⑤ 丙이 계약 체결 당시 甲이 미성년자라는 사실을 알았다면, 丙은 乙의 추인 전이라도 자신의 의사표시를 철회할 수 없다.

고난도

**27** 제한능력자와 거래한 상대방의 확답촉구권 및 추인권에 관한 설명으로 옳지 않은 것은?

① 제한능력자의 상대방이 확답을 촉구하기 위해서는 반드시 선의일 것을 요한다.

② 제한능력자의 상대방이 확답촉구권을 행사할 경우에는 1월 이상의 기간을 정하여 최고하여야 한다.

③ 미성년자가 성년에 이른 후 상대방이 행한 촉구에 대하여 일정 기간 동안에 확답을 발송하지 아니한 경우에는 추인한 것으로 본다.

④ 미성년자의 상대방이 행한 확답촉구에 대하여 미성년자의 친권자가 일정 기간 동안에 확답을 발송하지 아니한 경우에는 추인한 것으로 본다.

⑤ 미성년자를 대리함에 있어서 후견감독인의 동의를 받아야 하는 경우, 법정대리인에게 행한 확답촉구에 대하여 법정대리인이 확답을 발송하지 아니하였다면 이는 추인을 거절한 것이 된다.

**28** 제한능력자의 상대방보호 등에 관한 설명으로 옳은 것을 모두 고른 것은? (다툼이 있으면 판례에 따름)

> ⊙ 법정대리인이 취소한 미성년자의 법률행위는 취소시부터 효력을 상실한다.
> ㉡ 제한능력자와 계약을 맺은 선의의 상대방은 제한능력자 측에서 추인하기 전까지 제한능력자를 상대로 그 의사표시를 철회할 수 있다.
> ㉢ 미성년자의 법률행위에 법정대리인의 묵시적 동의가 인정되는 경우에 미성년자는 제한능력을 이유로 그 법률행위를 취소할 수 없다.
> ㉣ 피성년후견인의 법률행위 중 일상생활에 필요하고, 대가가 과도하지 아니한 법률행위는 성년후견인이 취소할 수 없다.
> ㉤ 제한능력자가 맺은 계약은 제한능력자 측에서 추인하기 전까지 상대방이 이를 거절할 수 있다.

① ㉠  
② ㉤  
③ ㉠, ㉤  
④ ㉡, ㉢, ㉣  
⑤ ㉡, ㉣, ㉤

---

**정답 및 해설**

**26** ② 미성년자는 단독으로 취소할 수 있으나 법정대리인의 동의 없이 단독으로 추인과 법정추인을 할 수 없다. 따라서 미성년자 甲이 친권자 乙의 동의 없이 상대방 丙에 대한 대금채권을 丁에게 양도한 후 상대방 丙에게 양도사실을 통지하였다면, 법정추인으로서의 효력이 없으므로 甲 또는 乙이 그 매매계약을 취소할 수 있다.

**27** ① 상대방은 선·악을 불문하고 확답을 촉구할 수 있다.

**28** ④ ㉠ 법정대리인이 취소한 미성년자의 법률행위는 취소시부터 효력을 상실하는 것이 아니라, 처음부터 그 효력을 상실한다(= 취소의 소급효).
　㉤ 제한능력자가 맺은 계약은 제한능력자 측에서 추인하기 전까지 선의인 상대방이 이를 철회할 수 있다(거절 × ⇨ 철회 ○).

**29** 제한능력자의 상대방보호에 관한 설명으로 옳은 것을 모두 고른 것은?

> ㉠ 상대방은 제한능력자가 능력자로 된 후에 그에게 상당한 기간을 정하여 취소할 수 있는 행위에 대한 추인 여부의 확답을 촉구할 수 있다.
> ㉡ 상대방은 제한능력자가 능력자로 된 후에 그 법정대리인이었던 자에게 취소할 수 있는 행위에 대한 추인 여부의 확답을 촉구한 경우 그 촉구는 유효하다.
> ㉢ 계약 당시에 제한능력자임을 상대방이 알지 못한 경우, 제한능력자가 맺은 계약은 추인이 있을 때까지 상대방은 제한능력자에게도 그 의사표시를 철회할 수 있다.
> ㉣ 제한능력자가 속임수로써 자기를 능력자로 믿게 한 경우에는 그 행위를 취소할 수 없다.

① ㉠, ㉡
② ㉡, ㉣
③ ㉢, ㉣
④ ㉠, ㉡, ㉢
⑤ ㉠, ㉢, ㉣

**30** 제한능력자의 상대방보호에 관한 설명으로 옳지 않은 것은? (다툼이 있으면 판례에 따름)

① 제한능력자임을 알면서 계약을 맺은 상대방에게는 추인 여부와 관계없이 철회권이 인정되지 않는다.
② 제한능력자와 계약을 맺은 상대방은 법정대리인의 추인이 있으면 자신의 의사표시를 철회할 수 없다.
③ 상대방은 제한능력자의 단독행위에 대한 거절의 의사표시를 제한능력자에 대하여 할 수 있다.
④ 상대방은 1개월 이상의 기간을 정하여 그 취소할 수 있는 행위에 대한 추인 여부의 확답을 제한능력자에게 촉구할 수 있다.
⑤ 제한능력자가 주민등록증을 위조하여 자기를 능력자로 믿게 하고 법률행위를 한 경우에는 취소할 수 없다.

**31** 부부인 甲·乙의 아들 丙(18세)은 능력자 丁으로부터 650만원을 빌린(이하 '소비대차계약'이라 함) 후, 이 돈을 대학교의 수업료로 지급하였다. 이에 관한 설명으로 옳은 것을 모두 고른 것은?

> ㉠ 丙은 甲·乙의 동의 없이 소비대차계약을 취소할 수 없다.
> ㉡ 丙은 甲·乙의 동의를 얻지 않고 단독으로 소비대차계약을 추인할 수 있다.
> ㉢ 丁이 甲·乙에 대하여 1월 이상의 기간을 정하여 소비대차계약의 추인 여부의 확답을 촉구하였으나, 기간이 경과하여도 丁이 확답을 받지 못한 때에는 추인한 것으로 간주한다.
> ㉣ 丙이 미성년자라는 이유로 소비대차계약을 취소하는 경우에 丙은 丁에게 일단 650만원을 반환하여야 함이 원칙이다.
> ㉤ 丁이 제3자의 말을 신용하여 丙을 성년자로 오신한 경우, 丙은 미성년자라는 이유로 소비대차계약을 취소할 수 없다.

① ㉣
② ㉡, ㉢
③ ㉡, ㉣
④ ㉠, ㉢, ㉣
⑤ ㉡, ㉣, ㉤

---

**정답 및 해설**

**29** ③ ㉠ 상대방은 제한능력자가 능력자로 된 후에 그에게 <u>1개월 이상의 기간</u>을 정하여 취소할 수 있는 행위에 대한 추인 여부의 확답을 촉구할 수 있다.
㉡ 제한능력자가 능력자로 된 후에는 법정대리인이 존재하지 않으므로 <u>그 법정대리인이었던 자에게</u> 취소할 수 있는 행위에 대한 추인 여부의 확답을 <u>촉구한 경우 그 촉구는 무효</u>이다.

**30** ④ 상대방은 1개월 이상의 기간을 정하여 그 취소할 수 있는 행위에 대한 추인 여부의 확답을 촉구할 경우 추인권자에게 하여야 하므로 <u>제한능력자에게는 확답을 촉구할 수 없다.</u>

**31** ① ㉠ <u>미성년자가 단독으로 한 법률행위는 자신이 취소할 수 있고(제5조 제2항), 법정대리인의 동의가 필요하지 않다.</u>
㉡ 丙은 甲·乙의 <u>동의를 얻어서</u> 소비대차계약을 추인할 수 있다.
㉢ 친권자에게 추인 여부의 확답을 촉구한 경우 친권자가 적법한 기간 내에 그 확답을 <u>발송하지 않으면 추인한 것으로 본다.</u>
㉤ 丁이 제3자의 말을 신용하여 丙을 성년자로 오신한 경우, 丙은 미성년자라는 이유로 소비대차계약을 <u>취소할 수 있다.</u>

**32** 제한능력자의 법률행위에 관한 설명으로 옳은 것은? (다툼이 있으면 판례에 따름)

제20회

① 피성년후견인이 속임수로써 법정대리인의 동의가 있는 것으로 계약 상대방을 믿게 한 경우에는 그 계약을 취소할 수 없다.
② 의사무능력자는 성년후견개시 심판 없이도 피성년후견인으로서 보호된다.
③ 미성년자가 단순히 자기가 성년자라고 말하여 계약 상대방을 믿게 한 경우에는 그 계약을 취소할 수 있다.
④ 제한능력자의 법률행위가 취소된 경우, 제한능력자가 악의이면 그는 받은 이익 전부를 반환하여야 한다.
⑤ 미성년자가 법정대리인의 동의 없이 시가보다 저렴한 가격으로 컴퓨터를 매수한 경우, 법정대리인은 이를 취소할 수 없다.

---

**대표예제 18** | **주소 ★**

**민법상 주소에 관한 설명으로 옳지 않은 것은?**

① 주소는 동시에 세 곳에 있을 수 있다.
② 국내에 주소 없는 자에 대하여는 국내에 있는 거소를 주소로 본다.
③ 가주소는 당사자의 의사에 의하여 설정되고 당해 거래에 관하여 주소로 본다.
④ 가주소를 정할 경우 최소한 생활의 근거가 되는 곳이어야 한다.
⑤ 현재지에 대해서는 민법전에 별도로 명문규정을 두고 있지 않다.

해설 | 가주소가 아니라 <u>주소를 정할 경우</u> 그 주소는 최소한 <u>생활의 근거가 되는 곳이어야 한다</u>.

기본서 p.107~109                                                                  정답 ④

---

## 33 주소에 관한 설명으로 옳지 않은 것은? (다툼이 있으면 판례에 따름)

① 생활의 근거가 되는 곳을 말한다.

② 동시에 두 곳 이상 있을 수 있다.

③ 주소를 알 수 없으면 거소를 주소로 본다.

④ 국내에 주소가 없는 자에 대해서는 국내에 있는 거소를 주소로 본다.

⑤ 어느 행위에 있어 가주소를 정한 때에는 그 행위에 관하여는 이를 주소로 추정한다.

---

**정답 및 해설**

**32 ③** ① 피성년후견인의 법정대리인인 성년후견인에게는 재산행위에 관하여 동의권이 없으므로 피성년후견인이 속임수로써 법정대리인의 동의가 있는 것으로 계약 상대방을 믿게 한 경우에도 <u>그 계약을 취소할 수 있다.</u>

② 피성년후견인은 성년후견개시 심판을 받은 자이므로 의사무능력자라고 하더라도 <u>성년후견개시 심판이 없으면 피성년후견인으로서 보호받지 못한다.</u>

④ 제한능력자의 법률행위가 취소된 경우, 제한능력자 측에서는 <u>선의·악의를 불문하고 현존이익만 반환하면 된다</u>(제141조).

⑤ 미성년자가 법정대리인의 동의 없이 경제적으로 유리한 매매를 하였다고 하더라도, 권리만 얻거나 의무만을 면하는 행위가 아니므로 <u>법정대리인은 그 매매계약을 취소할 수 있다</u>(제5조 제1항).

**33 ⑤** 어느 행위에 있어 가주소를 정한 때에는 그 행위에 관하여는 이를 <u>주소로 본다(= 간주).</u>

부재자의 재산관리에 관한 설명으로 옳지 않은 것은?

① 부재자가 재산관리인을 정하지 않은 때에는 법원은 이해관계인이나 검사의 청구에 의해 재산관리에 필요한 처분을 명해야 한다.

② 부재자의 부재중에 재산관리인의 권한이 소멸한 때 법원은 이해관계인이나 검사의 청구에 의해 부재자의 실종선고를 해야 한다.

③ 법원은 그 선임한 재산관리인에게 재산의 관리 및 반환에 관해 상당한 담보를 제공하게 할 수 있다.

④ 부재자가 재산관리인을 정한 경우에 부재자의 생사가 분명하지 않은 때는 법원은 이해관계인의 청구에 의해 재산관리인을 개임할 수 있다.

⑤ 법원은 그 선임한 재산관리인에 대해 부재자의 재산으로 보수를 지급할 수 있다.

해설 | 부재자의 부재중에 재산관리인의 권한이 소멸한 때 법원은 이해관계인이나 검사의 청구에 의해 <u>부재자의 재산관리에 관하여 필요한 처분을 명하여야 한다.</u>

기본서 p.110~113                                               정답 ②

종합

**34** 부재자의 재산관리에 관한 설명으로 옳은 것은? (다툼이 있으면 판례에 따름)

① 생존하고 있는 것이 확실한 경우에는 부재자가 될 수 없다.

② 법인도 부재자가 될 수 있다.

③ 재산관리인은 부재자를 위하여 법원의 허가 없이 소유권이전등기의 말소절차 이행청구를 할 수 있다.

④ 부재자의 재산관리인에 의하여 소송절차가 진행되던 중 부재자 본인에 대한 실종선고가 확정되더라도 소송절차가 중단되는 것은 아니다.

⑤ 법원에 의하여 선임된 재산관리인이 있는 경우, 선임된 재산관리인에 대한 공시송달뿐만 아니라, 부재자 본인을 상대로 한 공시송달도 그 효력이 인정된다.

**35** X부동산을 소유한 甲은 재산관리인을 선임하지 않고 장기간 해외출장을 떠났다. 이에 관한 설명으로 옳지 않은 것은? (다툼이 있으면 판례에 따름)

① 법원이 선임한 재산관리인은 원칙적으로 법원의 허가 없이 X부동산을 처분할 수 없다.

② 甲의 채권자의 청구에 의하여 법원이 선임한 재산관리인은 甲의 일종의 법정대리인이다.

③ 법원은 직권으로 X부동산의 관리에 필요한 처분을 명할 수 없다.

④ 甲의 재산관리인이 甲을 위해 법원의 허가 없이 X부동산을 처분한 경우, 그 후 법원의 허가를 얻었다면 그 처분은 효력이 있다.

⑤ 甲이 사망한 경우, 재산관리인이 그 사실을 확인하지 못하였더라도 그 권한이 소멸하므로, 재산관리인은 X부동산의 관리행위를 할 수 없다.

---

**정답 및 해설**

**34** ③ ① 부재자는 반드시 <u>생사불명일 필요는 없다.</u>

② 부재자란 그 성질상 자연인만이 부재자가 될 수 있으므로, <u>법인은 부재자가 될 수 없다.</u>

④ 소송계속 중에 당사자가 사망한 때에는 그 당사자에게 소송대리인이 선임되어 있지 않는 한 소송절차는 중단되고, 부재자의 재산관리인에 의한 소송절차가 진행되던 중 <u>부재자 본인에 대한 실종선고가 확정되면 그 재산관리인으로서의 지위는 종료되는 것이므로 상속인 등에 의한 적법한 소송수계가 있을 때까지 소송절차가 중단된다.</u>

⑤ 법원에 의하여 선임된 재산관리인이 있는 경우, 부재자 <u>본인을 상대로 한 공시송달은 그 효력이 인정되지 않는다.</u>

**35** ⑤ 甲이 사망한 경우, 재산관리인이 그 사실을 확인하였더라도 법원에 의하여 재산관리인 선임 결정이 취소되지 않는 한, <u>재산관리인은 계속하여 X부동산을 관리할 수 있다.</u>

**36** 부재자 甲을 위하여 법원에 의하여 선임된 재산관리인 乙에 관한 설명 중 틀린 것은? (다툼이 있으면 판례에 따름) 제10회

① 乙이 법원의 허가를 받아 재산을 처분한 후에 그 허가결정이 취소되었더라도 이미 한 乙의 처분행위는 유효하다.

② 乙이 甲의 재산매각에 관하여 법원의 허가를 받았다면 그 재산을 담보로 제공할 때에 다시 법원의 허가를 받아야 하는 것은 아니다.

③ 乙이 甲의 재산처분에 대한 법원의 허가를 받았다면 처분방법은 乙이 임의로 정할 수 있으며, 甲의 이익을 위하여 처분할 필요는 없다.

④ 乙의 처분행위에 대한 법원의 허가는 장래의 처분행위뿐만 아니라 과거의 처분행위에 대해서도 가능하다.

⑤ 乙이 甲의 사망을 확인하였더라도 법원에 의하여 재산관리인 선임결정이 취소되지 않는 한 乙은 계속하여 권한을 행사할 수 있다.

고난도
**37** 부재자의 재산관리에 관한 설명으로 옳지 않은 것은? (다툼이 있으면 판례에 따름)

① 甲의 생사가 불명하여 법원이 乙을 甲의 재산관리인으로 유임한 경우, 乙은 법원의 허가 없이 X건물을 매각할 수 없다.

② 법원이 선임한 재산관리인은 관리할 재산목록을 작성하여야 한다.

③ 부재자 재산관리인이 부재자의 재산을 매각하려면 법원의 허가를 요하는 것이고, 법원이 허가를 함에 있어서 매각방법에 관하여 제한이 없는 경우에는 재산관리인은 임의매각도 할 수 있다.

④ 부재자의 재산관리인에 의하여 소송절차가 진행되던 중 부재자 본인에 대한 실종선고가 확정된 경우에도 재산관리인은 소송대리인으로서 소를 계속할 수 있다.

⑤ 재산관리인이 법원의 허가를 넘은 처분행위를 한 때에는 무권대리가 되고, 원칙적으로 표현대리는 성립하지 아니한다.

**38** 법원에 의한 부재자 재산관리가 종료될 수 있는 사유가 아닌 것은? (다툼이 있으면 판례에 따름)

① 부재자가 사망한 후 그 선임결정이 취소된 경우

② 부재자가 스스로 재산관리를 할 수 있게 된 경우

③ 부재자가 재산관리인을 선임한 경우

④ 부재자에 대하여 실종선고가 행하여진 후 그 선임결정이 취소된 경우

⑤ 부재자가 행방불명이 된 경우

---

**정답 및 해설**

**36** ③ 乙이 甲의 재산처분에 대한 법원의 허가를 받았다면 처분방법은 乙이 임의로 정할 수 있으나, <u>그 처분은 반드시 甲의 이익을 위하여 하여야 한다.</u>

**37** ④ 부재자의 재산관리인에 의하여 소송절차가 진행되던 중 부재자 본인에 대한 실종선고가 확정되면 그 재산관리인으로서의 지위는 종료되는 것이므로 상속인 등에 의한 적법한 소송수계가 있을 때까지는 <u>소송절차가 중단된다.</u>

**38** ⑤ <u>부재자가 행방불명이 된 경우</u> 부재자 본인이 그 재산관리에 관한 조치를 하지 않은 때에는 이해관계인 또는 검사의 <u>청구에 의해서 가정법원이 재산관리에 필요한 처분을 하여야 한다.</u>

**실종선고제도 ★★★**

부재자 甲의 생사가 불분명한 경우에 관한 설명으로 옳지 않은 것은? (다툼이 있으면 판례에 따름)

① 甲에게 동생과 성년의 아들이 있는 경우, 특별한 사정이 없는 한 아들이 실종선고를 청구할 수 있다.

② 甲에 대해 실종선고가 있는 경우, 甲은 최후의 소식이 있는 시점에 사망한 것으로 간주된다.

③ 甲에 대한 실종선고가 취소되지 않는 한 반증을 들어 실종선고의 효과를 다툴 수 없다.

④ 甲이 가족관계등록부상 사망한 것으로 기재되어 있다면, 그 사망기재의 추정력을 뒤집을 수 있는 자료가 없는 한 甲을 상대로 실종선고를 할 수 없다.

⑤ 실종선고를 받은 甲의 부동산을 상속한 乙이 丙에게 그 부동산을 처분한 후 실종선고가 취소되었다면, 乙이 선의인 경우 받은 이익이 현존하는 범위에서 반환할 의무가 있다.

해설 | 甲에 대해 실종선고가 있는 경우, 甲은 실종기간이 만료한 때에 사망한 것으로 간주된다.

기본서 p.114~117

정답 ②

---

**39** 甲이 탄 비행기가 2006년 6월 7일 추락하여, 2010년 4월 12일 법원에 甲의 실종선고가 청구되었고, 2011년 2월 13일 실종선고가 내려졌다. 이에 관한 설명으로 옳지 않은 것은? (다툼이 있으면 판례에 따름)

① 甲이 살아 돌아온 사실만으로 甲에 대한 실종선고는 그 효력을 상실하지 않는다.

② 甲에게 선순위의 상속인이 있는 경우 특별한 사정이 없는 한 후순위의 상속인은 甲의 실종선고를 청구할 수 없다.

③ 실종선고는 甲의 사법상의 법률관계에만 효과를 미치고, 공법상의 법률관계에는 효과를 미치지 않는다.

④ 甲은 2007년 6월 7일 24시에 사망한 것으로 본다.

⑤ 甲의 실종선고가 취소되면 실종선고를 직접 원인으로 하여 재산을 취득한 자가 악의인 경우에는 그 받은 이익이 현존하는 한도에서 반환할 의무가 있다.

**40** 2002년 4월 15일 선박침몰로 甲이 실종되었는데, 甲의 배우자 乙이 2010년 1월경 甲에 대한 실종선고를 청구하여 2010년 7월 5일에 실종선고가 내려졌다. 실종선고로 甲 소유의 X아파트는 乙이 단독으로 상속하였고, 乙은 실종선고 후 그 취소 전에 X아파트를 丙에게 매도하고 소유권이전등기를 해주었다. 이에 관한 설명으로 옳지 않은 것은? (다툼이 있으면 판례에 따름)

① 甲에 대하여 실종선고를 하기 위해서는 1년의 실종기간이 경과하여야 한다.

② 甲이 생환하여 실종선고가 취소되기 전에 종래의 주소지에서 체결한 계약은 유효하다.

③ 실종선고로 인하여 甲은 2010년 7월 5일에 사망한 것으로 간주된다.

④ 실종선고가 취소되더라도 乙과 丙이 선의라면 매매계약과 소유권이전등기는 유효하다.

⑤ 실종선고가 취소된 경우, 乙이 선의인 때에는 그 받은 이익이 현존하는 한도에서 甲에게 반환하면 된다.

---

**정답 및 해설**

**39** ⑤ 甲의 실종선고가 취소된 경우, 실종선고를 직접 원인으로 하여 재산을 취득한 자가 <u>악의인 경우에는 그 받은 이익에 이자를 붙이거나 손해를 배상하여 반환할</u> 의무가 있다.

**40** ③ 실종선고를 받은 자는 <u>실종기간 만료시 사망한 것으로 간주</u>된다. 따라서 甲은 <u>2003년 4월 15일 24시부터</u> 사망한 것으로 간주된다.

**41** 甲은 2000년 8월 1일 해상에서 물놀이를 하던 중 수영 미숙으로 행방불명되어 생사를 알 수 없다. 이에 관한 설명으로 옳은 것은? (다툼이 있으면 판례에 따름)

① 2001년 8월 1일까지도 甲의 생사가 불명일 경우 이해관계인은 실종선고를 청구할 수 있다.

② 甲에게 제1순위 상속인이 있다고 해도 제2순위의 상속인은 실종선고를 청구할 수 있다.

③ 甲이 실종선고를 받은 경우 실종기간이 만료한 때에 사망한 것으로 본다.

④ 甲의 생존사실이 밝혀져 실종선고가 취소되면 그때부터 실종선고의 효력이 상실된다.

⑤ 甲의 실종선고로 인해 선의로 생명보험금을 수령한 자는 실종선고가 취소되더라도 반환의무가 없다.

□고난도
**42** 실종선고에 관한 설명으로 옳지 않은 것은? (다툼이 있으면 판례에 따름)

① 실종선고 확정 전 실종자를 당사자로 하여 선고된 판결은 실종선고 후에도 그 효력이 있다.

② 위난실종을 청구하여도 보통실종의 요건을 갖춘 경우에는 보통실종을 선고할 수 있으나, 보통실종을 청구한 경우에 위난실종의 요건을 갖추어도 위난실종을 선고할 수 없다.

③ 실종선고가 있는 경우 실종자가 사망으로 간주되는 시기까지는 생존한 것으로 추정된다.

④ 피상속인의 사망 후에 실종선고가 이루어졌으나 실종자의 실종기간이 사망 이전에 만료된 경우 실종선고를 받은 자는 피상속인의 재산상속인이 될 수 없다.

⑤ 인정사망으로 기재된 자에 대해서는 인정사망을 번복할 만한 법률상 증거가 없는 한 다시 실종선고를 청구할 수 없다.

## 대표예제 21 / 실종선고의 취소 ★★★

실종선고 및 그 취소에 관한 설명으로 옳은 것은? (다툼이 있으면 판례에 따름)

① 부재자의 부모가 생존해 있는 경우에도 부재자의 형제는 상속인이라는 이유로 실종선고를 청구할 수 있다.

② 침몰한 선박 중에 있던 자가 실종선고를 받은 경우, 그는 선박이 완전히 침몰한 때에 사망한 것으로 본다.

③ 실종자가 실종기간이 만료한 때와 다른 시기에 사망한 것이 증명되고 이해관계인이 실종선고의 취소를 청구한 경우, 법원은 실종선고를 취소하여야 한다.

④ 실종선고의 취소는 실종선고 후 그 취소 전에 악의로 한 행위의 효력에도 영향을 미치지 아니한다.

⑤ 실종선고가 취소되면 실종의 선고를 직접 원인으로 하여 재산을 취득한 자는 그 받은 이익을 모두 반환할 의무가 있다.

오답
체크

① 부재자의 부모가 생존해 있는 경우 부재자의 형제는 <u>후순위상속인이므로 실종선고를 청구할 수 없다.</u>

② 침몰한 선박 중에 있던 자가 실종선고를 받은 경우, 그는 선박이 <u>침몰한 때로부터 1년이 지난 때부터 사망한 것으로 본다.</u>

④ 실종선고의 취소는 <u>실종선고 후 그 취소 전에 선의로 한 행위의 효력에 대하여 영향을 미치지 아니한다.</u>

⑤ 실종선고가 취소되면 실종의 선고를 직접 원인으로 하여 재산을 취득한 자는 <u>선의인 경우 현존이익을 반환하고, 악의인 경우 그 받은 이익이 있으면 이익에 이자를 붙여야 하며, 손해가 있으면 그 손해를 배상하여 반환할 의무가 있다.</u>

기본서 p.116~119

정답 ③

### 정답 및 해설

**41** ③ ① 보통실종의 실종기간만료는 최후소식시로부터 5년이 경과하여야 한다. 따라서 甲에 대한 실종기간의 만료는 2005년 8월 1일 0시가 된다. 따라서 <u>2005년 8월 1일 0시 전까지는 실종선고를 청구할 수 없다.</u>

② 甲에게 제1순위 상속인이 있을 경우 <u>후순위 상속인은 실종선고를 청구할 수 없다.</u>

④ 甲의 생존사실이 밝혀져 <u>실종선고가 취소되면 실종선고시로 소급해서 실종선고의 효력이 상실된다.</u>

⑤ 甲의 실종선고로 인해 선의로 생명보험금을 수령한 자는 실종선고가 취소된 경우 <u>선의일 경우 현존이익을 반환하고, 악의인 경우 이익에 이자를 붙이고 손해가 있으면 손해를 배상하여야 한다.</u>

**42** ③ 실종선고가 있는 경우 실종자가 사망으로 간주되는 시기까지는 생존한 것으로 <u>간주된다.</u>

**43** 실종선고의 취소 등에 관한 설명으로 옳지 않은 것은? (다툼이 있으면 판례에 따름)

① 실종선고로 인하여 직접 취득한 재산에 관하여 시효취득의 요건을 갖추었다면 악의인 경우라도 반환할 의무가 없다.

② 특별실종의 경우 실종선고를 받은 자는 실종선고일부터 1년의 기간이 만료한 때에 사망한 것으로 본다.

③ 실종자의 범죄 또는 실종자에 대한 범죄의 성부(成否) 등은 실종선고와 관계없이 결정된다.

④ 실종선고가 확정되면 선고 자체가 취소되지 않는 한 실종자의 생존 기타 반증을 들어 선고의 효과를 다툴 수 없다.

⑤ 실종자가 실종기간의 기산점 이후에 생존했음을 이유로 실종선고가 취소된 경우에도 다시 실종선고를 청구할 수 있다.

**44** 甲은 2014년 10월 20일 탑승한 항공기가 추락하여 그 생사를 알 수 없게 되었다. 당시 甲의 가족으로 배우자 乙, 어머니 丙, 동생 丁이 있었고, 甲은 2016년 1월 20일 실종선고를 받았다. 이에 관한 설명으로 옳은 것은? (다툼이 있으면 판례에 따름)

① 乙이 2016년 3월 10일 甲 소유의 물건을 戊에게 매각하여 소유권을 넘겨준 후 甲의 실종선고가 취소되면, 실종선고를 신뢰한 선의의 戊는 甲에게 현존이익을 반환하면 된다.

② 乙과 丙의 생존에도 불구하고, 甲에 대한 丁의 실종선고청구는 인용될 수 있다.

③ 甲에 대한 실종선고에 의하여 甲은 실종된 날인 2014년 10월 20일 사망한 것으로 의제된다.

④ 丙이 2016년 1월 5일 사망한 경우, 甲은 丙을 상속할 수 없는 것으로 된다.

⑤ 2015년 4월 20일 乙이 甲에 대한 실종선고를 청구하면 인용될 수 있다.

**45** 甲이 실종선고를 받은 경우와 그에 대한 실종선고의 취소에 관한 설명으로 옳은 것은? (다툼이 있으면 판례에 따름)

① 실종선고를 받은 甲이 생환한 경우, 그 실종선고는 효력을 잃는다.

② 甲에 대한 실종선고의 취소가 있을 경우 '실종기간 경과 후 그 취소 전'에 선의로 한 행위의 효력에 영향을 미치지 않는다.

③ 甲에 대하여 2차례의 실종선고가 있는 경우에는 첫 번째 실종선고를 기준으로 상속관계를 판단한다.

④ 甲에 대한 실종선고가 취소되면 그 실종선고를 원인으로 부동산을 상속받은 乙과 거래한 丙은 받은 이익의 전부를 반환하여야 한다.

⑤ 甲에 대한 실종선고 또는 인정사망이 있는 경우에는 사망한 것으로 본다.

**46** 부재와 실종에 관한 설명으로 옳지 않은 것은? (다툼이 있으면 판례에 따름) 제22회

① 외국에 장기 체류하더라도 그 소재가 분명하고 소유재산을 타인을 통하여 직접 관리하고 있는 자는 민법상 부재자라고 할 수 없다.

② 부재자에게 1순위 상속인이 있는 경우에 2순위 상속인은 특별한 사정이 없는 한, 실종선고를 청구할 수 있는 이해관계인이 아니다.

③ 실종선고를 받은 자가 생존해 있더라도 실종선고가 취소되지 않는 한 그 사망의 효과는 지속된다.

④ 부재자가 실종선고를 받은 경우에 그 실종자는 그 선고일까지 생존한 것으로 본다.

⑤ 부재자가 돌아올 가망이 전혀 없는 경우에도 생존해 있다는 사실이 증명되었다면 실종선고를 받을 수 없다.

---

**정답 및 해설**

**43 ②** 보통실종이든 특별실종이든 실종선고를 받은 자는 실종기간 만료시에 사망한 것으로 본다(제28조).

**44 ④** ① 乙이 2016년 3월 10일 甲 소유의 물건을 戊에게 매각하여 소유권을 넘겨준 후 甲의 실종선고가 취소되면, 반환의무자는 실종선고를 직접원인으로 재산을 취득한 乙이다. 따라서 戊는 반환의무자가 아니다.

② 선순위 상속인이 있는 경우 후순위 상속인은 실종선고를 청구할 수 없다. 따라서 乙과 丙이 선순위 상속인이므로 후순위 상속인인 동생 丁의 실종선고청구는 허용되지 않는다.

③ 甲에 대한 실종선고에 의하여 甲은 실종기간 만료시인 2015년 10월 20일 사망한 것으로 의제된다.

⑤ 실종기간이 만료되어야만 실종선고를 청구할 수 있다. 이 경우 실종기간만료일은 2015년 10월 20일이므로 그 기간이 만료되기 전 2015년 4월 20일에 乙이 甲에 대한 실종선고를 청구하는 것은 허용되지 않는다.

**45 ③** ① 실종선고의 취소가 없는 한 실종선고를 받은 자가 생환한 경우라 하더라도 그것만으로 그 실종선고가 효력을 잃는 것은 아니다.

② 실종선고의 취소는 실종선고 후 그 취소 전에 선의로 한 행위의 효력에 영향을 미치지 않는다(제29조 제1항 단서).

④ 실종선고가 취소되면 실종선고를 원인으로 재산을 취득한 자는 선의인 경우에는 현존이익의 범위 내에서 반환하고, 악의인 경우에는 받은 이익에 이자를 붙여서 반환하거나 손해를 배상하여야 한다.

⑤ 실종선고가 있는 경우 사망간주의 효력이 인정되나, 인정사망이 있는 경우에는 실종선고와 달리 간주가 아닌 사망추정의 효력이 인정된다.

**46 ④** 부재자가 실종선고를 받은 경우에 그 실종자는 실종기간 만료일까지 생존한 것으로 본다(제28조).

---

제3장 권리의 주체 **81**

**47** 실종선고의 취소에 관한 설명으로 옳지 않은 것은? (다툼이 있으면 판례에 따름)

① 실종선고와 달리 실종선고를 취소할 경우 공시최고는 그 요건이 아니다.

② 취소의 효과는 원칙적으로 실종선고시에 소급한다.

③ 실종선고의 취소는 실종기간 만료 후 그 취소의 신청 전에 선의로 한 행위의 효력에 영향을 미치지 않는다.

④ 실종선고의 취소는 이해관계인이나 검사뿐만 아니라 본인도 이를 청구할 수 있다.

⑤ 실종선고를 원인으로 X동산을 상속한 자로부터 이를 전득한 자가 이에 관하여 별도로 선의취득 요건을 갖추었다면 실종선고 취소의 영향을 받지 않는다.

---

**대표예제 22** ▶ **법인 일반 ★**

법인에 관한 설명으로 옳은 것은? (다툼이 있으면 판례에 따름)

① 법인의제설에 의하면 법인의 권리능력·행위능력·불법행위능력이 인정된다.

② 법인의제설에 의하면 대표가 아닌 대리의 개념이 필요하게 되고, 이 경우 법인의 권리능력에 관한 제34조 규정은 편의적 규정으로서의 성격을 가진다.

③ 민법은 법인의 행위능력에 관하여 명문의 규정을 두고 있다.

④ 민법은 법인실재설에 따라 법인의 권리능력을 규정하기 때문에 법인은 실체만 갖추면 권리·의무의 주체가 된다.

⑤ 기존 회사의 채무면탈을 목적으로 기업의 형태와 내용이 실질적으로 동일하게 설립된 신설 회사가 기존 회사와 별개의 법인격임을 내세워 그 책임을 부정하는 것은 신의성실에 반하거나 법인격을 남용하는 것으로서 허용될 수 없다.

**오답 체크** ① 법인실재설에 의하면 법인의 권리능력·행위능력·불법행위능력이 인정된다.

② 법인의제설에 의하더라도 권리능력은 인정되므로 이 경우 법인의 권리능력에 관한 제34조 규정은 편의적 규정이 아닌 당연규정으로서의 성격을 가진다.

③ 민법은 법인실재설을 취하여 법인의 권리능력·행위능력·불법행위능력을 인정하지만, 행위능력에 관하여는 명문의 규정을 두고 있지 않다.

④ 법인이 권리능력을 취득하기 위해서는 실체만 가지는 것으로는 부족하고, 주된 사무소 소재지를 관할하는 등기소에서 법인설립등기를 하여야 한다.

기본서 p.119~121                                                              정답 ⑤

---

**48** 민법상 법인에 관한 설명으로 옳지 않은 것은?

① 영리 아닌 사업을 목적으로 하는 사단 또는 재단은 법원의 허가를 얻어 이를 법인으로 할 수 있다.

② 법인은 그 주된 사무소의 소재지에서 설립등기를 함으로써 성립한다.

③ 법인은 법률의 규정에 좇아 정관으로 정한 목적의 범위 내에서 권리와 의무의 주체가 된다.

④ 재단법인의 존립시기는 정관의 필요적 기재사항이 아니다.

⑤ 재단법인의 설립자가 그 명칭만 정하지 아니하고 사망한 때에는 이해관계인 또는 검사의 청구에 의하여 법원이 이를 정한다.

**49** 다음의 판례와 관련된 이론을 고르면? (다툼이 있으면 판례에 따름)

> 기존 법인의 채무면탈을 목적으로 법인의 형태와 내용이 실질적으로 동일하게 설립된 신설 법인이 기존 법인과 별개의 법인격체임을 내세워 그 책임을 부정하는 것은 신의성실에 반하거나 법인격을 남용하는 것으로서 허용될 수 없다.

① 법인부인설      ② 법인실재설

③ 법인격부인론      ④ 유기체설

⑤ 법인의제설

---

**정답 및 해설**

**47** ③ 실종선고의 취소가 있는 경우, <u>실종선고 후 그 취소 전에 선의로 한 행위의 효력에 영향을 미치지 아니한다</u>.

**48** ① 영리 아닌 사업을 목적으로 하는 사단 또는 재단은 <u>주무관청의 허가</u>를 얻어 이를 법인으로 할 수 있다.

**49** ③ 법인실재설을 전제로 법인격이 남용된 경우(법인격의 형해화) 그 해당 사항에서 법인격을 부인함으로써 법인의 배후자에게 책임을 묻고자 하는 이론을 <u>법인격부인론</u>이라 한다.

**50** 민법상 법인에 관한 설명으로 옳지 않은 것은? (다툼이 있으면 판례에 따름) 제20회

① 사단법인의 사원의 지위는 정관에 의하여 양도될 수 있다.

② 부동산의 생전처분으로 재단법인을 설립하는 경우, 법인의 성립 외에 부동산에 대한 등기가 있어야 법인은 제3자에 대한 관계에서 소유권을 취득한다.

③ 법인의 이사가 수인인 경우에는 정관에 다른 규정이 없으면 법인의 사무집행은 이사의 과반수로써 결정한다.

④ 재단법인의 목적을 달성할 수 없는 때에는 설립자나 이사는 주무관청의 허가를 얻어 설립의 취지를 참작하여 그 목적 기타 정관의 규정을 변경할 수 있다.

⑤ 재단법인 설립시 출연자가 출연재산의 소유명의만을 재단법인에 귀속시키고 실질적 소유권은 자신에게 유보하는 부관을 붙여서 이를 기본재산으로 출연하는 것도 가능하다.

종합

**51** 민법상 법인에 관한 설명으로 옳지 않은 것은? (다툼이 있으면 판례에 따름)

① 법인 아닌 사단의 대표자가 직무에 관하여 타인에게 손해를 가한 때에도 법인의 불법행위책임에 관한 규정이 유추적용된다.

② 재단법인의 기본재산의 처분은 정관변경을 요하는 것이므로 주무관청의 허가가 없으면 그 처분행위는 무효이다.

③ 법률이 정하는 일정한 조직과 요건을 갖추었을 경우 주무관청은 반드시 그 법인의 설립을 허가하여야 한다.

④ 사단법인의 사원들이 사원총회의 결의로 정관의 규범적인 의미 내용과 다른 해석을 한 경우, 그 해석은 사단법인의 사원들이나 법원을 구속하는 효력이 없다.

⑤ 감사는 법인의 재산상황이나 이사의 업무집행을 감사하는 직무 등을 하며, 필요시 사원총회를 소집할 권리가 있다.

## 대표예제 23 ╲ 사단법인과 재단법인 ★★

사단법인과 재단법인에 관한 설명으로 옳지 않은 것을 모두 고른 것은? (다툼이 있으면 판례에 따름)

> ⊙ 법인의 대표자가 법인의 채무를 부담하는 계약을 할 때, 주무관청의 인가를 받을 것을 정관에서 규정하고 있다면 이는 대표권을 제한하는 것이다.
> ⓛ 채무자인 재단법인이 담보 부동산을 경매당한 경우 그 부동산에 대한 매수인은 경락대금을 완납한 때에 부동산의 소유권을 취득한다.
> ⓒ 유언으로 재단법인을 설립하기 위하여 지명채권을 출연하는 경우, 그 채권이 법인에 귀속하는 시기는 유언의 효력이 발생한 때, 즉 출연자가 사망하는 때이다.
> ⓔ 사단법인과 재단법인의 경우 정관보충이 인정된다.
> ⓜ 유언으로 재단법인을 설립하기 위하여 특정 부동산을 출연하는 경우, 제3자에 대한 관계에서 그 부동산이 법인에 귀속하는 시기는 법인명의로 등기를 마친 때이다.

① ㉠, ㉡             ② ㉠, ㉢
③ ㉡, ㉢             ④ ㉡, ㉤
⑤ ㉢, ㉤

해설 | ㉡ 재단법인의 기본재산의 처분행위를 통한 증감변동은 정관의 변경을 초래하므로 주무관청의 허가를 얻어야 한다. 따라서 매수인이 그 부동산의 소유권을 취득하는 것은 경락대금의 완납시가 아니라 주무관청의 허가를 얻었을 때에 소유권을 취득한다.
      ㉤ 사단법인의 정관변경과 달리 재단법인의 정관변경은 원칙적으로 허용되지 않는다.

기본서 p.122~123                                                  정답 ③

---

### 정답 및 해설

**50** ⑤ 재단법인의 설립은 설립자의 재산출연을 요건으로 한다. 따라서 출연자가 출연재산의 소유명의만을 재단법인에 귀속시키고 실질적 소유권은 출연자 자신에게 유보하는 부관을 붙여서 출연하는 것은 사실상 출연한 것이 아니므로 허용되지 않는다.

**51** ③ 민법상 비영리법인의 설립은 허가주의에 의하여 설립된다. 이 경우 허가는 자유재량행위이므로 요건을 갖추었다고 하더라도 반드시 허가할 이유는 없다. 또한 허가하지 않음을 이유로 소송을 제기하는 것도 허용되지 않는다.

**52** 사단법인과 재단법인에 대한 차이점으로 옳지 않은 것은?

① 사단법인의 설립은 정관작성으로 충분하지만, 재단법인의 설립에는 정관작성 이외에도 재산출연이라는 별도의 행위가 필요하다.

② 사단법인의 설립은 반드시 2인 이상의 설립행위로 이루어져야 하며, 사단법인과 달리 재단법인은 총회의 결의로는 해산할 수 없다.

③ 사단법인과 재단법인의 설립은 생전행위와 사후행위로 설립할 수 있다.

④ 사단법인에는 영리·비영리법인이 모두 있을 수 있으나, 재단법인은 언제나 비영리법인이다.

⑤ 목적, 명칭, 사무소 소재지, 자산에 관한 사항, 이사의 임면에 관한 규정은 사단법인과 재단법인에 공통되는 정관의 필요적 기재사항이다.

---

## 대표예제 24 ＞ 법인 아닌 사단 ★★★

민법상 비법인사단에 관한 설명으로 옳지 않은 것은? (다툼이 있으면 판례에 따름)

① 비법인사단은 대표자가 있는 경우, 민사소송에서 그 사단의 이름으로 당사자가 될 수 있다.

② 비법인사단은 대표자가 있는 경우, 부동산등기에 관하여 등기권리자가 될 수 있다.

③ 비법인사단은 그 대표자가 직무에 관하여 타인에게 손해를 가한 경우에 불법행위책임을 진다.

④ 대표자는 대리인에게 비법인사단의 제반 업무처리를 포괄적으로 위임할 수 있다.

⑤ 비법인사단의 사원들은 정관이나 규약에 좇아 총유물을 사용·수익할 수 있다.

해설 | 대표자가 대리인에게 비법인사단의 제반 업무처리를 포괄적으로 위임하는 것은 <u>허용되지 않는다</u>.

기본서 p.123~129                                                                              정답 ④

---

**53** 법인 아닌 사단에 관한 설명으로 옳은 것은? (다툼이 있으면 판례에 따름)

① 법인 아닌 사단의 사원은 단독으로 보존행위를 할 수 있으나 재산분할을 청구할 수는 없다.

② 달리 정함이 없는 한 권리능력 없는 사단의 대표자가 총회의 결의 없이 행한 총유물의 처분에 대해서는 권한을 넘은 표현대리에 관한 제126조의 규정이 준용되지 않는다.

③ 법인 아닌 사단의 내부관계에 관하여는 일차적으로 그 사단의 정관이 적용되고, 정관의 규정이 없는 경우에는 민법의 조합에 관한 규정이 유추적용된다.

④ 비법인사단의 경우 대표자의 행위가 직무에 관한 행위에 해당하지 아니함을 피해자 자신이 중대한 과실로 인하여 알지 못한 경우에도 비법인사단에 손해배상책임을 물을 수 있다.

⑤ 법인 아닌 사단은 대표자가 있더라도 소송에서 당사자능력이 인정되지 아니한다.

**[고난도]**

**54** 법인 아닌 사단의 대표자가 특별한 사정이 없는 한 사원총회의 결의를 거쳐야 하는 것은? (다툼이 있으면 판례에 따름)

① 법인 아닌 사단의 부동산을 적법한 절차를 거쳐 매도한 후 중개사에게 보수를 지급하는 행위

② 타인간의 금전채무를 보증하는 행위

③ 총유재산을 보존하기 위하여 제기하는 소송행위

④ 소멸시효의 중단을 위한 승인

⑤ 법인 아닌 사단의 창고를 짓기 위한 설계용역계약의 체결

---

**정답 및 해설**

**52** ③ <u>사단법인의 설립은 생전행위로 설립할 수 있으나 사후행위로 설립할 수는 없다.</u> 그러나 재단법인의 설립은 생전행위와 사후행위로 설립할 수 있다.

**53** ② ① 법인 아닌 사단의 사원은 총유물에 대하여 지분을 갖지 못하므로 <u>단독으로 보존행위를 할 수 없다.</u>
③ 그 사단의 정관이 적용되고, 정관의 규정이 없는 경우에는 민법의 조합에 관한 규정이 아닌 <u>사단법인에 관한 규정이 유추적용</u>된다.
④ 비법인사단의 경우 대표자의 행위가 직무에 관한 행위에 해당하지 아니함을 피해자 자신이 알았거나 또는 중대한 과실로 인하여 알지 못한 경우에는 비법인사단에 <u>손해배상책임을 물을 수 없다.</u>
⑤ 법인 아닌 사단은 <u>대표자가 있다면</u> 소송에서 <u>당사자능력이 인정된다.</u>

**54** ③ 총유재산을 보존하기 위하여 제기하는 소송행위는 <u>사원총회의 결의를 거쳐야 한다.</u>

**55** 비법인사단에 관한 설명으로 옳지 않은 것은? (다툼이 있으면 판례에 따름)

① 비법인사단이 타인간의 금전채무를 보증하는 행위, 소멸시효의 중단을 위한 승인, 재건축용역계약의 체결, 중개수수료의 지급 등은 총유물의 관리, 처분행위로 볼 수 없으므로 사원총회의 결의를 요하지 않는다.

② 이사가 없거나 결원이 있는 경우 임시이사의 선임에 관한 민법 제63조 규정은 비법인사단에도 유추적용될 수 있다.

③ 비법인사단의 사원이 집합체로서 물건을 소유할 때에는 총유가 되므로 지분이 인정되지 않는다.

④ 비법인사단에서 사원의 지위는 규약이나 관행에 의하여 양도 또는 상속될 수 없다.

⑤ 비법인사단의 대표자가 직무에 관하여 타인에게 손해를 가한 경우, 민법 제35조 제1항의 유추적용에 의해 비법인사단은 그 손해를 배상할 책임이 있다.

고난도

**56** 법인 아닌 사단에 관한 설명으로 옳지 않은 것은? (다툼이 있으면 판례에 따름)

① 권리능력 없는 사단이 체결한 계약의 효력은 직접 구성원들에게 미치지 않는다.

② 법인 아닌 사단의 채무에 대해서는 특별한 사정이 없는 한, 구성원 각자가 그 지분비율에 따라 개인재산으로 책임을 진다.

③ 구성원들의 집단적 탈퇴로 분열되기 전 사단의 재산이 분열된 각 사단의 구성원들에게 각각 총유적으로 귀속되는 형태의 분열은 허용되지 않는다.

④ 사단법인의 하부조직이라 하더라도 독자적으로 의사결정을 하고 활동을 하고 있다면 권리능력 없는 사단에 해당한다.

⑤ 사원총회의 결의에 의하여 총유물에 대한 매매계약이 체결된 후, 그 채무의 존재를 승인하여 소멸시효를 중단시키는 행위는 총유물의 관리·처분행위에 해당하지 않는다.

## 대표예제 25 　　법인의 설립 ★★

부산에 주소를 둔 甲 외 11인이 자신들을 구성원으로 하고 甲을 대표자로 하여 서울에 주된 사무소를 두는 민법상 A사단법인을 설립하고자 한다. 이에 관한 설명으로 옳은 것은? (다툼이 있으면 판례에 따름)

① A법인의 설립을 위하여 작성한 정관의 법적 성질은 계약이다.
② A법인은 甲의 주소지에서 설립등기를 하여야 비로소 성립한다.
③ A법인의 정관이 유효하기 위해서는 자산에 관한 규정이 반드시 기재되어야 한다.
④ A법인은 특별한 사정이 없는 한, 총사원 3분의 2에 해당하는 8인 이상의 동의를 얻으면 해산을 결의할 수 있다.
⑤ A법인은 정관의 작성 이외에 재산의 출연을 그 설립요건으로 한다.

오답
체크

① 비영리사단법인의 설립을 위하여 작성한 정관의 법적 성질은 계약이 아니고 자치법규에 해당한다.
② 법인은 그 주된 사무소의 소재지에서 설립등기를 함으로써 성립한다.
④ 비영리사단법인은 특별한 사정이 없는 한, 총사원 4분의 3 이상의 동의를 얻으면 해산을 결의할 수 있다.
⑤ 비영리사단법인의 설립은 정관의 작성으로 충분하며 재산의 출연은 그 설립요건이 아니다.

기본서 p.129~134　　　　　　　　　　　　　　　　　　　　　　　　　　　　　　　　정답 ③

---

**정답 및 해설**

**55** ④　사원권의 양도, 상속금지에 관한 민법 제56조는 임의규정이므로 사단법인 또는 비법인사단의 사원의 지위는 정관규약이나 관행에 의하여 양도 또는 상속될 수 있다.

**56** ②　법인 아닌 사단의 채무에 대해서는 특별한 사정이 없는 한, 법인 아닌 사단의 재산만으로 책임을 지게 되고, 구성원에게는 총유재산에 관하여 지분이 인정되지 않으므로 개인재산으로 책임을 부담하지는 않는다.

**57** 재단법인의 설립에 관한 설명으로 옳지 않은 것은? (다툼이 있으면 판례에 따름)

① 생전처분으로 재단법인을 설립할 경우 출연재산은 법인 성립시에 법인에 귀속된다.

② 유언으로 재단법인을 설립할 경우 출연재산은 유언의 효력발생시에 법인에 귀속된다.

③ 재단법인 설립시 출연자가 출연재산의 소유명의만을 재단법인에 귀속시키고 실질적 소유권은 자신에게 유보하는 부관을 붙여서 이를 기본재산으로 출연하는 것도 가능하다.

④ 생전처분으로 재단법인을 설립하는 때에는 증여에 관한 규정을 준용하고, 유언으로 재단법인을 설립하는 때에는 유증에 관한 규정을 준용한다.

⑤ 부동산의 생전처분으로 재단법인을 설립하는 경우, 법인의 성립 외에 부동산에 대한 등기가 있어야 법인은 제3자에 대한 관계에서 소유권을 취득한다.

---

## 대표예제 26 　법인의 능력 ★★

법인의 권리능력에 관한 설명으로 옳지 않은 것은? (다툼이 있으면 판례에 따름)

① 법인의 권리능력은 정관으로 정한 목적의 범위 내로 제한된다.

② 법인에게는 상속권이 인정되지 않는다.

③ 법인도 명예에 관한 권리를 가질 수 있다.

④ 재단법인의 권리능력은 설립자가 재산을 출연하고 정관을 작성한 때부터 인정된다.

⑤ 법인은 권리능력의 범위 내에서 행위능력을 갖는다.

해설 | 재단법인의 권리능력은 설립자가 재산을 출연하고 정관을 작성한 때가 아니라 <u>주된 사무소 소재지의 관할등기소에서 설립등기를 한 때</u>로부터 인정된다.

기본서 p.135~138　　　　　　　　　　　　　　　　　　　　　　　　　정답 ④

## 58 법인의 능력에 관한 설명으로 옳지 않은 것은?

종합

① 법인은 성질, 법률의 규정, 목적에 의하여 권리능력을 제한받는다.

② 법인의 사실상 대표자는 등기된 자가 아니므로 그 행위에 관해서는 법인의 불법행위가 성립하지 않는다.

③ 법인의 불법행위가 성립하는 경우 법인의 책임과 기관 개인의 책임은 부진정연대채무로 본다.

④ 대표기관은 그 담당하는 직무행위의 범위 내에서만 법인을 대표하므로 대표기관의 행위가 직무범위를 벗어나면 법인의 책임도 부정된다.

⑤ 대표기관이 아닌 자의 행위에 관해서는 법인의 불법행위는 성립하지 않고, 제756조 사용자배상책임이 적용된다.

---

**정답 및 해설**

**57 ③** 재단법인의 기본재산은 재단법인의 실체를 이루는 것이므로, 재단법인 설립을 위한 기본재산의 출연행위에 관하여 그 재산출연자가 소유명의만을 재단법인에 귀속시키고 실질적 소유권은 출연자에게 유보하는 등의 부관을 붙여서 출연하는 것은 재단법인 설립의 취지에 어긋나는 것이어서 관할 관청은 이러한 부관이 붙은 출연재산을 기본재산으로 하는 재단법인의 설립을 허가할 수 없다.

**58 ②** 사실상 대표자는 등기 여부를 불문하고, 법인의 대표기관에 해당되므로 행위의 외형상 직무 관련성이 인정되면 법인의 불법행위가 성립한다.

민법상 A법인의 이사 甲의 불법행위로 乙에게 손해가 발생하였다. A의 불법행위(민법 제35조)에 관한 설명으로 옳지 않은 것은? (다툼이 있으면 판례에 따름)

① A의 불법행위가 인정되는 경우에 甲은 면책되지 않는다.
② A의 불법행위책임이 인정되는 경우에 A는 민법 제756조의 사용자책임을 부담하지 않는다.
③ 甲의 불법행위가 외형상 대표기관의 직무행위라고 볼 수 있다면, 乙이 그 행위가 직무에 관한 행위가 아님을 안 경우에도 A의 불법행위는 인정된다.
④ 甲에게 대표권이 없다면 A의 불법행위는 인정되지 않는다.
⑤ 甲이 A의 목적범위 외의 행위를 한 경우라면 A의 불법행위는 인정되지 않는다.

해설 | 대표기관의 불법행위가 외형상 대표기관의 직무행위라고 볼 수 있더라도, 상대방이 그 행위가 직무에 관한 행위가 아님을 알았거나 중대한 과실로 알지 못한 경우 법인의 불법행위책임은 부정된다.

기본서 p.137~138                                                                                정답 ③

---

**종합**

**59** 비영리 사단법인 A에는 甲 이사가 있었고, 그 가운데 甲이 외형상 직무와 관련하여 상대방 乙에게 손해를 가하였다. 이에 관한 설명으로 옳은 것은? (다툼이 있으면 판례에 따름)

① A는 甲에게 고의·과실이 없더라도 乙에게 책임을 부담한다.
② A의 불법행위가 성립하는 경우 甲은 乙에 대한 손해배상책임을 면한다.
③ A가 甲의 선임 및 관리감독에 관하여 과실이 없음을 입증하였다면, A는 乙에게 손해배상책임을 지지 않는다.
④ 甲의 행위가 직무 관련성이 없다는 사실을 乙이 알았거나 몰랐다고 하더라도 중대한 과실이 있는 경우라면 A는 乙에게 배상할 책임이 없다.
⑤ A가 乙에게 손해를 배상한 경우 A는 甲에게 부진정연대채무 위반을 근거로 구상권을 행사할 수 있다.

**60** 법인의 불법행위능력(민법 제35조)에 관한 설명으로 옳지 않은 것은? (다툼이 있으면 판례에 따름)

① 대표기관이 직무와 관련하여 불법행위를 한 경우 피해자는 민법 제35조(법인의 불법행위능력)에 따른 손해배상과 민법 제756조(사용자의 배상책임)에 따른 손해배상을 선택적으로 청구할 수는 없다.

② 대표권이 없는 이사는 법인의 기관이기는 하지만 대표기관은 아니기 때문에 그 이사의 행위로 인하여 법인의 불법행위가 성립하지 않는다.

③ 대표자의 행위가 대표자 개인의 사리를 도모하였거나 대표권을 남용한 경우에도, 외관상 객관적으로 직무에 관한 행위라고 인정할 수 있는 것이라면 특별한 사정이 없는 한 그 직무에 관한 행위에 해당한다.

④ 대표기관이 법인의 목적범위 외의 행위로 타인에게 손해를 가한 경우, 사원이 단순히 그 사항의 의결에 찬성하였다고 하여 책임을 지는 것은 아니다.

⑤ 법인의 불법행위능력에 관한 규정은 법인 아닌 사단에 유추적용된다.

---

**정답 및 해설**

**59** ④ ① 법인의 불법행위가 성립하는 것은 <u>대표기관에 고의·과실이 있을 경우에만 성립한다</u>.
② 법인의 불법행위가 성립하는 경우 <u>대표기관은 피해자에 대한 손해배상책임을 면하지 못한다</u>.
③ 법인의 불법행위책임은 무과실책임이므로 법인은 피해자에게 무과실 항변을 할 수 없다.
⑤ 법인이 피해자에게 손해를 배상한 경우 <u>선관주의의무 위반</u>을 근거로 구상권을 행사할 수 있다.

**60** ④ <u>법인의 목적범위 외의 행위</u>로 인하여 타인에게 손해를 가한 때에는 그 사항의 의결에 찬성하거나 그 의결을 집행한 사원, 이사 및 기타 대표자가 <u>연대하여 배상하여야 한다</u>(제35조 제2항).

**61** 민법 제35조(법인의 불법행위능력)에 관한 설명으로 옳은 것은? (다툼이 있으면 판례에 따름)

① 법인의 불법행위가 성립하여 법인이 피해자에게 배상한 경우, 법인은 대표자 개인에 대하여 구상권을 행사할 수 없다.

② 법인의 불법행위가 성립하는 경우, 대표자의 행위가 피해자에 대한 불법행위를 구성한다면 그 대표자도 피해자에 대하여 손해배상책임을 면하지 못한다.

③ 민법 제35조 소정의 '이사 기타 대표자'에는 대표권 없는 이사가 포함된다.

④ 법인의 대표자의 행위가 직무에 관한 행위에 해당하지 아니함을 피해자가 경과실로 알지 못한 경우 법인의 불법행위책임은 성립하지 않는다.

⑤ 법인의 대표자의 행위가 법령의 규정에 위배된 것이라면 외관상, 객관적으로 직무에 관한 행위라고 인정되더라도 민법 제35조 제1항의 직무에 관한 행위에 해당하지 않는다.

종합

**62** 사단법인 甲의 대표자 乙이 직무에 관한 불법행위로 丙에게 손해를 가하였다. 甲의 불법행위능력(민법 제35조)에 관한 설명으로 옳지 않은 것은? (다툼이 있으면 판례에 따름)

① 甲의 불법행위책임은 그가 乙의 선임, 감독에 주의를 다하였음을 이유로 면책되지 않는다.

② 乙이 법인을 실질적으로 운영하면서 사실상 대표하여 사무를 집행하였더라도 대표자로 등기되지 않았다면 민법 제35조에서 정한 '대표자'에 해당하지 않는다.

③ 甲의 불법행위가 성립하여 甲이 丙에게 손해를 배상하면 甲은 乙에게 구상할 수 있다.

④ 乙의 행위가 외형상 대표자의 직무행위로 인정되는 경우라면 그것이 乙 개인의 이익만을 도모하기 위한 것이라도 직무에 관한 행위에 해당한다.

⑤ 乙이 청산인인 경우에도 甲의 불법행위책임이 성립할 수 있다.

**63** 민법 제35조(법인의 불법행위능력)에 관한 설명으로 옳은 것은? (다툼이 있으면 판례에 따름)

① 법인의 불법행위가 성립하여 법인이 피해자에게 배상한 경우, 법인은 대표자 개인에 대하여 부진정연대채무를 이유로 구상권을 행사할 수 있다.

② 법인의 불법행위가 성립하는 경우 피해자는 법인 또는 대표기관을 선택하여 손해배상을 청구할 수 있다.

③ 법인의 불법행위가 성립하기 위해서는 민법 제750조 일반불법행위의 요건을 갖출 필요는 없다.

④ 법인의 대표자의 행위가 직무에 관한 행위에 해당하지 아니함을 피해자가 경과실로 알지 못한 경우, 법인은 피해자에게 배상할 책임이 없다.

⑤ 법인의 대표자의 행위가 대표권을 초과하여 이루어진 경우, 외관상 객관적으로 직무에 관한 행위라고 인정되더라도 민법 제35조 제1항의 직무에 관한 행위에 해당하지 않는다.

---

**정답 및 해설**

**61** ② ① 법인의 불법행위가 성립하여 법인이 피해자에게 배상한 경우, 법인은 대표자 개인에 대하여 <u>선관주의의무 위반을 근거로 구상권을 행사할 수 있다</u>.
③ 민법 제35조 소정의 '이사 기타 대표자'에는 <u>대표권 없는 이사가 포함되지 않는다</u>.
④ 법인의 대표자의 행위가 직무에 관한 행위에 해당하지 아니함을 피해자가 경과실로 알지 못한 경우 법인의 <u>불법행위책임이 성립하므로 과실상계가 적용된다</u>.
⑤ 법인의 대표자의 행위가 <u>법령의 규정에 위배된 것이라도</u> 외관상, 객관적으로 직무에 관한 행위라고 인정되면 민법 <u>제35조 제1항의 직무에 관한 행위에 해당된다</u>.

**62** ② 乙이 법인을 실질적으로 운영하면서 사실상 대표하여 사무를 집행하였다면 대표자로 등기되지 않았더라도 민법 제35조에서 정한 '<u>대표자</u>'에 해당한다.

**63** ② ① 법인의 불법행위가 성립하여 법인이 피해자에게 배상한 경우, 법인은 대표자 개인에 대하여 <u>선관주의의무 위반을 근거로 구상권을 행사할 수 있다</u>.
③ 법인의 불법행위가 성립하기 위해서는 <u>민법 제750조 일반불법행위의 요건을 모두 갖추어야 한다</u>.
④ 법인의 대표자의 행위가 직무에 관한 행위에 해당하지 아니함을 피해자가 경과실로 알지 못한 경우, 법인의 <u>불법행위책임이 성립하므로 과실상계가 적용된다</u>.
⑤ 법인의 대표자의 행위가 대표권을 초과하여 이루어진 것이라도 외관상, 객관적으로 직무에 관한 행위라고 인정되면 <u>민법 제35조 제1항의 직무에 관한 행위에 해당된다</u>.

---

민법상 법인의 이사에 관한 설명으로 옳지 않은 것은? (다툼이 있으면 판례에 따름)

① 이사의 임면에 관한 사항은 정관에 반드시 기재하여야 하며, 이사의 성명과 주소는 등기하여야 한다.
② 이사가 여러 명인 경우에는 법인의 사무에 관하여 원칙적으로 각자 법인을 대표한다.
③ 이사가 여러 명인 경우에는 정관에 다른 규정이 없는 한, 법인의 사무집행은 이사의 과반수로써 결정한다.
④ 이사의 대표권 제한은 이를 정관에 기재하지 아니하면 효력이 없고, 등기하지 아니하면 제3자에게 대항하지 못한다.
⑤ 이사의 결원으로 손해가 생길 염려가 있는 경우, 법원은 특별대리인을 선임하여야 한다.

해설 | 이사의 결원으로 손해가 생길 염려가 있는 경우, 법원은 이해관계인 또는 검사의 청구에 의하여 <u>임시이사를 선임하여야 한다.</u>

기본서 p.139~145                                                        정답 ⑤

**64** 민법상 사단법인의 대표에 관한 설명으로 옳지 않은 것은? (다툼이 있으면 판례에 따름)

① 직무대행자는 특별한 사정이 없는 한 법인의 통상사무에 속하는 행위만을 할 수 있다.
② 이사는 정관 또는 총회의 결의로 금지하지 않은 사항에 한하여 타인으로 하여금 특정한 행위를 대리하게 할 수 있다.
③ 정관에 이사의 해임사유에 관한 규정이 있는 경우, 법인은 특별한 사정이 없는 한 정관에서 정하지 아니한 사유로 이사를 해임할 수 없다.
④ 이사가 1인뿐인 법인의 이사가 법인의 재산을 양수하고자 하는 경우, 주무관청이 선임한 특별대리인이 법인을 대표한다.
⑤ 정관에 대표권 제한에 관한 규정이 있으나 이를 등기하지 않은 경우, 법인은 그 대표권 제한에 대한 제3자의 선의·악의에 관계없이 그 제3자에게 대항할 수 없다.

**65** 민법상 법인의 이사에 관한 설명으로 옳지 않은 것은? (다툼이 있으면 판례에 따름)

① 사임하지 않은 다른 이사들로써 정상적인 법인 활동이 가능하면 사임한 이사에게 직무를 계속 행사하게 할 필요는 없다.

② 법인 대표자의 유임 내지 중임을 금지하는 규약이 없는 이상, 임기 만료 후에 대표자 개임이 없었다면 묵시적으로 그 대표자를 다시 대표자로 선임하였다고 해석된다.

③ 이사의 퇴임은 등기 후가 아니면 제3자에게 대항할 수 없다.

④ 정관에 다른 규정이 없는 한 이사의 사임 의사표시는 법인에 대한 일방적인 의사표시와 법인의 승낙이 있어야만 효력이 발생한다.

⑤ 이사가 사임의 의사표시를 한 경우, 사임의 효력이 발생하기 전에 사임의 의사표시를 철회할 수 있다.

**66** 법인의 이사에 관한 설명으로 옳지 않은 것은? (다툼이 있으면 판례에 따름)

① 이사의 직무대행자는 원칙적으로 새로운 매매계약 또는 소송행위를 할 수 없다.

② 이사의 대표권의 제한은 이를 등기하지 않으면 악의의 제3자에게도 대항할 수 없다.

③ 이사가 그의 권한으로 선임한 대리인은 법인의 기관이다.

④ 특별한 사정이 없으면, 법인과 이사의 이익이 상반하는 사항에 관하여는 그 이사는 대표권이 없다.

⑤ 이사의 임면에 관한 사항은 정관의 필요적 기재사항이지만, 설립등기시 등기사항은 아니다.

---

**정답 및 해설**

**64** ④  이해상반행위에 대해서는 이해관계인 또는 검사의 청구에 의하여 법원이 선임한 특별대리인이 법인을 대표하여야 한다(제64조).

**65** ④  정관에 다른 규정이 없는 한 이사의 사임 의사표시는 법인에 대한 일방적인 의사표시만으로 효력을 발생하는 것이고, 별도로 법인의 승낙은 필요하지 않다.

**66** ③  이사가 그의 권한으로 선임한 대리인은 법인의 대리인이지, 법인의 기관이 아니다.

**67** 법인의 이사 등에 관한 설명으로 옳은 것은? (다툼이 있으면 판례에 따름)

① 법인과 이사의 이익이 상반하는 경우 이사의 대표권이 제한된다.

② 이사의 대표권에 대한 제한은 등기하여야 효력이 있다.

③ 법인의 특별대리인은 대표권이 없다.

④ 정관으로 정한 이사가 없거나 결원으로 인하여 손해가 발생할 염려가 있는 경우 주무관청은 직권으로 임시이사를 선임할 수 있다.

⑤ 정관에 이사의 해임사유에 관한 규정이 있는 경우, 법인은 특별한 사정이 있을 경우에는 정관에서 정하지 아니한 사유로 이사를 해임할 수 있다.

**68** 민법상 법인의 기관에 관한 설명으로 옳지 않은 것은? (다툼이 있으면 판례에 따름)

① 감사는 법인의 재산상황에 관하여 부정이 있음을 발견하면 이를 총회 또는 주무관청에 보고하여야 한다.

② 사단법인과 재단법인은 그 법인의 정관으로 감사를 둘 수 있다.

③ 이사가 수인인 경우, 정관에 다른 규정이 없으면 법인의 사무집행은 이사의 과반수로써 결정한다.

④ 모든 법인은 이사를 두어야만 한다.

⑤ 법인의 직무대행자가 권한초과의 행위를 저지른 경우에 법인은 제3자에게 책임을 부담한다.

**69** 민법상 법인의 대표에 관한 설명으로 옳지 않은 것은? (다툼이 있으면 판례에 따름)

① 임시이사는 법인의 대표기관이다.

② 법인의 대표기관은 정관에 정한 목적을 수행하는 데 있어 간접으로 필요한 행위를 할 수 있다.

③ 법인의 대표기관의 행위가 대표권 남용인 것을 상대방이 안 경우에 법인은 상대방에 대해 계약상 책임을 지지 않는다.

④ 재단법인의 이사의 이익이 상반하는 사항에 대해서는 특별대리인이 선임되기 전까지 그 이사에게 대표권이 있다.

⑤ 이사가 여럿 있는 경우에 정관에 다른 특별한 규정이 없으면 법인의 사무집행은 이사의 과반수로써 결정한다.

**70** 민법상 법인의 감사에 관한 설명으로 옳지 않은 것은?

① 정관 또는 총회의 결의로 1인 또는 수인의 감사를 두어야 한다.

② 감사의 성명·주소는 등기사항이 아니다.

③ 감사 결과, 부정 또는 불비한 것이 있는 경우에는 총회 또는 주무관청에 보고한다.

④ 수인의 경우에도 각자 단독으로 업무를 수행한다.

⑤ 감사는 대표기관이 아니지만, 이사와 마찬가지로 선량한 관리자로서의 주의의무를 진다.

**71** 민법상 사단법인의 사원총회에 관한 설명으로 옳지 않은 것은?

① 사원총회는 정관의 규정에 의해서도 폐지할 수 없는 사단법인의 필수기관이다.

② 법인의 정관변경은 사원총회의 전속적 권한에 속하지 않으므로, 이사회의 결의로써 정관을 변경할 수 있다.

③ 사단법인의 사무는 정관으로 이사 또는 기타 임원에게 위임한 사항 이외에는 총회의 결의에 의하여야 한다.

④ 임시총회는 총사원 5분의 1 이상이 회의의 목적사항을 제시하여 청구하는 경우에 소집될 수 있으나, 그 정수는 정관으로 증감할 수 있다.

⑤ 사원총회의 결의는 정관에서 달리 규정하지 않은 한, 서면 또는 대리인에 의할 수 있다.

---

**정답 및 해설**

**67** ⑤ ① 법인과 이사의 이익이 상반하는 경우 이사의 대표권은 처음부터 없다(= 부정된다).

② 이사의 대표권에 대한 제한은 정관에 기재하여야 효력이 있고, 등기하여야 모든 자에게 대표권 제한을 가지고 대항할 수 있다.

③ 법인의 특별대리인은 대표권이 있다.

④ 법인과 이사의 이익이 상반하는 경우 법원은 이해관계인 또는 검사의 청구에 의하여 특별대리인을 선임하여야 한다.

**68** ⑤ 법인의 직무대행자가 권한초과의 행위를 저지른 경우에 법인은 선의의 제3자에게 책임을 부담한다.

**69** ④ 법인과 이사의 이익이 상반하는 사항에 관하여는 특별대리인이 선임되기 전이라도 당해 이사는 대표권이 없다.

**70** ① 민법상 비영리법인의 감사는 필수기관이 아니다. 따라서 정관 또는 총회의 결의로 1인 또는 수인의 감사를 둘 수 있다.

**71** ② 사단법인의 정관변경은 사원총회의 전속적 권한에 속하므로, 이사회의 결의로써 정관을 변경할 수 없다.

## 72 사원총회에 관한 설명으로 옳지 않은 것은?

① 사원총회는 사단법인에만 있는 기관으로서 사원 전원으로 구성되는 최고의 의사결정 기관이며 필수기관이다.

② 결의권평등의 원칙, 총회출석 불가능시 서면통지 및 대리인의 출석, 결의정족수 등에 관한 민법의 규정은 임의규정이므로 정관에 별도의 규정이 있으면 유효하다.

③ 임시총회는 이사가 필요하다고 인정할 때, 감사가 보고하기 위하여 필요할 때, 총사원의 5분의 1 이상이 회의의 목적사항을 제시하여 청구할 때(소수사원권)에 소집된다.

④ 소수사원의 총회소집청구가 있은 후 2주간 내에 이사가 총회소집절차를 밟지 않은 경우, 총회소집을 청구한 사원들은 주무관청의 허가를 얻어 스스로 소집할 수 있다.

⑤ 정관변경과 임의해산의 결의는 사원총회의 전권사항이므로 정관으로 박탈하거나 다른 기관에 위임하는 것은 무효이다.

---

### 대표예제 29 　　　 법인의 정관변경 ★★

법인의 정관과 그 변경에 관한 설명으로 옳지 않은 것은? (다툼이 있으면 판례에 따름)

① 재단법인의 설립자가 그 명칭을 정하지 아니하고 사망한 경우에도 법인 성립이 가능하다.

② 재단법인의 기본재산 처분을 위한 매매계약 성립 후 주무관청의 사후허가가 있더라도 그 계약은 무효이다.

③ 재단법인의 설립자는 법인의 목적을 달성할 수 없는 경우, 주무관청의 허가를 얻어 목적 기타 정관의 규정을 변경할 수 있다.

④ 사단법인은 정관으로 총사원 2분의 1 이상의 동의에 의한 사원총회 결의로 정관변경이 가능하도록 정할 수 있다.

⑤ 사단법인과 재단법인 모두 정관변경시 주무관청의 허가를 받아야 효력이 있다.

해설 | 재단법인의 기본재산 처분을 위한 매매계약 성립 후 주무관청의 사후허가가 있다면 <u>그 계약은 유효가 된다</u>.

기본서 p.146~148

정답 ②

**73** 법인의 정관과 정관변경에 관한 설명으로 옳지 않은 것은? (다툼이 있으면 판례에 따름)

① 재단법인의 기본재산인 부동산에 저당권 등 담보를 설정하는 행위는 정관변경에 해당하지 않으므로 주무관청의 허가를 받을 필요가 없다.

② 사단법인은 정관에 다른 규정이 없는 한 총사원 3분의 2 이상의 동의로 정관을 변경할 수 있다.

③ 재단법인의 정관은 그 변경방법을 정관에 정하지 않았더라도 언제든지 이사회 전원의 결의를 통하여 변경할 수 있다.

④ 법인의 정관변경은 주무관청의 허가를 얻어야 효력이 있는데, 이 경우 주무관청의 허가는 '인가'로서의 성질을 갖는다.

⑤ 임의적 기재사항도 정관에 기재된 이상 그것을 변경할 때에는 정관변경절차를 거쳐야 한다.

---

**정답 및 해설**

**72** ④ 소수사원의 총회소집청구가 있은 후 2주간 내에 이사가 총회소집절차를 밟지 않은 경우, 총회소집을 청구한 사원들은 <u>법원의 허가</u>를 얻어 스스로 소집할 수 있다.

**73** ③ 재단법인의 정관변경은 원칙적으로 허용되지 않으므로, 정관의 <u>변경방법을 정관에 정하지 않으면 변경할 수 없다.</u>

> **제45조【재단법인의 정관변경】** ① 재단법인의 정관은 그 변경방법을 정관에 정한 때에 한하여 변경할 수 있다.
> ② 재단법인의 목적달성 또는 그 재산의 보전을 위하여 적당한 때에는 전항의 규정에 불구하고 명칭 또는 사무소의 소재지를 변경할 수 있다.
> ③ 제42조 제2항의 규정은 전2항의 경우에 준용한다.
>
> **제46조【재단법인의 목적 기타의 변경】** 재단법인의 목적을 달성할 수 없는 때에는 설립자나 이사는 주무관청의 허가를 얻어 설립의 취지를 참작하여 그 목적 기타 정관의 규정을 변경할 수 있다.

**대표예제 30** \ **법인의 소멸 ★★**

민법상 법인의 해산 및 청산에 관한 설명으로 옳은 것은?

① 파산에 의하여 법인이 해산하는 경우에는 원칙적으로 파산선고 당시의 이사가 청산인이 된다.
② 법인의 해산 및 청산에 관한 사무에 대해서는 주무관청이 이를 감독한다.
③ 청산인이 알고 있는 법인의 채권자라도 채권신고기간 내에 채권신고를 하지 않으면 청산에서 배제된다.
④ 청산인은 채권신고기간 내에는 채권자에게 변제하지 못하므로, 청산인이 채권신고기간 내에 이행기가 도달한 채권을 변제하지 않더라도 법인은 지연손해배상의무를 부담하지 않는다.
⑤ 청산 중의 법인은 변제기에 이르지 않은 채권이라도 변제할 수 있으나, 이 경우 조건부 채권 기타 가액이 불확정한 채권에 관해서는 법원이 선임한 감정인의 평가에 의하여 변제하여야 한다.

**오답**
**체크**
① 파산에 의하여 법인이 해산하는 경우에는 <u>파산관재인이 청산인이 된다</u>.
② 법인의 해산 및 청산에 관한 사무에 대해서는 <u>법원이 감독한다</u>.
③ 청산인이 알고 있는 법인의 채권자는 채권신고기간 내에 채권신고를 하지 않더라도 <u>청산에서 배제할 수 없다</u>.
④ 청산인은 채권신고기간 내에 이행기가 도달한 채권에 대해서는 신고기간 내에 변제할 수 없으나 법인은 <u>지연손해배상의무를 부담한다</u>.

기본서 p.149~152                                                                 정답 ⑤

─────────────

┌종합

**74** 민법상 법인의 청산 등에 관한 설명으로 옳지 않은 것은? (다툼이 있으면 판례에 따름)

① 청산인은 취임한 날로부터 2월 내에 3회 이상의 공고로 채권자에 대하여 2월 이상의 기간을 정하여 그 기간 내에 채권을 신고할 것을 최고하여야 한다.
② 청산인은 채권신고기간 내에는 채권자에 대하여 기한도래의 채무도 변제하지 못하며, 이 경우 법인은 채권자에 대한 지연손해배상의 의무를 부담한다.
③ 청산인은 알고 있는 채권자에 대하여 채권신고를 하지 않으면 청산에서 제외된다는 사실을 표시하여 개별적으로 채권신고를 최고하여야 한다.
④ 청산이 종결하면 청산인은 3주간 내에 이를 등기하고 주무관청에 신고하여야 하는데, 청산종결등기가 경료된 때에도 청산사무가 종결되었다고 할 수 없는 경우 여전히 청산법인으로 존속한다.
⑤ 청산으로부터 제외된 채권자는 법인의 채무를 완제한 후 귀속권리자에게 인도하지 아니한 재산에 대하여서만 변제를 청구할 수 있다.

**75** 법인의 해산과 청산에 관한 설명으로 옳지 않은 것은?

① 법인의 사무는 주무관청이 감독하고, 청산절차는 법원이 감독한다.

② 정관, 총회의 결의로 달리 정한 바가 없으면 해산 당시의 이사가 원칙적으로 청산인이 된다.

③ 법인해산의 경우 잔여재산은 정관으로 지정한 자, 법인의 목적에 유사한 목적으로 처분, 국고의 순서로 귀속된다.

④ 청산 중의 법인은 변제기에 이르지 않은 채권이라도 변제할 수 있으나, 이 경우 조건부 채권 기타 가액이 불확정한 채권에 관해서는 법원이 선임한 감정인의 평가에 의하여 변제하여야 한다.

⑤ 청산인은 채권신고기간 내에는 채권자에게 변제하지 못하므로, 청산인이 채권신고기간 내에 이행기가 도달한 채권을 변제하지 않더라도 법인은 지연손해배상의무를 부담하지 않는다.

---

**정답 및 해설**

**74** ③ 청산인은 <u>알고 있는 채권자에 대하여 채권신고의 최고를 개별적으로 통지</u>하여야 하고, 이 경우 그 채권자가 <u>채권신고를 하지 않더라도 청산에서 제외할 수 없다</u>. 따라서 신고하지 않으면 청산에서 제외된다는 사실을 <u>표시할 이유가 없다</u>.

**75** ⑤ 청산인은 채권신고기간 내에는 채권자에게 변제하지 못한다. 그러나 청산인이 채권신고기간 내에 이행기가 도달한 채권인 경우 법인은 <u>지연손해배상의무를 부담한다</u>.

**76** 법인의 해산과 청산에 관한 설명으로 옳지 않은 것은? (다툼이 있으면 판례에 따름)

① 법인의 파산은 채무 초과로 충분하며 지급 불능일 것은 요하지 않는다.

② 법인이 설립허가 조건을 위반하였더라도 설립허가를 취소당하지 않는 한 법인의 청산 절차를 밟지 않는다.

③ 사단법인의 사원이 하나도 없게 된 경우라도 법인은 소멸하지 않는다.

④ 청산인이 알고 있는 법인의 채권자가 그 채권신고기간 내에 채권신고를 하지 않더라도 청산에서 배제되지 않는다.

⑤ 법인의 목적달성이 불가능하게 되었다면 정관을 변경하여 법인을 존속시킬 수 없다.

---

## 대표예제 31 \ 법인의 등기 ★

**법인의 설립등기에 관한 설명으로 옳은 것은?**

① 비영리법인에 있어서는 대항요건이지만, 영리법인에 있어서는 성립요건이다.

② 비영리법인에 있어서는 성립요건이지만, 영리법인에 있어서는 대항요건이다.

③ 재단법인과 사단법인에 있어서 모두 성립요건이다.

④ 재단법인에 있어서는 대항요건이지만, 사단법인에 있어서는 성립요건이다.

⑤ 재단법인에 있어서는 성립요건이지만, 사단법인에 있어서는 대항요건이다.

해설 | 법인의 등기는 영리법인 · 비영리법인, 사단법인 · 재단법인을 불문하고 설립등기만이 성립요건이며, 그 밖의 등기는 모두 제3자에 대한 대항요건이다.

기본서 p.153~154                                                                    정답 ③

**77** 민법상 법인에 관한 설명으로 옳은 것은? (다툼이 있으면 판례에 따름)

① 사교 등 비영리를 목적으로 하는 사단은 주무관청의 허가 없이 신고만으로 법인을 설립할 수 있다.

② 법인이 설립허가 조건을 위반한 경우 법인은 해산하여야 한다.

③ 재단법인을 위해 출연한 부동산에 대한 이전등기가 이루어지지 않았더라도 법인은 출연자로부터 그 부동산에 대한 소유권이전등기를 받은 제3자에 대하여 소유권을 주장할 수 있다.

④ 사단법인의 설립을 위해서는 반드시 재산의 출연이 있어야 한다.

⑤ 법인이 주사무소 소재지를 관할하는 등기소의 관할 구역 외로 주사무소를 이전하는 경우, 구소재지에서는 3주간 내에 이전등기를 하고 신소재지에서는 3주간 내에 설립등기사항에 게기한 사항을 등기하여야 한다.

---

**정답 및 해설**

**76** ⑤ 재단법인의 목적달성이 불가능한 경우 원칙적으로 해산하여야 하지만, 예외적으로 공익을 위한 재산이 있는 경우 설립자의 취지를 참작하고 주무관청의 허가를 얻어서 재단법인의 목적도 변경할 수 있다.

**77** ⑤ ① 사교 등 비영리를 목적으로 하는 사단과 재단은 목적의 비영리성, 정관작성 등 설립행위, 주무관청의 설립허가, 설립등기의 4가지 요건을 갖추어야 설립할 수 있다.

② 법인이 설립허가 조건을 위반한 경우라도 주무관청이 그 설립허가를 취소하여야만 법인은 해산하게 된다.

③ 재단법인을 설립함에 있어서 출연재산은 그 법인이 설립된 때로부터 법인에 귀속된다는 민법 제48조의 규정은 출연자와 법인과의 관계를 상대적으로 결정하는 기준에 불과하여, 출연재산이 부동산인 경우에도 출연자와 법인 사이에는 법인의 성립 외에 등기를 필요로 하는 것은 아니지만, 제3자에 대한 관계에 있어서, 출연행위는 법률행위이므로 출연 부동산의 법인에의 귀속에는 이전등기를 필요로 한다.

④ 사단법인이 아니라 재단법인의 설립을 위해서는 반드시 재산의 출연이 있어야 한다.

# 제4장 권리의 객체

대표예제 32 **물건 ★★**

**물건에 관한 설명으로 옳은 것은? (다툼이 있으면 판례에 따름)**

① 주물과 종물은 법률적 운명을 같이하므로 1개의 물건이 된다.

② 원상복구가 사회통념상 불가능한 상태에 이른 포락지라 하더라도 토지소유권의 객체가 된다.

③ 관리할 수 있는 자연력은 물건이 아니다.

④ 건물의 대지가 아닌 다른 인접한 필지의 지하에 설치된 정화조는 건물의 구성부분이 되므로 그 건물의 종물이 아니다.

⑤ 1동의 건물이 구분건물로 구성되어 있더라도 1동의 건물의 일부는 독립한 소유권의 객체가 되지 못한다.

**오답 체크**
① 종물은 주물의 구성부분이 아니라 서로 독립한 물건이므로 <u>1개의 물건이 아니다.</u>
② 원상복구가 사회통념상 불가능한 상태에 이른 포락지인 경우에는 <u>독립한 토지소유권의 객체가 될 수 없다.</u>
③ 전기 기타 관리할 수 있는 자연력도 <u>민법상 물건이다.</u>
⑤ 1동의 건물이 구분건물로 구성되어 있다면 1동 건물의 일부는 <u>독립한 소유권의 객체가 될 수 있다 (=구분소유권).</u>

기본서 p.177~179                                          정답 ④

**01** 물건 등에 관한 설명으로 옳지 않은 것은? (다툼이 있으면 판례에 따름)

> ⊙ 건물의 개수를 판단함에 있어서는 물리적 구조뿐만 아니라 건물의 상태, 주위건물과 접근의 정도, 주위의 상황 등 객관적 사정은 물론 건축한 자의 의사와 같은 주관적 사정도 고려하여야 하며, 단순히 건물의 물리적 구조로서만 그 개수를 판단할 수 없다.
> ⓛ 명인방법을 갖추지 못하고 입목등기를 하지 않은 수목은 토지의 종물이다.
> ⓒ 특정물채권의 목적물로부터 천연과실이 생겼을 경우, 특정물 채권자가 인도의 이행기까지 생긴 과실을 수취할 수 있다.
> ② 선의점유자는 천연과실의 수취권을 갖지만, 본권 소송에서 패소한 경우 패소판결 확정시부터 악의의 점유자가 된다.
> ⓜ 주물을 점유하여 시효취득한 경우 점유하지 못한 종물에 대해서는 시효취득의 효력을 주장할 수 없다.

① ⊙, ⓛ, ⓒ      ② ⊙, ⓒ, ②      ③ ⊙, ②, ⓜ
④ ⓛ, ⓒ, ②      ⑤ ⓛ, ⓒ, ⓜ

**02** 물건에 관한 설명으로 옳지 않은 것은? (다툼이 있으면 판례에 따름)     <sub>제22회</sub>

① 부합한 동산의 주종을 구별할 수 있는 경우, 특별한 사정이 없는 한 각 동산의 소유자는 부합 당시의 가액 비율로 합성물을 공유한다.
② 반려동물의 권리능력을 인정하는 관습법은 존재하지 않는다.
③ 제사주재자에게는 자기 유골의 매장장소를 지정한 피상속인의 의사에 구속되어야 할 법률적 의무가 없다.
④ 건물의 개수는 공부상의 등록에 의하여 결정되는 것이 아니라 건물의 상태 등 객관적 사정과 소유자의 의사 등 주관적 사정을 참작하여 결정된다.
⑤ 분할이 가능한 토지의 일부에도 유치권이 성립할 수 있다.

---

**정답 및 해설**

**01 ④** ⓛ 명인방법을 갖추지 못하고 입목등기를 하지 않은 수목은 <u>토지의 부합물</u>이다.
     ⓒ 특정물채권의 목적물로부터 천연과실이 생겼을 경우, <u>특정물 채무자가 인도 전까지 생긴 과실을 수취할 수 있다.</u>
     ② 선의점유자는 천연과실의 수취권을 갖지만, 본권 소송에서 패소한 경우 패소판결 확정시가 아닌 <u>소제기 시부터 악의의 점유자가 된다.</u>

**02 ①** <u>부합한 동산의 주종을 구별할 수 있는 경우</u>, 특별한 사정이 없는 한 그 합성물의 소유권은 <u>주된 동산의 소유자에게 속한다</u>(민법 제257조). 부합한 동산의 주종을 구별할 수 없는 경우, 부합 당시의 가액 비율로 합성물을 공유한다.

**03** 민법상 물건에 관한 설명으로 옳은 것은? (다툼이 있으면 판례에 따름)

① 미완성의 건물이라도 사회통념상 독립한 건물이라고 볼 수 있는 형태와 구조를 갖추고 있는 건물의 경우에는 그 당시의 건축주가 건물을 타에 매도한 후 건축주 명의변경 절차를 마쳤다 하더라도 원래의 건축주가 건물을 원시취득한다.

② 주물의 소유자나 이용자의 사용에 공여되고 있으면 주물 그 자체의 효용과 직접 관계가 없는 물건이라도 종물에 해당한다.

③ 건물의 신축공사를 도급받은 수급인이 사회통념상 독립한 건물이라고 볼 수 없는 정착물을 토지에 설치한 상태에서 공사가 중단된 경우, 그 정착물은 토지의 종물이 된다.

④ 대체물과 부대체물의 구별은 당사자의 의사에 의한 주관적인 구별이다.

⑤ 쌀과 같이 개성이 중요시되지 않는 물건은 특정물로 거래할 수 없다.

**04** 물건에 관한 설명으로 옳지 않은 것은? (다툼이 있으면 판례에 따름)　제21회

① 온천에 관한 권리도 물권이 될 수 있다.

② 물건의 사용대가로 받은 금전 기타의 물건은 법정과실이다.

③ 물건이란 유체물 및 전기 기타 관리할 수 있는 자연력을 말한다.

④ 독립된 부동산으로서 건물이라고 하기 위해서는 최소한 기둥과 지붕 그리고 주벽이 있어야 한다.

⑤ 저당권이 설정된 건물이 증축된 경우, 그 증축부분이 독립성을 갖지 못하는 이상 저당권은 그 증축부분에도 효력이 미친다.

**05** 물건에 관한 설명으로 옳지 않은 것은? (다툼이 있으면 판례에 따름)

① 1필 토지의 일부분이 별개의 부동산으로 되기 위해서는 원칙적으로 분필절차를 거쳐야 한다.

② 유체물도 관리가능성이 없는 경우에는 물건에 해당하지 않는다.

③ 유체 및 유골은 제사주재자에게 소유권이 귀속되기 때문에 제사주재자는 이를 포기할 수 있다.

④ 국립공원의 입장료는 민법상 과실에 해당하지 않는다.

⑤ 특정된 물건의 일부나 집단에 대해서도 공시방법을 갖추면 하나의 독립한 물건이 될 수 있다.

## 06 민법상 물건에 관한 설명으로 옳지 않은 것은? (다툼이 있으면 판례에 따름)

① 토지의 개수는 지적공부상 토지의 필수에 의한다.

② 집합물은 이를 하나의 물건으로 인정하는 법률의 특별규정이 있는 경우에 한하여 하나의 물건으로 취급한다.

③ 장소, 종류, 수량 등이 특정되어 있는 집합물은 양도담보의 대상이 될 수 있다.

④ 채무의 담보를 위하여 채무자가 자기 비용과 노력으로 신축하는 건물의 건축허가 명의를 채권자 명의로 하였다면 이는 완성될 건물을 담보로 제공하기로 하는 합의로서 법률행위에 의한 담보물권의 설정에 다름 아니므로, 완성된 건물의 소유권은 일단 이를 건축한 채무자가 원시적으로 취득한다.

⑤ 원상복구가 사회통념상 불가능한 상태에 이른 포락지인 경우에는 독립한 토지소유권의 객체가 될 수 없다.

---

**정답 및 해설**

**03** ① ② 주물의 소유자나 이용자의 사용에 공여되고 있으면 주물 그 자체의 <u>효용과 직접 관계가 없는 물건이므로</u> <u>종물이 아니다.</u>

　③ 건물의 신축공사를 도급받은 수급인이 사회통념상 독립한 건물이라고 볼 수 없는 정착물을 토지에 설치한 상태에서 공사가 중단된 경우, 그 정착물은 토지의 종물이 아니라 <u>분리해체할 수 있는 동산이 되거나,</u> <u>그렇지 않은 경우 부합물이 된다.</u>

　④ 대체물과 부대체물의 구별은 교환가능 여부에 의한 <u>객관적인 구별이다.</u>

　⑤ 쌀과 같이 개성이 중요시되지 않는 물건도 당사자의 의사에 의하여 특정할 수 있으므로, <u>특정물로 거래</u> <u>하는 것이 가능하다.</u>

**04** ① 온천에 관한 권리는 <u>민법상 물권이 될 수 없다.</u>

**05** ③ 유체 및 유골은 제사주재자에게 소유권이 귀속되기 때문에 <u>제사주재자는 이를 포기할 수 없다.</u>

**06** ② 집합물은 이를 하나의 물건으로 인정하는 법률의 특별규정이 있는 경우뿐만 아니라 <u>관습법에 의해서도</u> 특별한 공시방법이 인정되면 법률상 하나의 물건으로 다루어진다(예 관습법상 유동집합물에 대한 양도담보 설정 등).

　　　**부동산과 동산 ★**

**민법상 동산과 부동산의 구별실익에 관한 설명으로 옳지 않은 것은?**

① 혼화와 가공은 동산에만 적용되고, 부동산에는 적용될 수 없다.

② 동산은 용익물권의 설정대상이 될 수 없지만, 부동산은 그렇지 않다.

③ 동산은 질권설정의 목적물이 될 수 있지만, 부동산은 그렇지 않다.

④ 상린관계의 규정은 부동산에만 적용되고, 동산에는 적용될 수 없다.

⑤ 취득시효의 인정 여부, 환매의 인정 여부, 담보물권의 설정 여부는 구별실익이 있다.

해설 | 취득시효의 인정 여부, 환매의 인정 여부, 담보물권의 설정 여부는 <u>구별실익이 없다</u>.

기본서 p.180~182　　　　　　　　　　　　　　　　　　　　　　　　　정답 ⑤

---

┌종합┐

**07** **부동산과 동산의 구별실익에 관한 설명으로 옳지 않은 것은?**

① 무주(無主)의 동산은 소유의 의사로 선점함으로써 소유권을 취득하지만, 부동산은 그렇지 않다.

② 부동산의 등기에는 공신력이 인정되지 않지만, 동산의 점유에는 공신력이 인정된다.

③ 부동산과 동산의 경우 모두 공시의 원칙이 적용된다.

④ 부동산과 동산의 부합은 구별실익이 없다.

⑤ 부동산의 환매기간은 5년을 넘을 수 없고, 동산의 환매기간은 3년을 넘을 수 없다.

**08** **토지소유권의 범위에 포함되는 것은? (다툼이 있으면 판례에 따름)**

① 타인의 토지에 권원 없이 식재한 사과나무

② 명인방법이 갖추어진 미분리의 과실

③ 입목에 관한 법률에 의하여 소유권보존등기가 이루어진 수목

④ 최소한의 기둥과 지붕 그리고 주벽으로 이루어진 건축물

⑤ 권원에 의하여 타인의 토지에 식재한 명인방법을 갖춘 수목의 집단

## 대표예제 34 　주물과 종물 ★★★

주물과 종물에 관한 설명으로 옳지 않은 것은? (다툼이 있으면 판례에 따름)

① 종물은 주물 그 자체의 경제적 효용을 계속하여 돕는 관계에 있어야 한다.

② 주물과 종물은 동일한 소유자에게 속하여야 한다.

③ "종물은 주물의 처분에 따른다."는 민법 제100조 제2항의 법리는 권리 상호간에도 적용된다.

④ 건물에 대한 저당권이 실행되어 경락인이 건물의 소유권을 취득한 때에는 특별한 다른 사정이 없는 한 건물의 소유를 목적으로 한 토지의 임차권도 건물의 소유권과 함께 경락인에게 이전된다.

⑤ 따라서 위 ④의 경우 건물의 소유권과 함께 건물의 소유를 목적으로 한 토지의 임차권을 취득한 사람이 토지의 임대인에 대한 관계에서 그의 동의가 없이도 임차권의 취득을 대항할 수 있는 것까지 규정한 것이라고 볼 수 있다.

해설 | 건물의 소유권과 함께 건물의 소유를 목적으로 한 토지의 임차권을 취득한 사람이 토지의 임대인에 대한 관계에서 그의 동의가 없이도 임차권의 취득을 <u>대항할 수 있는 것까지 규정한 것이라고는 볼 수 없다</u>.

기본서 p.183~185                                                                              정답 ⑤

---

### 정답 및 해설

**07** ④ <u>부동산과 동산의 부합은 그 효과가 다르다.</u> 부동산과 동산의 부합이 있는 경우 원칙적으로 부동산 소유자가 부합물의 소유권을 취득하지만, 동산과 동산의 부합은 원칙적으로 주된 동산의 소유자가 부합물의 소유권을 취득하고, 주종을 구별할 수 없을 경우에는 부합 당시 가액의 비율로 공유하게 된다.

**08** ① 타인의 토지에 권원 없이 식재한 사과나무는 토지소유자에게 부합된 물건이므로 <u>토지소유자가 그 사과나무의 소유권을 취득한다.</u>

**09** 주물과 종물에 관한 설명으로 옳지 않은 것은? (다툼이 있으면 판례에 따름) 제21회

① 주물과 별도로 종물만을 처분할 수 있다.
② 종물은 주물의 구성부분이 아닌 독립한 물건이어야 한다.
③ 주물의 소유자나 이용자의 사용에 공여되고 있더라도 주물 그 자체의 효용과 직접 관계가 없는 물건은 종물이 아니다.
④ 저당권이 설정된 건물의 상용에 이바지하기 위하여 타인 소유의 전화설비가 부속된 경우, 저당권 효력은 그 전화설비에도 미친다.
⑤ 건물에 대한 저당권이 실행되어 경매의 매수인이 건물소유권을 취득한 때에는 특별한 사정이 없는 한 그 건물소유를 목적으로 하는 토지의 임차권도 매수인에게 이전된다.

**10** 주물과 종물에 관한 설명으로 옳지 않은 것은? (다툼이 있으면 판례에 따름)

① 주물 위에 설정된 저당권은 다른 정함이 없으면 저당권 설정 후의 종물에도 효력이 미친다.
② 종물은 주물의 처분에 따른다는 민법규정은 권리 상호간에 유추적용될 수 있다.
③ 건물저당권의 효력은 특별한 사정이 없는 한 그 건물의 소유를 목적으로 하는 지상권에도 미친다.
④ 주유소 토지의 지하에 매설된 유류저장탱크는 주유소 부지의 종물이 아니라 부합물이다.
⑤ 주물과 종물은 모두 동일한 소유자에게 속하여야 하므로 법률상 하나의 물건으로 취급한다.

▢ 고난도

**11** 주물 · 종물의 법리에 관한 설명으로 옳은 것은? (다툼이 있으면 판례에 따름)

① 종물은 주물의 처분에 따른다고 하였을 때 처분에는 물권적 처분뿐만 아니라 채권적 처분, 그리고 공법적 처분행위도 포함된다.
② 원본채권이 양도되면 이미 변제기에 도달한 이자채권도 당연히 함께 양도된다.
③ 건물에 대한 저당권이 실행된 경우, 건물의 소유권이 경락인에게 이전되더라도 그 건물의 소유를 위한 대지의 임차권은 함께 이전되지 않는다.
④ 주물을 점유하여 시효취득하면 점유하지 않은 종물도 시효취득한다.
⑤ 주물 그 자체의 효용과 직접 관계가 없더라도 주물의 소유자나 이용자의 상용에 공여되고 있다면 종물이 된다.

| 대표예제 35 | 원물과 과실 ★★ |

**원물과 과실에 관한 설명으로 옳지 않은 것은?** (다툼이 있으면 판례에 따름)

① 물건의 사용대가로 받는 물건은 법정과실이다.

② 물건의 용법에 따라 수취하는 산출물은 천연과실이다.

③ 법정과실의 귀속에 관한 민법규정은 강행규정이다.

④ 천연과실의 귀속에 관한 민법규정은 임의규정이다.

⑤ 건물을 사용함으로써 얻는 이득은 그 건물의 과실에 준한다.

해설 | 법정과실의 귀속에 관한 민법규정은 임의규정이다.

기본서 p.186~187                                                      정답 ③

---

**정답 및 해설**

**09** ④ 종물이 되기 위해서는 주물소유자의 물건이어야 하므로, 주물소유자의 물건이 아닌 타인의 물건은 원칙적으로 종물이 될 수 없다. 따라서 저당권이 설정된 건물의 상용에 이바지하기 위하여 타인 소유의 전화설비가 부속된 경우, 저당권 효력은 그 전화설비에 미치지 않는다.

**10** ⑤ 주물과 종물은 모두 동일한 소유자에게 속하여야 하지만 각각 독립한 물건이어야 하므로 법률상 하나의 물건이 아니다.

**11** ① ② 원본채권이 양도되더라도 이미 변제기에 도달한 이자채권은 특별한 사정이 없는 한 함께 양도되지 않는다.

③ 주물과 종물의 법리는 주된 권리, 종된 권리에도 적용되므로 건물에 대한 저당권이 실행된 경우, 건물의 소유권이 경락인에게 이전되면 그 건물의 소유를 위한 대지의 임차권, 지상권, 토지전세권, 대지사용권 등도 함께 이전된다.

④ 주물을 점유하여 시효취득하더라도 점유하지 않은 종물은 시효취득할 수 없다.

⑤ 주물의 소유자나 이용자의 상용에 공여되고 있더라도 주물 그 자체의 효용과 직접 관계가 없다면 종물이 아니다.

**12** 과실(果實)에 관한 설명으로 옳지 않은 것은? (다툼이 있으면 판례에 따름)

① 명인방법을 갖춘 미분리 과실은 독립된 별개의 소유권 객체가 될 수 있으나 저당권의 객체가 될 수 없다.

② 특약이 없는 한 지료는 수취할 권리의 존속기간일수의 비율로 취득한다.

③ 타인의 토지 위에 지상권을 가진 자는 그 토지로부터 발생하는 과실을 수취할 수 있다.

④ 유치권자와 질권자는 유치물의 과실을 수취할 수 있다.

⑤ 특별한 사정이 없는 한 매수인이 매매대금을 완납하였더라도 매매목적물의 인도 전이라면 과실수취권은 매도인에게 있다.

**13** 주물과 종물, 원물과 과실에 관한 설명으로 옳지 않은 것은? (다툼이 있으면 판례에 따름)

제22회

① 주물과 다른 사람의 소유에 속하는 물건은 원칙적으로 종물이 될 수 없다.

② 유치권자는 금전을 유치물의 과실로 수취한 경우, 이를 피담보채권의 변제에 충당할 수 있다.

③ 종물을 주물의 처분에 따르도록 한 법리는 권리 상호간에는 적용되지 않는다.

④ 매수인이 매매대금을 모두 지급하였다면 특별한 사정이 없는 한, 그 이후의 과실수취권은 매수인에게 귀속된다.

⑤ 주물 소유자의 사용에 공여되고 있더라도 주물 그 자체의 효용과 직접 관계가 없는 물건은 종물이 아니다.

**14** 원물과 과실에 관한 설명으로 옳은 것은? (다툼이 있으면 판례에 따름)

① 물건의 사용이익은 과실이 아니므로 사용이익의 귀속에 관해서는 과실수취권에 관한 규정이 유추적용될 수 없다.

② 원물의 사용대가를 받을 수 있는 권리도 과실이다.

③ 천연과실은 수취할 권리의 존속기간일수의 비율로 취득한다.

④ 저당부동산에 관한 과실수취권은 목적물에 대한 압류가 있기 전에는 저당권설정자에게 있다.

⑤ 천연과실은 원물로부터 분리되기 전에는 원물의 구성부분에 지나지 않으므로 어떠한 경우에도 독립한 물건이 될 수 없다.

---

**정답 및 해설**

**12 ⑤** 매매목적물의 인도 전에는 원칙적으로 매도인이 과실의 수취권을 가지지만 인도 전이라도 매수인이 매매대금을 완납한 때에는 매수인이 과실수취권을 가진다.

**13 ③** 종물을 주물의 처분에 따르도록 한 법리는 권리 상호간에도 유추적용된다.

**14 ④** ① 물건을 사용함으로써 얻는 이득은 그 물건의 과실에 준한다.
   ② 민법은 물건의 사용대가를 법정과실로 인정하고 있으며, 원물의 사용대가를 받을 수 있는 권리 및 권리의 사용대가는 인정하지 않는다.
   ③ 천연과실이 아니라 법정과실에 관한 설명이다.
   ⑤ 천연과실의 수취권자에 관한 민법의 규정은 임의규정이므로 분리하기 전이라도 당사자의 특약이 있는 경우에는 독립한 물건으로 취급하여 천연과실의 귀속권자를 정하는 것이 가능하다.

   ▶ 천연과실의 수취권자

| 원칙적인 수취권자 | 원물의 소유자 |
|---|---|
| 예외적인 수취권자 | 선의의 점유자, 지상권자, 전세권자, 유치권자, 질권자, 저당부동산 압류 후의 저당권자, 목적물 인도 전의 매도인, 사용차주, 임차인, 친권자, 수유자 |
| 수취권자로 인정되지 않는 자 | 악의의 점유자, 수치인, 사무관리자, 인도 전 매수인, 압류 전 저당권자, 지상권 등 설정자, 임대인, 유치물의 소유자, 미성년자, 유증자 |

**15** 과실(果實)에 관한 설명으로 옳지 않은 것은?

① 양도담보권자는 선의라고 하더라도 특별한 사정이 없는 한 천연과실을 수취할 수 없다.
② 금전은 물건이 아니므로, 금전 사용의 대가로서 받는 이자는 법정과실이 아니다.
③ 물건을 사용한 대가로 받는 물건은 법정과실이다.
④ 다른 약정이 없는 한 천연과실은 그 원물로부터 분리하는 때에 이를 수취할 권리자에게 귀속된다.
⑤ 다른 약정이 없는 한 법정과실은 수취할 권리의 존속기간일수의 비율로 취득한다.

**16** 물건에 관한 설명으로 옳지 않은 것은? (다툼이 있으면 판례에 따름)

① 자기 토지에 사과나무 두 그루를 식재한 후, 그 토지가 경락되어 대금을 완납하면 경락인은 사과나무의 소유권도 취득한다.
② 타인 소유의 개(犬)를 자신의 소유로 오신하여 점유하던 중 강아지를 출산한 경우, 그 강아지는 어미 개의 소유자에게 귀속되지 않는다.
③ 공유자 중 1인이 공유지에 사철나무를 식재한 경우, 사철나무는 토지에 부합하지 않고 식재자의 소유에 속한다.
④ 채권담보를 위하여 돼지 10마리의 소유권을 점유개정을 통하여 양도한 경우, 그 돼지가 출산한 새끼 돼지는 다른 특약이 없는 한 양도담보설정자에게 귀속된다.
⑤ 토지에 식재된 소나무 1,000그루만을 양도하고 명인방법을 갖춘 경우, 토지소유자가 토지를 제3자에게 양도하고 소유권이전등기를 경료하였다면, 명인방법의 존속 여부와 무관하게 토지의 양수인은 그 소나무의 소유권을 취득하지 못한다.

---

**정답 및 해설**

**15** ② 법정과실은 물건의 사용대가로 받는 금전 기타 물건이므로, 금전 사용의 대가로서 받는 <u>약정이자와 법정이자는 법정과실이다.</u>

**16** ⑤ 토지에 식재된 소나무 1,000그루만을 양도하고 명인방법을 갖춘 경우라 하더라도, 명인방법이 존속하여야 식재자가 소유권을 주장할 수 있고 <u>명인방법이 존속하지 않은 경우에는 토지의 양수인이 그 소나무의 소유권을 취득한다.</u>

# 제5장 법률행위

## 대표예제 36 권리변동 ★★

甲은 X부동산을 乙에게 매도하고 소유권이전등기를 해 주었다. 乙은 丙으로부터 금전을 차용하면서 X부동산에 丙을 위한 저당권을 설정하였다. 이에 관한 설명으로 옳은 것은? (다툼이 있으면 판례에 따름)

제15회

① 甲과 乙 사이의 매매계약은 법률요건이고, 그로 인한 乙의 소유권이전등기청구권은 법률효과에 해당한다.
② 乙의 소유권 취득은 포괄승계에 해당한다.
③ 丙의 저당권 취득은 이전적 승계에 해당한다.
④ 乙의 저당권 설정은 준법률행위에 해당한다.
⑤ 乙의 저당권 설정은 소유권의 질적 변경에 해당한다.

해설 | 甲과 乙 사이의 매매계약은 법률행위로서 법률요건이고, 그로 인한 乙의 소유권이전등기청구권은 권리와 의무의 발생이므로 법률효과에 해당한다.

오답 | ② 乙의 소유권 취득은 포괄승계가 아니라 특정승계에 해당한다.
체크 | ③ 丙의 저당권 취득은 이전적 승계가 아니라 설정적 승계에 해당한다.
④ 乙의 저당권 설정은 준법률행위가 아니라 법률행위에 해당한다.
⑤ 乙의 저당권 설정은 권리변경에 있어서 양적 변경에 해당한다.

기본서 p.199~200                                                       정답 ①

**01** 권리변동에 관한 설명으로 옳지 않은 것은?

① 내용의 변경 – 저당권의 순위승진, 제한물권의 설정
② 양적 변경 – 첨부, 혼동
③ 질적 변경 – 금전손해배상청구권의 발생, 물상대위, 대물변제
④ 원시취득 – 매매계약에 의한 채권의 취득과 물권의 취득
⑤ 특정승계 – 매매, 교환, 사인증여

**02** 권리변동에 관한 설명으로 옳지 않은 것은?

① 지상권자 甲이 취득한 지상권을 乙에게 양도하는 경우에는 이전적 승계에 해당한다.
② 저당권이 설정된 건물이 전소된 경우 저당권의 등기를 말소하여야 저당권이 소멸된다.
③ 이전적 승계취득은 주체의 변경인 동시에 권리의 상대적 소멸에 해당한다.
④ 설정적 승계취득은 앞선 권리자의 권리가 그대로 유지된다는 점에서 그렇지 않은 이전적 승계취득과 차이가 있다.
⑤ 상속, 합병, 포괄유증 등은 포괄적 승계취득이 되고, 앞선 권리의 하자가 그대로 이전된다.

---

## 대표예제 37 \ 법률요건과 법률사실 ★

**의사표시에 해당하는 것은?**

① 매도인 甲이 매수인 乙에 대한 매매대금지급의 청구
② 시효완성 후 채무에 대한 승인
③ 승낙연착의 통지
④ 제한능력자의 법정대리인에 대한 상대방의 확답 촉구
⑤ 채무인수에 대한 채권자의 승낙

해설 | 시효완성 후 채무에 대한 승인은 시효이익의 포기(상대방 있는 단독행위)로서 의사표시에 해당된다.
①④ 준법률행위 중 <u>의사의 통지</u>이다.
③⑤ 준법률행위 중 <u>관념의 통지</u>이다.

기본서 p.201~203                                                              정답 ②

**03** 법률행위에 관한 설명으로 옳지 않은 것은?

① 법률행위는 하나 이상의 의사표시를 불가결의 요소로 한다.
② 청약과 승낙이라는 의사표시의 합치로 계약이 성립한다.
③ 유언은 상대방 있는 단독행위에 해당한다.
④ 채무면제는 준물권행위에 해당한다.
⑤ 서로 대가적 의미가 있는 재산상의 출연행위를 유상행위라 한다.

종합

**04** 다음 밑줄 친 법률사실로서의 성질이 다른 하나는?

① 甲의 아내인 丙이 대리권 없이 甲 명의의 건물을 乙에게 매도하였는데, 상대방인 乙이 丙의 무권대리를 알고 甲에게 추인 여부를 <u>최고</u>하였으나 甲은 추인을 <u>거절</u>하였다.
② 피성년후견인인 乙로부터 보석반지를 매수한 甲이 乙의 성년후견인 丙에게 매매계약 추인 여부의 확답을 <u>촉구</u>하였다.
③ 乙의 채권자 甲은 乙에게 채무의 이행을 요구하는 <u>최고</u>를 하였다.
④ 甲이 乙에 대한 채권을 丙에게 양도하고 채무자 乙에게 이를 <u>통지</u>하였다.
⑤ 채권자 甲은 乙이 채무의 이행으로서 하자 있는 물건을 인도하려고 하자, 변제의 수령을 <u>거절</u>하였다.

---

**정답 및 해설**

**01** ④ 매매계약에 의한 채권의 취득은 원시취득이지만, <u>매매계약에 의한 물권의 취득은 승계취득이다.</u>

**02** ② 목적물의 멸실은 물권의 절대적 소멸사유가 된다. 따라서 저당권이 설정된 건물이 전소된 경우 <u>저당권의 등기를 말소하지 않아도 저당권이 소멸된다.</u>

**03** ③ 유언은 <u>상대방 없는 단독행위</u>에 해당한다.

**04** ④ ④ <u>관념의 통지</u>에 해당한다.
   ▶ 관념의 통지: 승인, 승낙, 통지, 대리권 수여표시 등
   ①②③⑤ <u>의사의 통지</u>에 해당한다.
   ▶ 의사의 통지: 최고( = 촉구 = 독촉 = 이행청구), 거절 등

**05** 甲이 乙에게 자기 소유의 X토지를 10억원에 매도하기 위하여 청약을 하고 乙이 이를 승낙하여 X토지의 소유권을 乙에게 이전하여 주기로 하였다. 이에 관한 설명으로 옳지 않은 것은?

① 청약과 승낙은 법률요건에 해당되고, 소유권이전은 법률효과에 해당한다.
② 甲의 매매대금청구권과 乙의 소유권이전청구권의 발생은 법률효과에 해당한다.
③ 매매로 인한 소유권이전은 법률행위로 인하여 권리변동이 일어나는 경우이다.
④ 청약과 승낙의 합의에 의하여 매매계약이 성립되는데, 매매는 법률요건에 해당한다.
⑤ 甲의 청약과 乙의 승낙은 모두 법률사실에 해당한다.

종합

**06** 법률요건에 관한 설명으로 옳지 않은 것은?

① 법률요건은 법률행위와 법규정이다.
② 일정한 법률효과를 발생하게 하는 사실을 총괄하여 법률요건이라고 한다.
③ 법률요건은 법률행위의 성립요건이나 유효요건과 동일한 개념이 아니다.
④ 채무불이행과 불법행위는 법률요건이 될 수 없다.
⑤ 준법률행위는 법규정에 의한 법률요건이 된다.

고난도

**07** 준법률행위에 관한 설명으로 옳지 않은 것은?

① 법률행위는 표의자가 원하는 대로 일정한 사법상의 효과를 발생하게 하지만, 준법률 행위는 의사표시가 아닌 법규정에 의하여 효과가 발생한다.
② 준법률행위는 이미 발생하고 있는 법률관계에 수반하여 발생한다.
③ 시효완성 전 승인은 준법률행위이지만, 시효완성 후 승인은 준법률행위가 아니다.
④ 준법률행위에는 법률행위에 관한 규정을 유추적용할 수 없다.
⑤ 매장물 발견, 주소의 설정, 가공 등은 준법률행위 중 순수사실행위이다.

## 대표예제 38 　　법률행위의 종류 ★★

법률행위에 관한 설명으로 옳지 않은 것은? (다툼이 있으면 판례에 따름)

① 소유권의 포기는 상대방 없는 단독행위이지만, 제한물권의 포기는 상대방 있는 단독행위에 해당한다.

② 처분권 없는 자의 처분행위와 채권행위는 무효이다.

③ 쌍무계약은 언제나 유상계약이지만, 유상계약이 언제나 쌍무계약인 것은 아니다.

④ 채무면제와 채권의 양도는 처분행위이다.

⑤ 대리권의 수여, 소유권의 포기는 비출연행위이지만, 추심목적의 채권양도, 동산양도담보는 민법상 신탁행위이다.

해설 | 원칙적으로 처분권 없는 자의 처분행위는 무효이지만, 처분권 없는 자의 채권행위는 유효이다.

기본서 p.204~207　　　　　　　　　　　　　　　　　　　　　　　　　　　　정답 ②

---

**08** 법률행위에 관한 설명으로 옳지 않은 것은?

① 의무부담행위는 처분행위와 달리 이행의 문제가 발생한다.

② 지상권과 전세권의 설정은 물권행위이다.

③ 자기의 소유물이 아닌 물건에 관해서도 의무부담행위인 매매계약을 유효하게 체결할 수 있다.

④ 지식재산권의 양도, 채무면제, 채권의 양도, 채무인수는 처분행위이다.

⑤ 채권행위와 달리 처분행위가 유효하기 위해서는 처분권한과 처분능력이 있어야 한다.

---

**정답 및 해설**

**05** ① 청약과 승낙은 의사표시로서 법률사실에 해당된다.

**06** ④ 법률요건이란 당사자 사이에서 권리와 의무에 영향을 주는 것을 말하므로 채무불이행과 불법행위는 법규정에 의한 법률요건이다.

**07** ④ 행위능력, 의사의 교부 · 도달 및 해석의 규정은 의사의 통지, 관념의 통지, 감정의 표시 등 준법률행위에 관하여 유추적용될 수 있다.

**08** ④ 지식재산권의 양도, 채무면제, 채권의 양도는 준물권행위로서 처분행위이지만, 채무인수는 의무부담행위로서 채권행위이다.

**09** 단독행위에 관한 설명으로 옳지 않은 것은?

① 재단법인의 설립이나 유언, 소유권의 포기는 상대방 없는 단독행위이므로 의사표시의 효력에 관한 도달주의 이론은 적용되지 않는다.

② 상대방 없는 단독행위는 통정허위표시가 적용되지 않으며, 상대방 없는 단독행위에 있어서 제3자의 사기·강박에 의한 경우에는 언제든지 취소할 수 있다.

③ 단독행위는 민법 기타 법률에 규정이 있는 경우에만 허용되나, 당사자의 합의에 의하여 단독행위를 계약으로 전환하는 것은 가능하다.

④ 해제와 취소 등은 원칙적으로 조건과 기한을 붙일 수 없다. 그러나 정지조건부 해제의 의사표시는 유효이다.

⑤ 타인의 권리·의무의 변동을 목적으로 하는 단독행위는 법률이 승인하는 경우에 한하여 예외적으로 허용되며 반드시 일정한 형식이 요구된다.

**10** 상대방 없는 단독행위에 해당하는 것을 모두 고른 것은? (다툼이 있으면 판례에 따름)

제20회

> ㉠ 계약의 해지
> ㉡ 1인의 설립자에 의한 재단법인 설립행위
> ㉢ 상속받은 골동품 소유권의 포기
> ㉣ 유언

① ㉠, ㉡  
② ㉡, ㉢  
③ ㉢, ㉣  
④ ㉠, ㉡, ㉢  
⑤ ㉡, ㉢, ㉣

## 11 다음 행위 중 그 자체로서 법률행위가 아닌 것을 모두 고른 것은?

| | |
|---|---|
| ㉠ 점유의 취득 | ㉡ 유실물의 습득 |
| ㉢ 매장물의 발견 | ㉣ 소유권의 포기 |
| ㉤ 무주물의 선점 | |

① ㉠, ㉡
② ㉠, ㉣, ㉤
③ ㉡, ㉢, ㉣
④ ㉢, ㉣, ㉤
⑤ ㉠, ㉡, ㉢, ㉤

## 12 법률행위에 관한 설명으로 옳은 것을 모두 고른 것은? (다툼이 있으면 판례에 따름)

제17회

| |
|---|
| ㉠ 매매계약을 대리함에 있어서 대리권의 존재는 특별효력요건이다. |
| ㉡ 교환은 요식행위이다. |
| ㉢ 저당권설정계약은 금전소비대차계약의 주된 계약이다. |
| ㉣ 추심을 위한 채권양도는 민법학상 신탁행위이다. |

① ㉠, ㉢
② ㉡, ㉢
③ ㉡, ㉣
④ ㉠, ㉢, ㉣
⑤ ㉡, ㉢, ㉣

---

### 정답 및 해설

**09** ⑤ 타인의 권리와 의무의 변동을 목적으로 하는 단독행위는 상대방 있는 단독행위로 그 행사에 일정한 형식을 요구하지 않는다.

**10** ⑤ ㉡㉢㉣ 상대방 없는 단독행위이다.
㉠ 상대방 있는 단독행위이다.

**11** ⑤ ㉠㉡㉢㉤ 사실행위에 해당한다.
㉣ 상대방 없는 단독행위로 법률행위에 해당한다.

**12** ① ㉡ 교환은 유상·쌍무·낙성·불요식행위이다.
㉢ 저당권설정계약은 금전소비대차계약의 종된 계약이다.

법률행위의 성립요건에 해당하는 것은? (다툼이 있으면 판례에 따름)                제18회

① 요물계약에서 물건의 인도
② 대리행위에서 대리권의 존재
③ 당사자의 의사능력과 행위능력
④ 조건부 법률행위에서 조건의 성취
⑤ 토지거래허가구역 내의 토지거래계약에 관한 관할관청의 허가

해설 | 요물계약에서 물건의 인도는 <u>특별성립요건</u>에 해당한다.
     ②④⑤ 특별효력(유효)요건에 해당한다.
     ③ 일반적 효력(유효)요건에 해당한다.

기본서 p.207~209                                                정답 ①

┌종합

**13** **법률행위의 성립요건으로 볼 수 없는 것은?**

① 정지조건부 법률행위에 있어서 조건의 성취
② 당사자가 달성하려고 하는 법률효과
③ 법률행위의 당사자
④ 대물변제계약에서 물건의 인도
⑤ 계약에서 청약과 승낙의 의사표시

┌종합

**14** **법률행위의 효력이 유효하기 위한 요건 중에서 특별효력요건에 해당하지 않는 것은?**
**(다툼이 있으면 판례에 따름)**

① 17세 甲의 컴퓨터구매계약에 대한 친권자 乙의 동의
② 무권대리행위에 대한 본인의 추인
③ 시기(始期) 있는 법률행위에서의 기한의 도래
④ 토지거래허가구역의 토지매매에 대한 허가권자의 허가
⑤ 법률행위에서 표의자의 행위능력의 존재

**15** "당신이 키우는 진돗개가 2년 이내에 죽으면 다른 고양이를 사주겠다."라고 하는 경우 "2년 이내에 죽으면"은 법률행위의 무슨 요건에 해당하는가?

① 일반성립요건 　　　　　　　② 일반효력요건

③ 특별성립요건 　　　　　　　④ 특별효력요건

⑤ 일반대항요건

**16** 법률행위의 요건에 관한 설명으로 옳지 않은 것은? (다툼이 있으면 판례에 따름)

① 법률행위의 성립요건을 갖추지 못한 경우 그 법률행위는 무효, 취소, 불가능의 문제가 발생하지 않고, 법률행위 자체가 불성립한 것이다.

② 의사와 표시의 불일치가 있는 경우에도 법률행위는 성립한다.

③ 의사표시가 없는 법률행위는 무효이다.

④ 요물계약의 경우 물건의 존재와 물건의 인도, 일의 완성 등은 특별성립요건이다.

⑤ 법률행위의 효력요건이 갖추어지지 않은 법률행위도 성립할 수 있다.

정답 및 해설

**13** ① 정지조건부 법률행위에 있어서 조건의 성취는 법률행위의 성립요건이 아니라 <u>특별효력(유효)요건</u>이다.

**14** ⑤ 법률행위에서 표의자의 행위능력의 존재는 <u>일반적 유효요건</u>이다.

**15** ④ "2년 이내에 죽으면"은 발생 여부가 불확실한 조건에 해당한다. 기한부 법률행위에서 <u>조건의 성취는 특별효력요건</u>이다.

**16** ③ 의사표시가 없는 법률행위는 성립요건을 갖추지 못하여 <u>불성립</u>한 것이므로 <u>무효인 법률행위가 아니다</u>.

**법률행위의 목적에 관한 설명으로 옳은 것은? (다툼이 있으면 판례에 따름)**

① 법률행위의 성립 당시에 그 목적이 물리적으로 가능하더라도 사회통념상 실현할 수 없으면 그 법률행위는 무효이다.

② 도박채무가 선량한 풍속에 반하여 무효라면 도박채무에 대하여 양도담보 명목으로 이전하여 준 소유권이전등기의 말소를 청구할 수 있다.

③ 매매계약의 체결시 매매대금과 매매의 목적물이 확정되어 있지 않다면 그 매매계약은 무효이다.

④ 부동산 이중매매가 반사회질서 법률행위에 해당하여 무효가 되더라도 제2매수인으로부터 다시 취득한 선의의 제3자에 대해서는 이중매매의 무효를 주장할 수 없다.

⑤ 법률행위의 일부가 불능인 경우에는 원칙적으로 그 일부만 무효이다.

오답 체크 | ② 도박채무가 선량한 풍속에 반하여 무효라면 쌍방불법이므로 제746조 불법원인급여에 해당하여, 당사자 사이에서는 어떠한 경우에도 이미 이전한 이익을 부당이득으로 반환청구하거나 소유권이 전등기의 말소 등을 청구할 수 없다.

③ 법률행위의 목적은 법률행위의 성립 당시에 반드시 구체적으로 확정되어야 할 필요는 없고, 이행기 전까지 확정지을 수 있는 표준이 있으면 충분하다. 따라서 매매계약의 체결시 매매대금과 매매의 목적물이 확정되어 있지 않더라도 이행기까지 확정지을 수 있는 기준만 있으면 그 매매계약은 유효이다.

④ 반사회질서 법률행위는 절대적 무효이므로 그 무효를 가지고 선의의 제3자에 대하여 무효를 주장할 수 있다.

⑤ 법률행위의 일부가 불능인 경우에는 원칙적으로 전부불능이다(제137조).

기본서 p.209                                                             정답 ①

## 17 법률행위에 관한 설명으로 옳지 않은 것은? (다툼이 있으면 판례에 따름)

① 매매계약의 당사자는 처음부터 확정되어야 한다.

② 계약이 교섭 당시 부당파기된 경우 계약 체결상의 과실책임이 적용된다.

③ 후발적 불능이 있으면 법률행위 자체는 무효로 되지 않으나, 계약의 이행불능 또는 위험부담 및 사정변경의 문제가 발생한다.

④ 제103조 반사회질서의 법률행위는 절대적 무효이므로 제3자는 선의취득을 주장할 수 없다.

⑤ 법률행위의 목적은 법률행위의 성립 당시에 반드시 확정되어 있을 필요는 없으므로, 이행하기 전까지는 확정지을 수 있는 기준이 있으면 충분하다.

## 18 법률행위의 목적에 관한 설명으로 옳은 것을 모두 고르면?

> ㉠ 토지의 매매계약에서 매매의 목적은 토지이다.
>
> ㉡ 법률행위의 목적이 선량한 풍속 기타 사회질서에 관계있는 법규정에 위반되면 절대적 무효이므로 추인과 전환은 허용되지 않는다.
>
> ㉢ 법률행위의 목적을 제한하기 위하여 장래 불확실한 사실에 법률효과의 발생·소멸을 의존하게 하면 그 법률행위는 원칙적으로 무효이다.
>
> ㉣ 법률행위의 목적은 법률효과를 받는 자가 직접 실현하여야 하므로 타인으로 하여금 그 목적을 달성하게 하는 행위는 무효이다.
>
> ㉤ 후발적 불능이 되면 계약 체결상의 과실책임 또는 매도인의 담보책임이 문제된다.
>
> ㉥ 부동산의 이중매매에서 제2매수인이, 제1매수인이 있다는 사실을 알면서 그 부동산을 취득하더라도 그 매매계약은 유효이다.
>
> ㉦ 목적의 가능·불가능의 여부는 물리적 관점에서 판단한다.

① ㉠, ㉢　　　　　　　　　　② ㉠, ㉤

③ ㉡, ㉥　　　　　　　　　　④ ㉡, ㉦

⑤ ㉢, ㉥

---

제1편 민법총칙

제5장

### 정답 및 해설

**17 ②** 원시적 전부불능인 경우 계약 체결상의 과실책임이 적용된다. 따라서 계약이 교섭 당시 부당파기된 경우에는 계약 체결상의 과실책임이 적용되지 않고 불법행위에 의한 손해배상책임이 적용된다.

**18 ③** ㉠ 법률행위의 목적이란 당사자가 그 법률행위에 의하여 달성하려고 하는 법률효과를 의미하는 것이다. 매매의 목적은 재산권의 이전과 매매대금의 지급이고, 대상인 토지는 목적이 아닌 목적물이다.

㉢ 장래 불확실한 사실에 법률효과의 발생·소멸을 의존하게 하는 법률행위를 조건부 법률행위라 하고, 반사회질서 등에 해당하지 않으면 원칙적으로 유효한 법률행위이다.

㉣ 법률행위의 대리가 가능하므로 유효한 법률행위이다.

㉤ 후발적 불능이 되면 채무불이행 또는 위험부담이 문제된다.

㉦ 목적의 가능·불가능의 여부는 사회통념에 따라 판단한다.

매도인 甲은 매수인 乙에게 자신의 X부동산을 매매하기로 하였다. 이에 관한 설명으로 옳지 않은 것은?

① 甲의 이행 전에 제3자 丙의 화재로 인하여 가옥이 전소된 경우, 위험부담의 문제가 생긴다.
② X부동산이 甲 소유의 부동산이 아닌 제3자 A 소유의 부동산이라 하더라도 甲과 乙의 매매계약은 유효이다.
③ 甲과 乙의 매매계약 당시 이미 담장이 멸실되어 없었음에도 매도인 甲이 완전한 건물을 인도할 수 있다고 주장하여 계약을 체결하였다면, 원칙적으로 매매계약은 무효이다.
④ 甲과 乙의 매매계약 당시 인도가 가능하였으나 그 이행 전에 불능이 되었다면 甲은 乙에게 계약 체결상의 과실을 이유로 손해를 배상하여야 한다.
⑤ 매도인 甲이 술을 마시고 과실(過失)로 X부동산을 전소시켰다면, 乙에게 이행이익을 초과한 부분까지도 손해를 배상하여야 한다.

해설 | **후발적 불능의 경우** 채무불이행 또는 위험부담의 법리가 적용되므로, **계약 체결상의 과실책임은 적용되지 않는다.**

기본서 p.210~211　　　　　　　　　　　　　　　　　　　　　　　　　　　　　　정답 ④

---

**19** **법률행위 목적의 불능에 관한 설명으로 옳지 않은 것은?**

① 불능은 확정적인 것에 한하므로, 일시적으로 불능인 경우 불능이 아니다.
② 법률행위의 목적이 그 법률행위 당시에 이미 실현 불가능한 경우에도 손해배상책임이 발생할 수 있다.
③ 법률이 금지하고 있거나 법률상의 장애사유가 존재하는 경우에도 불능이 된다.
④ 현행 민법상 부동산에 관하여 질권을 설정하는 것은 불가능하다.
⑤ 후발적 불능의 경우에는 그 법률행위가 무효이므로, 채무불이행 또는 위험부담이 적용된다.

**20** 법률행위의 목적에 관한 설명으로 옳지 않은 것은?

① 민사사건의 성공보수 약정은 유효이지만, 형사사건의 성공보수 약정은 무효이다.

② 매매계약 체결 당시에 반드시 매매목적물과 대금을 구체적으로 특정할 필요는 없다.

③ 매매계약 체결 당시에 당사자인 매도인과 매수인이 누구인지는 구체적으로 특정되어 있어야만 매매계약이 성립할 수 있다.

④ 사회적 타당성이 없는 법률행위라 할지라도 당사자 사이에서는 유효한 행위로 할 수 있다.

⑤ 민법 제746조의 불법원인급여에 있어서의 '불법'이란 반사회질서의 법률행위를 말한다.

**21** 법률행위 목적의 불능 등에 관한 설명으로 옳지 않은 것은?

① 타인소유 물건의 매매와 임대차는 원칙적으로 유효하다.

② 원시적 일부불능의 경우 예외적으로 나머지 부분을 유효로 할 수 있으며, 이 경우 매도인의 담보책임이 적용될 수 있다.

③ 불가항력으로 인한 손해를 계약당사자 일방에게만 부담시키는 약정은 공서양속에 위반되기 때문에 무효이다.

④ 과실(果實)의 귀속을 법률의 규정과 달리 정하는 합의도 유효하다.

⑤ 법률적 불능과 물리적 불능은 불능이지만, 주관적 불능은 불능이 아니다.

---

**정답 및 해설**

**19** ⑤ <u>원시적 불능에 한하여 법률행위가 무효</u>이다. 따라서 <u>후발적 불능의 경우에는 그 법률행위가 유효</u>이며, 채무불이행 또는 위험부담이 적용된다.

**20** ④ 제103조 사회적 타당성이 없는 법률행위는 <u>당사자 사이에서 절대적 무효</u>이므로 추인과 전환은 허용되지 않고 선의의 제3자에게도 대항할 수 있다.

**21** ③ 위험부담에 관한 규정은 <u>임의규정</u>이므로 <u>당사자의 합의에 의하여 달리 정할 수 있다.</u>

**법률행위에 관한 설명으로 옳지 않은 것은? (다툼이 있으면 판례에 따름)**

① 강행법규에 위반한 계약에는 계약상대방이 선의·무과실이더라도 비진의표시의 법리 또는 표현대리의 법리가 적용될 여지가 없다.

② 세무사법을 위반하여 세무사와 세무사 자격이 없는 사람 사이에 이루어진 세무대리의 동업 및 이익분배약정은 무효이다.

③ 강행법규를 위반한 자가 스스로 그 약정의 무효를 주장하는 것은 특별한 사정이 없는 한 권리남용에 해당하거나 신의성실 원칙에 반한다.

④ 법률행위의 일부가 강행법규인 효력규정에 위반되어 무효가 되는 경우, 개별 법령에 일부 무효의 효력에 관한 규정이 없다면 원칙적으로 법률행위의 전부가 무효가 된다.

⑤ 사법상의 계약 기타 법률행위가 일정한 행위를 금지하는 법규정에 위반하여 행하여진 경우, 그 법률행위가 무효인가 또는 그 효력이 제한되는가의 여부는 당해 법규정의 해석에 따라 정해진다.

해설 | 강행법규를 위반한 자가 스스로 그 약정의 무효를 주장하는 것은 특별한 사정이 없는 한 <u>권리남용에 해당하거나 신의성실 원칙에 반하지 않는다</u>.

기본서 p.212~215　　　　　　　　　　　　　　　　　　　　　　　정답 ③

---

**22** **법률행위의 목적에 관한 설명으로 옳은 것은? (다툼이 있으면 판례에 따름)**

① 법률행위가 성립하기 위해서는 성립 당시에 이미 법률행위의 목적이 확정되어 있어야 한다.

② 법률행위의 목적이 물리적으로 가능하더라도 사회통념상 불가능한 것은 불능에 해당한다.

③ 법률행위의 목적이 사회적 타당성을 결여하였더라도 개별적인 강행법규에 위반하지 않았다면 그 법률행위는 유효하다.

④ 법률행위는 효력규정뿐만 아니라 단속규정에 위반하는 경우에도 무효로 된다.

⑤ 강행규정을 위반하여 계약이 무효라도 계약상대방이 선의·무과실이라면 진의 아닌 의사표시의 법리가 적용될 수 있다.

## 23 법률행위 목적의 적법성에 관한 설명으로 옳지 않은 것은?

① 단속법규에 위반하는 행위라 하더라도 당사자가 통정하여 이러한 행위를 한 경우에는 선량한 풍속 기타 사회질서에 반하여 무효이다.

② 광업권자의 명의대여계약은 효력규정 위반행위로 무효이나, 그 산출물을 제3자와 매매한 계약의 효력은 유효하다.

③ 부동산중개보수약정이 공인중개사법에 위반되는 경우에는 단속규정 위반행위가 되므로 초과부분만 무효로 한다.

④ 토지거래허가구역이 아닌 지역에서 부동산등기 특별조치법을 위반하여 미등기 전매한 경우 처벌을 받았더라도 등기의 유효성은 인정된다.

⑤ 개업공인중개사가 중개의뢰인과 직접 거래하는 행위를 금지하는 공인중개사법 규정은 강행규정이 아니라 단속규정이다.

---

**정답 및 해설**

**22 ②** ① 법률행위가 성립하기 위해서는 당사자, 목적, 의사표시가 존재하면 된다. 따라서 성립 당시에 이미 <u>법률행위의 목적이 확정되어 있을 필요는 없다.</u>

③ 법률행위의 목적이 사회적 타당성을 결여하였다면, 제103조 반사회질서의 법률행위로 무효가 된 것이고, 설령 개별적인 강행법규에 위반하지 않았더라도 <u>그 법률행위는 유효가 될 수 없다.</u>

④ 효력규정 위반행위는 무효이지만, 단속규정에 위반하는 행위는 처벌을 받아도 <u>그 행위의 효력은 유효이다.</u>

⑤ 강행규정을 위반하여 계약이 무효인 경우 절대적 무효이므로, <u>진의 아닌 의사표시의 법리가 적용될 수 없다.</u>

**23 ③** 부동산중개보수약정이 법 소정의 한도를 초과한 경우에는 초과한 부분에 한하여 무효로 한다. ⇨ <u>효력규정 위반으로 초과부분만 무효</u>

**24** 법률행위의 목적에 관한 설명으로 옳지 않은 것은? (다툼이 있으면 판례에 따름)

① 퇴직한 공무원의 연금청구권은 일신전속권으로, 이를 목적으로 한 담보권 설정은 금지되므로 연금수령자의 채권자에게 채권추심의 목적으로 대리수령권한을 부여한 행위는 탈법행위로서 무효가 된다.

② 국유재산을 담당하는 종사원 또는 공무원이 타인의 이름을 빌려서 국가와 계약을 체결하는 것은 탈법행위로서 무효이고, 이를 모르고 전득한 자가 과실이 없더라도 그 유효를 주장할 수 없다.

③ 관습법상의 동산양도담보는 변제기 이전의 유질계약의 금지규정에 대해서는 탈법행위가 될 수 있으나, 사법상의 효력은 유효이다.

④ 직접 강행법규에는 위반되지 않으나 강행법규가 금지하는 것을 회피수단에 의하여 실질적으로 실현하는 행위는 탈법행위로서 모두 무효가 된다.

⑤ 동기가 불법이라도 원칙적으로 법률행위의 효력에는 영향을 미치지 않으나, 동기의 불법이 표시되어 상대방이 알았거나 상대방에게 알려진 경우에는 무효로 된다.

---

**대표예제 43** \ **목적의 사회적 타당성 ★★★**

사회질서에 반하는 법률행위에 관한 설명으로 옳지 않은 것은? (다툼이 있으면 판례에 따름)

① 법률행위의 내용 자체는 사회질서에 반하지 않더라도 법률행위에 반사회질서적인 조건이 결부됨으로써 반사회질서적인 성질을 띠게 되는 경우, 그 법률행위는 무효이다.

② 반사회적 행위에 의하여 조성된 비자금을 소극적으로 은닉하기 위한 임치계약은 사회질서에 반하는 법률행위로 볼 수 있다.

③ 형사사건에서의 성공보수약정은 수사·재판의 결과를 금전적인 대가와 결부시킴으로써, 선량한 풍속 기타 사회질서에 위배되는 것으로 평가할 수 있다.

④ 어느 법률행위가 사회질서에 위반되어 무효인지 여부는 그 법률행위가 이루어진 때를 기준으로 판단하여야 한다.

⑤ 부첩관계를 해소하면서 그 동안 첩의 희생에 대한 위로와 장래 생활대책을 마련해 준다는 뜻에서 금전을 지급하기로 한 약정은 공서양속에 반하지 않는다.

해설 | 반사회적 행위에 의하여 조성된 비자금을 소극적으로 은닉하기 위한 임치계약은 <u>사회질서에 반하는 법률행위가 아니므로</u>, 제746조 불법원인급여가 적용되지 않는다. 따라서 <u>수치인은 금전을 반환할 의무가 있다.</u>

기본서 p.215~220                                                      정답 ②

---

**25** 제103조 반사회질서의 행위에 관한 설명으로 옳지 않은 것은? (다툼이 있으면 판례에 따름)

① 법률행위의 성립과정에 강박이라는 불법적 방법이 사용된 것에 불과한 경우, 그것은 강박에 의한 의사표시의 하자나 의사의 흠결로 취소의 문제이고 반사회질서의 법률행위로서 무효라고 할 수 없다.

② 당초부터 보험사고를 가장하여 보험금을 취득할 목적으로 생명보험계약을 체결한 경우 그 생명보험계약은 사회질서에 위배되는 법률행위로서 무효이다.

③ 국가기관이 헌법상 보장된 국민의 기본권을 침해하는 위헌적인 공권력을 행사한 결과 국민이 그 공권력의 행사에 외포되어 자유롭지 못한 의사표시를 한 경우에도, 그 강박에 의한 의사표시가 항상 반사회성을 띠게 되어 당연무효가 되는 것은 아니다.

④ 금전소비대차계약의 당사자 사이의 경제력 차이로 인하여 이율이 사회통념상 허용되는 한도를 초과하여 현저하게 고율로 정해진 경우 그 부분의 이자약정은 무효이며, 이는 반사회질서행위이므로 불법원인급여가 적용되어 차주는 대주에게 임의로 지급한 무효인 부분의 이자의 반환을 청구할 수 없다.

⑤ 확정판결의 집행을 하지 않는다는 취지의 계약, 불가항력으로 인한 손해를 계약당사자 일방에게만 부담시키는 약정, 해외연수 후 일정기간 근무하지 않으면 해외파견 경비를 배상한다는 사규나 약정 등은 유효이다.

---

**정답 및 해설**

**24** ④ 탈법행위의 발생을 초래하는 근본원인은 법률의 규정과 사회현실과의 사이에 틈이 생기는 데 있다. 탈법행위라 해서 모두 무효가 되는 것은 아니며 목적의 탈법은 무효이지만, 수단의 탈법에 대해서는 유효성이 인정되는 경우도 있다.
▶ 원칙 - 무효, 예외 - 유효(예) 동산양도담보)

**25** ④ 금전소비대차계약의 당사자 사이의 경제력 차이로 인하여 이율이 사회통념상 허용되는 한도를 초과하여 현저하게 고율로 정해진 경우 민법 제104조 불공정행위에 해당하게 된다. 따라서 초과부분 이자 약정은 무효이며, 제746조 불법원인급여 규정의 단서가 적용되어 차주는 대주에게 임의로 지급한 무효인 부분의 이자의 반환을 청구할 수 있다.

**26** 반사회질서의 법률행위에 관한 설명으로 옳지 않은 것은? (다툼이 있으면 판례에 따름)

① 반사회질서행위는 불법원인급여의 원인이 되는 행위이므로 이러한 행위를 한 자는 급여한 재산이나 제공한 노무로 인한 이익의 반환을 청구하지 못한다.

② 대리인이 사회질서에 반하여 이중매수를 한 경우, 본인이 그러한 사정을 몰랐거나 반사회성을 야기한 것이 아니라도 그 대리행위는 무효이다.

③ 반사회질서행위에는 법률행위의 목적인 권리·의무의 내용이 선량한 풍속 기타 사회질서에 위반하는 경우뿐만 아니라, 그 내용 자체는 그러하지 않더라도 법률상 이를 강제하거나 그 법률행위에 반사회질서적인 조건이나 대가가 결부됨으로써 반사회질서적인 경우도 포함된다.

④ 강박에 의한 의사표시도 반사회질서행위로서 무효가 될 수 있다.

⑤ 도박채무자가 도박채권자에게 저당권을 설정해 준 경우, 도박채무자는 불법을 저지른 자이므로 그 저당권의 등기말소를 청구할 수 없다.

**27** 법률행위의 목적에 관한 설명으로 옳지 않은 것은? (다툼이 있으면 판례에 따름)

① 법률행위의 목적은 이미 확정되어 있거나 장차 확정될 수 있어야 한다.

② 법률행위의 목적이 물리적으로는 실현될 수 있어도 사회통념상 실현될 수 없는 것은 불능에 해당한다.

③ 주택의 매매계약에 있어서 계약체결 전날에 주택이 화재로 멸실된 경우는 원시적 불능에 해당한다.

④ 중간생략등기의 합의에 관한 사법상 효력은 무효가 아니다.

⑤ 법률행위의 목적이 사회적 타당성을 결여하였더라도 개별적인 강행법규에 위반하지 않았다면 그 법률행위는 유효하다.

**28** 반사회적 법률행위로서 무효가 아닌 것은? (다툼이 있으면 판례에 따름)

① 사회통념상 초과하지 않는 형사사건에 관한 성공보수약정

② 도박채무자가 도박채무변제를 위해 도박채권자에게 대리권을 수여하기로 하는 약정

③ 사찰의 주지직을 거액의 금전지급을 하기로 하고 양도하는 약정

④ 양도소득세를 면할 목적으로 타인의 이름으로 부동산을 매수하기로 한 약정

⑤ 소송에서 사실대로 증언하여 줄 것을 조건으로 통상적 수준을 현저하게 넘은 대가를 지급하기로 한 약정

**정답 및 해설**

**26** ⑤  도박채무자가 도박채권자에게 저당권을 설정해 준 경우, 도박채무자는 그 <u>저당권의 등기말소를 청구할 수 있다.</u>

**27** ⑤  개별적인 강행법규에 위반하지 않았더라도 법률행위의 목적이 사회적 타당성을 결여하였다면 그 법률행위는 <u>반사회질서의 행위로서 무효</u>이다.

**28** ④  ④ 양도소득세를 회피할 목적으로 타인의 이름을 빌려서 부동산을 매수한 경우에는 <u>반사회질서의 법률행위로서 무효라고 할 수는 없다.</u>
①②③④ 제103조 반사회질서의 법률행위로서 무효이다.

**29** 甲과 乙 사이에 甲 소유의 토지를 乙에게 이전하는 매매계약이 체결된 후, 甲은 이러한 사정을 잘 아는 丙에게 이를 다시 매도하고 이전등기까지 마친 경우, 다음 중 옳은 것을 고르면? (다툼이 있으면 판례에 따름) 제13회

① 부동산물권변동은 매매의 합의뿐만 아니라 이전등기까지 필요하므로 丙만이 소유권을 취득한다.

② 甲과 乙의 매매계약 체결로 건물소유권은 이미 乙에게 이전하므로 甲의 소유권을 丙에게 이전하는 것은 원칙적으로 불가능하다.

③ 丙이 甲의 제2매매행위에 적극가담하였다고 하더라도 계약자유 및 자유경쟁의 원칙상 문제는 발생하지 않으므로 유효하다.

④ 丙이 甲과 乙 사이의 매매사실에 대하여 악의인 이상, 甲과 한 매매계약의 합의는 반사회적 행위로서 당연무효이다.

⑤ 甲과 丙의 매매계약이 반사회적 행위로서 무효이더라도 丙으로부터 다시 부동산을 선의로 과실 없이 양수한 丁의 소유권 취득은 유효하다.

종합

**30** 반사회질서의 법률행위에 관한 설명으로 옳지 않은 것은? (다툼이 있으면 판례에 따름)

① 의무의 강제에 의하여 얻어지는 채권자의 이익에 비하여 약정된 위약벌이 과도하게 무거운 경우, 그 일부 또는 전부가 공서양속에 반하여 무효로 된다.

② 어느 법률행위가 선량한 풍속 기타 사회질서에 위반되어 무효인지의 여부는 법률행위 시를 기준으로 판단하여야 한다.

③ 강제집행을 면할 목적으로 부동산에 허위의 근저당권설정등기를 경료하는 행위는 반사회질서의 법률행위로서 무효이다.

④ 부첩관계를 해소하면서 첩의 희생을 위자하고 첩의 장래 생활대책을 마련하여 준다는 뜻에서 금원을 지급하기로 한 약정은 공서양속에 반하지 않는다.

⑤ 이미 매도된 부동산에 관하여 매도인의 채권자가 매도인의 배임행위에 적극 가담하여 저당권설정계약을 체결하거나 증여를 받은 경우, 반사회질서의 법률행위로서 무효이다.

## 31 반사회질서행위로서 무효라고 볼 수 없는 것은? (다툼이 있으면 판례에 따름)

ⓞ 임차인이 자신의 임차보증금을 우선변제받을 목적으로 실제 거주의사가 없이 전세권을 설정하기로 하는 약정

ⓛ 사용자가 노조간부에게 조합원들의 임금인상 등의 요구를 무마하는 대가로 금원을 지급하기로 한 약정

ⓒ 주택개량재개발사업지구 내에 거주하는 세입자가 주택개량재개발조합으로부터 세입자 입주권 15매를 투기의 목적으로 매수한 행위

ⓔ 매도인에게 양도소득세가 부과되지 않도록 할 목적으로 소유권이전등기를 3년 이후에 넘겨받기로 한 특약

ⓜ 소송의 일방당사자를 위하여 진실의 증언을 하고 승소시 취득하게 될 일정액을 배분받기로 하는 계약

ⓗ 법률이 일정한 자격을 갖춘 자에 대해서만 일정한 영업을 허용한 경우에 영업의 허가나 면허를 얻은 자가 그 명의를 대여하는 계약

ⓢ 부첩관계를 맺음에 있어서 처의 사망 또는 이혼이 있을 경우에 입적한다는 부수적 약정

ⓞ 배우자 일방이 어떠한 일이 있더라도 이혼하지 않겠다는 내용의 각서를 그 상대방에게 교부하는 행위

① ㄱ, ㄴ
② ㄷ, ㅅ
③ ㄹ, ㅇ
④ ㄱ, ㄷ, ㄹ
⑤ ㄴ, ㅁ, ㅂ

---

### 정답 및 해설

**29** ① ① 이중매매의 사실을 안 것만으로는 무효가 되지 않으며, 형식주의를 취하는 우리 법제에서는 부동산물권의 변동은 합의와 등기가 갖추어져야 하므로 丙만이 소유권을 취득한다.

② 등기를 갖추지 않은 이상 甲과 乙의 매매계약 체결만으로는 건물소유권이 乙에게 이전되지 않는다.

③ 제2매수인 丙이 매도인 甲의 배임행위에 적극가담하였으므로 반사회질서로서 무효이다.

④ 제2매수인 丙의 단순 악의는 적극가담행위가 아니므로 甲과 丙의 제2매매는 유효이다.

⑤ 반사회질서의 부동산 이중매매는 절대적 무효이므로 선의·무과실의 전득자 丁의 소유권 취득은 무효이다.

**30** ③ 강제집행을 면할 목적으로 부동산에 허위의 근저당권설정등기를 경료하는 행위는 제108조 통정허위표시로서 무효가 되는 것이지, 제103조 위반의 반사회질서의 법률행위의 무효는 아니다.

**31** ④ ⓞ 임차인이 자신의 임차보증금을 우선변제받을 목적으로 실제 거주의사가 없이 전세권을 설정하기로 하는 약정은 제108조 통정허위표시로 무효인 법률행위이지, 제103조 반사회질서의 무효인 행위가 아니다.

ⓒ 주택개량재개발사업지구 내에 거주하는 세입자가 주택개량재개발조합으로부터 세입자 입주권 15매를 투기의 목적으로 매수한 행위는 동기의 불법에 해당하므로 제103조 반사회질서의 무효인 행위가 아니다.

ⓔ 매도인에게 양도소득세가 부과되지 않도록 할 목적으로 소유권이전등기를 3년 이후에 넘겨받기로 한 특약은 제103조 반사회질서의 무효인 행위가 아니다.

## 32 반사회질서 또는 불공정한 법률행위에 관한 설명으로 옳지 않은 것을 모두 고른 것은? (다툼이 있으면 판례에 따름)

⊙ 부동산 명의수탁자의 배임적 처분행위에 적극 가담하여 매수하는 경우에는 반사회질서의 부동산 이중매매가 적용되지 않는다.

ⓒ 부정행위를 용서받는 대가로 손해를 배상함과 아울러 가정에 충실하겠다는 서약의 취지에서 처에게 부동산을 양도하되, 부부관계가 유지되는 동안에는 처가 임의로 처분할 수 없다는 제한을 붙인 약정을 선량한 풍속 기타 사회질서에 위반되는 것이라고는 볼 수 없다.

ⓒ 채권자의 강제집행을 면탈할 목적으로 부동산에 허위의 전세권설정등기를 경료하는 행위는 반사회질서로서 제103조 위반행위이다.

ⓔ 매매계약시 매도인에게 부과될 공과금을 매수인이 책임진다는 취지의 특약은 불공정행위로서 무효이다.

ⓜ 증권회사가 고객에게 증권거래와 관련하여 발생한 손실을 정당한 사유 없이 보전하여 주기로 한 합의는 반사회질서의 법률행위에 해당한다.

ⓗ 매매계약 체결 당시에 정당한 대가를 지급하고 목적물을 매수하는 계약을 체결하였다면 그 후 목적물이 범죄행위로 취득된 것을 알게 되었더라도 당초의 매매계약에 기하여 목적물에 대한 소유권이전등기를 구하는 것만으로는 민법 제103조 반사회질서의 법률행위라고 할 수 없다.

① ⊙, ⓒ, ⓜ
② ⊙, ⓒ, ⓔ
③ ⊙, ⓔ, ⓗ
④ ⓒ, ⓒ, ⓔ
⑤ ⓔ, ⓜ, ⓗ

**불공정한 법률행위에 관한 설명으로 옳은 것은? (다툼이 있으면 판례에 따름)**

① 당사자 일방이 대가 없이 상대방에게 일방적인 급부를 하는 법률행위는 불공정한 법률행위가 될 수 없다.

② 피해자의 궁박한 상태가 인정되면 상대방에게 이를 이용하려는 의사가 없어도 불공정한 법률행위가 인정될 수 있다.

③ 불공정한 법률행위에 해당하여 무효인 경우에는 무효행위의 전환에 관한 규정이 적용될 수 없다.

④ 쌍무계약이 불공정한 법률행위에 해당하여 무효라도 그 계약에 관한 부제소합의는 원칙적으로 유효하다.

⑤ 계약 당시를 기준으로 불공정한 것이 아니라도 그 후 외부적 환경에 의하여 현저한 급부의 불균형이 발생하면 불공정한 법률행위가 인정된다.

오답
체크 | ② 피해자의 궁박한 상태가 인정되더라도 상대방에게 이를 이용하려는 의사가 없다면 <u>불공정한 법률행위가 인정될 수 없다</u>.
③ 불공정한 법률행위에 해당하여 무효인 경우에는 추인 자체는 허용되지 않아도 <u>무효행위의 전환에 관한 규정이 적용될 수 있다</u>.
④ 쌍무계약이 불공정한 법률행위에 해당하여 무효인 경우 그 계약에 관한 <u>부제소합의도 당연히 무효가 된다</u>.
⑤ 불공정행위의 판단시점은 계약 당시를 기준으로 판단하므로 그 후 외부적 환경에 의하여 현저한 급부의 불균형이 발생하더라도 <u>불공정한 법률행위가 인정될 수 없다</u>.

기본서 p.222~223 정답 ①

**정답 및 해설**

**32 ②** ㉠ 부동산 명의수탁자의 배임적 처분행위에 적극 가담하여 매수하는 경우에는 <u>반사회질서의 부동산 이중매매이론이 확대 적용되므로</u> 반사회질서의 법률행위로서 무효가 된다.
㉢ 채권자의 강제집행을 면탈할 목적으로 부동산에 허위의 근저당권설정등기를 경료하는 행위는 <u>반사회질서의 행위가 아니다</u>.
㉣ 매매계약시 매도인에게 부과될 공과금을 매수인이 책임진다는 취지의 특약은 <u>유효이다</u>.

**33** 甲은 궁박하여 소유하던 토지(시가 10억원 상당)를 乙에게 1억원에 매도하였고, 그 후 乙은 그 건물을 선의의 丙에게 양도하고 소유권이전등기를 경료하였다. 이에 관한 설명으로 옳은 것은? (다툼이 있으면 판례에 따름)

① 불공정한 법률행위의 주관적·객관적 요건을 모두 乙이 증명하여야 한다.

② 甲이 대리인을 통하여 乙에게 매도하였다면, 궁박과 경솔은 甲을 기준으로 판단하고 무경험은 대리인을 기준으로 판단하여야 한다.

③ 甲과 乙의 매매계약이 불공정한 법률행위이더라도 甲이 추인하면 매매계약이 유효하게 된다.

④ 甲과 乙의 계약이 불공정한 법률행위로 무효이더라도 丙이 선의이면 甲은 丙에 대하여 건물의 반환을 청구할 수 없다.

⑤ 불공정한 법률행위가 성립하려면 乙이 甲의 궁박을 이용하였어야 한다.

---

## 대표예제 45 　 법률행위의 해석 ★★

법률행위의 해석에 관한 설명으로 옳은 것은? (다툼이 있으면 판례에 따름)

① 매매계약서에 "계약사항에 대한 이의가 생겼을 때에는 매도인의 해석에 따른다."라는 조항을 둔 경우, 법원은 매도인의 해석에 따라 판결하여야 한다.

② 분양약정에서 당사자들이 분양가격의 결정기준으로 합의하였던 기준들에 따른 분양가격의 결정이 불가능하게 된 경우, 새로운 분양가격에 관한 합의가 없면 매수인은 위 분양약정에 기하여 바로 소유권이전등기절차의 이행을 청구할 수 없다.

③ 계약당사자에 관하여 甲과 乙의 의사가 일치하지 않고, 乙의 입장에서 합리적으로 평가할 때 丙이 계약당사자로 이해될 경우라도 丙이 허무인인 경우에는 甲이 계약당사자가 된다.

④ 당사자가 합의로 지명한 감정인의 감정의견에 따라 보상금을 지급하기로 약정한 경우에는 당사자의 약정 취지에 반하는 감정이 이루어진 때에도 법원은 감정결과에 따라 판결하여야 한다.

⑤ 부동산 매매계약에서 당사자가 모두 甲토지를 계약의 목적물로 삼았으나 그 지번 등에 관하여 착오를 일으켜 계약서에 그 목적물을 乙토지로 표시하였다면 乙토지에 관한 매매계약이 성립한 것으로 보아야 한다.

오답
체크

① 매매계약서에 "계약사항에 대한 이의가 생겼을 때에는 매도인의 해석에 따른다."라는 조항은 <u>무효이므로 법원은 자유롭게 해석하여 판결할 수 있다.</u>

③ 丙이 허무인이라 하더라도 乙의 입장에서 합리적으로 평가할 때 丙이 계약당사자로 이해될 경우에는 乙과 丙이 계약의 당사자가 되므로 <u>甲은 계약의 당사자가 될 수 없다.</u>

④ 당사자가 합의로 지명한 감정인의 감정의견에 따라 보상금을 지급하기로 약정한 경우, 당사자의 약정 취지에 반하는 감정이 이루어진 때에는 효력이 없으므로 <u>법원은 감정결과에 따라 판결할 필요가 없다.</u>

⑤ 부동산 매매계약에서 당사자가 모두 甲토지를 계약의 목적물로 삼았으나 그 지번 등에 관하여 착오를 일으켜 계약서에 그 목적물을 乙토지로 표시한 것은 무효이므로 일치한 대로 <u>甲토지에 관한 매매계약이 성립한 것으로 보아야 한다(오표시무해의 원칙).</u>

기본서 p.224~229 　　　　　　　　　　　　　　　　　　　　　　　　　　　　　　　　정답 ②

---

**정답 및 해설**

**33** ⑤ ① <u>폭리행위의 무효를 주장하는 자(= 甲)</u>가 객관적 요건으로서 현저한 불균형과 주관적 요건으로서 궁박 · 경솔 · 무경험 그리고 악의를 <u>모두 입증하여야 한다.</u>

② 甲이 대리인을 통하여 乙에게 매도하였다면, 궁박은 甲을 기준으로 하여 판단하고, <u>경솔과 무경험은 대리인을 기준으로 판단하여야 한다.</u>

③ 불공정한 법률행위는 절대적 무효로 <u>추인에 의한 유효가 되지 않으며, 법정추인규정이 적용되지도 않는다.</u>

④ 불공정한 법률행위는 <u>선의의 제3자 보호규정을 두고 있지 않다.</u>

**34** 법률행위의 해석에 관한 설명으로 옳지 않은 것은?

① 상대방 없는 의사표시와 오표시무해의 원칙이 적용되는 경우에는 자연적 해석이 전형적으로 적용된다.

② 계약에 있어서는 자연적 해석의 방법이 적용되지 않는다.

③ 의사와 표시의 불일치가 있는 때에 자연적 해석이 적용되는 경우 그 의사표시는 취소할 수 있는 법률행위가 아니고 처음부터 무효가 된다.

④ 규범적 해석은 상대방의 시각에서 표시행위에 따라 법률행위의 성립을 인정하는 것으로 해석한다.

⑤ 보충적 해석이란 법률행위의 내용에 간격이 있을 때 이를 해석에 의하여 보충하는 것을 말한다.

**35** 법률행위 해석에 관한 설명으로 옳지 않은 것은? (다툼이 있으면 판례에 따름)

① 표의자와 그 상대방이 생각한 의미가 서로 다른 경우, 합리적인 상대방의 시각에서 표의자가 표시한 내용을 어떻게 이해하였는지 고려하여 객관적·규범적으로 해석하여야 한다.

② 일반적으로 계약의 당사자가 누구인지는 그 계약에 관여한 당사자의 의사해석의 문제에 해당한다.

③ 의사표시의 해석은 당사자가 그 표시행위에 부여한 객관적인 의미를 명백하게 확정하는 것이다.

④ 법률행위의 내용이 처분문서로 작성된 경우 문서에 부여된 객관적 의미와 관계없이 원칙으로 당사자의 내심적 의사에 구속되어 그 내용을 해석하여야 한다.

⑤ 법률행위의 내용이 처분문서로 작성된 경우 문언의 객관적인 의미가 명확하다면, 특별한 사정이 없는 한 문언대로 의사표시의 존재와 내용을 인정하여야 한다.

**36** 민법 제106조 사실인 관습에 관한 설명으로 옳은 것은?

① 임의법규와 다른 관습이 존재하는 경우에 당사자가 이것에 의한다는 적극적인 의사를 표명하는 때에만 법률행위 해석의 표준으로 된다.

② 사실인 관습이 임의법규에 반하는 경우에는 성립하지 못한다.

③ 강행법규도, 임의법규도 없는 사항에 관한 관습이 있어도 이러한 관습은 법률행위 해석의 표준이 되지 않는다.

④ 강행법규에 반하는 관습은 원칙적으로 인정할 수 없지만, 당사자가 이것에 의한다는 적극적인 의사를 표시한 때에는 법률행위 해석의 표준으로 된다.

⑤ 사실인 관습은 당사자의 의사표시가 불명확한 경우 임의법규에 우선하여 법률행위 해석의 표준이 된다.

---

**정답 및 해설**

**34** ② 계약은 상대방 있는 법률행위이므로 <u>자연적 해석, 규범적 해석, 보충적 해석 모두 적용된다.</u> 이 경우 보충적 해석이 계약에 있어서 커다란 기능을 담당한다.

▶ 법률행위 해석의 방법

| 자연적 해석<br>(표의자의 시각) | 표의자의 주관적 의사에 따라 표의자가 실제 의욕한 대로 해석하는 방법 |
|---|---|
| 규범적 해석<br>(상대방의 시각) | • 표시행위의 객관적 의미를 기초로 해석하는 방법(판례)<br>• 착오의 문제가 발생할 수 있음 |
| 보충적 해석<br>(제3자의 시각) | 표시되지 않은 중요한 사항에 간극(間隙)이 있는 경우에 내용상의 흠결·간극을 보충하는 해석방법으로 계약에서 커다란 기능을 발휘함 |

**35** ④ 법률행위의 내용이 처분문서로 작성된 경우 문언의 객관적인 의미가 명확하다면, <u>특별한 사정이 없는 한 문언대로 의사표시의 존재와 내용을 인정하여야 한다.</u> 그러나 문언의 객관적인 의미가 명확하게 드러나지 않는 경우에는 문언의 내용, 계약이 이루어지게 된 동기와 경위, 당사자가 계약으로 달성하려고 하는 목적과 진정한 의사, 거래의 관행 등을 종합적으로 고찰하여 논리와 경험의 법칙, 그리고 사회일반의 상식과 거래의 통념에 따라 계약 내용을 합리적으로 해석하여야 한다.

**36** ⑤ ① 임의법규와 다른 관습이 존재하는 경우 당사자의 의사표시가 불명확한 때에는 <u>그 관습이 임의법규에 우선하여 해석기준이 된다.</u> 따라서 관습에 의한다는 <u>적극적 의사는 필요하지 않다.</u>

② 임의법규에 반하는 사실인 관습도 해석의 기준으로서 <u>유효하다.</u>

③ 사실인 관습은 관행으로서 법규가 없으면 <u>강행규정을 위반하지 않는 범위 내에서 법률행위 해석의 표준이</u> 된다.

④ 강행법규에 반하는 사실인 관습은 무효이므로 <u>법률행위 해석의 표준이 되지 못한다.</u>

**37** 甲이 乙과 계약을 체결하면서 丙의 이름으로 계약서를 작성한 경우에 관한 설명으로 옳지 않은 것은? (다툼이 있으면 판례에 따름)

① 일반적으로 계약당사자가 누구인지는 계약에 관여한 당사자의 의사해석의 문제이다.

② 甲과 乙 모두 甲이 계약당사자라고 이해한 경우에는 甲이 계약당사자가 된다.

③ 계약당사자가 甲과 丙 중 누구인지에 관하여 甲과 乙의 의사가 일치하지 않고, 乙의 입장에서 합리적으로 평가할 때 甲이 계약당사자로 이해될 경우에는 甲이 계약당사자가 된다.

④ 甲과 乙 모두 丙이 계약당사자라고 이해한 경우에는 甲의 대리권 존부 문제와는 무관하게 丙이 계약당사자가 된다.

⑤ 甲과 乙 사이에서 하나의 법률관계에 관해 서로 모순된 내용을 담은 여러 개의 계약서가 순차로 작성되었으나 그 우열관계가 정해지지 않았다면 원칙적으로 먼저 작성된 계약서가 우선한다.

**38** 법률행위 해석에 관한 설명으로 옳지 않은 것은? (다툼이 있으면 판례에 따름)

① 甲과 乙 모두 丙이 계약당사자라고 이해한 경우에는 甲의 대리권 존부 문제와는 무관하게 丙이 계약당사자가 된다.

② 임대인 아들이 세입자에게 "책임지고 해결할 테니 기다리라"고 한 경우 직접 임차보증금반환에 대한 법적 의무 부담의사로 볼 수 있다.

③ 당사자 일방이 주장하는 계약의 내용이 상대방에게 중대한 책임을 부과하게 되는 경우에는 그 계약의 해석은 더욱 엄격하게 하여야 한다.

④ 법률행위의 해석에 있어서 그 최후의 표준은 신의성실의 원칙이며, 당사자가 특약에 의하여 신의성실의 원칙을 최우선의 해석기준으로 하는 것은 허용되지 않는다.

⑤ 법률행위 해석의 문제는 법률상 문제로서 해석을 잘못하여 손해가 있는 경우에는 상고심의 대상이 된다.

## 39 법률행위 해석의 종류가 같은 것으로 모두 고른 것은?

> ㉠ 甲과 乙이 A토지에 대한 합의가 있었음에도 B토지를 매매대상으로 잘못 표시한 경우에도 A토지에 대한 매매가 성립된 것으로 본다.
> ㉡ 청약자가 65만원에 청약하려 하였으나 청약서에 56만원으로 잘못 기재한 경우, 표시행위에 의하여 승낙자가 이해한 대로 계약이 56만원에 성립한 것으로 본다.
> ㉢ 영업 중인 중국음식점을 양도하면서 집기일체를 양도하기로 약정한 경우, 매도인이 전화를 포함시키지 않으려는 내심의 효과의사가 있을지라도 제3자의 시각에서 전화는 포함되는 것으로 해석한다.
> ㉣ 유언이나 재단법인의 설립과 같이 상대방 없는 단독행위를 해석하는 데에는 의사와 표시가 다를지라도 표의자가 실제 의욕한 대로 해석하여야 한다.
> ㉤ 채권자가 채무자로부터 금 36만원을 수령하면서 실제로는 더 받을 금원(金員)이 있는데도 영수증에 '총완결'이라는 문언을 부기한 것은 잔존채무가 없는 것으로 해석된다.

① ㉠, ㉡

② ㉠, ㉣

③ ㉠, ㉤

④ ㉢, ㉣

⑤ ㉢, ㉤

---

**정답 및 해설**

**37** ⑤ 하나의 법률관계를 둘러싸고 각기 다른 내용을 정한 여러 개의 계약서가 순차로 작성되어 있는 경우 당사자가 그러한 계약서에 따른 법률관계나 우열관계를 명확하게 정하고 있다면 그와 같은 내용대로 효력이 발생한다. 그러나 여러 개의 계약서에 따른 법률관계 등이 명확히 정해져 있지 않다면 각각의 계약서에 정해져 있는 내용 중 서로 양립할 수 없는 부분에 관해서는 <u>원칙적으로 나중에 작성된 계약서에서 정한 대로 계약내용이 변경되었다고 해석하는 것</u>이 합리적이다.

**38** ② 임대인 아들이 세입자에게 "책임지고 해결할 테니 기다리라"고 한 경우 사정이 허락하는 한 그 이행을 사실상하겠다는 의미이지, 직접 임차보증금반환에 대한 법적 의무 <u>부담의사로 볼 수 없다.</u>

**39** ② ㉠㉣ 자연적 해석
㉡㉤ 규범적 해석
㉢ 보충적 해석

**40** 매도인 甲과 매수인 乙은 A토지를 매매하기로 하였으나 목적물의 지번에 착오를 일으켜 매매계약서는 A토지를 기재하지 않고, A토지와 인접한 B토지를 매매목적물로 표시하였다. 乙은 B토지에 대하여 자기 명의로 이전등기를 경료한 후, 현재 丙에게 그 토지를 처분한 상태이다. 이 경우의 법률관계에 관한 설명으로 옳은 것은? (다툼이 있으면 판례에 따름)

① 甲·乙간의 매매는 목적물에 대한 의사의 합치가 없으므로 계약이 성립할 수 없다. 따라서 丙은 소유권을 취득할 수 없다.

② 甲·乙간의 매매계약은 계약서에 표시된 B토지에 대하여 성립하고, 乙로부터 B토지를 전득한 丙은 유효하게 소유권을 취득한다.

③ 甲·乙간의 매매는 착오에 의한 의사표시로 甲·乙 당사자는 착오를 이유로 취소할 수 있다.

④ 甲·乙간의 매매는 A토지에 대하여 성립하므로 乙로부터 B토지를 전득한 丙은 소유권을 취득할 수 없다.

⑤ B토지의 소유자는 甲이지만, A토지의 소유자는 乙이다.


**41** 甲은 자신의 X토지를 乙에게 매도하기로 약정하였다. 甲과 乙은 계약서를 작성하면서 지번을 착각하여 매매목적물을 甲 소유의 Y토지로 표시하였다. 그 후 甲은 Y토지에 관하여 위 매매계약을 원인으로 하여 乙 명의로 소유권이전등기를 마쳐주었다. 이에 관한 설명으로 옳은 것은? (다툼이 있으면 판례에 따름)  제21회

① 甲과 乙 사이의 매매계약은 무효이다.

② Y토지에 관한 소유권이전등기는 유효하다.

③ 甲은 착오를 이유로 乙과의 매매계약을 취소할 수 있다.

④ 乙은 甲에게 X토지의 소유권이전등기를 청구할 수 있다.

⑤ 甲은 乙의 채무불이행을 이유로 Y토지에 대한 매매계약을 해제할 수 있다.

## 42 법률행위 해석에 관한 설명으로 옳지 않은 것은? (다툼이 있으면 판례에 따름)

① 의사표시의 해석은 법률적 판단의 영역에 속한다.

② 당사자 일방이 주장하는 계약의 내용이 상대방에게 중대한 책임을 부과하게 되는 경우에는 그 계약의 해석은 더욱 엄격하게 하여야 한다.

③ 처분문서의 성립의 진정함이 인정되고 그 기재 내용을 부인할 만한 반증이 없으면 법원은 처분문서에 기재된 문언대로 의사표시의 존재와 내용을 인정하여야 한다.

④ 의사표시의 해석은 서면에 사용된 문구에 구속될 것은 아니므로, 당사자의 내심적 의사를 밝히는 데 중점을 두고 해석하여야 한다.

⑤ 쌍방 당사자가 모두 특정의 A토지를 계약의 목적물로 삼았으나 착오로 계약서상 목적물을 B토지로 표시한 경우 계약 목적물은 A토지이다.

---

### 정답 및 해설

**40 ④** ①② 甲·乙간의 매매는 A토지에 대한 의사의 합치가 있으므로 표시되지 않은 A토지에 대한 계약이 성립한다.

③ 甲·乙간의 매매는 A토지에 대하여 유효하게 성립하였으므로 당사자인 甲·乙은 착오를 이유로 취소할 수 없다.

⑤ 물권변동은 일어나지 않았으므로 A토지와 B토지의 소유자는 모두 甲이다.

**41 ④** ① 甲과 乙 사이의 매매계약은 당사자의 일치된 의사에 의하여 X토지에 대한 매매계약이 유효하게 체결되었다(오표시무해의 원칙).

② Y토지에 관한 소유권이전등기는 원인무효이므로 乙은 Y토지의 소유권을 취득할 수 없다.

③ 甲과 乙 사이의 매매계약은 당사자의 일치된 의사에 의하여 X토지에 대한 매매계약이 유효하게 체결되었으므로, 甲 또는 乙은 착오를 이유로 매매계약을 취소할 수 없다.

⑤ 乙이 대금을 지급한 이상 甲은 乙의 채무불이행을 이유로 Y토지에 대한 매매계약을 해제할 수 없다.

**42 ④** 의사표시의 해석은 서면에 사용된 문구에 구속될 것은 아니지만 어디까지나 당사자의 내심적 의사의 여하에 관계없이 그 서면의 기재 내용에 의하여 당사자가 그 표시행위에 부여한 객관적 의미를 논리칙과 경험칙에 따라 합리적으로 해석하여야 한다.

# 제6장 의사표시

대표예제 46 **의사표시 ★**

**의사표시에 관한 설명으로 옳지 않은 것은?**

① 침묵을 의사표시로 인정하는 특별한 정황이 존재하고, 침묵자가 청약이 있음을 모르고 침묵하고 있어서, 청약자가 침묵을 승낙의 의사표시로 주장하는 경우 착오에 의한 침묵이 성립할 수 있다.

② 침묵이 예외적으로 의사표시가 되기 위해서는 침묵자에게 일정한 정황이 존재하고, 인식이 있어야 한다.

③ 침묵은 승낙도 거절도 아니지만, 민법은 최고에 대한 확답이 없는 경우 의사표시로 간주하는 규정을 두고 있다.

④ 법정추인, 임대차의 법정갱신 등이 포함적 의사표시이론에 근거한 규정이다.

⑤ 유료주차장에 주차하면서 주차료를 물지 않겠다고 하면 주차계약은 성립하지 않는다.

해설 | 유료주차장에 주차하면서 주차료를 물지 않겠다고 하는 것은 모순된 이의의 보류로서 <u>주차계약은 성립한다.</u>

기본서 p.245~246　　　　　　　　　　　　　　　　　　　　　　　　　　　　정답 ⑤

---

┌종합

**01** **다음 법률행위 중 절대적으로 무효인 것은?**　　　　　　　　　　　제13회

① 술에 만취하여 의식이 불명한 상태에서 상대방에게 1억원을 증여하기로 약정하고, 그 증거로 차용증에 날인한 경우

② 진정한 증여의사 없이 상대방에게 카메라 1대를 증여하겠다고 표시하고 상대방은 농담인 줄 알면서 승낙한 경우

③ 미성년자가 법정대리인의 동의를 얻지 아니하고 자기 토지를 매도하는 경우

④ 상대방의 협박에 못 이겨 할 수 없이 임야를 상대방에게 양도한 경우

⑤ 채권자의 강제집행을 피하기 위하여 친구와 통모하여 부동산을 그 친구에게 양도한 경우

**진의 아닌 의사표시에 관한 설명으로 옳지 않은 것은? (다툼이 있으면 판례에 따름)**

① 공무원이 진정으로 사직의 의사가 없음에도 사직서를 제출하여 의원면직된 경우에는 그대로 효력이 발생한다.

② 표의자가 의사표시의 내용을 진정으로 의욕하지는 않았더라도 당시의 상황에서 그것이 최선이라고 판단하여 그 의사표시를 하였을 경우에는 진의 아닌 의사표시로 볼 수 없다.

③ 사용자가 사직의 의사가 없는 근로자로 하여금 어쩔 수 없이 사직서를 제출케 하여 의원면직한 경우, 그 사직의 의사표시는 무효이다.

④ 甲이 乙로 하여금 甲의 명의로 대출계약을 체결하게 한 경우, 甲의 내심의 의사가 법률상의 효과는 자신에게 귀속시키고 경제적 효과는 乙에게 귀속시키는 것이라면, 대출계약상 甲의 의사표시는 진의 아닌 의사표시에 해당하지 않는다.

⑤ 대리행위로 진의 아닌 의사표시를 한 대리인의 진의가 본인의 이익에 반하는 것임을 그 상대방이 과실로 알 수 없었을 경우에는 그 대리행위에 대하여 본인은 책임을 진다.

해설 | 대리행위로 진의 아닌 의사표시를 한 대리인의 진의가 본인의 이익에 반하는 것임을 그 상대방이 알았거나 과실로 알 수 없었을 경우에는 그 대리행위에 대하여 <u>본인은 책임을 지지 않는다</u>.

기본서 p.248~251                                                                        정답 ⑤

---

**정답 및 해설**

**01** ① <u>만취자와 같이 의사를 결여한 표시행위</u>는 의사가 없으므로 법에서 말하는 <u>의사표시가 아니다</u>.

**02** 제107조 진의 아닌 의사표시에 관한 설명으로 옳지 않은 것은? (다툼이 있으면 판례에 따름)

① 진의 아닌 의사표시에서 진의란 특정의사를 표시하려는 표의자의 생각을 의미하므로, 甲이 강박에 의하여 증여의 의사표시를 한 경우, 비록 재산을 강제로 뺏긴다는 것이 甲의 본심으로 잠재되어 있었더라도 비진의표시라고 할 수 없다.

② 甲은 乙의 환심을 사기 위하여 증여의사 없이 금반지를 乙에게 주었고, 乙은 그것을 丙에게 매도한 경우, 乙이 선의·무과실이면 丙이 악의이더라도 丙은 소유권을 취득한다.

③ 甲이 법률상 또는 사실상의 장애로 자기명의로 대출받을 수 없는 乙을 위하여 대출금 채무자로서의 명의를 빌려준 경우, 甲의 의사표시는 진의 아닌 의사표시라고 할 수 없다.

④ 어떠한 의사표시가 진의 아닌 의사표시로서 무효라고 주장하는 경우에 그 증명책임은 무효주장자에게 있다.

⑤ 전체 공무원이 일괄사표를 제출함에 따라 공무원 甲도 함께 사직서를 제출한 경우, 甲의 내심의 의사는 사직할 뜻이 아니었으므로 사직서의 제출은 무효이다.


**03** 甲은 증여의 의사 없이 乙에게 임대하여 준 가옥을 乙에게 증여한다는 의사표시를 하였다. 乙이 가옥을 인도받아 다시 丙에게 매도한 경우에 관한 설명으로 옳은 것은?

① 乙이 악의이면 丙이 선의라도 丙은 소유권을 취득하지 못한다.

② 乙이 선의·무과실이더라도 丙이 악의라면 소유권을 취득하지 못한다.

③ 乙이 선의·무과실이라면 丙은 언제나 소유권을 취득한다.

④ 乙이 선의라면 그의 과실 유무를 묻지 않고 乙은 소유권을 취득하고 소유권은 丙에게 이전된다.

⑤ 乙의 선의·악의를 묻지 않고 乙은 소유권을 취득하고 그것이 丙에게 이전된다.

**04** 진의 아닌 의사표시에 관한 설명으로 옳지 않은 것은? (다툼이 있으면 판례에 따름)

① 진의 아닌 의사표시 규정은 대리인이 배임적 대리행위를 한 경우에 유추적용될 수 있다.

② 근로자가 사직서가 수리되지 않으리라고 믿고 제출한 사실을 상대방이 알고 있으면 그 사직서 제출행위는 무효로 된다.

③ 진의와 표시가 일치하지 않음을 알지 못한 경우에도 진의 아닌 의사표시가 성립할 수 있다.

④ 물의를 일으킨 국립대학교 조교수가 사직의 의사가 없으면서도 사태수습의 방안으로 사직의 의사표시를 하여 의원면직처분이 된 경우, 내심의 의사가 사직할 뜻이 아니었더라도 그 면직처분은 유효하다.

⑤ 남편을 안심시키려는 고객의 요청에 따라 증권회사 직원이 증권투자로 인한 고객의 손해에 대하여 책임을 지겠다는 내용의 각서를 고객에게 작성하여 주었다면, 이는 진의 아닌 의사표시로서 무효이다.

---

**정답 및 해설**

**02** ⑤ 공법행위에는 제107조 진의 아닌 의사표시가 적용되지 않는다. 따라서 공무원이 사직할 뜻이 없이 사직서를 제출한 것은 내심의 의사와 상관없이 표시된 대로 유효이다.

**03** ③ ① 상대방 乙이 악의이더라도 제3자 丙이 선의이기만 하면 소유권을 취득한다.
② 乙이 선의·무과실이라면 제3자 丙은 선의·악의를 불문하고 언제나 소유권을 취득한다.
④⑤ 乙이 소유권을 취득하려면 선의임과 동시에 무과실이어야 한다.

**04** ③ 진의와 표시가 일치하지 않음을 표의자가 알고 있을 경우에 적용되므로, 불일치를 알지 못한 경우에는 진의 아닌 의사표시가 성립할 수 없다.

통정허위표시의 효과에 관한 설명으로 옳지 않은 것은? (다툼이 있으면 판례에 따름)

① 당사자 사이의 의사표시가 통정허위표시에 해당하는 경우, 그 의사표시에 따른 권리와 의무가 발생하지 않는다.
② 통정허위표시에 따른 법률행위도 채권자취소권의 대상이 될 수 있다.
③ 통정허위표시인 매매계약에 따라 그 대금을 지급한 매수인은 그 대금의 반환을 청구할 수 없다.
④ 통정허위표시인 매매계약의 매수인으로부터 매매목적물을 매수한 제3자가 악의인 경우, 매도인은 제3자에 대하여 허위표시의 무효를 주장할 수 있다.
⑤ 통정허위표시인 매매계약의 매수인에게서 목적물을 매수한 악의의 제3자로부터 다시 그 목적물을 매수한 전득자가 선의인 경우, 매도인은 전득자에 대하여 허위표시의 무효를 주장할 수 없다.

해설 | 통정허위표시인 매매계약은 당사자간에 합의가 있으므로 언제나 무효이다. 따라서 이행 전이라면 이행할 필요가 없으나 이행 후라면 부당이득으로서 반환을 청구할 수 있다. 그러므로 통정허위표시인 매매계약에 따라 그 대금을 지급한 매수인은 <u>그 대금의 반환을 청구할 수 있다.</u>

기본서 p.251~256                                                    정답 ③

┌종합
**05** 甲은 채권자 丙으로부터의 강제집행을 면하기 위하여 乙과 짜고 자신의 유일한 재산인 X토지를 乙 명의로 매매를 원인으로 하는 소유권이전등기를 해 주었다. 이에 관한 설명으로 옳지 않은 것은? (다툼이 있으면 판례에 따름)

① 甲, 乙간의 매매계약은 허위표시로서 당사자간에는 언제나 무효이다.
② 丙은 乙을 상대로 매매계약의 취소와 함께 이전등기의 말소를 구하는 소송을 제기할 수 있다.
③ 乙로부터 X토지를 상속받은 자는 매매계약이 허위표시임을 몰랐던 경우에도 그 소유권을 취득할 수 없다.
④ 乙로부터 X토지를 매수하여 소유권이전청구권 보전을 위한 가등기를 마친 자에 대하여 甲이 甲, 乙간의 매매계약이 허위표시임을 이유로 X토지의 소유권을 주장하려면, 甲은 가등기권리자의 악의를 증명하여야 한다.
⑤ 乙로부터 X토지에 대한 저당권을 설정받은 자가 저당권 설정 당시에 매매계약이 허위표시임을 과실로 알지 못했다면 그 저당권자는 선의의 제3자로서 보호받을 수 없다.

**06** 통정허위표시의 무효로 대항할 수 없는 선의의 제3자가 될 수 없는 자는? (다툼이 있으면 판례에 따름)

① 허위의 가장채무를 변제한 후 구상권을 취득한 보증인
② 가장매매의 매수인으로부터 매매계약에 의한 소유권이전청구권의 보전을 위한 가등기를 취득한 자
③ 제한물권이 가장포기된 경우에 기존의 후순위 제한물권자
④ 가장저당권이 설정된 후 그 저당권의 실행에 의하여 부동산을 경락받은 자
⑤ 가장매수한 부동산에 대하여 저당권을 취득한 자

**07** 채무초과상태에 있는 乙은 채권자 甲에 의한 강제집행을 면하기 위하여 丙과 짜고 자기 소유인 부동산을 丙에게 가장매매한 후 소유권이전등기를 마쳐 주었다. 이에 관한 설명으로 옳지 않은 것은? (다툼이 있으면 판례에 따름)

① 甲은 乙이 丙에 대하여 가지는 부동산의 이전등기말소청구권을 대위행사할 수 있다.
② 丙이 부동산을 다시 선의의 丁에게 매도하고 丁 앞으로 소유권이전등기를 경료하여 주었다면, 甲은 통정허위표시를 이유로 丁 명의의 이전등기말소를 청구할 수 없다.
③ 乙이 丙에 대하여 소유권이전등기의 무효를 주장하는 것은 신의칙에 반하지 않는다.
④ 乙과 丙의 가장매매가 있은 후 5년이 지났다면, 甲은 채권자취소의 소를 제기할 수 없다.
⑤ 丙이 부동산을 다시 악의의 丁에게 매도하고 丁이 선의의 戊 앞으로 소유권이전등기를 경료하여 주었다면, 甲 또는 乙은 통정허위표시를 이유로 戊 명의의 이전등기말소를 청구할 수 있다.

---

**정답 및 해설**

**05** ⑤ 허위표시의 무효를 가지고 대항하지 못하는 제3자는 선의이면 충분하고, <u>과실의 유무는 요건이 아니다</u>. 따라서 乙로부터 X토지에 대한 저당권을 설정받은 자가 저당권 설정 당시에 매매계약이 허위표시임을 과실로 알지 못했더라도 그 저당권자는 선의의 제3자로서 <u>보호받을 수 있다</u>.

**06** ③ 제한물권이 가장포기된 경우에 새롭게 제한물권을 취득한 자는 보호받는 제3자에 해당하지만, <u>기존의 후순위 제한물권자</u>는 통정허위표시를 기초로 새롭게 이해관계를 맺은 자가 아니므로 <u>보호받지 못한다</u>.

**07** ⑤ 丙이 부동산을 다시 악의의 丁에게 매도하고 丁이 선의의 戊 앞으로 소유권이전등기를 경료하여 주었다면, 甲 또는 乙은 통정허위표시를 이유로 <u>戊 명의의 이전등기말소를 청구할 수 없다</u>.

**08** 통정허위표시에 관한 설명으로 옳지 않은 것은? (다툼이 있으면 판례에 따름)

① 남편 甲이 동거하는 배우자 乙에게 X토지를 매도하고 소유권이전등기를 마친 경우, 특별한 사정이 없는 한 그 매매계약은 가장매매로 추정될 수 있다.

② 甲이 乙에게 부동산을 증여하면서 증여세를 포탈할 목적으로 乙과 통정하여 매매계약을 한 것처럼 가장하여 매매를 원인으로 한 소유권이전등기를 경료하였을 경우 그 매매는 무효이지만, 증여는 유효가 된다.

③ 부동산의 가장양수인으로부터 저당권을 설정받은 자가 가장양도행위에 대해 선의라면 가장양도인은 가장양수인으로부터 당해 부동산의 소유권등기 명의를 회복할 수 없다.

④ 실제로 어음상의 권리를 취득하게 할 의사 없이 단지 채권자들에 의한 채권의 추심이나 강제집행을 피하기 위한 약속어음발행행위는 통정허위표시가 된다.

⑤ 가장매매의 당사자인 甲과 乙은 가장매매계약을 추인할 수 있으나 그 추인의 효력은 원칙적으로 소급하지 않는다.

**09** 통정허위표시에 관한 설명으로 옳지 않은 것은? (다툼이 있으면 판례에 따름)

① 통정허위표시에 기초하여 새로운 이해관계를 맺은 제3자는 특별한 사정이 없는 한 선의로 추정된다.

② 허위표시를 기초로 새로운 이해관계를 맺은 선의의 제3자에게는 그 누구도 허위표시의 무효로 대항하지 못한다.

③ 가장소비대차에 있어서 대주의 지위를 이전받은 자는 허위표시의 무효로부터 보호받는 선의의 제3자가 아니다.

④ 표의자는 허위표시를 기초로 권리를 취득한 선의의 제3자로부터 다시 권리를 취득한 악의의 전득자에 대하여 허위표시의 무효로 대항하지 못한다.

⑤ 임대차보증금반환채권이 가장양도된 후 양수인의 채권자가 그 채권에 대해 압류 및 추심명령을 받은 경우, 양수인의 채권자는 통정허위표시의 무효로써 대항하지 못하는 '선의의 제3자'에서의 제3자에 해당하지 않는다.

## 10 통정허위표시에 관한 설명으로 옳은 것을 모두 고른 것은? (다툼이 있으면 판례에 따름)

> ㉠ 허위표시 이후 권리를 취득한 악의의 제3자로부터 전득한 선의의 제3자는 보호받을 수 없다.
>
> ㉡ 가장매도인이 가장매수인으로부터 부동산을 취득한 제3자에게 자신의 소유권을 주장하려면 특별한 사정이 없는 한, 가장매도인은 그 제3자의 악의를 증명하여야 한다.
>
> ㉢ 허위표시의 무효로서 대항할 수 없는 제3자의 범위는 허위표시를 기초로 새로운 법률상 이해관계를 맺었는지에 따라 실질적으로 파악해야 한다.

① ㉠
② ㉡
③ ㉠, ㉡
④ ㉠, ㉢
⑤ ㉡, ㉢

---

**정답 및 해설**

**08** ③  통정허위표시는 허위표시 그 자체가 불법이 아니므로 제103조 반사회질서의 무효가 적용되지 않으므로 제746조 불법원인급여도 적용되지 않는다. 따라서 가장양수인에게 부동산등기가 남아 있는 이상 가장양도인은 <u>가장양수인에게 부당이득반환으로서 소유권등기의 말소를 청구할 수 있다.</u>

**09** ⑤  임대차보증금반환채권이 가장양도된 후 양수인의 채권자가 그 채권에 대해 압류 및 추심명령을 받은 경우, 양수인의 채권자는 통정허위표시의 무효로써 대항하지 못하는 '<u>선의의 제3자</u>'에서의 제3자에 해당한다.

**10** ⑤  ㉠ 제3자가 악의라도 제3자로부터의 <u>전득자가 선의라면 전득자에게 통정허위표시의 무효로 대항할 수 없다.</u>

착오에 관한 설명으로 옳지 않은 것은? (다툼이 있으면 판례에 따름)

① 사자(使者)가 甲에게 전달할 의사표시를 乙에게 전달한 경우 착오로 보지 않는다.

② 상대방이 표의자의 착오를 알고 이용한 경우에는 표의자에게 중과실이 있더라도 의사표시를 취소할 수 있다.

③ 착오로 인한 취소권의 행사는 당사자들의 합의에 의하여 배제할 수 없다.

④ 매매계약에 따른 양도소득세 산정에 착오가 있었으나 관계 법령이 개정되어 위 착오로 인한 불이익이 소멸한 경우, 의사표시의 취소는 신의칙상 허용될 수 없다.

⑤ 착오를 이유로 법률행위를 취소한 경우, 표의자에게 경과실이 있더라도 상대방은 불법행위로 인한 손해배상을 청구할 수 없다.

해설 | 착오로 인한 취소권의 행사는 당사자들의 합의에 의하여 <u>배제할 수 있다.</u>

기본서 p.256~265 정답 ③

종합

**11** 착오에 의한 의사표시의 취소에 관한 설명으로 옳지 않은 것은? (다툼이 있으면 판례에 따름)

① 공장을 경영하는 자가 공장이 협소하여 새로운 공장을 설립할 목적으로 토지를 매수하면서 토지상에 공장을 건축할 수 있는지 여부를 관할관청에 알아보지 아니한 경우에는 중대한 과실이 인정되어 매매계약을 취소할 수 없다.

② 재단법인 설립을 위하여 서면에 의한 출연을 한 경우에 출연자는 착오를 이유로 출연의 의사표시를 취소할 수 있다.

③ 매도인이 매매계약을 해제한 후라도 매수인은 착오를 이유로 매매계약을 취소할 수 있다.

④ 동기를 의사표시의 내용으로 삼을 것을 상대방에게 표시하지 아니하여 의사표시의 해석상 법률행위의 내용으로 되지 않는 경우에 표의자는 동기의 착오를 이유로 취소할 수 없다.

⑤ 착오에 의한 의사표시를 수령한 상대방도 표의자의 착오를 이유로 취소할 수 있다.

**12** 제109조 착오로 인한 의사표시에 관한 설명으로 옳지 않은 것은? (다툼이 있으면 판례에 따름)

① 동기의 착오가 상대방에 의하여 유발된 경우에는 동기의 표시 여부와 관계없이 취소가 인정된다.

② 착오로 인하여 표의자가 경제적 불이익을 입은 것이 아니라면, 이는 법률행위 내용의 중요부분의 착오가 아니다.

③ 착오한 표의자의 중대한 과실 유무에 관한 증명책임은 의사표시를 취소하게 하지 않으려는 상대방에게 있다.

④ 동기의 착오를 이유로 법률행위를 취소하기 위해서는 당사자 사이에 그 동기를 의사표시의 내용으로 삼기로 하는 별도의 합의가 있어야 한다.

⑤ 매매계약에 따른 양도소득세 산정에 착오가 있었으나 관계 법령이 개정되어 위 착오로 인한 불이익이 소멸한 경우, 의사표시의 취소는 신의칙상 허용될 수 없다.

---

**정답 및 해설**

**11** ⑤ 착오에 의한 의사표시에 있어서 취소권은 착오에 의한 의사표시를 한 자, 대리인, 승계인에게 있다. 즉, 착오에 의한 의사표시의 상대방은 계약의 유효를 믿은 자이므로 취소권을 가지지 못한다.

**12** ④ 당사자들 사이에 동기의 착오를 이유로 취소하려면 그 동기를 당해 의사표시의 내용으로 삼을 것을 상대방에게 표시하고 의사표시의 해석상 법률행위의 내용으로 되어 있다고 인정되면 충분하고, 당사자들 사이에 별도로 그 동기를 의사표시의 내용으로 삼기로 하는 합의까지 이루어질 필요는 없다.

**13** 제109조 착오에 의한 의사표시에 관한 설명으로 옳지 않은 것은? (다툼이 있으면 판례에 따름)

> ⊙ 부동산중개인의 말만을 믿고 현장을 조사하지 않고 점포매매계약을 체결하였으나 그 점포가 매수인이 원한 점포가 아닌 경우, 매수인에게 중대한 과실이 없으므로 착오를 이유로 취소할 수 있다.
> ⓛ 부동산매수인이 대출을 받아 잔금을 지급하기로 한 잔금지급계획은 매매계약의 중요부분에 해당하지 않는다.
> ⓒ 제3자의 기망에 의하여 신용보증서류에 날인한다는 착오에 빠져 연대보증서류에 날인한 경우, 사기 또는 착오를 이유로 취소할 수 있다.
> ⓔ 고려청자가 아님에도 고려청자로 오신하여 그 도자기를 고가에 매수한 경우, 중대한 과실이 없으므로 착오를 이유로 취소할 수 있다.
> ⓜ 은행이 채무자가 채무를 완제하지 않았음에도 채무를 완제한 것으로 착오하고 보증계약을 해지한 경우, 중요부분에 해당하지만 중대한 과실이 있으므로 보증계약해지의 의사표시를 취소할 수 없다.

① ⓒ

② ⊙, ⓛ, ⓒ

③ ⓛ, ⓔ, ⓜ

④ ⊙, ⓛ, ⓒ, ⓔ

⑤ ⊙, ⓒ, ⓔ, ⓜ

**14** 제109조 착오로 인한 의사표시에 관한 설명으로 옳지 않은 것은? (다툼이 있으면 판례에 따름)

① 착오가 타인의 기망행위에 기인하는 때에는 착오와 사기를 선택적으로 주장하여 취소할 수 있다.

② 착오를 이유로 법률행위를 취소한 경우, 표의자에게 경과실이 있더라도 상대방은 불법행위로 인한 손해배상을 청구할 수 없다.

③ 대리인이 의사표시를 한 경우 착오와 중과실의 유무는 대리인을 표준으로 판단하여야 한다.

④ 토지에 대한 매매계약을 체결하면서 $3.3m^2$당 10,000원인 가격을 100,000원으로 잘못 기재한 경우, 중요부분의 착오에 해당한다.

⑤ 주채무자의 차용금반환채무를 보증할 의사로 주채무자의 기존의 구상금채무를 보증한 것은 중요부분의 착오이다.

## 15 착오에 관한 설명으로 옳은 것을 모두 고른 것은? (다툼이 있으면 판례에 따름)

> ㉠ 사자(使者)가 甲에게 전달할 의사표시를 乙에게 전달한 경우 착오로 보지 않는다.
>
> ㉡ 동기의 착오가 표의자의 직업, 행위의 종류, 목적 등에 비추어 보통 요구되는 주의를 현저히 결여하여 발생한 경우에는 취소하지 못한다.
>
> ㉢ 부동산의 양도가 있는 경우에 그에 대하여 부과될 양도소득세 등의 세액에 관한 착오는 미필적인 장래의 불확실한 사실에 관한 것으로서 취소대상이 될 수 없다.
>
> ㉣ 상대방이 표의자의 착오를 알고 이용한 경우에는 표의자에게 중과실이 있더라도 의사표시를 취소할 수 있다.
>
> ㉤ 매도인이 부담하여야 할 세금의 액수가 예상액을 초과한다는 사실을 알았더라도 매수인이 초과세액까지도 부담하기로 약정하였으리라는 특별한 사정이 인정될 수 있을 때에는 매도인에게 위와 같은 세액에 관한 착오를 이유로 취소할 수 없다.

① ㉢

② ㉠, ㉡, ㉢

③ ㉡, ㉣, ㉤

④ ㉠, ㉡, ㉣, ㉤

⑤ ㉠, ㉡, ㉢, ㉣, ㉤

---

### 정답 및 해설

**13** ① ㉢ 제3자의 기망에 의하여 신용보증서류에 날인한다는 착오에 빠져 연대보증서류에 날인한 경우, <u>사기는 성립하지 않으므로 착오만을 이유로 취소할 수 있다.</u>

**14** ⑤ 주채무자의 차용금반환채무를 보증할 의사로 주채무자의 기존의 구상금채무를 보증한 것은 <u>중요부분의 착오가 아니다.</u>

**15** ④ ㉢ 부동산의 양도가 있는 경우에 그에 대하여 부과될 양도소득세 등의 세액에 관한 착오도 <u>취소대상이 될 수 있다</u>는 것이 판례의 입장이다.

**16** 착오에 의한 의사표시에 관한 설명으로 옳은 것은? (다툼이 있으면 판례에 따름)

① 착오를 이유로 의사표시를 취소한 경우에 착오자는 상대방에게 손해배상을 청구할 수 있다.

② 대리인이 본인의 생각과 다른 의사표시를 상대방에게 한 경우 본인은 착오를 이유로 취소할 수 있다.

③ 표의자에게 중대한 과실이 없다는 것에 대한 증명책임은 표의자 자신에게 있다.

④ 부동산의 매매에 있어서 시가에 대한 착오는 이른바 내용의 착오로서 법률행위의 중요 부분에 관한 착오에 해당한다.

⑤ 계약당사자들이 착오를 이유로 한 취소권을 배제하기로 합의한 경우에는 착오를 이유로 취소할 수 없다.

---

대표예제 50 **하자 있는 의사표시(제110조)** ★★★

**사기 · 강박에 의한 의사표시에 관한 설명으로 옳지 않은 것은?** (다툼이 있으면 판례에 따름)

① 계약당사자 사이에 신의칙상 고지의무가 인정되는 경우, 고지의무 위반은 부작위에 의한 기망행위가 될 수 있다.

② 부정행위에 대한 고소가 부정한 이익의 취득을 목적으로 하는 경우, 그 고소는 위법한 강박 행위가 될 수 있다.

③ 매매목적물에 하자가 있음에도 이를 속이고 매도한 경우, 사기를 이유로 한 의사표시의 취소와 하자담보책임은 경합할 수 있다.

④ 본인의 피용자의 기망행위로 상대방이 매매계약을 체결한 경우, 상대방은 본인이 기망행위를 알았는지를 불문하고 매매계약을 취소할 수 있다.

⑤ 소송행위가 강박에 의하여 이루어진 것임을 이유로 이를 취소할 수는 없다.

해설 | 본인과 피용자의 관계가 있다면 '본인과 피용자를 동일시'할 수 없는 관계가 된다. 따라서 본인의 피용자의 기망행위로 상대방이 매매계약을 체결한 경우, 상대방은 <u>본인이 기망행위를 알았거나 알 수 있었을 경우에 한하여</u> 그 매매계약을 취소할 수 있다.

기본서 p.265~271                                                                    정답 ④

---

**17** 사기 · 강박에 의한 의사표시에 관한 설명으로 옳지 않은 것은? (다툼이 있으면 판례에 따름)

① 신의성실의 원칙상 고지의무가 있는 자가 소극적으로 진실을 숨기는 것은 기망행위에 해당한다.

② 강박에 의한 의사표시라고 하려면 상대방이 불법으로 어떤 해악을 고지함으로 인하여 공포를 느끼고 의사표시를 한 것이어야 한다.

③ 강박에 의하여 의사결정을 스스로 할 여지가 완전히 박탈된 상태에서 이루어진 법률행위는 무효이다.

④ 상대방 있는 의사표시에 관하여 제3자가 사기를 행한 경우에는 상대방이 그 사실을 알았거나 알 수 있었을 경우에 한하여 그 의사표시를 취소할 수 있다.

⑤ 제3자에 의한 사기행위로 계약을 체결한 경우에는 그 계약을 취소해야만 제3자에 대하여 불법행위로 인한 손해배상을 청구할 수 있다.

**18** 사기 · 강박에 의한 의사표시에 관한 설명으로 옳지 않은 것은? (다툼이 있으면 판례에 따름)

① 사기를 이유로 매매계약을 취소한 경우 취소의 의사표시가 상대방에게 도달한 때로부터 무효가 되는 것이 아니다.

② 상대방이 해악을 가하겠다고 고지하였지만 표의자가 그에 공포심을 느끼지 않고서 상대방이 원하는 대로의 의사표시를 하였다면 그 의사표시에는 하자가 없다.

③ 소송행위가 강박에 의하여 이루어진 것임을 이유로 취소할 수는 없다.

④ 상대방의 과실 있는 기망행위로 표의자가 착오에 빠져 의사표시를 한 경우, 표의자는 사기에 의한 의사표시를 이유로 취소할 수 없다.

⑤ 상대방의 대리인이 기망행위를 한 경우에는 상대방이 그 기망사실에 대해 선의 · 무과실이라도 표의자는 의사표시를 취소할 수 없다.

---

**정답 및 해설**

**16** ⑤ ① 민법에는 착오를 이유로 의사표시를 취소한 경우에 착오자는 상대방에게 <u>손해배상을 청구할 수 없다</u>.
② 대리인이 본인의 생각과 다른 의사표시를 상대방에게 한 경우 본인은 의사표시의 당사자가 아니므로 <u>착오를 이유로 취소할 수 없다</u>.
③ 표의자에게 중대한 과실이 있다는 것에 대한 증명책임은 <u>표의자의 상대방에게 있다</u>.
④ 부동산의 매매에 있어서 시가에 대한 착오, 매매목적물이 매도인 소유인가의 여부, 매매목적물의 면적의 부족 등은 법률행위의 <u>중요부분에 관한 착오에 해당하지 않는다</u>.

**17** ⑤ 제3자에 의한 사기행위로 계약을 체결한 경우에는 그 계약을 <u>취소하지 않고도 제3자에 대하여 불법행위로 인한 손해배상을 청구할 수 있다</u>.

**18** ⑤ 상대방의 대리인이 기망행위를 한 경우에는 제3자에 의한 사기 · 강박이 아니므로, 상대방이 그 기망사실에 대해 선의 · 무과실이라도 <u>표의자는 언제나 그 의사표시를 취소할 수 있다</u>.

**19** 甲이 乙을 기망하여 乙 소유 토지를 丙에게 시가에 비해 현저히 저렴한 가격으로 처분하도록 유인하였고, 이에 따라 乙은 丙과 그 토지에 대한 매매계약을 체결한 후 소유권이전등기를 마쳐 주었다. 乙은 甲의 사기를 이유로 丙과의 매매계약을 취소하고자 한다. 이에 관한 설명으로 옳은 것을 모두 고른 것은? (다툼이 있으면 판례에 따름)

> ㉠ 甲의 기망사실을 丙이 알 수 있었던 경우, 乙은 위 계약을 취소할 수 있다.
> ㉡ 甲의 사기로 불법행위가 성립하더라도, 乙은 위 계약을 취소하지 않는 한 甲에 대하여 불법행위로 인한 손해배상을 청구할 수 없다.
> ㉢ 선의의 제3자 丁이 丙으로부터 위 토지를 매수하여 소유권이전등기를 마쳤다면, 그 후 乙이 자신과 丙 사이의 매매계약을 취소하여도 이를 근거로 丁 명의의 소유권이전등기의 말소를 청구할 수 없다.

① ㉠
② ㉡
③ ㉠, ㉢
④ ㉡, ㉢
⑤ ㉠, ㉡, ㉢

**20** 사기·강박에 의한 의사표시에 관한 설명으로 옳지 않은 것은? (다툼이 있으면 판례에 따름)

① 부정행위에 대한 고소가 부정한 이익의 취득을 목적으로 하는 경우에는 위법한 강박행위로 되는 경우가 있다.
② 상품의 선전 광고에 다소의 과장 허위가 수반되는 것은 그것이 일반 상거래의 관행과 신의칙에 비추어 시인될 수 있는 한 기망성이 결여된다.
③ 공포심과 의사표시 사이의 인과관계는 표의자의 주관적 인과관계로 충분하다.
④ 상대방의 대리인이 사기를 행하여 계약을 체결한 경우 그 대리인은 '제3자에 의한 사기'에서의 제3자에 해당되지 않는다.
⑤ 상대방의 피용자가 대리권이 없다면 그 피용자의 사기는 제3자의 사기에 해당되지 않는다.

**21** 하자 있는 의사표시에 관한 설명으로 옳지 않은 것은?

① 상대방 없는 의사표시에 관하여 제3자가 사기·강박을 한 때에는 언제든지 취소할 수 있다.

② 의사와 표시의 불일치는 없지만 의사의 형성과정에 하자가 있는 경우를 하자 있는 의사표시라 한다.

③ 사기·강박에 의한 의사표시의 취소는 선의의 제3자에게 대항하지 못한다.

④ 제3자가 사기·강박을 한 경우에는 상대방이 그 사실을 알았을 경우에 한하여 그 의사표시를 취소할 수 있다.

⑤ 원칙적으로 표의자가 취소권자이지만 표의자의 대리인·승계인도 취소할 수 있다.

종합

**22** A의 사기로 인하여 甲은 자기 소유의 토지를 乙에게 매도하였는데, 토지소유권을 취득한 乙은 이를 다시 丙에게 매도하여 소유권을 이전하였다. 이에 관한 설명으로 옳은 것은?

　⊙ A가 乙의 대리인인 경우 甲은 매매계약을 취소할 수 있다.
　ⓒ A의 사기사실을 乙이 알 수 있었던 경우, 甲은 매매계약을 취소할 수 있다.
　ⓒ 甲이 매매계약을 취소한 경우, 甲은 선의의 丙에 대하여 소유권이전등기의 말소를 청구할 수 있다.
　㉣ 甲은 A의 사기사실을 안 날로부터 3년이 지난 후에도 乙과 매매계약을 체결한 날로부터 10년이 지나기 전까지는 취소권을 행사할 수 있다.

① ⊙, ⓒ　　　　　　② ⊙, ⓒ　　　　　　③ ⓒ, ⓒ
④ ⓒ, ㉣　　　　　　⑤ ⓒ, ㉣

---

**정답 및 해설**

**19** ③ ⓒ 제3자 甲의 사기로 불법행위가 성립하더라도, 乙은 위 계약을 취소하지 않은 채 甲에 대하여 불법행위로 인한 <u>손해배상을 청구할 수도 있고, 요건을 갖추어 丙에 대하여 취소한 후 부당이득의 반환을 청구할 수도 있다.</u>

**20** ⑤ 상대방의 피용자가 대리권이 없다면 그 피용자의 사기는 <u>제3자의 사기에 해당된다.</u>

**21** ④ 제3자가 사기·강박을 한 경우에는 <u>상대방이 그 사실을 알았거나 알 수 있었을 경우</u>에 한하여 그 의사표시를 취소할 수 있다

**22** ① ⓒ 사기에 의한 취소는 상대적 취소이므로 甲이 매매계약을 취소한 경우, 甲은 <u>선의의 丙에 대하여 소유권이전등기의 말소를 청구할 수 없다.</u>
　㉣ 甲이 A의 사기사실을 안 날로부터 3년이 지난 후에는 甲의 취소권은 이미 소멸하였으므로 乙과 매매계약을 체결한 날로부터 10년이 지나기 전이라 해도 <u>甲은 더 이상 취소권을 행사할 수 없다.</u>

**23** 사기·강박에 의한 의사표시에 관한 설명으로 옳지 않은 것은? (다툼이 있으면 판례에 따름)

① 사기에 의한 의사표시의 경우에는 기망행위와 착오 사이, 착오와 의사표시 사이에 인과관계가 존재하여야 한다.

② 사기에 의한 의사표시가 동시에 착오의 요건을 충족시키는 경우, 표의자는 어느 쪽이든 그 요건을 입증하여 의사표시를 취소할 수 있다.

③ 법률행위의 성립과정에서 강압적 수단이 사용된 경우, 강박을 이유로 그 의사표시를 취소할 수는 있지만 그 법률행위 자체가 반사회질서적인 법률행위라고 할 수는 없다.

④ 상대방의 피용자가 기망행위를 한 경우, 상대방이 그 기망사실에 대하여 선의·무과실이더라도 표의자는 의사표시를 취소할 수 있다.

⑤ 표의자는 자신의 의사표시를 취소하는 것 이외에 불법행위의 성립을 이유로 손해배상을 청구할 수도 있다.

**24** 사기·강박에 의한 의사표시에 관한 설명으로 옳지 않은 것을 모두 고른 것은? (다툼이 있으면 판례에 따름)

㉠ 고지의무가 있는 자의 침묵·부작위는 사기가 성립한다.
㉡ 강박으로 인한 혼인의 의사표시 취소는 선의의 제3자에게 대항할 수 없다.
㉢ 주식인수인은 회사 성립 후에는 사기나 강박을 이유로 그 인수를 취소할 수 없다.
㉣ 기망에 의하여 하자 있는 물건에 관한 매매가 성립하는 경우, 하자담보책임에 관한 규정은 사기에 관한 규정의 특별규정이라 할 것이므로 하자담보책임이 성립하는 범위 내에서 사기에 의한 취소는 배제된다.
㉤ 채무자가 보증인을 속이거나 강박하여 보증계약을 체결하게 한 때에는 채권자가 이러한 사기나 강박의 사실을 알았을 때에 한하여 보증인은 그 보증계약을 취소할 수 있다.
㉥ 대형백화점의 변칙세일은 물품구매동기의 중요요소인 가격조건에 대하여 기망이 이루어진 것으로 그 사술의 정도가 사회적으로 용인될 수 있는 상술의 정도를 넘은 것으로 위법성이 있다는 것이 판례의 입장이다.

① ㉠, ㉡, ㉣
② ㉠, ㉣, ㉤
③ ㉡, ㉣, ㉤
④ ㉠, ㉡, ㉣, ㉤
⑤ ㉠, ㉡, ㉢, ㉣, ㉤

**25** 의사표시에 관한 설명으로 옳지 않은 것은? (다툼이 있으면 판례에 따름)

① 화해계약은 사기 또는 강박에 의한 의사표시로 취소할 수 있고, 채무불이행을 이유로 해제할 수도 있다.

② 당사자의 의사표시가 사기·강박을 이유로 범죄행위에 해당하여 형사고소를 한 경우라도 표의자가 취소하지 않는 한 그 의사표시는 유효이다.

③ 화해계약은 원칙적으로 착오를 이유로 취소할 수 있다.

④ 화해계약을 체결한 경우 화해당사자의 자격 또는 화해의 목적이 된 분쟁 이외의 사항에 착오가 있는 때에는 착오를 이유로 취소할 수 있다.

⑤ 착오에 의한 혼인 또는 입양은 무효이다.

---

**정답 및 해설**

**23** ④ 상대방의 피용자는 원칙적으로 상대방과 동일시할 수 없는 제3자에 해당하므로 상대방이 그 기망사실에 대하여 선의·무과실이면 <u>표의자는 의사표시를 취소할 수 없다</u>.

**24** ③ ㉡ 법률행위에 관한 민법총칙편의 규정은 <u>신분행위에는 적용되지 않는다</u>.
㉣ 기망에 의하여 하자 있는 물건에 관한 매매가 성립하는 경우, 하자담보책과 착오에 의한 취소, <u>사기에 의한 취소는 선택적으로 적용</u>된다.
㉤ 채권자가 사기나 강박의 사실을 <u>알 수 있었을 때</u>, 즉 과실이 있을 때에도 보증인은 보증계약을 취소할 수 있다.

**25** ③ 화해계약은 원칙적으로 착오를 이유로 <u>취소할 수 없다</u>.

---

**26** 착오 또는 사기에 의한 의사표시에 관한 설명으로 옳지 않은 것은? (다툼이 있으면 판례에 따름)

제22회

① 당사자의 합의로 착오의 의사표시 취소에 관한 민법 제109조 제1항의 적용을 배제할 수 있다.

② 상대방의 대리인은 상대방과 동일시되지 않으므로 그의 기망행위는 제3자의 기망행위에 해당한다.

③ 출연재산이 재단법인의 기본재산인지 여부는 착오에 의한 출연행위의 취소에 영향을 주지 않는다.

④ 제3자의 기망행위로 불법행위가 성립한 경우, 피해자가 제3자에게 손해배상을 청구하기 위해서는 상대방과의 계약을 취소할 필요가 없다.

⑤ 착오로 인하여 표의자가 경제적인 불이익을 입지 않았다면 법률행위 내용의 중요부분에 대한 착오라고 할 수 없다.

┌─종합
**27** 사기 · 강박에 의한 의사표시에 관한 설명으로 옳지 않은 것은? (다툼이 있으면 판례에 따름)

① 어떤 해악의 고지가 없이 단지 각서에 서명날인할 것을 강력히 요구한 행위만으로는 강박행위가 아니다.

② 강박에 의한 법률행위가 무효로 되기 위하여는 강박의 정도가 극심하여 의사표시자의 의사결정의 자유가 완전히 박탈된 상태에서 이루어져야 한다.

③ 강박의 수단으로 상대방에게 고지하는 해악의 내용이 법질서에 위배된 경우에는 강박행위의 위법성이 인정된다.

④ 소송행위가 강박에 의하여 이루어진 경우에도 취소할 수 없다.

⑤ 상대방이 기망행위를 이유로 취소하려면 법률행위 내용의 중요부분에 관한 기망행위여야 한다.

**28** 甲은 자신의 부동산을 乙에게 매도하였다. 이에 관한 설명으로 옳지 않은 것은? (다툼이 있으면 판례에 따름)

제21회

① 착오로 인한 의사표시 취소에 관한 민법규정의 적용을 배제하는 甲과 乙의 약정은 유효하다.

② 甲이 착오에 빠졌으나 경제적인 불이익을 입지 않았다면 이는 중요부분의 착오라고 할 수 없다.

③ 甲과 乙 사이의 계약이 반사회적 법률행위에 해당하는 경우, 추인에 의해서도 계약이 유효로 될 수 없다.

④ 甲과 乙 사이의 계약이 통정허위표시인 경우, 乙은 甲에게 채무불이행으로 인한 손해배상을 청구할 수 있다.

⑤ 乙의 대리인 丙이 甲을 기망하여 甲과 계약을 체결한 경우, 乙이 丙의 기망사실을 알 수 없었더라도 甲은 사기를 이유로 계약을 취소할 수 있다.

---

**정답 및 해설**

**26 ②** <u>상대방의 대리인은 상대방과 동일시되므로</u> 그 대리인의 기망행위는 제3자의 <u>기망행위에 해당하지 않는다.</u> 따라서 상대방의 선의·악의를 불문하고 <u>언제나 취소할 수 있다.</u>

**27 ⑤** 상대방이 기망행위를 이유로 취소하려면 2단의 고의, 인과관계, 위법성을 갖추어야 한다. 따라서 <u>법률행위의 중요부분은 사기취소의 요건이 아니다.</u>

**28 ④** 甲과 乙 사이의 매매계약이 통정허위표시인 경우에는 <u>당사자 사이에서 언제나 무효</u>이다. 따라서 이행 전이라면 이행할 필요가 없고, 이행 후라면 부당이득으로 반환청구가 가능하다. 그러므로 乙은 甲에게 채무불이행을 주장할 수 없고, 그로 인한 <u>손해배상을 청구할 수 없다.</u>

　　　　**의사표시의 효력발생 ★★**

의사표시의 효력발생에 관한 설명으로 옳은 것은? (다툼이 있으면 판례에 따름)

① 상대방 없는 의사표시에 대해서는 도달주의가 원칙이다.

② 상대방 있는 의사표시에 있어서 표의자가 그 통지를 발송한 후 사망하더라도 의사표시의 효력에는 영향이 없다.

③ 의사표시가 도달하였다고 하기 위해서는 의사표시의 상대방이 통지를 현실적으로 수령하여 그 내용을 알았어야 한다.

④ 표의자는 의사표시를 발신한 이상, 상대방에게 도달하기 전이라도 철회할 수 없다.

⑤ 제한능력자에게 의사표시를 한 경우 제한능력자의 법정대리인이 의사표시가 도달한 사실을 알았더라도 표의자는 그 의사표시로써 대항할 수 없다.

**오답**
**체크**
① 상대방 없는 의사표시에 대해서는 <u>표백주의가 적용된다</u>.
③ 의사표시가 도달하였다고 하기 위해서는 의사표시의 상대방이 통지를 현실적으로 <u>수령할 필요도 없고 그 내용을 숙지할 필요도 없다</u>.
④ 표의자는 의사표시를 발신한 후, 상대방에게 <u>도달하기 전이라면 철회할 수 있다</u>.
⑤ 제한능력자에게 의사표시를 한 경우 제한능력자의 법정대리인이 의사표시가 도달한 사실을 알았다면 표의자는 <u>법정대리인이 그 사실을 안 때로부터 대항할 수 있다</u>.

기본서 p.271~275　　　　　　　　　　　　　　　　　　　　　　　　　　정답 ②

---

[종합]

**29** 의사표시에 관한 설명으로 옳지 않은 것은? (다툼이 있으면 판례에 따름)

① 의사표시자가 청약의 의사표시를 발송한 후 사망하였더라도, 그 의사표시에는 아무런 영향이 없다.

② 청약의 의사표시는 그 표시가 상대방에게 도달한 때에 그 효력이 생긴다.

③ 표의자가 과실로 상대방의 소재를 알지 못하는 경우, 의사표시는 민사소송법 공시송달의 규정에 의하여 송달할 수 있다.

④ 표의자는 특별한 사정이 없는 한 의사표시가 상대방에게 도달하기 전에 그 의사표시를 철회할 수 있다.

⑤ 특별한 사정이 없는 한, 반송되지 않은 내용증명우편물은 송달되었다고 봄이 상당하다.

**30** 의사표시의 효력발생시기에 관한 설명으로 옳지 않은 것은? (다툼이 있으면 판례에 따름)

① 제한능력자에게 의사를 표시한 사람은 제한능력자의 법정대리인이 의사표시가 도달한 사실을 안 후에는 그 의사표시로써 제한능력자에게 대항할 수 있다.

② 표의자는 그의 의사표시가 상대방에게 도달하였으나 상대방이 이행에 착수하기 전에는 그 의사표시를 철회할 수 있다.

③ 상대방이 정당한 사유 없이 의사표시의 수령을 거절한 경우에는 그 의사표시는 상대방이 그 내용을 알 수 있는 객관적 상태에 놓여 있는 때에 효력이 발생한다.

④ 상대방 있는 의사표시는 상대방에게 도달한 때에 효력이 발생하는 것이 원칙이다.

⑤ 도달주의의 원칙상 의사표시의 부도달에 대한 위험은 표의자에게 있다.

**31** 甲은 자기 소유의 부동산을 5억원에 매도하겠다는 청약을 등기우편으로 乙에게 보냈다. 이에 관한 설명으로 옳지 않은 것은? (다툼이 있으면 판례에 따름)

① 甲의 청약은 乙에게 도달한 때에 효력이 생긴다.

② 甲은 등기우편이 乙에게 도달하기 전에 자신의 청약을 철회할 수 있다.

③ 甲의 청약이 효력을 발생하기 위해서 乙이 그 내용을 알 것까지는 요하지 않는다.

④ 甲이 등기우편을 발송한 후 성년후견개시의 심판을 받은 경우, 乙에게 도달한 甲의 청약은 효력이 발생하지 않는다.

⑤ 甲의 등기우편은 반송되는 등 특별한 사정이 없는 한 乙에게 도달된 것으로 인정하여야 한다.

---

**정답 및 해설**

**29 ③** 공시송달의 요건은 표의자가 선의이고 무과실이어야 하므로 표의자가 과실로 상대방의 소재를 알지 못하는 경우, 의사표시는 <u>민사소송법 공시송달의 규정에 의하여 송달할 수 없다</u>.

**30 ②** 의사표시가 상대방에게 도달하였다면 요지(了知)하기 전이라도 철회하지 못하고, 이행의 착수가 있기 전이라 하더라도 <u>철회하지 못한다</u>.

**31 ④** 의사표시자가 그 통지를 발송한 후 사망하거나 제한능력자가 되어도 <u>의사표시의 효력에 영향을 미치지 아니한다</u>. 따라서 甲의 청약은 <u>유효</u>하다.

**32** 의사표시에 있어서 도달주의의 예외가 아닌 것은?

① 제3자를 위한 계약의 경우 채무자의 제3자에 대한 이익향수 여부의 최고에서 제3자의 확답
② 무권대리인의 상대방의 본인에 대한 추인 여부의 최고에 대한 확답
③ 격지자간의 계약에 있어서 청약에 대한 승낙
④ 제한능력자의 상대방의 법정대리인에 대한 추인 여부의 최고에 대한 확답
⑤ 채무인수의 경우 채무자의 채권자에 대한 승낙 여부의 최고에 대한 확답

**33** 의사표시의 효력발생에 관하여 발신주의를 따른 것을 모두 고른 것은? 제21회

> ㉠ 이행불능으로 인한 계약의 해제
> ㉡ 무권대리인의 상대방이 한 추인 여부의 최고에 대한 본인의 확답
> ㉢ 제한능력자의 법률행위에 대한 법정대리인의 동의
> ㉣ 제한능력자의 상대방이 한 추인 여부의 촉구에 대한 법정대리인의 확답

① ㉠, ㉡                      ② ㉡, ㉢
③ ㉡, ㉣                      ④ ㉢, ㉣
⑤ ㉠, ㉢, ㉣

───

종합

**34** 의사표시의 효력발생시기에 관한 설명으로 옳지 않은 것은? (다툼이 있으면 판례에 따름)

① 수령인의 사무실 피용인이 그 통지를 받았으나 수령인에게 전하지 않았더라도 도달한 것으로 된다.
② 채권양도의 통지서가 들어 있는 우편물을 채무자의 가정부가 수령한 직후 통지인인 채권자가 이를 바로 회수해 버렸다면 도달되었다고 볼 수 없다.
③ 납세의무자가 거주하지 아니하는 주민등록상 주소지로 납세고지서를 등기우편으로 발송하고 반송되지 않았을 경우 특별한 사정이 없는 한 도달되었다고 볼 수 없다.
④ 국가가 공시송달의 요건을 갖추지 않고 일간신문에 공고를 하였다면 통지가 상대방에게 도달하였다고 볼 수 있다.
⑤ 우편물이 등기취급의 방법으로 발송되고 반송되지 아니하면 특별한 사정이 없는 한 그 무렵에 송달되었다고 볼 것이다.

**35** 의사표시의 효력발생에 관한 설명으로 옳지 않은 것은? (다툼이 있으면 판례에 따름)

① 의사표시의 도달이란 사회통념상 상대방이 통지의 내용을 알 수 있는 객관적 상태에 놓여 있는 경우를 의미한다.

② 특별한 사정이 없는 한, 의사표시가 도달한 이후에는 상대방이 도달사실을 알기 전이라도 표의자가 이를 철회할 수 없다.

③ 피특정후견인에게 매매계약 취소의 의사표시가 도달한 경우 표의자는 의사표시의 도달을 가지고 대항할 수 있다.

④ 제한능력자임을 이유로 한 법률행위 취소의 의사표시는 상대방에게 그 의사표시를 발신한 때에 효력이 발생한다.

⑤ 의사표시의 상대방이 의사표시를 받은 때에 제한능력자인 경우 표의자는 원칙적으로 그 의사표시로써 대항할 수 없다.

**36** 공시송달에 관한 설명으로 옳지 않은 것은?

① 표의자의 과실로 인하여 상대방의 소재를 알지 못하는 경우에는 공시송달의 효력이 발생하지 않는다.

② 상대방을 알지 못하거나 그의 소재를 알지 못하는 경우에는 의사표시를 공시송달할 수 있다.

③ 상대방이 없는 의사표시와 발신주의가 적용되는 경우에도 공시송달이 가능하다.

④ 공시송달에 의한 의사표시는 최초 게시한 날로부터 2주일이 경과한 때에 그 효력이 발생한다.

⑤ 법원게시장에 게시하는 것 외에 법원은 일간지에 공고할 것을 명할 수 있다.

---

**정답 및 해설**

**32 ①** 제3자를 위한 계약의 경우 채무자의 제3자에 대한 이익향수 여부의 최고에서 제3자의 확답은 발신주의가 아니라 도달주의가 적용된다.

**33 ③** ㉠㉢ 상대방 있는 단독행위이므로 도달주의가 적용된다.
㉡㉣ 의사표시의 효력발생에 관하여 발신주의가 적용된다.

**34 ④** 판례는 일간신문에 게재한 것만으로는 통지가 상대방에게 도달한 것으로 인정할 수 없다는 입장이다.

**35 ④** 취소의 의사표시는 형성권으로 상대방 있는 단독행위이므로 상대방에게 도달하여야 그 효력이 발생한다.

**36 ③** 상대방이 없는 의사표시와 발신주의가 적용되는 경우에는 공시송달이 불가능하다.

# 제7장 법률행위의 대리

---

## 대표예제 52 　　 대리 일반 ★

**민법상 대리에 관한 설명으로 옳지 않은 것은?**

① 법률행위의 대리제도에는 사적 자치의 확장 및 그 보충의 의미가 있다.

② 민법은 대리행위의 하자가 있을 경우 원칙적으로 대리인을 표준으로 하여 판단한다.

③ 민법상 대리제도가 사실행위나 불법행위에는 인정되지 않지만, 법인 대표기관의 불법행위는 일정한 경우에 법인의 불법행위가 되므로 예외적으로 불법행위의 대리가 인정된다.

④ 법률행위는 자신의 이름으로 하고 그 효과도 자신에게 귀속시키되 그 계산은 타인의 이름으로 한다는 점에서 간접대리는 민법상 대리와 다른 제도이다.

⑤ 본인이 의사를 결정하여 이를 타인으로 하여금 표시하게 하는 경우에는 의사표시 착오의 여부는 본인의 의사와 타인의 표시를 비교하여 판단한다.

해설 | **불법행위는** 어떠한 경우에도 **대리가 허용되지 않는다.**

기본서 p.293~297　　　　　　　　　　　　　　　　　　　　　　　　　　　　　　　　정답 ③

---

종합

**01** 대리에 관한 설명으로 옳지 않은 것은?

① 물건의 인도는 대리가 허용되지 않지만, 간이인도 · 점유개정 · 목적물반환청구권의 양도는 대리가 허용된다.

② 본인의 의사결정을 절대적으로 필요로 하는 신분행위에는 원칙적으로 대리가 인정되지 않는다. 다만, 예외적으로 신분행위라 하더라도 재산행위의 성질을 겸하여 가지는 부양청구권의 행사에 대해서는 대리가 인정된다.

③ 의사의 통지나 관념의 통지는 준법률행위로서 대리가 인정되지 않는다.

④ 대리에서는 대리인이 스스로 의사를 결정하나, 사자에서는 본인이 결정한다.

⑤ 법정대리는 사적 자치의 보충으로서의 기능이 크고, 임의대리는 사적 자치의 확장으로서의 기능이 크다.

**02** 대리와 구별되는 다른 제도의 차이에 관한 설명으로 옳지 않은 것은?

① 대리인의 점유와 불법행위는 원칙적으로 대리인에게 그 효과가 귀속되지만, 법인 이사의 점유와 불법행위는 법인에게 그 효과가 귀속된다.

② 사자가 본인의 효과의사를 잘못 표시한 경우에는 표시상의 착오로 다루어지나, 대리인이 본인의 의사와 다른 의사표시를 한 경우에는 착오의 문제가 생기지 않는다.

③ 대리인에게는 의사능력이 필요하지만, 사자에게는 의사능력이 필요하지 않다.

④ 대리의 경우에는 본인이 행위능력을 가지지 않아도 되나, 사자의 경우에는 본인이 행위능력을 갖출 것이 요구된다.

⑤ 제3자를 위한 계약과 대리에 있어 본인은 권리와 의무를 가진다는 점에서 차이가 없다.

**03** 대리가 허용되는 경우를 모두 고른 것은?                                          제11회

| ㉠ 채권양도의 통지 | ㉡ 사무관리 |
|---|---|
| ㉢ 어음행위 | ㉣ 물건의 인도 |
| ㉤ 증여 | |
| ㉥ 제한능력자의 법률행위에 대한 취소 여부의 최고 | |

① ㉡, ㉣                                    ② ㉡, ㉤

③ ㉠, ㉤, ㉥                               ④ ㉠, ㉢, ㉤, ㉥

⑤ ㉠, ㉢, ㉣, ㉤, ㉥

---

**정답 및 해설**

**01** ③ 준법률행위는 원칙적으로 대리가 인정되지 않으나, 예외적으로 표현행위 중 의사의 통지나 관념의 통지는 대리가 유추적용된다. 그리고 사실행위에 관하여는 대리가 인정되지 않으나, 사실행위가 의사표시와 결합하여 법률행위를 이룰 때(예 점유개정, 간이인도, 목적물반환청구권의 양도)에는 대리가 가능하다고 본다.

**02** ⑤ 제3자를 위한 계약에서 본인은 의무만을 부담하지만, 대리에 있어서 본인은 권리를 주장하는 동시에 의무를 부담한다는 점에서 차이가 있다.

**03** ④ 대리는 의사표시를 요소로 하는 법률행위에 인정되고 준법률행위 가운데 표현행위인 의사의 통지나 관념의 통지에도 인정되나, 사실행위에는 인정되지 않는다.

**수권행위** ★★

수권행위에 관한 설명으로 옳지 않은 것은? (다툼이 있으면 판례에 따름)

① 수권행위와 기초적 내부관계(= 원인관계)는 구별된다.
② 수권행위의 하자 유무는 대리인을 기준으로 하여 정한다.
③ 수권행위는 상대방 있는 단독행위의 성질을 갖는다.
④ 수권행위는 명시적 의사표시뿐만 아니라 묵시적 의사표시에 의해서도 할 수 있다.
⑤ 수권행위가 무효가 되면 그 대리권에 기한 대리행위는 무권대리가 된다.

해설 | 수권행위의 하자 유무는 <u>본인을 기준</u>으로 하여 정한다.

기본서 p.298~299

정답 ②

─ 종합

**04** 대리에 관한 설명으로 옳지 않은 것은?

① 본인이 대리인에게 수권행위를 하기 위해서는 행위능력을 가져야 한다.
② 수권행위는 법률행위이지만 대리권 수여표시는 준법률행위로서 관념의 통지에 해당한다.
③ 의사표시의 효력이 의사의 흠결, 사기, 강박 또는 어느 사정을 알았거나 과실로 알지 못한 것으로 인하여 영향을 받을 경우에 그 사실의 유무는 대리인을 표준으로 하여 결정한다.
④ 대표에는 사실행위·불법행위가 인정된다는 점에서 사실행위·불법행위가 인정되지 않는 대리와 구별된다.
⑤ 수권행위는 대리인의 승낙을 요하는 상대방 있는 의사표시이다.

**05** 甲은 乙과 위임계약을 체결하면서 위임장을 교부하였는데, 乙은 이에 기하여 甲을 위한 제3자와의 거래를 하였다. 그 후 乙이 甲에게 강박을 저질러서 대리권을 수여받았음이 밝혀진 경우 이에 관한 설명으로 옳지 않은 것은?

① 甲은 사기를 이유로 수권행위를 취소할 수 있다.

② 대리권 발생의 원인인 위임관계와는 별도의 수권행위의 개념을 인정한다.

③ 수권행위의 유인성을 인정하는 견해에 의하면 수권행위가 실효되면 대리행위도 효력을 상실한다고 본다.

④ 수권행위의 무인성을 인정하는 견해에 의하면 수권행위가 실효되더라도 대리행위는 유효하다고 본다.

⑤ 수권행위의 유인성을 인정하는 견해는 거래의 안전보호에 충실하고자 하는 견해이다.

---

**정답 및 해설**

**04** ⑤ 수권행위는 대리인의 승낙을 요하지 않는 상대방 있는 단독행위이다.

**05** ⑤ 무인설이 거래의 안전보호에 충실한 견해이다.

**대리권에 관한 설명으로 옳지 않은 것은? (다툼이 있으면 판례에 따름)**

① 매매계약의 체결에 관하여 대리권을 수여받은 대리인은 특별한 사정이 없는 한 그 계약에 따른 잔금을 수령할 권한이 있다.

② 예금계약의 체결에 관하여 대리권을 수여받은 대리인은 그 예금을 담보로 대출을 받을 수 있는 권한이 있다.

③ 권한을 정하지 않은 대리인은 대리의 목적인 물건이나 권리의 성질이 변하지 않는 범위에서 이를 이용 또는 개량하는 행위를 할 수 있다.

④ 상대방으로부터 대여금의 수령을 위임받은 대리인에게는 그 상대방의 대여금채무 일부를 면제할 수 있는 권한이 없다.

⑤ 매매계약의 체결과 이행에 관하여 포괄적 대리권을 수여받은 대리인은 특별한 사정이 없는 한 약정된 매매대금 지급기일을 연기해 줄 권한이 있다.

해설 | 예금계약의 체결에 관하여 대리권을 수여받은 대리인은 그 <u>예금을 담보로 대출을 받을 수 있는 권한이 없다</u>.

기본서 p.299~300 　　　　　　　　　　　　　　　　　　　　　　　　정답 ②

---

**06** 대리권의 범위에 관한 설명으로 옳지 않은 것은?　　　　　　제12회

① 대리권의 범위가 불분명한 경우에도 가옥의 수선, 소멸시효의 중단, 기한이 도래한 채무의 변제 등은 대리할 권한이 있다.

② 권한을 정하지 아니한 대리인은 보존행위 및 일정한 범위 안의 이용행위와 개량행위를 할 수 있다.

③ 대리권의 범위가 불분명한 대리인은 민법 제118조의 해석상 처분권한이 없다.

④ 법정대리인의 범위는 법률의 규정에 의하여 정하여지고, 임의대리권은 수권행위의 해석에 따라 그 범위가 정하여진다.

⑤ 대리권의 범위가 명확한 경우에도 본인에게 해가 되지 않는 범위 내의 보존행위는 할 수 있다.

**07** 대리에 관한 설명으로 옳지 않은 것은? (다툼이 있으면 판례에 따름)

① 대여금의 영수권한만을 위임받은 대리인이 그 대여금 채무의 일부를 면제하기 위해서는 특별수권이 필요하다.

② 중개인과 같이 매매계약 체결 당시 매도인을 보조하여 계약서와 영수증에 날인한 데에 불과한 사람에게, 매도인이 중도금이나 잔금수령권한까지 있는 매매계약 체결에 관한 대리권을 묵시적으로 수여한 것으로 볼 수는 없다.

③ 본인을 위하여 금전소비대차와 그 담보를 위한 담보권설정계약을 체결할 권한을 수여받은 대리인은 특별한 사정이 없으면, 금전소비대차계약과 담보권설정계약이 체결된 후에 이를 해제할 권한을 가진다.

④ 매매계약을 체결할 권한을 수여받은 대리인은 특별한 사정이 없으면, 그 매매계약에 따른 중도금과 잔금을 받을 권한을 가진다.

⑤ 매매계약의 체결과 이행에 관하여 포괄적인 권한을 수여받은 대리인은 특별한 사정이 없으면, 상대방에 대하여 약정된 매매대금의 지급기일을 연기할 권한을 가진다.

---

**정답 및 해설**

**06** ⑤ 수권행위의 해석에 의하여서도 <u>대리권의 범위가 불분명한 경우</u>에 본인의 이익을 보호하기 위하여 민법은 제118조에 보충규정을 두어, 대리권이 존재함은 명백하나 그 범위를 정하지 아니한 대리인은 보존행위, 일정한 범위 내의 이용행위, 개량행위 등 이른바 관리행위만을 할 수 있고 처분행위는 못하는 것으로 하고 있다.

**07** ③ 본인을 위하여 금전소비대차와 그 담보를 위한 담보권설정계약을 체결할 권한을 수여받은 대리인은 특별한 사정이 없으면, 금전소비대차계약과 담보권설정계약이 체결된 후에 이를 <u>해제할 권한을 가지지 못한다.</u>

대리권의 제한에 관한 설명으로 옳지 않은 것은? (다툼이 있으면 판례에 따름)

① 부동산 입찰절차에서 동일인이 동일물건에 관하여 이해관계가 다른 2인 이상의 입찰자의 대리인이 된 경우에는 그 대리인이 한 입찰은 무효이다.

② 甲으로부터 甲 소유 부동산 매각의 대리권을 수여받은 乙이 스스로 그 부동산의 매수인이 되어 계약을 체결하는 것은 자기계약에 해당한다.

③ 위 ②의 경우, 乙이 매수인이 되는 것을 甲이 허락하였더라도 그 계약의 효력은 발생하지 않는다.

④ 수권행위에서 수인의 대리인이 공동으로만 대리할 수 있는 것으로 정한 때에는 수인의 대리인은 능동대리행위를 공동으로 하여야 한다.

⑤ 법무사가 등기권리자와 등기의무자 쌍방을 대리하여 등기를 신청하는 것은 허용된다.

해설 | 본인 甲의 허락이 있었으므로 자기계약을 할 수 있고, 따라서 甲과 乙의 계약은 유효이다.

기본서 p.300~302　　　　　　　　　　　　　　　　　　　　　　　　　　　　　정답 ③

---

**08** 민법상 대리권의 제한에 관한 설명으로 옳은 것은? (다툼이 있으면 판례에 따름)

① 친권자가 그 소유 부동산을 미성년인 아들에게 증여하는 행위는 자기계약에 해당하여 무효이다.

② 자기계약에 따라 본인이 대리인에 대하여 부담하는 채무를 대리인이 면제하여 주는 경우에도 본인의 동의를 받아야 한다.

③ 자기계약·쌍방대리의 금지에 관한 규정은 법정대리에는 적용되지 않는다.

④ 자기계약·쌍방대리의 금지의 위반과 공동대리를 위반한 경우에는 원칙적으로 무권대리에 해당하므로 본인의 추인 여부에 따라 유·무효가 결정된다.

⑤ 대물변제, 경개, 기한이 미도래한 채무의 변제, 동일 부동산에 대한 2인 이상의 입찰대리 등은 자기계약이나 쌍방대리를 할 수 있다.

**09** 대리권의 제한에 관한 설명으로 옳지 않은 것은? (다툼이 있으면 판례에 따름)

① 대리인이 수인이더라도 각자대리가 원칙이지만, 친권의 행사에 있어서는 공동대리를 원칙으로 한다.

② 가옥의 임대인이 임차인에 대하여 장래 다툼이 생긴 경우, 화해를 위한 대리인 선임의 권한을 미리 임대인 자신에게 수여시킨 계약의 경우 쌍방대리 금지규정을 위반한 것이므로 무효이다.

③ 법인의 대표이사가 법인을 대표하여 자신의 급료인상을 청약하고 스스로 법인에 대하여 승낙하는 의사를 표시하는 것은 자기계약이 된다.

④ 사채알선업자는 채권자 쪽을 대할 때에는 채무자의 대리인이고 채무자 쪽을 대할 때에는 채권자의 대리인이므로, 채무자가 사채알선업자에게 변제한 때에는 채권자에 대한 유효한 변제가 된다.

⑤ 수권행위에서 수인의 대리인이 공동으로만 대리할 수 있는 것으로 정한 때에는 수인의 대리인은 능동대리와 수동대리행위를 공동으로 하여야 한다.

---

**정답 및 해설**

**08** ④ ① 친권자가 그 소유 부동산을 미성년인 아들에게 증여하는 행위는 자기계약이지만, 미성년자에게 권리만 주는 행위가 되므로 <u>유효이다</u>.
② 자기계약에 따라 본인이 대리인에 대하여 부담하는 채무를 대리인이 면제하여 주는 경우에는 본인에게 일방적으로 이익이 되므로 <u>본인의 동의를 받을 필요가 없다</u>.
③ 자기계약·쌍방대리의 금지에 관한 규정은 <u>임의대리와 법정대리에 모두 적용된다</u>.
⑤ 대물변제, 경개, 기한이 미도래한 채무의 변제, 동일 부동산에 대한 2인 이상의 입찰대리 등은 <u>자기계약이나 쌍방대리가 허용되지 않는다</u>.

**09** ⑤ 수권행위에서 수인의 대리인이 공동으로만 대리할 수 있는 것으로 정한 때에는 수인의 대리인은 <u>능동대리만을 공동으로 하여야 한다</u>.

**10** 甲으로부터 X토지를 매매할 대리권을 위임받은 乙이 그 매매대금을 횡령하여 주식을 투자할 목적으로 상대방 丙에게 甲을 대리하여 X토지를 헐값에 매도하였다. 이에 관한 설명으로 옳지 않은 것은? (다툼이 있으면 판례에 따름)

① 乙의 대리행위는 원칙적으로 유효이다.

② 이 경우에는 민법에 명문의 규정이 없으므로 판례는 제107조 비진의표시를 유추적용하는 것이 다수의 판례이다.

③ 사안의 경우에는 표현대리가 성립한다.

④ 丙이 乙의 의사를 알았거나 알 수 있었을 경우에는 무효가 되므로 甲은 丙에게 등기를 이전할 의무가 없다.

⑤ 甲이 丙에게 대리행위에 따른 책임을 부담하기 위해서는 乙의 고의·과실이 필요하지 않다.

**11** 대리권을 가지고 있는 대리인이 본인의 이익을 위해서가 아니라 자기 또는 제3자만의 이익을 꾀하기 위하여 대리행위를 한 경우에 관한 설명으로 옳은 것은? (다툼이 있으면 판례에 따름)

① 무권대리로서 언제나 무효가 된다.

② 유권대리로서 언제나 본인이 책임을 부담한다.

③ 협의의 무권대리로서 본인이 추인하여야 책임을 부담한다.

④ 본인이 그 사실을 알았거나 알 수 있었을 경우에 본인은 책임을 부담한다.

⑤ 상대방이 그 사실을 알았거나 알 수 있었을 경우에 본인은 책임을 부담하지 않는다.

---

**대표예제 56 \ 대리권의 소멸 ★**

임의대리권의 소멸사유가 아닌 것은?

① 대리인의 사망, 성년후견개시, 파산    ② 본인의 사망

③ 원인된 법률관계의 종료    ④ 본인의 의사무능력

⑤ 수권행위의 철회

해설 | 본인의 의사무능력은 <u>대리권의 소멸원인이 아니다</u>.

기본서 p.303~304    정답 ④

**12** 대리에 관한 설명으로 옳지 않은 것은? (다툼이 있으면 판례에 따름)

① 피성년후견인 또는 파산자가 아닌 자가 대리인으로 된 후에 성년후견개시 심판 또는 파산선고를 받은 때에는 대리권은 소멸한다.

② 특정한 법률행위를 위임한 경우에 대리인이 본인의 지시에 좇아 그 행위를 한 때에는, 본인은 자기가 안 사정 또는 과실로 인하여 알지 못한 사정에 관하여 대리인의 부지 (不知)를 주장하지 못한다.

③ 대리인이 개인적 이익을 위하여 대리권의 범위 내에서 본인의 이름으로 법률행위를 한 경우에도 그 법률행위는 원칙적으로 본인에 대하여 효력이 있다.

④ 권한행사의 범위가 명확한 대리인은 보존행위를 할 수 없다.

⑤ 대리인이 매도인의 배임행위에 적극 가담하여 이중매매계약을 체결한 경우에 본인이 이를 몰랐다면 반사회질서행위가 인정되지 않는다.

---

**정답 및 해설**

**10** ③ 대리권 남용이 성립한 경우 대리인이 대리권 범위 내에서 저지른 행위이므로 <u>표현대리는 적용하지 않는다</u>.

**11** ⑤ ① 대리권 남용이므로 <u>원칙적으로 유효</u>하다.
② <u>상대방이 대리권 남용의 사실을 알았거나 알 수 있었을 경우</u>에는 본인의 책임이 없다.
③ 협의의 무권대리는 <u>적용하지 않는다</u>.
④ 본인이 아니라 <u>상대방이</u> 책임을 부담한다.

**12** ⑤ 대리인이 본인을 대리하여 매매계약을 체결함에 있어서 매매대상 토지에 관한 저간의 사정을 잘 알고 그 배임행위에 가담하였다면, 대리행위의 하자 유무는 대리인을 표준으로 판단하여야 하므로, 설사 본인이 미리 그러한 사정을 몰랐거나 반사회성을 야기한 것이 아니라고 할지라도 그로 인하여 체결된 매매계약은 <u>반사회질서의 법률행위로서 무효이다</u>.

**현명주의에 관한 설명으로 옳지 않은 것은?**

① 대리의사의 표시방법은 일반적으로 '甲의 대리인 乙'로 하지만, 회사명·직명을 적는 경우에도 주위사정으로부터 행위의 타인성이 인정되면 당해 회사를 위한 대리행위로 본다.

② 현명은 반드시 서면으로 할 필요는 없으며 구두로도 가능하다.

③ 대리의사가 표시되지 않은 경우에는 원칙적으로 대리인 자신을 위한 것으로 본다.

④ 매매위임장을 제시하고 매매계약을 체결하면서 계약서에 대리인의 성명만 기재하는 경우, 특단의 사정이 없는 한 그 계약은 본인에게 효력이 없다.

⑤ 대리인임을 분명히 표시하지 않았다 하더라도 법률행위의 전체로 보아, 대리인을 위한 행위가 아니라 본인을 위하여 하는 행위라는 사실을 알 수 있었을 때에는 대리행위로서 효력이 발생한다는 것이 판례의 태도이다.

해설 | 매매위임장을 제시하고 매매계약을 체결하면서 계약서에 대리인의 성명만 기재하는 경우라도, 특단의 사정이 없는 한 그 계약은 <u>본인에게 효력이 있다</u>.

기본서 p.305~306                                                             정답 ④

---

**13** 회사원 甲은 친구 乙에게 자기 소유의 컴퓨터를 최소한 100만원에 팔아달라고 부탁하였다. 그러나 乙은 甲을 위한다는 것을 표시하지 않고서 이 컴퓨터를 丙에게 150만원에 매각하였고 丙은 컴퓨터를 인도받았지만 아직 대금을 지불하지 않았다. 이 경우 丙에 대한 甲의 대금청구권에 관한 설명으로 옳은 것은?

① 甲은 언제든지 丙에 대하여 150만원을 청구할 수 있다.

② 甲은 어떠한 경우에도 丙에 대하여 대금을 청구할 수 없다.

③ 甲은 丙에 대하여 100만원을 청구할 수는 있지만 150만원을 청구할 수는 없다.

④ 甲은 乙의 행위가 甲을 위한 것이라는 점을 丙이 알았거나 알 수 있을 때에는 丙에 대하여 150만원을 청구할 수 있다.

⑤ 甲은 丙이 그 컴퓨터가 甲의 것이라는 것을 알고 있을 때 또는 알 수 있었을 때에는 丙에 대하여 150만원을 청구할 수 있다.

**대리행위의 하자** ★★

乙은 甲의 대리인으로서 丙 소유의 X토지를 매수하는 계약을 체결하였다. 이에 관한 설명으로 옳지 않은 것은? (다툼이 있으면 판례에 따름)

① 乙이 계약 당시 부동산의 하자에 대하여 선의 · 무과실인 경우에는 甲은 丙에게 하자담보책임을 물을 수 있다.

② 乙이 착오에 의하여 계약을 체결한 경우 乙을 기준으로 착오사실과 중과실 여부를 판단하여 취소권이 발생되면 乙이 아니라 甲이 취소권을 행사할 수 있다.

③ 乙이 甲을 위한 것임을 표시하지 않았으나 대리인으로서 행위한 것을 丙이 알았거나 알 수 있었을 경우에는 그 효과는 甲에게 귀속한다.

④ 乙이 丙에게 사기 또는 강박을 하여 계약을 체결한 경우 丙은 甲의 선의 · 악의와 관계없이 甲 또는 乙에게 취소권을 행사할 수 있다.

⑤ 乙이 甲의 생각과 달리 시세보다 비싸게 매수하는 계약을 체결한 경우 甲은 착오를 이유로 취소할 수 있다.

해설 | 대리인이 본인의 생각과 달리 의사를 표시한 경우 본인은 대리행위의 당사자가 아니므로 착오를 이유로 <u>취소할 수 없다.</u>

기본서 p.306~307                                                                          정답 ⑤

**정답 및 해설**

**13** ④ ①② 乙이 <u>甲의 대리인이라는 사실을 丙이 알았거나 알 수 있었을 경우</u>, 甲은 丙에게 <u>대금지급을 청구할</u> 수 있다.
③ 丙이 대리행위임을 알았거나 알 수 있었을 경우 甲은 표시된 <u>150만원을 청구할 수 있다.</u>
⑤ 제3자 소유물건도 매매할 수 있음이 원칙이다. 따라서 丙이 대리행위에 대하여 선의 · 무과실이라면 甲은 丙에 대하여 <u>150만원을 청구할 수 없다.</u>

**14** 민법상 임의대리에 관한 설명으로 옳지 않은 것은? (다툼이 있으면 판례에 따름)

제20회

① 소유자로부터 매매계약을 체결할 대리권을 수여받은 대리인은 특별한 사정이 없는 한 그 매매계약에서 정한 바에 따라 중도금을 수령할 수 있다.

② 대리인이 그 권한 내에서 본인을 위한 것임을 표시하지 아니하고 의사표시를 한 경우, 상대방이 대리인으로서 한 것임을 알았더라도 그 의사표시는 대리인 자신을 위한 것으로 본다.

③ 권한을 정하지 아니한 대리인은 대리의 목적인 미등기 부동산의 보존등기를 할 수 있다.

④ 대리인은 본인의 승낙이 있거나 부득이한 사유가 있는 때가 아니면 복대리인을 선임하지 못한다.

⑤ 원인된 법률관계의 종료 전에 본인이 수권행위를 철회한 경우, 대리권은 소멸한다.

**15** 甲의 X토지에 대하여 대리인 乙이 매수인 丙과 매매계약을 체결하였다. 이에 관한 설명으로 옳지 않은 것은?

① 乙이 丙과 통정하여 가장매매를 저지른 경우 甲이 그 사실을 몰랐다고 하더라도 甲은 계약의 유효를 주장할 수 없다.

② 乙이 피성년후견인인 경우 甲은 그 매매계약을 乙의 제한능력을 이유로 취소할 수 없다.

③ 丙이 甲에게 사기·강박을 행한 경우 甲은 그 매매계약을 원칙적으로 취소할 수 없다.

④ 乙이 매매대금을 횡령할 생각으로 대리행위로서 매매계약을 체결한 경우라도 유효한 대리행위이다.

⑤ 乙이 丙에게 사기를 행한 경우, 甲이 그 사실을 알았거나 알 수 있었을 경우에 한하여 丙은 甲에게 매매계약을 취소할 수 있다.

**16** 甲의 대리인 乙이 丙과 매매계약을 체결하였다. 이에 관한 설명 중 옳은 것은? (다툼이 있으면 판례에 따름) 제13회

① 乙이 丙과 계약 체결시 실수로 그 계약이 甲을 위한 것임을 표시하지 않은 경우, 丙이 계약당사자를 乙이라고 생각하고 乙에게 계약의 이행을 청구해 오면, 乙은 자신의 내심의 의사는 甲을 위해 계약을 체결하려는 것이었음을 이유로 자신의 의사표시를 취소할 수 있다.

② 乙이 甲을 위한 것임을 표시하지 않고 丙과 계약을 체결하고 丙도 乙을 계약당사자라고 과실 없이 믿은 경우에는 丙은 乙에 대해서 뿐만 아니라 甲에 대해서도 계약의 이행을 청구할 수 있다.

③ 해당 매매계약이 불공정한 법률행위인가를 판단함에는 경솔·무경험은 乙을 기준으로 판단하여야 하고, 궁박상태에 있었는가의 여부는 甲의 입장에서 판단하여야 한다.

④ 매매계약 체결시에 丙이 乙에 대하여 강박을 행하였다 하더라도, 甲은 그 사실을 과실 없이 알지 못하였던 경우에만 그 계약을 취소할 수 있다.

⑤ 매매계약 체결시에 乙이 丙을 기망했다 하더라도, 甲이 그 사실을 몰랐던 경우에 丙은 그 계약을 취소할 수 없다.

---

**정답 및 해설**

**14** ② 대리인이 본인을 위한 것임을 표시하지 아니한 경우 그 의사표시는 자기를 위한 것으로 본다. 그러나 <u>상대방이 대리인으로서 한 것임을 알았거나 알 수 있었을 때에는 본인에게 효력이 있다</u>(제115조).

**15** ⑤ 상대방이 대리인으로부터 사기·강박을 당하여 의사표시를 한 경우, 상대방은 <u>본인이 이를 알았는지 여부와 상관없이</u>(⇨ 즉, 제3자의 사기·강박이 아님) 언제나 취소할 수 있다.

**16** ③ ① 현명하지 않은 대리인 乙은 자신의 내심의 의사는 본인 甲을 위하여 계약을 체결하려는 것이었음을 이유로 자신의 <u>의사표시를 취소할 수 없다</u>.
② 선의·무과실의 상대방 丙은 <u>대리인 乙에 대해서만</u> 계약의 이행을 청구할 수 있다.
④ 대리인이 상대방에 대하여 강박을 행한 경우, <u>본인의 선의·악의를 불문하고 상대방은 언제나 그 계약을 취소할 수 있다</u>.
⑤ 상대방이 대리인을 기망한 경우, <u>본인의 선의·악의를 불문하고 본인이 취소권을 행사할 수 있다</u>.

**17** 甲은 친구 아들인 18세 乙에게 토지 구입을 위임하고 대리권을 수여하였다. 乙은 甲을 대리하여 丙 소유의 토지를 구입하였으나, 이 과정에서 丙이 乙을 기망하였다. 다음 설명 중 옳지 않은 것은? (다툼이 있으면 판례에 따름)

① 사기를 이유로 매매계약이 취소되면 甲과 丙 사이에 부당이득반환의무가 발생한다.
② 乙은 법정대리인의 동의가 없었다면 제한능력을 이유로 위임계약을 취소할 수 있다.
③ 甲과 乙이 위임계약을 합의해지하더라도 매매계약의 효과는 甲에게 귀속한다.
④ 사기를 이유로 매매계약이 취소될 수 있는지 여부는 甲을 기준으로 하여 결정한다.
⑤ 甲은 乙의 제한능력을 이유로 매매계약을 취소하지 못한다.


**18** 甲의 임의대리인 乙이 丙으로부터 丙이 소유하고 있는 건물을 매수한 경우에 관한 설명으로 옳지 않은 것은?

① 乙이 미성년자일지라도 甲은 이 매매계약을 취소할 수 없다.
② 甲의 지시에 의하여 乙이 그 건물을 매수한 경우, 甲이 그 건물에 하자가 있는 것을 알았다면 설사 乙이 이를 알지 못하였더라도 하자담보책임을 물을 수 없다.
③ 乙이 미성년자이고 법정대리인의 동의가 없는 것을 이유로 甲과 乙 사이의 위임계약을 취소하였다면 매매의 효과는 甲에 미치지 않는다.
④ 계약 성립 당시에 乙이 그 건물에 하자가 있음을 안 경우, 甲은 丙에게 하자담보책임을 물을 수 없다.
⑤ 乙이 丙의 사기에 의하여 매매계약을 체결한 경우, 원칙적으로 乙은 매매계약을 취소할 수 없다.


**19** 甲을 본인으로 하는 대리인 乙이 상대방 丙과 통정하여 허위표시를 하였다. 이 경우의 법률효과로서 옳은 것은?

① 丙만이 무효를 주장할 수 있다.
② 乙만이 무효를 주장할 수 있다.
③ 甲만이 무효를 주장할 수 있다.
④ 乙, 丙만이 무효를 주장할 수 있다.
⑤ 甲, 乙, 丙은 모두 무효를 주장할 수 있다.

**20** 본인 甲이 대리행위의 상대방 丙에게 강박을 하였고 甲의 대리인 乙은 이러한 사실을 모르고 있는 경우에 관한 설명으로 옳은 것은?

① 대리행위의 하자는 대리인을 표준으로 하여 결정되므로 丙은 취소할 수 없다.

② 乙에게 중대한 과실이 있는 경우에 한하여 丙은 취소할 수 있다.

③ 乙이 甲의 강박사실을 알 수 있었을 경우에 한하여 丙은 취소할 수 있다.

④ 乙이 甲의 강박사실을 몰랐지만 丙은 취소할 수 있다.

⑤ 乙이 제한능력자인 경우에 한하여 丙은 취소할 수 있다.

┌종합

**21** 甲은 乙의 대리인으로서 丙 소유의 부동산에 대하여 丙과 매매계약을 체결하였다. 이에 관한 설명으로 옳지 않은 것은?

① 甲이 착오에 의하여 계약을 체결한 경우, 甲을 기준으로 착오사실과 중과실 여부를 판단하여 乙이 취소권을 행사할 수 있다.

② 乙이 甲에게 특정한 법률행위를 위임한 경우에 甲이 乙의 지시에 좇아 그 행위를 한 때에는 乙은 자기가 안 사정 또는 과실로 인하여 알지 못한 사정에 관하여 甲의 부지를 주장하지 못한다.

③ 甲이 乙을 위한 것임을 표시하지 않았으나 대리인으로서 행위한 것임을 丙이 알았거나 알 수 있었을 경우 그 효과는 乙에게 귀속한다.

④ 의사표시의 효력이 의사의 흠결, 사기, 강박 또는 어느 사정을 알았거나 과실로 알지 못한 것으로 인하여 영향을 받을 경우에 그 사실의 유무는 甲을 표준하여 결정한다.

⑤ 甲은 행위능력자임을 요하지 않지만 乙은 丙에게 신뢰이익을 배상하고 丙과의 계약을 취소할 수 있다.

---

**정답 및 해설**

**17 ④** 대리행위시 흠결, 하자 등이 있어서 영향을 받은 경우 대리인을 기준으로 하여 결정한다(제116조 제1항). 따라서 본인 甲을 기준으로 하여 결정하는 것이 아니라 <u>대리인 乙을 기준으로 하여 결정한다.</u>

**18 ③** 미성년자 乙의 대리행위의 효과는 <u>본인 甲에게 미친다.</u>

**19 ⑤** 대리행위는 대리인을 기준으로 판단되므로 대리행위의 흠결의 유무도 대리인을 기준으로 판단한다. 따라서 乙·丙이 허위표시의 당사자이고, 乙에 대한 효과는 甲과 丙 사이에 발생하므로 甲과 丙 사이도 허위표시로서 무효이다. 그러므로 <u>甲·乙·丙이 모두 무효를 주장할 수 있다.</u>

**20 ④** ① 대리행위시 본인 또는 대리인의 강박이 있는 경우 <u>상대방은 언제나 취소할 수 있다.</u>
②③ 본인 甲의 강박이 있는 경우 상대방 丙은 <u>대리인의 선의·악의를 불문하고 언제나 취소할 수 있다.</u>
⑤ 대리행위시 대리인은 행위능력자일 것을 요하지 않는다. 따라서 <u>대리인의 제한능력을 이유로 본인과 대리인은 취소할 수 없다.</u>

**21 ⑤** 대리행위시 대리인은 행위능력자일 것을 요하지 않는다. 따라서 <u>대리인의 제한능력을 이유로 본인과 대리인은 취소할 수 없다.</u>

**22** 甲이 乙에게 자기 소유의 토지를 매각하도록 대리권을 수여하였고 乙은 이 토지 위에 건물을 신축할 수 없음에도 불구하고 건물을 지으려는 丙을 기망하여 매매계약을 체결한 경우, 다음 설명 중 옳은 것은?

제14회

① 丙은 甲이 乙의 기망행위를 안 경우에 한하여 매매계약을 취소할 수 있다.
② 丙은 乙의 기망행위에 대한 甲의 지·부지를 묻지 않고 매매계약을 취소할 수 있다.
③ 丙은 甲이 乙의 기망행위를 알았거나 알 수 있었을 경우에 한하여 매매계약을 취소할 수 있다.
④ 丙은 甲에게는 취소할 수 없으며 乙과의 사이에서만 취소권을 가진다.
⑤ 乙의 기망은 위법성을 결여하므로 丙에게는 취소권이 생기지 않는다.

---

## 대표예제 59 　　복대리 ★★

**복대리에 관한 설명으로 옳은 것은? (다툼이 있으면 판례에 따름)**

① 법정대리인이 복대리인을 선임한 경우에 그 선임 및 감독상의 과실이 있는 때에 한하여 책임이 있다.
② 대리인이 대리권 소멸 후 복대리인을 선임하여 대리행위를 하게 한 경우에도 표현대리가 성립할 수 있다.
③ 법정대리인은 본인의 승낙이 있거나 부득이한 사유가 있는 때가 아니면 복대리인을 선임하지 못한다.
④ 임의대리의 목적인 법률행위의 성질이 대리인 자신에 의한 처리를 요하는 경우라도 본인이 복대리 금지의 의사를 명시하지 않았다면 복대리인의 선임이 허용된다.
⑤ 복대리인은 대리인의 대리인이다.

오답체크 | ① 법정대리인이 복대리인을 선임한 경우에 그 선임 및 감독상 책임은 원칙적으로 <u>무과실책임을 진다</u>.
③ <u>임의대리인</u>은 본인의 승낙이 있거나 부득이한 사유가 있는 때가 아니면 복대리인을 선임하지 못한다.
④ 임의대리의 목적인 법률행위의 성질이 대리인 자신에 의한 처리를 요하는 경우라면 본인이 복대리 금지의 의사를 명시하지 않았더라도 <u>복대리인의 선임은 허용되지 않는다</u>.
⑤ 복대리인은 <u>본인의 대리인이다</u>.

기본서 p.309~313　　　　　　　　　　　　　　　　　　　　　　　　정답 ②

**23** 복대리에 관한 설명으로 옳지 않은 것은? (다툼이 있으면 판례에 따름)

① 임의대리인이 본인의 지명에 의하여 복대리인을 선임한 경우, 본인의 승낙이 있거나 부득이한 사유로 복대리인을 선임한 경우보다 본인에 대한 대리인의 그 선임·감독상 책임이 감경된다.

② 복임권 없는 대리인이 임의로 선임한 복대리인을 통하여 권한 외의 법률행위를 한 경우, 이러한 복대리인의 권한도 권한을 넘은 표현대리(제126조)의 기본대리권이 될 수 있다.

③ 복대리인은 제3자에 대하여 대리인과 동일한 권리·의무를 가진다.

④ 대리인의 대리권 범위가 명확하지 않은 경우, 복대리인은 보존행위를 할 수 있다.

⑤ 친권자나 후견인은 법원의 허가 또는 부득이한 사유가 있는 때에 한하여 복임권을 행사할 수 있다.

---

**정답 및 해설**

**22** ② ①③ 대리인의 기망이 있는 경우 상대방은 본인의 선의·악의를 불문하고 언제든지 취소할 수 있다.
④ 丙은 甲 또는 乙에 대하여 취소할 수 있다.
⑤ 乙의 기망은 위법하므로 丙은 언제나 甲 또는 乙에 대하여 취소할 수 있다.

**23** ⑤ 친권자나 후견인과 같은 법정대리인은 자유롭게 복임권을 행사할 수 있다.

**24** 甲의 임의대리인 乙은 자신의 이름으로 甲의 대리인 丙을 선임하였는데, 이에 관한 설명으로 옳은 것은? (다툼이 있으면 판례에 따름)

① 丙이 甲의 지명에 의하여 선임된 경우에는 乙의 대리권이 소멸하여도 丙의 대리권은 소멸하지 않는다.

② 丙이 甲의 지명에 의하여 선임된 경우에는 乙은 丙이 부적임자임을 알고 甲에게 통지하지 않았더라도 선임·감독의 책임을 지지 않는다.

③ 甲과 丙 사이에는 아무런 권리·의무의 관계가 없다.

④ 丙의 대리행위가 권한을 넘은 표현대리에 해당하면 甲은 그 상대방에 대하여 본인으로서 책임을 져야 한다.

⑤ 乙이 요건을 갖추어 丙을 선임한 것은 대리행위에 해당한다.

**25** 본인 甲, 대리인 乙, 복대리인 丙과의 법률관계에 관한 설명으로 옳은 것은?

① 乙이 甲의 승낙을 얻고 丙을 선임한 경우 乙은 丙의 선임에 대하여 책임을 지지 않는다.

② 丙이 복대리권의 범위를 넘어서 행위를 하였으나 그 행위가 乙의 대리권의 범위를 넘지 않은 경우 丙의 행위는 무권대리가 되지 않는다.

③ 乙이 甲의 승낙을 얻고 丙을 선임한 경우 乙이 사망하여도 丙의 대리권은 소멸하지 않는다.

④ 丙이 乙의 대리권의 범위를 넘어서 행위를 한 경우 甲은 이를 추인할 수 있다.

⑤ 乙이 甲의 지명에 의하여 丙을 선임한 경우 乙은 甲의 동의가 없으면 丙을 해임할 수 없다.

**26** 복대리권의 소멸원인이 아닌 것은?

① 본인의 사망

② 대리인의 성년후견개시

③ 본인과 복대리인 사이의 기초적 법률관계 종료

④ 대리인의 수권행위 철회

⑤ 복대리인의 성년후견개시

## 대표예제 60 › 표현대리 ★★★

**표현대리에 관한 설명으로 옳은 것은? (다툼이 있으면 판례에 따름)**

① 표현대리가 성립하여 계약상의 채무이행을 청구하는 경우 상대방에게 과실이 있다면 과실상계의 법리를 유추적용하여 본인의 책임을 경감할 수 있다.

② 권한을 넘은 표현대리에 있어서 정당한 이유의 유무는 대리행위 당시를 기준으로 하여 판단하되 매매계약 성립 이후의 사정도 고려하여야 한다.

③ 대리권 소멸 후의 표현대리에 관한 민법 규정은 법정대리인의 대리권 소멸에 관해서는 적용되지 않는다.

④ 복대리인의 법률행위에 대해서는 표현대리의 법리가 적용되지 않는다.

⑤ 대리권이 있다는 사실과 표현대리가 성립한다는 사실은 그 요건사실을 달리하므로 유권대리의 주장에 당연히 표현대리의 주장이 포함되지는 않는다.

오답
체크 | ① 표현대리가 성립하여 계약상의 채무이행을 청구하는 경우 본인이 전적인 책임을 부담하여야 하므로 상대방에게 과실이 있더라도 과실상계의 법리를 유추적용하여 <u>본인의 책임을 경감할 수 없다.</u>
② 권한을 넘은 표현대리에 있어서 정당한 이유의 유무는 대리행위 당시를 기준으로 하여 판단하므로 <u>매매계약 성립 이후의 사정은 고려하지 않는다.</u>
③ 대리권 소멸 후의 표현대리에 관한 민법 규정은 <u>임의대리, 법정대리, 복대리, 해임된 대표이사에 관해 적용된다.</u>
④ 복대리인의 법률행위에 대해서는 <u>표현대리의 법리가 적용된다.</u>

기본서 p.314~320 정답 ⑤

---

### 정답 및 해설

**24 ④** ① 대리인 乙의 대리권이 소멸하면, 복대리인 丙의 대리권도 <u>소멸한다.</u>
② 임의대리인이 본인의 지명에 의하여 복임권을 행사한 경우에도 복대리인에 대한 관리·감독상의 책임을 지는데, 이 경우 해임하지 않았거나 또는 불성실을 통지하지 않은 경우에는 책임을 지고, 해임하였거나 또는 불성실을 통지한 경우에는 책임을 면한다. 따라서 丙이 甲의 지명에 의하여 선임된 경우에도 <u>乙은 丙이 부적임자임을 알고도 甲에게 통지하지 않았다면 선임·감독의 책임을 진다.</u>
③ 예외적 사유로 복대리인을 선임한 경우 복대리인 丙은 본인 甲에 대하여 <u>대리인 乙과 동일한 권리·의무를 가진다.</u>
⑤ 복대리인 선임행위는 대리인 乙의 이름으로 선임하여야 하므로, <u>대리행위가 아니다.</u>

**25 ④** ① 乙은 선임·감독상의 <u>과실책임을 부담한다.</u>
② 복대리권의 범위를 초과한 행위도 <u>무권대리가 된다.</u>
③ 대리인의 대리권이 소멸하면 복대리권은 당연히 <u>소멸한다.</u>
⑤ 대리인이 본인의 지명에 의하여 복대리인을 선임한 경우에는 책임이 경감되어, 부적임 또는 불성실함을 알고 본인에게 통지나 해임을 게을리한 때에만 책임이 있다(제121조 제2항). 이 경우 본인의 지명에 의하여 선임하였더라도 <u>복대리인을 해임할 때에는 본인의 승낙을 받을 필요가 없다.</u>

**26 ③** <u>대리인과 복대리인간의 기초적 법률관계가 종료하거나 본인과 대리인간의 법률관계가 종료하여 대리권이 소멸하는 경우에 복대리권이 소멸한다.</u>

**27** 표현대리에 관한 설명으로 옳지 않은 것은? (다툼이 있으면 판례에 따름)

① 표현대리에 있어서 상대방의 대리인이라고 칭하는 자가 대리권을 갖고 있다고 믿었음에 과실이 있는가의 어부는 계약 성립 당시의 제반사정을 객관적으로 판단하여 결정하여야 한다.

② 표현대리행위가 성립하는 경우에 그 본인은 표현대리행위에 의하여 전적인 책임을 져야 하며, 상대방에게 과실이 있는 경우에도 과실상계의 법리를 유추적용하여 본인의 책임을 경감할 수 없다.

③ 제126조 권한을 넘은 표현대리에 있어서 정당한 이유의 유무는 대리행위 당시를 기준으로 하여 판단하되, 매매계약 성립 이후의 사정은 고려하지 않는다.

④ 대리행위의 내용이 강행법규에 위반되어 무효인 경우라도 계약을 체결한 대리인에게 그와 같은 약정을 체결할 권한이 수여되었다고 볼 만한 사정이 존재하면 표현대리가 적용될 수 있다.

⑤ 대리인이 아니고 사실행위를 위한 사자라 하더라도 외견상 그에게 어떠한 권한이 있는 것의 표시 내지 행동이 있어 상대방이 그를 믿었고 또 그를 믿음에 있어 정당한 사유가 있다면 표현대리의 법리에 의하여 본인에게 책임이 인정된다.

**28** 甲의 대리인 乙은 본인을 위한 것임을 표시하고 그 권한 내에서 丙과 甲 소유의 건물에 대한 매매계약을 체결하였다. 다음 중 甲과 丙 사이에 매매계약의 효력이 발생하는 경우는? (다툼이 있으면 판례에 따름)  제21회

① 乙이 의사무능력 상태에서 丙과 계약을 체결한 경우

② 乙과 丙이 통정한 허위의 의사표시로 계약을 체결한 경우

③ 乙이 대리권을 남용하여 계약을 체결하고 丙이 이를 안 경우

④ 甲이 乙과 丁으로 하여금 공동대리를 하도록 했는데, 乙이 단독의 의사결정으로 계약하였고 丙이 이러한 제한을 안 경우

⑤ 乙의 대리권이 소멸하였으나 이를 과실 없이 알지 못한 채 계약을 체결한 丙이 甲에게 건물의 소유권이전등기를 청구한 경우

**29** 제125조 대리권 수여의 표시에 의한 표현대리에 관한 설명으로 옳지 않은 것은? (다툼이 있으면 판례에 따름)

① 사회통념상 대리권을 추단할 수 있는 직함이나 명칭 등의 사용을 승낙 또는 묵인한 경우에도 대리권 수여의 표시가 있은 것으로 볼 수 있다.

② 등기부상의 명의자인 매도인이 매도증서, 인감증명서, 위임장 등을 타인에게 교부한 것은 서류에 표시된 처분에 관한 대리권 수여의 표시에 해당한다.

③ 종중이 대표자를 선출한 사실만으로는 종중재산의 처분에 대한 대리권 수여의 표시를 하였다고 할 수 없다.

④ 타인간의 거래에 있어서 단지 세무회계상의 필요에 의하여 자신의 납세번호증을 이용하게 한 사실만으로는 그 거래에 관한 대리권을 수여하였음을 표시하였다고 할 수 없다.

⑤ 대리권 수여의 표시에 의한 표현대리는 임의대리와 법정대리에 모두 적용된다.

---

**정답 및 해설**

**27** ④ 강행규정 위반행위의 경우 표현대리는 적용되지 않는다.

**28** ⑤ 乙의 대리권이 소멸하였으나 이를 과실 없이 알지 못한 채 계약을 체결한 丙이 甲에게 건물의 소유권이전등기를 청구한 경우에는 제129조 대리권 소멸 후의 표현대리가 성립하므로 甲은 丙의 표현대리 주장이 있는 경우에는 책임을 부담하게 된다.

**29** ⑤ 제125조 대리권 수여의 표시에 의한 표현대리는 임의대리에만 적용된다.

**30** 표현대리에 관한 설명으로 옳지 않은 것은? (다툼이 있으면 판례에 따름)

① 상대방이 계약 체결 당시에 대리권 없음을 안 때에는 대리권 수여의 표시에 의한 표현대리가 성립할 수 없다.

② 유권대리에 관한 주장 속에는 무권대리에 속하는 표현대리의 주장이 포함되어 있다고 볼 수 없다.

③ 대리인이 대리권 소멸 후 복대리인을 선임하여 그로 하여금 상대방과 법률행위를 하도록 한 경우에도 대리권 소멸 후의 표현대리가 성립할 수 있다.

④ 본인을 위한 것임을 표시하지 않은 경우 특별한 사정이 없는 한 대리 또는 표현대리의 법리가 적용될 수 없다.

⑤ 기본대리권이 표현대리와 동종·유사한 것이 아니면 권한을 넘은 표현대리가 성립할 수 없다.

**31** 민법 제126조는 '권한을 넘은 표현대리'의 경우 제3자가 대리인에게 정당한 권한이 있다고 믿을 만한 이유가 있는 때에는 본인에게 책임이 있다고 규정하고 있다. 이에 관한 설명으로 옳지 않은 것은? (다툼이 있으면 판례에 따름)

① 본인이 신원보증에 쓰라고 인감을 교부한 행위는 그 인감을 이용하여 본인 소유 부동산의 소유권이전등기를 경료한 행위에 관한 기본대리권 수여행위라고 한다.

② 표현대리인이 대리권을 가지고 있다고 믿은 데 대하여 상대방의 과실이 있는지 여부는 계약 성립 당시의 제반사정을 객관적으로 판단하여 결정하여야 하고 표현대리인의 주관적 사정을 고려하여서는 안 된다고 한다.

③ 증권회사의 대리인이 무효인 투자수익보장약정을 한 때 상대방이 선의, 무과실이라면 표현대리를 적용할 수 있다.

④ 남편 몰래 인장, 아파트 분양계약서 및 유효기간이 지난 인감증명서를 소지한 처가 금원차용이나 부동산매도행위를 하였더라도 '제126조 권한을 넘은 표현대리'는 성립되지 않는다고 한다.

⑤ 본인이 대리인에게 공장의 운영관리권을 위임한 행위는 그 대리인이 은행에 본인의 부동산을 저당하여 융자받은 행위에 관한 기본대리권의 수여행위에 해당된다고 한다.

**32** 제129조 대리권 소멸 후의 표현대리에 관한 설명으로 옳지 않은 것은? (다툼이 있으면 판례에 따름)

① 법정대리에도 제129조는 적용된다.

② 과거에 대리권이 존재하였으나 대리행위 당시에는 대리권이 존재하지 않는 경우로서, 이때 과거의 대리권은 반드시 계속적·포괄적일 필요는 없다.

③ 제129조의 표현대리에 있어서 상대방의 악의 또는 유과실의 입증책임은 본인이 부담한다.

④ 대리행위를 할 당시 종전의 대리권이 소멸하였고, 또한 권한을 넘은 경우라 하더라도 제126조 권한을 넘은 표현대리는 성립될 여지가 없다.

⑤ 제129조에 의해서 보호되는 제3자란 대리행위의 상대방만을 지칭하며, 상대방과 거래한 전득자는 포함되지 않는다.

**33** 표현대리에 관한 설명으로 옳지 않은 것은? (다툼이 있으면 판례에 따름)

① 제125조 대리권 수여의 표시에 의한 표현대리는 어떤 자가 본인을 대리하여 제3자와 법률행위를 함에 있어 본인이 그 자에게 대리권을 수여하였다는 표시를 제3자에게 한 경우에 성립한다.

② 법정대리권도 제126조 권한을 넘은 표현대리에서 기본대리권으로서의 성질을 가진다.

③ 제126조 권한을 넘은 표현대리에서 정당한 이유의 유무의 입증은 상대방이 입증하여야 한다.

④ 표현대리가 성립되면 무권대리의 성질이 유권대리로 전환된다.

⑤ 소송에서 乙의 표현대리인 丙과 계약을 체결한 甲이 계약 체결의 효과가 乙에게 귀속되어야 한다는 주장을 할 뿐, 표현대리의 주장을 따로 하지 않는 경우에 법원은 표현대리의 성립 여부를 심리·판단할 필요가 없다.

---

**정답 및 해설**

**30** ⑤ 제126조 권한을 넘은 표현대리가 성립하기 위해서 기본대리권이 표현대리와 <u>동종·유사할 필요는 없고</u>, 전혀 별개의 행위라고 하더라도 <u>상대방이 믿은 데에 정당한 이유</u>가 있으면 권한을 넘은 표현대리가 <u>성립할 수 있다</u>.

**31** ③ 투자수익보장약정은 증권거래법상의 강행법규에 위반되어 무효인데 그럼에도 불구하고 증권회사의 대리인이 투자수익보장약정을 한 때와 같이 대리인의 대리행위가 강행법규에 위반하여 무효인 경우에는 상대방이 선의, 무과실인 경우에도 <u>표현대리를 적용할 수 없다</u>.

**32** ④ 통설적 견해와 판례는 이 경우에도 제126조에 의한 <u>권한을 넘은 표현대리의 중복적용</u>을 인정한다.

**33** ④ 표현대리가 성립되어 본인이 상대방에게 책임을 부담하더라도 <u>무권대리가 유권대리로 전환되는 것이 아니다</u>.

## 34 표현대리 등에 관한 설명으로 옳은 것은? (다툼이 있으면 판례에 따름)

① 무권대리인이 본인을 대리하여 본인 소유의 동산을 양도한 경우, 양수인은 원칙적으로 선의취득을 할 수 있다.

② 표현대리가 성립할 경우에 상대방은 철회권을 행사하지 못한다.

③ 대리인이 사술을 써서 대리행위의 표시를 하지 아니하고 단지 본인의 성명을 모용하여 마치 본인인 것처럼 기망하여 본인 명의로 직접 법률행위를 한 경우에는 특별한 사정이 없는 한 권한을 넘은 표현대리는 성립될 수 없다.

④ 타인이 자신의 판매점, 총대리점, 연락사무소 등의 명칭을 사용하여 자신을 대리하여 계약을 체결하는 것을 묵인하였더라도 대리권 수여의 표시에 의한 표현대리는 성립하지 않는다.

⑤ 임의대리인이 임의로 복대리인을 선임하여 대리권 범위 밖의 대리행위를 하게 한 경우에는 표현대리가 성립할 수 없다.

## 35 표현대리에 관한 설명으로 옳은 것은? (다툼이 있으면 판례에 따름) 제21회

① 대리행위가 강행법규에 위반하여 무효이더라도 표현대리의 법리가 적용될 수 있다.

② 표현대리가 성립하는 경우, 과실상계의 법리를 유추적용하여 본인의 책임을 경감할 수 없다.

③ 유권대리의 주장 속에는 무권대리에 속하는 표현대리의 주장이 포함되어 있다고 볼 수 있다.

④ 대리권 소멸 후의 표현대리에 관한 규정은 법정대리인의 대리권 소멸에 관하여 적용되지 않는다.

⑤ 대리권 소멸 후 선임된 복대리인의 대리행위에 대하여는 대리권 소멸 후 표현대리가 성립할 수 없다.

**36** 甲은 乙에게 건물매매에 관한 대리권을 주었다는 뜻을 제3자 丙에게 표시한 바 있다. 그러나 甲·乙 사이에 대리권의 수여가 없었음에도 불구하고, 乙은 甲의 대리인으로서 건물뿐만 아니라 토지의 매매에 관한 계약을 丙과 체결하였다. 이에 관한 법률관계의 설명으로 옳지 않은 것은?

① 해당 사례는 임의대리에 한하여 적용되며, 법정대리에는 적용되지 않는다.

② 대리권 수여의 통지를 받은 丙은 불특정 다수인이라도 상관이 없다.

③ 乙은 그 통지에서 수여한 것으로 표시된 대리권의 범위 안에서 대리행위를 하여야 한다.

④ 丙은 선의·무과실이어야 하며, 丙은 자신의 선의·무과실에 대한 입증책임을 부담한다.

⑤ 甲이 丙에게 하는 대리권 수여의 표시는 관념의 통지이다.

---

제1편 민법총칙

제7장

---

**정답 및 해설**

**34** ③ ① 무권대리는 본인에 대하여 무효이므로 상대방이 <u>선의취득을 주장할 수 없다</u>.
② 표현대리는 상대방보호제도이므로 <u>상대방은 철회할 수 있다</u>.
④ 제125조 <u>대리권 수여의 표시에 의한 표현대리가 성립한다</u>.
⑤ 제126조 <u>권한을 넘은 표현대리가 성립한다</u>.

**35** ② ① 대리행위가 강행법규에 위반하여 무효인 경우에는 <u>표현대리의 법리가 적용될 수 없다</u>.
③ 유권대리의 주장 속에는 무권대리에 속하는 <u>표현대리의 주장이 포함되어 있다고 볼 수 없다</u>.
④ 제129조 대리권 소멸 후의 표현대리에 관한 규정은 <u>임의대리, 법정대리, 복대리, 해임된 법인의 이사</u> <u>등에 관하여 적용된다</u>.
⑤ 대리권 소멸 후 선임된 복대리인의 대리행위에 대해서도 <u>제129조 대리권 소멸 후의 표현대리가 적용된다</u>.

**36** ④ 제125조 대리권 수여표시에 의한 표현대리가 성립하는 것을 막기 위해서는 <u>본인 甲이 상대방 丙의 악의·과실을 입증하여야 한다</u>.

---

**37** 표현대리에 관한 설명으로 옳지 않은 것은? (다툼이 있으면 판례에 따름)

① 제125조 대리권 수여의 표시에 의해 표현대리가 성립한 경우에 본인과 대리행위를 한 자 사이의 법률관계의 성질이나 그 효력은 고려하지 않는다.

② 대리권 소멸 후의 표현대리로 인정되는 경우에, 그 표현대리의 권한을 넘은 대리행위가 있을 때에는 민법 제126조의 표현대리가 성립될 수 있다.

③ 이미 대리권이 소멸한 대리인에 의하여 선임된 복대리인의 대리행위에는 민법 제129조의 표현대리가 성립될 수 없다.

④ 甲은 乙이 운영하는 호텔시설을 이용할 회원을 모집하는 계약을 체결하면서 乙의 판매점 명칭을 사용하였는데, 乙이 이를 승낙 또는 묵인하였다면 민법 제125조의 표현대리가 성립될 수 있다.

⑤ 처가 임의로 남편의 인감도장과 용도란에 아무런 기재 없이, 대리방식으로 발급받은 인감증명서를 소지하고 남편을 대리하여 타인의 할부판매 보증보험계약상의 채무를 연대보증한 경우에 남편은 민법 제126조의 표현대리책임을 지지 않는다.

**38** 甲은 乙의 대리인이라는 丙과 계약을 체결하였다. 이에 관한 설명으로 옳지 않은 것은? (다툼이 있으면 판례에 따름)

① 부부관계에 있는 乙과 丙 사이의 일상가사대리권을 기본대리권으로 하여 권한을 넘은 표현대리가 성립할 수 있다.

② 甲에 대하여 丙에게 대리권을 수여함을 표시한 乙은 그 대리권의 범위 내에서 丙과 과실 없이 계약을 체결한 선의의 甲에게 계약상 책임을 부담한다.

③ 乙로부터 담보설정의 대리권을 수여받은 丙이 甲과 매매계약을 체결한 경우, 丙에게 매매계약 체결의 권한이 있다고 甲이 믿을 만한 정당한 이유가 있는 때에 乙은 계약상 책임을 부담한다.

④ 丙의 대리권이 소멸된 후에 이를 알지 못한 甲이 과실 없이 丙과 계약을 하였다면 乙은 계약상 책임을 진다.

⑤ 담보설정의 대리권을 가진 丙이 乙의 토지를 자신의 이름으로 등기한 후 甲에게 매도한 때에는 제126조 권한을 넘은 표현대리가 성립한다.

**대표예제 61**  **협의의 무권대리 ★★★**

---

협의의 무권대리에 관한 설명으로 옳은 것은? (다툼이 있으면 판례에 따름)

① 무권대리인과 계약을 체결한 선의의 상대방은 본인에게 추인 여부의 확답을 최고할 수 있으나 그 계약체결의 의사표시를 철회할 수는 없다.

② 무권대리인이 체결한 계약을 본인이 추인할 경우 그 추인의 의사표시는 상대방에 대해서만 하여야 한다.

③ 본인이 무권대리행위의 일부를 추인하거나 변경을 가하여 추인한 경우 그 대리행위는 원칙적으로 유효하다.

④ 본인이 무권대리행위를 추인하면, 별도의 정함이 없는 한 계약시에 소급하여 그 효력이 생기지만 제3자의 권리를 해하지 못한다.

⑤ 피용자의 무권대리행위가 상대방에 대한 관계에서 기망에 의한 불법행위에 해당하여 사용자책임을 지는 경우, 사용자가 피용자의 무권대리행위를 추인하였다면 그것만으로 사용자책임이 소멸한다.

| 오답<br>체크 | ① 무권대리인과 계약을 체결한 선의의 상대방은 본인의 추인이 있기 전까지는 추인 여부의 확답을 최고할 수 있을 뿐만 아니라 그 계약체결의 의사표시를 철회할 수 있다.<br>② 무권대리인이 체결한 계약을 본인이 추인할 경우 그 추인의 의사표시는 무권대리인과 상대방, 상대방의 승계인에 대해서 할 수 있다.<br>③ 본인이 무권대리행위의 일부를 추인하거나 변경을 가하여 추인한 경우 그 대리행위는 상대방의 동의를 얻어야만 유효가 된다.<br>⑤ 피용자의 무권대리행위가 상대방에 대한 관계에서 기망에 의한 불법행위에 해당하여 사용자책임을 지는 경우, 사용자가 피용자의 무권대리행위를 추인하였더라도 이미 성립한 사용자책임은 소멸하지 않는다. |
|---|---|

기본서 p.320~326    정답 ④

---

**정답 및 해설**

**37** ③ 대리인이 대리권 소멸 후에 복대리인을 선임하여 복대리인으로 하여금 상대방과 사이에서 대리행위가 이루어진 경우, 상대방이 대리권 소멸사실을 알지 못하여 복대리인에게 적법한 대리권이 있는 것으로 믿었고 그와 같이 믿은 데에 과실이 없다면 제129조 대리권 소멸 후의 표현대리가 성립할 수 있다.

**38** ⑤ ⑤의 경우에는 처분권 없는 자의 처분행위로 원칙적으로 무효가 되는 것이고, 협의의 무권대리와 표현대리는 성립하지 않는다.

**39** 협의의 무권대리에 있어서 상대방의 권리에 해당하지 않는 것은?

① 추인권
② 철회권
③ 최고권
④ 손해배상청구권
⑤ 이행청구권

고난도

**40** 甲의 아들 乙은 자신이 甲의 대리인이라고 칭하며 무단으로 甲 소유의 토지를 丙에게 매도하였다. 이에 관한 설명으로 옳은 것은?

① 甲이 乙에게 추인의 의사표시를 한 경우, 丙이 그 사실을 모르더라도 甲의 매매대금지급청구에 대하여 丙은 대항할 수 없다.
② 丙은 甲 또는 乙에게 상당한 기간을 정하여 추인 여부의 확답을 최고할 수 있다.
③ 丙이 상당한 기간을 정하여 매매계약의 추인 여부를 최고하였으나 甲이 그 기간 내에 확답을 발하지 않으면 추인한 것으로 본다.
④ 乙이 미성년자인 경우 甲이 매매계약의 추인을 거절한다면, 丙은 乙에게 계약이행을 청구할 수 있으나 손해배상을 청구할 수는 없다.
⑤ 甲이 매매계약의 추인을 거절한 후에 사망한 경우, 乙이 甲을 단독 상속하였다고 해도 무권대리행위가 유효로 확정되는 것은 아니다.

종합

**41** 甲으로부터 대리권을 수여받지 않은 乙이 甲을 대리하여 丙과 계약을 체결하였다. 이에 관한 설명으로 옳지 않은 것은? (단, 표현대리는 성립하지 않았고, 다툼이 있으면 판례에 따름)

제22회

① 乙의 무권대리를 丙이 안 경우, 丙은 상당한 기간을 정하여 甲에게 추인 여부의 확답을 최고할 수 있다.
② 계약 당시 乙의 무권대리를 丙이 알았다면, 丙은 甲을 상대로 계약을 철회할 수 없다.
③ 계약을 철회하고자 하는 丙은 乙에게 대리권이 없음을 알지 못하였다는 사실을 증명해야 한다.
④ 계약 당시 乙의 무권대리를 丙이 알지 못하였다면, 甲의 추인이 있을 때까지 丙은 乙을 상대로 계약을 철회할 수 있다.
⑤ 甲이 乙에게 무권대리행위에 대한 추인의 의사표시를 하였다면, 甲은 추인 사실을 알지 못한 丙에 대하여 그 추인으로 대항할 수 없다.

**42** 무권대리행위에 대한 본인의 추인에 관한 설명으로 옳지 않은 것은? (다툼이 있으면 판례에 따름)

① 자(子)가 대리권한 없이 부(父)의 재산을 처분한 후 부(父)를 단독상속한 경우, 자(子)는 상속인의 지위에서 부(父)의 재산에 관한 처분행위의 추인을 거절할 수 없다.

② 추인은 재판상 또는 재판 외에서 명시적·묵시적으로 할 수 있다.

③ 추인은 원칙적으로 상대방 및 무권대리인의 동의나 승낙을 필요로 하지 않는 단독행위이다.

④ 무권대리인이 차용한 금전의 변제기일에 채권자가 본인에게 그 변제를 독촉하자 본인이 그 유예를 요청한 것만으로는 추인을 인정하지 않는다.

⑤ 무권대리의 추인은 본인 또는 그 승계인과 적법한 수권행위를 통해 추인권을 가진 대리인도 할 수 있다.

**43** 무권대리인 상대방의 최고·철회권에 관한 설명으로 옳지 않은 것은?

① 철회권을 행사하기 전에 먼저 최고권을 행사하여야 하는 것은 아니다.

② 철회는 본인이나 무권대리인에 대하여 할 수 있으며, 최고와는 달리 선의의 상대방에게만 인정된다.

③ 상대방은 상당한 기간을 정하여 본인에게 그 추인 여부의 확답을 최고할 수 있고, 본인이 그 기간 내에 확답을 발하지 아니한 때에는 추인을 거절한 것으로 본다.

④ 최고에 응하는 본인의 확답은 발신주의를 취하며, 표현대리가 성립되는 경우에도 상대방은 철회권을 가진다.

⑤ 상대방이 철회권을 행사한 경우, 본인은 무권대리행위를 추인할 수 없으나 상대방은 무권대리인에게 책임을 물을 수 있다.

---

**정답 및 해설**

**39** ① 추인 또는 추인거절권은 본인의 권리에 속한다.

**40** ⑤ ① 무권대리에 있어서 추인의 의사표시를 무권대리인에게 한 경우 본인은 선의의 상대방에게 추인의 효력을 가지고 대항하지 못한다. 따라서 상대방은 계약을 철회하여 본인의 대금지급청구를 거절할 수 있다.
② 상대방 丙은 추인권자인 甲에 대해서만 추인 여부의 확답을 최고할 수 있다.
③ 상대방의 최고에 대하여 본인이 그 유예기간 내에 확답을 발신하지 않으면 추인을 거절한 것으로 본다.
④ 제한능력자인 무권대리인 乙은 무권대리인으로서의 책임을 지지 않으므로 丙은 乙에게 계약의 이행청구는 물론 손해배상도 청구할 수 없다.

**41** ③ 무권대리의 상대방 丙은 선의가 추정되므로, 무권대리인 乙이 丙의 악의 또는 유과실을 증명해야 한다.

**42** ④ 무권대리인이 차용한 금원의 변제기일에 채권자가 본인에게 그 변제를 독촉하자 본인이 그 유예를 요청하였다면 무권대리인의 행위를 추인한 것으로 본다.

**43** ⑤ 무권대리인의 상대방에 대한 책임의 내용 중 '계약의 이행'이 있으므로 상대방은 계약을 철회하지 않은 경우에 무권대리인에게 책임을 물을 수 있다.

**44** 甲의 아들 乙은 성년인데, 乙은 대리권 없이 위임장·인감증명서 등을 위조하여 자신이 甲의 대리인이라고 칭하면서 甲 소유의 부동산을 丙에게 매도하였다. 이에 관한 설명으로 옳은 것은? (다툼이 있으면 판례에 따름)

① 甲은 丙에게 추인거절의 의사표시를 할 수 있으나, 乙에게는 할 수 없다.

② 丙이 甲에게 상당한 기간을 정하여 추인 여부의 확답을 최고하였음에도 丙이 그 기간 내에 확답을 받지 못하면 추인을 거절한 것으로 본다.

③ 丙이 계약 당시 乙에게 대리권 없음을 알았더라도 甲의 추인이 있기 전에는 매매계약을 철회할 수 있다.

④ 甲이 다른 의사표시 없이 乙로부터 매매대금의 일부를 받은 경우에는 계약시에 소급하여 유권대리에서와 같은 효력이 생긴다.

⑤ 甲이 乙의 무권대리행위기 있음을 알면서 곧바로 이의를 제기하지 않으면 묵시적 추인이 된다.

□고난도

**45** 무권대리에 관한 설명으로 옳은 것을 모두 고른 것은? (다툼이 있으면 판례에 따름)

㉠ 무권대리행위의 상대방이 계약 당시 무권대리임을 알았던 경우에는 자신의 의사표시를 철회할 수 없다.

㉡ 무권대리행위에 대하여 본인의 추인이 있으면 무권대리행위는 처음부터 유권대리행위였던 것과 마찬가지로 다루어지지만, 본인과 상대방 사이에 법률행위의 효력발생시기에 관한 다른 약정이 있는 경우에는 그에 의하게 된다.

㉢ 본인이 무권대리의 사실을 알고 있으면서 이의를 제기하지 않는 것만으로도 추인이 된다고 한다.

㉣ 무권대리의 추인은 본인이 무권대리행위가 있음을 알고서 하여야 효력이 있다.

㉤ 본인이 무권대리인의 법률행위에 대하여 추인거절의 의사표시를 한 후에는 다시 추인할 수 없다.

① ㉠, ㉡, ㉢  　　　　　　　② ㉡, ㉢, ㉤

③ ㉢, ㉣, ㉤  　　　　　　　④ ㉠, ㉡, ㉣, ㉤

⑤ ㉠, ㉡, ㉢, ㉣, ㉤

**46** 甲이 18세인 대학생 乙에게 X아파트 분양계약 체결에 관한 대리권을 수여하였고, 乙은 甲을 대리하여 丙이 분양하는 X아파트를 3억원에 분양받기로 하는 계약을 체결하였는데, 이에 관한 설명으로 옳지 않은 것은? (다툼이 있으면 판례에 따름)

① 丙은 甲에 대하여 X아파트 분양계약에 따른 이행을 청구할 수 있다.

② 乙의 법정대리인은 X아파트 분양계약을 법정대리인의 동의가 없다는 이유로 취소할 수 없다.

③ 丙이 X아파트에 대한 소유권이전등기를 해 주지 않은 경우, 특별한 사정이 없는 한 乙은 甲을 대리하여 계약을 해제할 수 없다.

④ 만일 乙이 무권대리인이었고 丙이 이를 알지 못하였다면, 丙은 乙에게 계약의 이행을 청구할 수 있다.

⑤ 만일 X아파트 단지 인근에 쓰레기 매립장이 건설예정인 사실을 알고 있는 丙이 乙에게 이를 고지하지 않았다면 이는 부작위에 의한 기망행위가 된다.

---

**정답 및 해설**

**44** ④ ① 甲은 <u>상대방 丙 또는 무권대리인 乙</u>에게 추인 또는 추인거절의 의사표시를 할 수 있다. 무권대리인 乙에게 추인 또는 추인거절의 의사표시를 한 경우 선의의 상대방 丙에게 대항하지 못한다.

② 丙이 甲에게 상당한 기간을 정하여 추인 여부의 확답을 최고하였음에도 甲이 그 기간 내에 <u>확답을 발하지 않으면</u> 추인을 거절한 것으로 본다.

③ 丙이 계약 당시 乙에게 대리권 없음을 알았다면 甲의 추인이 있기 전이라도 <u>매매계약을 철회할 수 없다.</u> 철회권 행사는 선의의 상대방에게만 인정된다.

⑤ 본인 甲이 乙의 무권대리행위가 있음을 알면서 곧바로 이의를 제기하지 않았다는 사정만으로는 <u>묵시적 추인이 되지 않는다.</u>

**45** ④ ㉢ 무권대리행위에 대하여 본인이 이의를 제기하지 아니하고 이를 장시간에 걸쳐 방치하였다고 하여 <u>무권 대리행위를 추인하였다고 볼 수 없다.</u>

▶ 표현대리 및 협의의 무권대리

| 표현대리 | 본인에게 일부의 책임이 있는 경우 상대방의 주장에 의하여 본인에게 책임을 부담하게 함으로써 상대방을 보호하는 제도 |
|---|---|
| 협의의 무권대리 | 본인에게는 책임질 만한 사유가 없으나, 본인이 이를 추인하면 효력이 발생하는 제도 |

**46** ④ 제한능력자인 무권대리인만이 상대방에게 책임을 부담하므로, 미성년자인 乙은 상대방 丙에게 <u>책임을 부담하지 않는다.</u>

# 제8장 무효와 취소

**민법상 법률행위의 무효에 관한 설명으로 옳지 않은 것은? (다툼이 있으면 판례에 따름)**

① 법률행위의 일부분이 무효인 때 그 무효부분이 없더라도 법률행위를 하였을 것이라고 인정될 때에는 나머지 부분은 무효가 되지 않는다.

② 무효인 법률행위가 다른 법률행위의 요건을 구비하고 당사자가 그 무효를 알았더라면 다른 법률행위를 하는 것을 의욕하였으리라고 인정될 때에는 다른 법률행위로서 효력을 가진다.

③ 무효인 법률행위를 당사자가 그 무효임을 알고 추인한 경우에는 그 무효원인이 소멸되기 전이라도 새로운 법률행위로 본다.

④ 무효행위의 추인은 단독행위로서 묵시적인 방법으로도 할 수 있다.

⑤ 유동적 무효상태의 거래계약이 확정적으로 무효가 된 경우에는 확정적 무효로 됨에 있어서 귀책사유가 있는 자라고 하더라도 그 계약의 무효를 주장할 수 있다.

해설 | 무효원인이 소멸되기 전에는 무효인 법률행위를 <u>추인할 수 없다</u>.

기본서 p.343~349　　　　　　　　　　　　　　　　　　　　　　　　　　　　　　정답 ③

01 무효와 취소에 관한 다음 설명 중 옳지 않은 것은? (다툼이 있으면 판례에 따름)

① 제1의 행위가 불요식행위이고 제2의 행위가 요식행위인 경우는 무효행위의 전환이 인정되지 않는다.

② 제한능력을 이유로 취소하면 선악을 불문하고 제3자에게 대항할 수 있지만, 착오·사기·강박을 이유로 취소하면 선의의 제3자에게 대항할 수 없다.

③ 법률행위의 무효와 취소는 절대적 무효와 절대적 취소를 원칙으로 한다.

④ 토지거래허가구역 내의 토지매매계약이 허가 전이라 하더라도 쌍방협력의무를 강제하기 위해서 소를 제기하는 것도 가능하다.

⑤ 무효인 법률행위를 추인하면 새로운 법률행위를 한 것으로 보지만, 취소할 수 있는 법률행위를 추인하면 그 행위 자체가 유효로 확정된다.

02 무효와 취소에 관한 설명으로 옳지 않은 것은?

① 무효행위를 추인하면 새로운 법률행위를 한 것으로 보게 되지만, 취소할 수 있는 법률행위를 추인하면 유효한 것으로 확정된다.

② 무효는 그 누구의 주장을 기다리지 않고 처음부터 당연히 무효이지만, 취소는 취소권자의 취소에 의하여 비로소 무효로 된다.

③ 무효인 법률행위에 따른 법률효과를 침해하는 것처럼 보이는 채무불이행이 있더라도 채무불이행으로 인한 손해배상을 청구할 수 없다.

④ 시간의 경과에 의하여 무효는 유효로 되지 않지만, 취소는 시간의 경과로 취소권이 소멸함으로써 확정적으로 유효가 될 수 있다.

⑤ 무효인 법률행위는 법률행위가 불성립한 경우에 해당하지만, 취소할 수 있는 법률행위는 일단 성립한 것이 된다.

---

**정답 및 해설**

01 ③ 무효는 절대적 무효를 원칙으로 하지만, <u>취소는 상대적 취소를 원칙으로 한다</u>.

02 ⑤ 법률행위의 불성립은 법률행위의 외형을 갖추지 못한 것이라는 점에서 법률행위의 성립을 전제로 하는 무효와는 구별된다. 즉, <u>무효행위이든지 취소할 수 있는 행위이든지 일단 성립하여야 한다</u>.

**03** 다음 행위 중 **법률적 성격이 다른** 것은?

① 불능조건이 정지조건인 법률행위
② 부동산 이중매매에 있어 매수인이 매도인의 배임행위에 적극가담한 경우
③ 의사무능력자의 법률행위
④ 기성조건이 해제조건인 법률행위
⑤ 토지거래허가구역 내의 허가를 받지 않은 토지매매계약

**04** 법률행위의 무효에 관한 설명으로 **옳지 않은** 것은? (다툼이 있으면 판례에 따름)

① 유동적 무효의 법률행위는 나중에 요건을 갖추면 법률행위시에 소급하거나 장래를 향하여 유효하게 된다.
② 법률행위의 효력이 현재 발생하지 못하지만 추후 허가 또는 추인 등을 받으면 유효하게 되는 법적 상태를 유동적 무효라고 한다.
③ 법률행위의 무효는 확정적으로 효력이 발생하지 않는 확정적 무효가 원칙이다.
④ 무권대리행위는 본인의 추인을 받으면 소급하여 유효가 되는 유동적 무효이다.
⑤ 허가지역 내의 토지를 관할관청의 허가를 받지 않고 이를 배제할 목적으로 매매계약을 체결한 경우 유동적 무효로 판단하고 있다.

**05** 일부무효에 관한 설명으로 **옳지 않은** 것은?

① 법률행위의 일부무효는 원칙적으로 그 전부를 무효로 한다.
② 위 ①의 경우, 그 무효 부분이 없더라도 법률행위를 하였을 것이라고 인정되는 경우에도 나머지 부분은 무효가 되지 아니한다.
③ 약관의 일부가 무효인 경우, 유효한 부분만으로 계약의 목적 달성이 가능하거나 일부 당사자에게 부당하게 불리하지 않는 한 계약은 나머지 부분만으로 유효하게 존속한다.
④ 법률행위의 일부가 취소되는 경우에도 일부무효의 법리가 적용될 수 있다.
⑤ 채권담보의 목적으로 소유권이전등기를 한 경우, 피담보채권의 일부가 무효라면 나머지 채권의 유효 여부를 불문하고 소유권이전등기가 무효로 된다.

**06** 무효인 법률행위에 관한 설명으로 옳지 않은 것은? (다툼이 있으면 판례에 따름)

① 채권담보의 목적으로 소유권이전등기를 한 경우에는 그 채권의 일부가 무효라고 하더라도 나머지 채권이 유효한 이상, 채무자는 그 채무를 변제함이 없이 말소등기절차를 구할 수 없다.

② 토지거래허가구역에서 토지와 건물을 일괄하여 매매한 경우, 토지에 관한 당국의 거래허가가 없으면 건물만이라도 매매하였을 것이라고 볼 수 있는 특별한 사정이 인정되는 경우에 한하여 토지에 대한 매매거래허가가 있기 전에 건물만의 소유권이전등기를 명할 수 있다.

③ 법률행위의 일부분이 무효인 때에는 그 전부를 무효로 하는 것이 원칙이지만, 그 무효부분이 없더라도 법률행위를 하였을 것이라고 인정될 때에는 나머지 부분은 무효가 되지 아니한다.

④ 법률행위의 일부무효는 제3자에게 대항할 수 있다.

⑤ 민법상 일부무효인 경우 전부무효가 원칙이라는 제137조의 규정은 강행규정이다.

---

**정답 및 해설**

**03** ⑤  ⑤ 불확정적 무효이다.
　　　①②③④ 확정적 무효이다.

**04** ⑤  관할관청의 허가를 받지 않고 이를 배제할 목적으로 매매계약을 체결한 경우에는 확정적으로 무효가 된다.

**05** ⑤  담보물권의 불가분성에 의하여 유효한 소유권이전등기이다.

**06** ⑤  일부무효에 관한 제137조의 규정은 임의규정이다.

법률행위의 추인에 관한 설명으로 옳지 않은 것은? (다툼이 있으면 판례에 따름)

① 법률행위가 취소된 후에 취소할 수 있는 법률행위에 관한 추인으로 취소된 법률행위를 다시 확정적으로 유효하게 할 수 있다.

② 무효인 법률행위의 추인은 그 무효 원인이 소멸한 후에 하여야 효력이 있다.

③ 강박에 의한 의사표시임을 이유로 취소된 법률행위를 추인하는 경우, 그 추인이 효력을 갖기 위해서는 강박 상태에서 벗어난 후에 추인하여야 한다.

④ 불공정한 법률행위에 해당하여 무효인 경우에도 무효행위의 전환에 관한 민법 규정이 적용될 수 있다.

⑤ 무효인 법률행위의 추인은 명시적인 방법뿐만 아니라 묵시적인 방법으로 할 수도 있다.

해설 | 법률행위가 취소되면 소급해서 무효가 되므로 다시 취소할 수 있는 법률행위에 관한 추인을 하는 것은 허용되지 않는다. 다만, 무효행위로서 추인하는 것은 가능하다.

기본서 p.350~353 　　　　　　　　　　　　　　　　　　　　　　　　　　　　　　정답 ①

종합

**07** 무효행위의 전환에 관한 설명으로 옳지 않은 것은? (다툼이 있으면 판례에 따름)

① 제103조 반사회질서의 법률행위는 전환이 인정되지 않지만, 제104조 불공정한 법률행위는 전환이 인정된다.

② 판례는 단독행위에 대해서는 무효행위의 전환을 인정하지 않고 있다.

③ 무효행위의 전환은 일단 성립한 법률행위가 무효인 경우에 문제되므로 법률행위가 성립하지 않은 때에는 무효행위 전환의 문제가 생길 여지가 없다.

④ 무효행위의 전환은 무효인 법률행위가 다른 법률행위의 요건을 구비하였을 경우에 인정된다.

⑤ 판례는 입양 · 상속 등과 같은 신분행위에 있어서도 무효행위의 전환을 인정하고 있다.

**08** 무효행위의 추인에 관한 설명으로 옳지 않은 것은?

① 무효인 가등기를 추인하였더라도 가등기는 소급하여 유효한 등기가 되지 못한다.

② 당사자가 무효임을 알고 추인한 때에는 종전과 동일한 내용의 법률행위를 새로이 한 것으로 본다.

③ 강행법규에 위반한 법률행위는 추인하더라도 당해 법규가 존속하는 한 새로운 행위로서의 효력이 생기지 않는다.

④ 가장매매를 추인한 경우 원칙적으로 추인한 때부터 새로운 매매를 한 것으로 본다.

⑤ 당사자의 추인이 있더라도 무효인 행위를 한 때에 소급하여 유효하게 되는 경우는 없다.

정답 및 해설

**07** ② 판례는 <u>무효인 상속포기</u>를 상속재산의 협의분할로 인정한 바 있다.

**08** ⑤ 가장매매의 현실화와 같은 채권행위를 추인하는 것은 원칙적으로 비소급효이지만, <u>예외적으로 제3자가 존재하지 않으면</u> 당사자의 <u>특약에 의하여 소급효</u>를 가진다.

토지거래허가구역 내의 토지매매계약에 관한 설명으로 옳지 않은 것은? (다툼이 있으면 판례에 따름)

① 매수인의 매매대금의 이행제공이 있어야 매도인은 토지거래허가신청에 협력할 의무가 있다.

② 매도인은 관할관청으로부터 종국적으로 허가를 받을 수 없을 것이라는 사유로 협력의무의 이행을 거절할 수 없다.

③ 당사자 일방은 허가를 받기 전에 상대방에 대하여 채무불이행에 의한 손해배상을 청구할 수 없다.

④ 토지거래에 대하여 관할관청의 불허가처분이 확정된 경우에는 특별한 사정이 없으면 그 매매는 확정적으로 무효가 된다.

⑤ 당사자 일방은 상대방의 협력의무의 불이행을 이유로 유동적 무효 상태의 매매계약 자체를 해제할 수는 없다.

해설 | 토지거래허가구역 내의 토지매매계약이 체결된 경우 쌍방 협력의무가 존재하게 되고, 협력의무의 이행은 토지거래허가신청과 동시이행의 관계에 있는 것이 아니다. 따라서 <u>매수인의 매매대금의 이행제공과 상관없이 매도인은 토지거래허가신청에 협력할 의무가 있다.</u>

기본서 p.348~349 정답 ①

---

┌종합

**09** 甲은 토지거래허가구역 내의 X토지에 대하여 관할관청으로부터 허가를 받지 않고 乙에게 매도하는 계약을 체결하였고, 乙은 계약금을 지급한 경우에 관한 설명으로 옳지 않은 것은? (다툼이 있으면 판례에 따름)

① 매매계약을 체결한 이후에 X토지에 대한 토지거래허가구역 지정이 해제된 경우, 甲과 乙 사이의 매매계약은 특별한 사정이 없는 한 확정적으로 유효가 된다.

② 甲과 乙 쌍방이 허가신청을 하지 않기로 의사표시를 명백히 한 경우에는 X토지에 대한 매매계약은 확정적으로 유효이다.

③ 甲은 허가를 받기 전에도 특별한 사정이 없는 한 계약금의 배액을 상환하고 적법하게 계약을 해제할 수 있다.

④ 매매계약과 별개의 약정으로, 甲과 乙은 매매잔금이 지급기일에 지급되지 않는 경우에 매매계약을 자동해제하기로 정할 수 있다.

⑤ 乙은 매매계약이 확정적으로 무효가 되지 않는 한 계약 체결시 지급한 계약금에 대하여 이를 부당이득으로 반환청구할 수 없다.

**10** 토지거래허가구역 내의 토지매매계약에 관한 설명으로 옳지 않은 것은? (다툼이 있으면 판례에 따름)

① 허가구역 내의 토지와 지상건물을 일괄하여 매매한 경우 토지에 대한 매매거래허가가 있기 전에 건물만의 소유권이전등기를 청구할 수는 없다.

② 매매계약에 기한 소유권이전등기청구권 또는 허가를 받을 것을 조건으로 한 소유권이전등기청구권을 피보전권리로 한 부동산처분금지가처분을 신청하는 것은 허용되지 않는다.

③ 매수인이 토지거래허가신청절차청구권을 피보전권리로 하여 매매목적물의 처분을 금지하는 가처분을 신청하는 것은 허용되지 않는다.

④ 허가구역 내의 토지매매계약은 관할관청의 허가를 받아야만 그 효력이 발생하고, 그 허가를 받기 전에는 채권적 효력은 물론 물권적 효력도 발생하지 않는다.

⑤ 관할관청의 허가를 받으면 그 계약은 소급해서 유효가 되므로 당사자는 허가 후에 새롭게 거래계약을 체결할 필요는 없다.

---

**정답 및 해설**

**09** ② 토지거래허가구역에서 허가받기 전이라 해도 당사자 쌍방 甲과 乙이 허가신청을 하지 않기로 의사표시를 명백히 한 경우, X토지에 대한 매매계약은 <u>확정적으로 무효</u>이다.

**10** ③ 매수인이 토지거래허가신청절차청구권을 피보전권리로 하여 매매목적물의 처분을 금지하는 가처분을 신청하는 것은 <u>허용된다</u>.

법률행위의 취소에 관한 설명으로 옳지 않은 것은? (다툼이 있으면 판례에 따름)

① 제한능력자는 단독으로 법률행위를 취소할 수 있다.

② 법률행위의 일부에만 취소사유가 있고 그 법률행위가 가분적이거나 그 목적물의 일부가 특정될 수 있다면, 그 나머지 부분이라도 이를 유지하려는 당사자의 가정적 의사가 인정되는 경우 그 일부만의 취소가 가능하다.

③ 법률행위를 취소한 경우에도 무효인 법률행위의 추인요건에 따라 당사자는 이를 추인할 수 있고, 이 경우 그 추인한 때부터 새로운 법률행위를 한 것으로 본다.

④ 근로계약에 따른 노무 제공 후 근로계약이 취소되면 근로계약은 소급하여 무효가 된다.

⑤ 매매계약이 적법하게 해제된 경우에도 필요한 경우 당사자는 착오를 이유로 취소할 수 있다.

해설 | 근로계약 체결에 관한 당사자들의 의사표시에 무효 또는 취소의 사유가 있음을 이유로 근로계약의 무효 또는 취소를 주장할 수 있으나, 근로계약 취소의 소급효는 인정되지 않는다.

기본서 p.354~358                                                                정답 ④

---

**11** 법률행위의 무효와 취소에 관한 설명으로 옳지 않은 것은? (다툼이 있으면 판례에 따름)

① 법률행위가 취소된 경우, 제한능력자는 선악을 불문하고 현존이익의 범위에서 반환의무를 진다.

② 제한능력을 이유로 한 취소는 절대적이므로 그 취소를 다시 재취소할 수 없으나, 취소사유에 착오, 사기, 강박이 있는 경우에는 그 취소를 재취소할 수 있다.

③ 신용카드 이용계약 취소시 미성년자가 반환할 금전상 이익은 특별한 사정이 없는 한 현존하는 것으로 추정된다.

④ 강박상태에서 벗어나지 않은 상태에서 한 추인은 그 효력이 발생하지 않는다.

⑤ 표의자의 상대방이 취득한 권리를 제3자에게 양도한 경우, 취소권 행사는 제3자에게 하여야 한다.

**12** 재산상의 법률관계에서 소급효가 인정되지 않는 것은? (다툼이 있으면 판례에 따름)

① 무권대리행위에 대한 본인의 추인
② 착오에 의한 의사표시의 취소
③ 사기 · 강박에 의한 의사표시의 취소
④ 법원의 부재자재산관리에 관한 처분허가의 취소
⑤ 실종선고의 취소

**13** 무효와 취소에 관한 설명으로 옳지 않은 것은? (다툼이 있으면 판례에 따름)

① 부당이득의 반환은 반환할 것이 금전인 경우 '받은 날로부터 이자를 가산하여야 한다'는 민법 규정은 적용하지 않는다.
② 무효인 법률행위의 당사자가 그 무효임을 알고 추인한 때에는 법률행위가 성립한 때부터 효력이 있는 것으로 본다.
③ 사기 · 강박에 의하여 의사표시를 한 자의 포괄승계인은 그 의사표시를 취소할 수 있다.
④ 제한능력자의 법률행위에 대한 법정대리인의 추인은 그 취소원인이 소멸하기 전에 하여도 효력이 있다.
⑤ 일부 취소도 가능하지만, 매매계약 체결시 토지의 일정 부분을 매매대상에서 제외시키는 특약을 한 경우, 그 특약만을 기망에 의한 법률행위로서 일부 취소할 수는 없다.

---

**정답 및 해설**

**11** ⑤ 취소할 수 있는 법률행위의 상대방이 확정한 경우에는 그 취소는 제3자(=전득자)가 아니라 <u>그 상대방에 대한 의사표시</u>로 하여야 한다.

**12** ④ ① <u>소급효가 인정된다.</u>
②③ <u>소급효가 인정되며, 선의의 제3자에게 대항하지 못한다(상대적 취소).</u>
⑤ <u>원칙적으로 소급효가 인정되고, 예외적으로 비소급효를 인정한다.</u>

**13** ② 무효인 법률행위의 당사자가 그 무효임을 알고 추인한 때에는 <u>그때부터 새로운 행위로서 효력이 있는 것으로</u> 본다.

**14** 甲은 乙의 기망에 의하여 丙과 자신의 토지에 지상권을 설정하였고 그 후 토지를 丁에게 매각하였으며 丙은 戊에게 지상권을 양도한 경우, 누가 누구에게 취소권을 행사할 수 있는가?

① 甲 또는 승계인 丁이 丙에게
② 甲이 乙에게
③ 甲 또는 丁이 乙에게
④ 甲만이 丙에게
⑤ 甲 또는 丁이 戊에게

**15** 법률행위의 취소와 추인에 관한 설명으로 옳지 않은 것은?

① 추인은 취소의 원인이 종료한 후에 하여야 효력이 있는데, 법정대리인이 추인하는 경우에는 그렇지 않다.
② 취소권은 추인할 수 있는 날로부터 3년 내에, 법률행위를 한 날로부터 10년 내에 행사하여야 한다.
③ 취소할 수 있는 법률행위의 추인은 무권대리행위의 추인과 달리 추인의 소급효는 문제되지 않는다.
④ 취소할 수 있는 법률행위를 취소할 수 있는 자는 제한능력자, 하자 있는 의사표시를 한 자, 그 대리인 또는 승계인이며, 추인할 수 있는 자도 원칙적으로 취소권을 가지는 자이다.
⑤ 모든 취소권자가 전부나 일부의 이행, 이행의 청구, 담보의 제공 등을 한 경우에는 취소의 원인이 종료되기 전에 한 것이라도 추인한 것으로 보아야 한다.

**16** 법률행위의 취소와 추인에 관한 설명으로 옳지 않은 것은? (다툼이 있으면 판례에 따름)

제22회

① 법률행위가 취소되면 그 법률행위는 처음부터 무효인 것으로 본다.
② 취소의 원인이 종료된 후 취소할 수 있는 법률행위를 추인하는 경우, 취소할 수 있는 법률행위임을 알고 추인해야 그 효력이 생긴다.
③ 법률행위가 취소된 경우, 취소권자는 취소할 수 있는 법률행위의 추인에 의하여 취소된 법률행위를 유효하게 할 수 있다.
④ 법률행위가 취소된 경우, 취소권자는 취소의 원인이 종료된 후 무효인 법률행위의 추인에 따라 그 법률행위를 유효하게 할 수 있다.
⑤ 가분적인 법률행위의 일부분에만 취소사유가 있는 경우, 나머지 부분의 효력을 유지하려는 당사자의 가정적 의사가 있다면 그 일부만의 취소도 가능하다.

**17** 법률행위의 무효와 취소에 관한 설명으로 옳지 않은 것은? (다툼이 있으면 판례에 따름)

제21회

① 취소된 법률행위는 특별한 사정이 없는 한 취소한 이후부터 무효이다.
② 취소권은 추인할 수 있는 날로부터 3년 내에, 법률행위를 한 날로부터 10년 내에 행사하여야 한다.
③ 토지거래허가구역 내의 토지거래계약이 처음부터 허가를 배제하는 내용인 경우에는 확정적 무효이다.
④ 취소할 수 있는 법률행위의 상대방이 확정된 경우, 그 취소는 그 상대방에 대한 의사표시로 하여야 한다.
⑤ 무권리자 甲이 乙의 권리를 자기 이름으로 처분한 경우, 乙이 추인하면 그 처분행위의 효력은 乙에게 미친다.

---

**정답 및 해설**

**14** ① 취소권은 본래 법률행위의 직접 상대방 丙에게 행사하여야 하며, 취소권자 甲의 승계인 丁도 취소권을 행사할 수 있다.

**15** ⑤ 법정추인에 해당하는 행위도 제한능력자는 단독으로 추인할 수 없으므로 취소원인이 종료한 후에 하여야 한다.

**16** ③ 법률행위가 취소된 경우, 소급하여 무효가 되므로 취소권자는 취소할 수 있는 법률행위의 추인에 의하여 취소된 법률행위를 유효하게 할 수 없고, 다만 무효인 법률행위의 추인에 따라 그 법률행위를 유효하게 할 수 있다.

**17** ① 취소된 법률행위는 특별한 사정이 없는 한 처음부터 무효인 것으로 본다(제141조).

**18** 법률행위의 취소에 관한 설명으로 옳지 않은 것은? (다툼이 있으면 판례에 따름)

① 취소할 수 있는 법률행위를 추인하기 위해서는 추인권자가 취소권의 존재를 알고 추인하여야 한다.

② 근로계약에 따른 노무 제공 후 근로계약이 취소되더라도 근로계약은 소급하여 무효가 되지 않는다.

③ 법률행위를 취소한 경우에도 무효인 법률행위의 추인요건에 따라 당사자는 이를 추인할 수 있고, 이 경우 그 추인한 때부터 새로운 법률행위를 한 것으로 본다.

④ 의사표시가 강박에 의한 것이어서 당연무효라는 주장 속에 강박에 의한 의사표시이므로 취소한다는 주장이 당연히 포함되어 있다고는 볼 수 없다.

⑤ 취소권자 및 취소권자의 상대방에 의한 이행청구시에는 추인에 관한 명시적 의사표시가 없이도 법률상 추인으로 간주한다.

---

## 대표예제 66 \ 취소할 수 있는 법률행위의 추인 ★★

**법률행위의 추인에 관한 설명으로 옳지 않은 것은?**

① 제한능력자의 상대방은 제한능력자가 능력자가 된 후에 그에게 1개월 이상의 기간을 정하여 그 취소할 수 있는 행위를 추인할 것인지 여부의 확답을 촉구할 수 있고, 능력자로 된 사람이 그 기간 내에 확답을 발송하지 아니하면 그 행위를 추인한 것으로 본다.

② 무권대리인이 체결한 계약은 본인이 이를 추인하지 아니하면 본인에 대하여 효력이 없다.

③ 무권대리인이 계약을 체결한 경우에 상대방은 상당한 기간을 정하여 본인에게 그 추인 여부의 확답을 최고할 수 있고, 본인이 그 기간 내에 확답을 발하지 아니한 때에는 추인한 것으로 본다.

④ 취소할 수 있는 법률행위를 추인한 후에는 취소하지 못한다.

⑤ 취소할 수 있는 법률행위에 관하여 추인할 수 있는 후에 이의를 보류하지 않은 채 이행의 청구를 하면 추인한 것으로 본다.

해설 | 무권대리인이 계약을 체결한 경우에 상대방은 상당한 기간을 정하여 본인에게 그 추인 여부의 확답을 최고할 수 있고, 본인이 그 기간 내에 확답을 발하지 아니한 때에는 <u>추인을 거절한 것으로 본다</u>.

기본서 p.358~359

정답 ③

**19** 무효인 법률행위와 취소할 수 있는 법률행위의 추인에 관한 설명으로 옳은 것은? (다툼이 있으면 판례에 따름) 제11회

① 취소할 수 있는 법률행위를 추인한 후에도 다시 취소할 수 있다.

② 취소권자가 취소할 수 있음을 모르고 한 추인의 의사표시는 효력이 없다.

③ 무권대리행위의 추인의 의사표시는 대리행위의 상대방에 대해서만 할 수 있다.

④ 미성년자는 능력자가 되기 전에 법정대리인의 동의를 얻어 추인하더라도 추인의 효력이 없다.

⑤ 매매계약의 당사자가 무효인 줄 알고 계약을 추인한 때에 계약은 특별한 사정이 없는 한 체결시에 소급하여 효력이 있다.

**20** 민법상 추인에 관한 설명으로 옳지 않은 것은? (다툼이 있으면 판례에 따름)

① 처분권 없는 자의 처분행위에 관하여 본인의 추인이 있으면 무권대리와 마찬가지로 소급해서 유효가 된다.

② 원인무효인 등기가 이루어진 사실을 알고도 장기간 이의를 한 바 없다는 사실만으로는 이를 추인한 것으로 볼 수 없다.

③ 법정대리인은 취소의 원인이 종료하기 전에도 취소할 수 있는 법률행위를 추인할 수 있다.

④ 가장매매의 당사자가 무효인 매매를 추인하면 새로운 매매계약을 체결한 것으로 본다.

⑤ 당사자가 무효임을 알고 추인한 때에는 반사회적 법률행위도 유효로 될 수 있다.

---

**정답 및 해설**

**18** ⑤ 추인권자의 이행청구는 법정추인이 되지만, 상대방의 이행청구만으로는 법정추인의 효력이 없다.

**19** ② ① 취소할 수 있는 법률행위를 추인하면 유효가 확정되므로 다시 취소할 수 없다.
③ 무권대리행위에 대한 추인의 의사표시는 무권대리인과 상대방에 대하여 할 수 있다.
④ 미성년자와 피한정후견인은 능력자가 되기 전에 법정대리인의 동의를 얻어 추인할 수 있다.
⑤ 무효행위임을 알고 추인한 때에는 새로운 행위를 한 것으로 본다.

**20** ⑤ 반사회적 법률행위는 그 효력이 절대적 무효이므로 추인하더라도 유효한 행위가 될 수 없다.

**법정추인(法定追認)에 관한 설명으로 옳지 않은 것은?**

① 취소권자가 채권자로서 담보의 제공을 받는 것은 법정추인사유이다.
② 법정추인이 되려면 일정한 행위가 취소의 원인이 종료한 후에 행하여져야 한다.
③ 취소권자의 상대방이 행한 이행청구는 법정추인사유가 아니다.
④ 취소권자가 취소할 수 있는 행위로 취득한 권리의 일부를 양도하면 법정추인이 된다.
⑤ 취소권의 존재를 모르고 있었던 경우에는 법정추인으로 되지 못한다.

해설 | 취소권 포기의 의사표시와는 달리 제145조 법정추인은 취소권의 존재를 알든 모르든 상관이 없으므로 법정추인의 효력이 발생한다.

기본서 p.359~361                                                          정답 ⑤

---

**21** 甲이 乙에게 자기 소유의 부동산을 매도한 후 그것이 乙의 사기에 의하여 이루어진 것을 알았다. 그 후, 다음의 사실이 있었을 때에 甲이 취소할 수 있는 것으로 옳은 것은?

① 甲의 채권자 丙이 매매대금채권을 압류한 때
② 甲이 매매대금의 일부를 수령한 때
③ 甲이 매매대금채권을 담보하기 위하여 제3자와 보증계약을 체결한 때
④ 甲이 매매대금채권의 일부를 제3자에게 양도한 때
⑤ 甲이 乙의 이행청구를 받은 때

---

**22** 법률행위의 무효와 취소에 관한 설명으로 옳지 않은 것은? (다툼이 있으면 판례에 따름)

제20회

① 매매계약은 취소되면 소급하여 무효가 된다.
② 불공정한 법률행위로서 무효인 경우, 추인에 의하여 무효인 법률행위가 유효로 될 수 없다.
③ 취소된 법률행위에 기하여 이미 이행된 급부는 부당이득으로 반환되어야 한다.
④ 취소할 수 있는 법률행위는 취소권자의 추인이 있으면 취소하지 못한다.
⑤ 취소할 수 있는 법률행위에서 법정대리인은 취소원인이 소멸한 후에만 추인할 수 있다.

## 23 취소에 관한 설명으로 옳지 않은 것은?

① 법률행위의 일부취소의 법리에 따라 근저당권설정계약취소의 의사표시는 소비대차계약을 포함한 전체에 대하여 취소의 효력이 있다.

② 취소권은 추인할 수 있는 날로부터 10년 내에, 법률행위를 한 날로부터 3년 내에 행사하여야 한다.

③ 취소의 원인이 종료되지 않았다고 하더라도 법정대리인이 추인할 수 있다.

④ 강박에 의한 의사표시를 한 자는 강박상태에서 의사표시를 추인한 경우에도 그 의사표시를 취소할 수 있다.

⑤ 취소의 원인이 종료한 후 취소할 수 있는 법률행위에 관하여 이의 없이 경개계약을 체결한 경우, 그 법률행위를 추인한 것으로 본다.

## 24 법정추인에 해당하지 않는 것은? 제10회

① 미성년자 甲이 독자적으로 乙과 乙 소유의 토지에 대한 매매계약을 체결한 후, 법정대리인의 동의를 얻어 乙에게 매매대금을 지급한 경우

② 甲이 피한정후견인 乙로부터 자동차 1대를 매수한 후, 乙의 법정대리인에게 자동차의 소유권이전을 청구한 경우

③ 미성년자 甲이 乙에 대하여 매매대금채무 300만원을 부담하고 있다가 성년이 된 후에 대금채무를 소멸시키고 그 대신 오토바이 1대를 주기로 약정한 경우

④ 甲이 乙의 사기에 의하여 乙 소유의 토지에 대한 매매계약을 체결한 후, 기망상태에서 벗어나 매매대금채무를 담보하기 위하여 자신 소유의 토지에 저당권을 설정해 준 경우

⑤ 피성년후견인 甲이 乙에게 1,000만원을 빌려주었으나 변제기일이 지나도 乙이 채무를 이행하지 않자 甲의 법정대리인 丙이 乙의 재산에 대하여 강제집행을 한 경우

---

### 정답 및 해설

**21** ⑤ <u>상대방의 이행청구를 받은 때에는 법정추인사유가 되지 않으므로</u> 甲은 취소할 수 있다.

**22** ⑤ 취소할 수 있는 법률행위의 추인은 원칙적으로 취소원인이 소멸한 후에 하여야 하지만, <u>예외적으로 법정대리인은 취소원인 종료 전후를 불문하고 추인할 수 있다.</u>

**23** ② 취소권은 추인할 수 있는 날로부터 3년 내에, 법률행위를 한 날로부터 10년 내에 행사하여야 한다(제146조).

**24** ② 甲이 피한정후견인 乙로부터 자동차 1대를 매수한 후, 乙의 법정대리인에게 자동차의 소유권이전을 청구한 경우에는 취소권자가 이행을 청구한 것이 아니라, <u>추인권자의 상대방이 이행을 청구한 것이므로 법정추인이 아니다.</u>

# 제9장 조건과 기한

대표예제 68 **조건과 기한 ★★★**

조건과 기한에 관한 설명으로 옳지 않은 것은? (다툼이 있으면 판례에 따름)

① 불확정한 사실이 발생한 때를 이행기한으로 정한 경우에는 그 사실이 발생한 때는 물론 그 사실의 발생이 불가능하게 된 때에도 이행기한은 노래한 것으로 보아야 한다.
② 건축허가를 받지 못한 때에는 그 토지매매계약을 무효로 한다는 약정은 해제조건부 법률행위에 해당한다.
③ 정지조건부 법률행위의 당사자가 조건성취의 효력을 그 성취 전으로 소급시키기로 합의하더라도 이는 효력이 없다.
④ 정지조건부 법률행위에서 조건이 성취되었다는 사실은 이에 의하여 권리를 취득하고자 하는 자에게 증명책임이 있다.
⑤ 조건의 성취가 미정한 권리의무는 일반규정에 의하여 처분, 상속, 보존 또는 담보로 할 수 있다.

해설 | 조건성취의 효력은 원칙적으로 소급하지 않으나, 당사자의 특약이 있는 경우에는 소급할 수 있다.
기본서 p.377~385                                                                                           정답 ③

## 01 조건에 관한 설명으로 옳지 않은 것은?

① 조건의 성취로 인하여 이익을 받을 당사자가 신의성실에 반하여 조건을 성취시킬 때에는 상대방은 그 조건이 성취되지 아니한 것으로 주장할 수 있다.
② 당사자가 조건성취의 효력을 그 성취 전에 소급하게 할 의사를 표시한 때에는 그 의사에 의한다.
③ 정지조건이 법률행위 당시 성취할 수 없는 것인 경우 법률행위는 무효이다.
④ 해제조건 있는 법률행위는 다른 의사표시가 없으면 법률행위를 한 때로부터 그 효력을 잃는다.
⑤ 조건의 성취가 미정인 권리도 처분할 수 있다.

**02** 법률행위의 부관에 관한 설명으로 옳은 것은? (다툼이 있으면 판례에 따름)

① 조건의 성취에 의하여 불이익을 받게 될 자가 신의성실에 반하여 조건성취를 방해한 경우, 상대방이 조건성취를 주장한 시점에 조건이 성취된 것으로 본다.

② 채무자가 담보제공의 의무를 이행하지 않으면 기한의 이익을 주장하지 못한다.

③ 정지조건부 기한이익의 상실특약은 조건이 성취되더라도 채권자의 의사표시가 있어야 이행기 도래의 효과가 발생한다.

④ 불법조건이 붙은 법률행위는 조건 없는 법률행위이다.

⑤ 기성조건이 정지조건이면 그 법률행위는 무효이다.

**03** 조건에 관한 설명으로 옳지 않은 것은? (다툼이 있으면 판례에 따름)

① "주택관리사 시험에 합격하면 자동차를 사주겠다."라고 약속한 경우, 약속 당시 이미 시험에 합격하였다면 이는 조건 없는 증여계약이다.

② "내일 해가 서쪽에서 뜨면 자동차를 사주겠다."라는 내용의 증여계약은 무효이다.

③ 혼인이나 입양 등 가족법상의 법률행위는 원칙적으로 조건과 친하지 않다.

④ 조건성취의 효력발생시기에 관한 민법의 규정은 임의규정이다.

⑤ 조건은 법률행위의 효력의 발생 또는 소멸을 장래 발생이 확실한 사실에 의존시키는 법률행위의 부관이다.

---

**정답 및 해설**

01 ④ 해제조건 있는 법률행위는 다른 의사표시가 없으면 법률행위를 한 때로부터가 아니라 <u>해제조건의 성취시부터 그 효력을 잃는다.</u>

02 ② ① 조건의 성취로 인하여 불이익을 받을 당사자가 신의성실에 반하여 조건의 성취를 방해한 경우 조건이 성취된 것으로 의제되는 시점은 이러한 <u>신의성실에 반하는 행위가 없었더라면 조건이 성취되었으리라고 추산되는 시점</u>이다.

③ 정지조건부 기한이익상실의 특약을 한 경우에는 그 특약에 정한 기한이익의 상실사유가 발생함과 동시에 기한의 이익을 상실하게 하는 <u>채권자의 의사표시가 없더라도 이행기 도래의 효과가 발생</u>하고, 채무자는 특별한 사정이 없는 한 그때부터 이행지체의 상태에 놓이게 된다.

④ 조건이 선량한 풍속 기타 사회질서에 위반한 것인 때에는 그 법률행위는 <u>전부무효</u>로 한다(제151조 제1항).

⑤ 조건이 법률행위의 당시 이미 성취한 것인 경우에는 그 조건이 정지조건이면 조건 없는 법률행위로 하고, <u>해제조건이면 그 법률행위는 무효</u>로 한다(두문자 암기: 기정조, 기해무).

03 ⑤ 조건은 법률행위의 효력의 발생 또는 소멸을 <u>장래 발생이 불확실한 사실</u>에 의존시키는 법률행위의 부관이다.

**04** 甲이 乙에게 1억원을 차용하면서 9월 30일까지 변제하지 않으면 甲 소유의 토지로 대물변제하기로 한 경우에 관한 설명으로 옳지 않은 것은?

① 乙은 조건성취 이전에 조건부 권리를 양도할 수도 있다.
② 계약 체결 이전에 이 토지가 수용되었다면 조건부 계약은 무효이다.
③ 乙이 甲의 토지에 가등기한 경우, 이후에 제3자에게 처분하여도 乙은 제3자에게 대항할 수 있다.
④ 해당 사례와 같은 권리를 정지조건부 권리라 한다.
⑤ 甲이 9월 30일 이전에 제3자 丙에게 이를 처분하였다면 乙은 즉시 甲에게 채무불이행 책임을 물을 수 있다.

고난도
**05** 조건에 관한 설명으로 옳지 않은 것은? (다툼이 있으면 판례에 따름)

① 부부관계의 종료를 해제조건으로 하는 증여계약은 그 조건뿐만 아니라 증여계약 자체도 무효이다.
② 어떠한 법률행위가 정지조건부 법률행위에 해당한다는 사실은 그 법률행위로 인한 법률효과의 발생을 저지하는 사유로서 그 법률효과의 발생을 다투려는 자에게 주장·입증책임이 있다.
③ 계약당사자 일방이 이행지체에 빠진 상대방에 대하여 일정한 기간을 정하여 채무이행을 최고함과 동시에 그 기간 내에 이행이 없을 때에는 계약을 해제하겠다는 의사표시는 유효하다.
④ 매수인이 중도금을 약정일자에 지급하지 아니하면 계약이 해제된 것으로 한다는 특약이 있는 매매계약에서 매수인이 중도금 지급의무를 이행하지 아니하면 그 계약은 그 일자에 자동적으로 해제된 것으로 보아야 한다.
⑤ 합의 내용이 이행되지 않을 경우에 합의를 무효로 하기로 하였다면, 계약당사자가 부도가 난 후 상대방에게 합의서상의 채무를 이행할 수 없다고 통고한 것만으로는 '합의서 내용이 불이행된 때'라는 조건이 성취되었다고 볼 수 없다.

## 06 조건을 붙일 수 있는 법률행위로만 묶여진 것은?

> ㉠ 인지　　　　　　　　㉡ 유증
> ㉢ 입양　　　　　　　　㉣ 혼인
> ㉤ 상속의 포기　　　　　㉥ 채무의 면제
> ㉦ 상계

① ㉠, ㉡　　　　　　　　② ㉡, ㉣
③ ㉡, ㉥　　　　　　　　④ ㉢, ㉥
⑤ ㉤, ㉦

┌고난도

## 07 조건과 기한에 관한 설명으로 옳지 않은 것은? (다툼이 있으면 판례에 따름)

① 조건의 경우 의사표시의 일반원칙에 따라 조건을 붙이고자 하는 의사와 표시가 필요하다.

② 부관으로 정한 의사표시가 발생하지 않으면 이행을 하지 않아도 되는 경우 그 의사표시는 조건에 해당한다.

③ 조건이 법률행위 당시에 이미 성취할 수 없는 것인 경우, 그 조건이 해제조건이면 조건 없는 법률행위로 된다.

④ 정지조건의 성취에 대한 증명책임은 그 조건의 성취로 법률행위의 효력이 발생하였다고 주장하는 자에게 있다.

⑤ 조건을 붙이는 것이 허용되지 않는 법률행위에 조건을 붙인 경우, 법률에 규정이 없다면 그 조건만이 무효로 된다.

---

**정답 및 해설**

**04 ⑤** 정지조건부 권리가 침해된 경우에는 <u>조건의 성취 이후에 손해배상을 청구할 수 있다.</u>

**05 ⑤** 판례는 '합의서 내용이 불이행된 때'라는 <u>조건이 성취되었다고 볼 수 있다</u>고 한다.

**06 ③** <u>채무의 면제와 유증은</u> 일방적으로 상대방에게 이익을 주기 때문에 상대방의 <u>승낙을 받지 않고 조건과 기한을 붙일 수 있다.</u>

**07 ⑤** 조건을 붙이는 것이 허용되지 않는 법률행위에 조건을 붙인 경우, 법률에 규정이 없다면 그 조건만이 무효로 되는 것이 아니라 <u>전부무효</u>가 된다.

**08** 조건과 기한에 관한 설명으로 옳지 않은 것은? (다툼이 있으면 판례에 따름)

① 법률행위에 불법조건이 붙어 있는 경우, 그 조건은 물론 법률행위 전체가 무효이다.
② 약혼예물의 수수는 혼인 불성립을 해제조건으로 하는 증여와 유사한 성질을 갖는다.
③ 기한은 채무자의 이익을 위한 것으로 추정한다.
④ 기한이익상실의 특약이 형성권적 기한이익상실의 특약으로 추정되는 경우에는 의사표시가 있어야만 기한이익이 상실된다.
⑤ 조건이 법률행위 당시 이미 성취된 것인 때에는 그 조건이 해제조건이면 조건 없는 법률행위로 한다.

종합

**09** 법률행위의 조건과 기한에 관한 설명으로 옳은 것은? (다툼이 있으면 판례에 따름)

① 어음보증에 조건을 붙이는 것은 허용되지 않는다.
② 정지조건이 성취되면 법률효과는 그 성취된 때로부터 발생하며, 당사자의 의사로 이를 소급시킬 수 없다.
③ 조건이 선량한 풍속 기타 사회질서에 위반한 것인 때에는 그 조건은 무효로 되지만 그 조건이 붙은 법률행위가 무효로 되는 것은 아니다.
④ "3년 안에 甲이 사망하면 현재 甲이 사용 중인 乙 소유의 자전거를 乙이 丙에게 증여한다."라는 계약은 조건부 법률행위이다.
⑤ 조건성취로 불이익을 받을 자가 고의가 아닌 과실로 신의성실에 반하여 조건의 성취를 방해한 경우, 상대방은 조건이 성취된 것으로 주장할 수 없다.

**10** 조건부 법률행위에 관한 설명으로 옳지 않은 것은? (다툼이 있으면 판례에 따름)

① 유언과 유증에는 조건을 붙일 수 있다.
② 조건과 친하지 않은 법률행위에 조건을 붙인 경우에 그 법률행위는 원칙적으로 전부 무효가 된다.
③ 계약당사자 일방이 이행지체에 빠진 상대방에 대하여 일정한 기간을 정하여 채무이행을 최고함과 동시에 그 기간 내에 이행이 없을 시에는 계약을 해제하겠다는 정지조건부 계약해제의 의사표시는 유효하다.
④ 상계, 취소, 철회, 선택채권의 선택, 환매, 주식청약 등에 대하여는 조건을 붙일 수 없다.
⑤ '임차인 甲이 매수할 때까지 임대차하겠다'에서 '매수할 때까지'는 불확정기한에 해당한다.

**11** 조건과 기한에 관한 설명으로 옳지 않은 것은? (다툼이 있으면 판례에 따름)

① 부관에 표시된 사실이 발생하지 아니하면 채무를 이행하지 아니하여도 된다고 보아야 하는 때에는 조건부 법률행위로 본다.

② 기성조건이 해제조건이면 그 법률행위는 무효이다.

③ 기한 있는 법률행위의 당사자는 기한의 도래가 미정인 동안 기한의 도래로 인하여 생길 상대방의 이익을 해하지 못한다.

④ 기한은 소급효가 없으며 당사자의 특약에 의해서도 소급효가 인정되지 않는다.

⑤ 기한이익상실의 특약은 사정이 없는 한 정지조건부 기한이익상실의 특약으로 추정한다.

---

**정답 및 해설**

**08** ⑤ 조건이 법률행위 당시 이미 성취된 것인 때에는 그 조건이 해제조건이면 조건 없는 법률행위가 아닌 <u>무효인 법률행위</u>이다(제151조 제2항).

**09** ④ ① 어음보증에 조건을 붙이는 것은 어음거래의 안정성을 해치지 않으므로 <u>허용된다</u>.
② 정지조건이 성취되면 법률효과는 그 성취된 때로부터 발생하며, <u>당사자의 의사로 이를 소급시킬 수 있다</u>.
③ 조건이 선량한 풍속 기타 사회질서에 위반한 것인 때에는 법률행위 <u>전부가 무효로</u> 된다.
⑤ 조건성취로 불이익을 받을 자가 고의가 아닌 과실로 신의성실에 반하여 조건의 성취를 방해한 경우, 상대방은 조건이 <u>성취된 것으로 주장할 수 있다</u>.

**10** ⑤ '임차인 甲이 매수할 때까지 임대차하겠다'에서 '매수할 때까지'는 기한이 아니라 조건으로 해석한다. 따라서 <u>기간의 정함이 없는 조건부 임대차</u>이다.

**11** ⑤ 판례는 기한이익상실의 특약은 특별한 사정이 없는 한 정지조건부 기한이익상실의 특약이 아닌, <u>형성권적 기한이익상실의 특약</u>으로 추정한다.

**12** 甲은 乙에게 자기 소유 A토지를 정지조건부로 매도하기로 약정하였는데 조건성취 이전에 甲은 다시 丙에게 A토지를 매도하기로 약정하였다. 이에 관한 설명 중 옳은 것은?

① 甲·丙간에 한 매매계약은 무효이다.

② 乙은 즉시 甲에게 채무불이행에 의한 배상책임을 청구할 수 있다.

③ 乙은 즉시 甲에게 불법행위에 의한 배상책임을 청구할 수 있다.

④ 甲은 乙에 대하여 조건성취 이후에도 책임을 지지 않는다.

⑤ 乙은 甲의 승낙을 받아 단독으로 조건부 매매계약에 기한 가등기를 하여 丙에게 대항할 수 있다.

---

**대표예제 69**    **기한의 이익 ★★**

**기한의 이익에 관한 설명으로서 옳지 않은 것은?**

① 기한의 이익이 상대방을 위해서도 존재하는 경우에는 상대방의 손해를 배상하고 포기할 수 있다.

② 기한의 이익은 당사자의 특약이나 성질상 분명하지 않으면 채무자를 위한 것으로 추정한다.

③ 기한의 이익이 채권자의 이익을 위하여 정하여진 경우라면 채권자 쪽에서 이를 입증하여야 한다.

④ 기한의 이익은 상대방의 이익을 해하지 않는 범위 안에서 미리 포기할 수 있다.

⑤ 채무자가 파산한 경우에 기한의 이익을 상실한다는 것은 민법에서 규정하고 있다.

**해설 |** 채무자의 파산으로 인한 기한이익의 상실사유는 <u>민법에 규정되어 있지 않다</u>.

기본서 p.386~388                                                                                                       정답 ⑤

---

**13** 채무자의 기한이익의 상실사유에 해당하지 않는 것은?

① 채무자가 담보를 손상한 때

② 채무자가 파산선고를 받은 때

③ 담보의 상실

④ 채무자가 보증인을 상해하여 생활능력을 상실시킨 때

⑤ 채무자의 무자력

**14** 조건과 기한에 관한 설명으로 옳지 않은 것을 모두 고르면? (다툼이 있으면 판례에 따름)

> ㉠ 정지조건부 해제의 의사표시는 무효이다.
> ㉡ 소유권유보부 매매의 경우 별도의 의사표시가 있어야 소유권이전의 효력이 발생한다.
> ㉢ 당사자가 불확정한 사실이 발생한 때를 이행기한으로 정한 경우에는 그 사실이 발생한 때는 이행기한이 도래한 것으로 보지만, 그 사실의 발생이 불가능한 경우에는 이행기한이 도래한 것이 아니다.
> ㉣ 표시된 사실이 발생한 때는 물론이고 반대로 발생하지 아니하는 것이 확정된 때에도 그 채무를 이행하여야 한다고 보는 것이 타당한 경우에는 불확정기한으로 정한 것으로 보아야 한다.

① ㉠, ㉡                    ② ㉡, ㉢
③ ㉠, ㉡, ㉢              ④ ㉡, ㉢, ㉣
⑤ 없음

---

**정답 및 해설**

**12** ⑤ ⑤ 조건부 권리는 조건성취 이전에는 불확정적이므로 배타적 효력이 없다. 조건이 성취됨으로써 비로소 확정적 효력이 발생하며, 조건부 권리를 가등기하면 조건성취 이후 본등기를 갖춤으로써 가등기 이후의 등기사항은 등기공무원에 의하여 직권말소의 대상이 된다.
  ① 甲·乙간의 정지조건부 매매계약은 조건성취 전에는 여전히 甲이 소유자이므로 甲은 조건성취 전이라면 다시 처분할 수 있다. 따라서 甲·丙간의 매매계약은 <u>유효이다.</u>
  ②③④ 甲·乙간의 정지조건부 매매계약은 정지조건이 성취하기 전이라면 권리는 발생하지 않는다. 따라서 乙은 甲의 매매 즉시 손해배상을 청구할 수 있는 것이 아니고, <u>조건성취 후에 甲에게 권리이전 또는 손해배상을 청구할 수 있다.</u>

**13** ⑤ <u>채무자의 무자력, 채무자의 행위능력상실은 기한이익의 상실사유가 아니다.</u>
  ▶ 기한이익의 상실사유
  • 채무자가 담보를 손상하거나, 감소 또는 소멸하게 한 때(제388조 제1호)
  • 채무자가 담보제공의 의무를 이행하지 않은 때(제388조 제2호)
  • 채무자가 파산한 때

**14** ③ ㉠ 정지조건부 해제의 의사표시는 <u>유효이다.</u>
  ㉡ 소유권유보부 매매의 경우 별도의 <u>의사표시가 없이</u> 바로 소유권이전의 효력이 발생한다.
  ㉢ 당사자가 불확정한 사실이 발생한 때를 이행기한으로 정한 경우에는 그 사실이 발생한 때는 물론 그 사실의 발생이 <u>불가능한 경우에도 이행기한은 도래한 것으로 본다.</u>

**15** 기한의 이익을 가지지 않는 자는?

① 무상임치의 임치인

② 임대차의 임차인

③ 사용대차의 대주

④ 무이자 소비대차의 차주

⑤ 이자부 소비대차의 대주

---

정답 및 해설

**15 ③** 유상계약의 경우 기한의 이익은 쌍방당사자가 가지지만, 무상계약의 경우에는 일방만이 기한의 이익을 가진다. 무이자 소비대차의 경우에는 채무자인 차주가 기한의 이익을 가지고, 무상임치의 경우에는 채권자인 무상임치인이 기한의 이익을 가진다. <u>사용대차의 경우</u>에는 채무자인 <u>사용차주</u>가 기한의 이익을 가지고, 사용대주는 기한의 이익을 가지지 못한다.

# 제10장 기간

## 대표예제 70 · 기간의 계산 ★★

기간에 관한 설명으로 옳은 것만 고른 것은? (다툼이 있으면 판례에 따름)

ⓐ 어느 법률이 2009년 1월 30일에 공포되고 부칙에서 공포 후 6월이 경과한 날부터 시행하도록 되어 있다면, 그 법률은 2009년 7월 31일 0시부터 시행된다.
ⓑ 2013년 4월 1일 오후 1시에 출생한 자는 2032년 4월 2일 오전 0시에 성년으로 된다.
ⓒ 2001년 1월 31일 오전 10시부터 1개월 후라고 하면 기간 만료시는 2001년 3월 2일 오전 10시이다.
ⓓ 사단법인의 사원총회 소집을 1주일 전에 통지하여야 하는 경우, 총회일이 7월 1일이라고 하면 6월 24일 오후 12시까지는 소집통지를 발신하여야 한다.
ⓔ 공사의 정년이 53세로 되어 있는 경우 만 53세가 만료되는 날을 의미하는 것이 아니라, 만 53세에 도달하는 날을 의미한다.

① ㉠, ㉤
② ㉢, ㉤
③ ㉠, ㉡, ㉤
④ ㉠, ㉢, ㉣
⑤ ㉡, ㉢, ㉣

해설 | ㉠ 기산일은 1월 31일 0시가 되고, 만료점은 7월 30일 자정이 되므로 그 법률은 2009년 7월 31일 0시부터 시행된다.
ⓔ 특약이 없는 한 정년은 만료점이 아니라 도달점이 된다. 만료점은 새롭게 54세 시작이 되기 때문이다.
ⓑ 연령을 계산할 때에는 초일을 산입한다. 따라서 2013년 4월 1일 오후 1시에 출생한 자는 2032년 4월 1일 오전 0시에 성년으로 된다.
ⓒ 2001년 1월 31일 오전 10시부터 1개월 후라고 하면 기간 만료시는 2001년 2월 1일 오전 0시부터 기산하여 만료 전일인 2001년 2월 28일 자정이다.
ⓓ 사단법인의 사원총회 소집을 1주일 전에 통지하여야 하는 경우, 총회일이 7월 1일이라고 하면 6월 23일 오후 12시 전까지는 소집통지를 발신하여야 한다.

기본서 p.397~400
정답 ①

**01** 기간에 관한 설명으로 옳지 않은 것은?

① 민법의 기간에 관한 규정은 공법관계에도 적용된다.

② 기간의 초일이 공휴일이라 하더라도 익일이 초일이 되는 것이 아니다.

③ 기간의 말일이 공휴일에 해당하는 때에 기간은 그 익일로 만료한다.

④ 민법의 기간에 관한 규정은 보충적 규정으로 당사자의 특약, 법원의 판결, 특별법에 정함이 없는 경우 적용된다.

⑤ 민법은 단기간의 계산방법으로 역법적 계산법을 적용하고, 장기간의 계산방법으로 자연적 계산법을 적용하고 있다.


**02** 기간에 관한 설명으로 옳지 않은 것은?

① 기간을 월(月) 또는 연(年)으로 정한 때에는 기간의 초일은 산입하지 않는 것이 원칙이다.

② 기간을 월(月) 또는 연(年)으로 정한 경우에 최종의 월에 해당일이 없는 때에는 그 월의 말일로 기간이 만료한다.

③ 연령계산에는 출생일을 산입한다.

④ 기간의 계산에는 재판상의 처분으로 다른 정함이 있으면 민법상의 기간에 관한 규정이 적용되지 않는다.

⑤ 일정한 기산일로부터 소급하여 계산되는 기간의 계산방법에 관하여 민법은 명문의 규정을 두고 있다.


**03** 甲은 乙로부터 2009년 2월 13일 14시에 카메라를 구입하면서 매매대금은 4개월 내에 지급하기로 하였다. 甲은 언제까지 그 대금을 완제하여야 하는가? (2009년 6월 13일은 토요일이다)

① 2009년 6월 12일 24시(자정)

② 2009년 6월 13일 14시(오후 2시)

③ 2009년 6월 13일 24시(자정)

④ 2009년 6월 14일 24시(자정)

⑤ 2009년 6월 15일 24시(자정)

## 04 기간에 관한 계산으로 옳지 않은 것은?

① 1999년 5월 30일 01시에 출생한 사람은 2018년 5월 30일 0시부터 성년자가 된다.

② 사단법인의 사원총회 소집을 1주 전에 통지하여야 하는 경우, 총회일이 2013년 5월 15일 10시라면 늦어도 2013년 5월 7일 24시까지는 총회소집의 통지를 발송하여야 한다.

③ 2012년 3월 8일 14시에 돈을 빌리면서 1년 후에 변제하기로 약정하였다면, 2013년 3월 8일 24시까지 이행하여야 한다.

④ 2013년 5월 15일 08시에 승용차를 빌리면서 12시간 후에 반환하기로 약정하였다면, 같은 날 20시까지 이행하여야 한다.

⑤ 2013년 3월 23일 토요일 13시에 매매목적물을 인도받으면서 1개월 후에 대금을 변제하겠다고 약정하였다면, 2013년 4월 24일 24시까지 이행하여야 한다.

## 05 2017년 4월 17일 10:30에 지금부터 1개월이라고 기간을 정한 경우, 민법의 기간계산 방법에 따른 그 기간의 기산점과 만료시점은? (토요일, 공휴일은 고려하지 않음)

① 기산점은 2017년 4월 17일 10:30이고, 만료시점은 2017년 5월 16일 10:30이다.

② 기산점은 2017년 4월 17일 10:30이고, 만료시점은 2017년 5월 18일 24:00이다.

③ 기산점은 2017년 4월 18일 00:00이고, 만료시점은 2017년 5월 16일 10:30이다.

④ 기산점은 2017년 4월 18일 00:00이고, 만료시점은 2017년 5월 17일 24:00이다.

⑤ 기산점은 2017년 4월 18일 24:00이고, 만료시점은 2017년 5월 17일 24:00이다.

---

### 정답 및 해설

**01 ⑤** 민법은 <u>단기간의 계산방법으로 자연적 계산법을 적용</u>하고, <u>장기간의 계산방법으로 역법적 계산법을 적용</u>하고 있다.

**02 ⑤** 일정한 기산일로부터 소급하여 계산되는 기간의 계산방법(= 기간의 역산)에 관하여 민법은 <u>명문의 규정을 두고 있지 않으나</u> 초일불산입의 원칙을 적용한다.

**03 ⑤** 일·주·월·연으로 기간 계산시 초일불산입이 원칙이므로 2월 14일 0시부터 기산한다. 4개월 이후이므로 6월 13일 24시(자정)가 만료점인데, <u>기간의 말일이 공휴일인 경우 익일 24시가 만료점</u>이므로 월요일인 <u>6월 15일 24시가 만료점</u>이 된다.

**04 ⑤** 2013년 3월 23일 토요일 13시에 매매목적물을 인도받으면서 1개월 후에 대금을 변제하겠다고 약정하였다면, 초일불산입 원칙에 따라 3월 24일 0시부터 기산하여 전일로 종료하므로 <u>2013년 4월 23일 24시까지</u> 이행하여야 한다.

**05 ④** 초일불산입이 원칙이므로 <u>4월 18일 0시부터 기산</u>하여 전날인 <u>5월 17일 24시가 만료점</u>이 된다.

# 제11장 소멸시효

**소멸시효와 제척기간 ★**

**소멸시효와 제척기간에 관한 설명으로 옳지 않은 것은? (다툼이 있으면 판례에 따름)**

① 소멸시효에는 소급효가 인정되나, 제척기간에는 소급효가 인정되지 않는다.
② 소멸시효기간은 단축 또는 경감할 수 있으나, 제척기간은 단축 또는 경감할 수 없다.
③ 민법 제146조의 취소권의 단기행사기간은 제척기간이다.
④ 소송에서 소멸시효에 따른 권리소멸은 당사자가 주장하여야 하나, 제척기간의 경과에 따른 권리소멸은 법원의 직권조사사항이다.
⑤ 소멸시효나 제척기간은 모두 그 기간 중 권리자가 권리를 중단하면 그때부터 다시 기간이 진행된다.

**해설 |** 소멸시효와 달리 제척기간의 경우에는 중단이 적용되지 않는다.
기본서 p.406~408                                                            정답 ⑤

---

**01** 제척기간과 소멸시효에 관한 설명으로 옳지 않은 것은? (다툼이 있으면 판례에 따름)

① 매도인에 대한 하자담보에 기한 손해배상청구권에 대하여는 제척기간이 적용되고, 동시에 그 손해배상청구권은 매수인이 매매목적물을 인도받은 때로부터 10년의 소멸시효가 적용된다.
② 소멸시효는 당사자가 시효완성사실을 원용할 때에 고려되지만, 제척기간은 법원의 직권조사사항이다.
③ 매매예약완결권은 형성권으로서 제척기간의 적용을 받으므로 원칙적으로 10년의 제척기간의 적용을 받는다.
④ 매매예약완결권의 행사기간을 30년으로 약정하였다면 그 약정이 우선하므로, 예약성립일로부터 10년간 예약완결권을 행사하지 않더라도 그 예약완결권은 소멸하지 않는다.
⑤ 소멸시효의 기간은 법률행위로 단축할 수 없다.

**02** 소멸시효와 제척기간에 관한 설명으로 옳은 것은? (다툼이 있으면 판례에 따름) <sub>제17회</sub>

① 채권양도의 통지만으로도 제척기간의 준수에 필요한 권리의 재판 외 행사로 볼 수 있다.

② 점유물반환청구권은 실체법상의 권리이므로 그 제척기간은 출소기간을 의미하지 않는다.

③ 소멸시효기간은 법률행위에 의하여 연장할 수 없으나, 제척기간은 당사자 사이의 약정으로 연장할 수 있다.

④ 소멸시효완성 후에 채무승인이 있었다면, 곧바로 소멸시효이익의 포기가 있는 것으로 간주된다.

⑤ 공유관계가 존속하는 한, 공유물분할청구권만이 독립하여 시효로 소멸하지 않는다.

---

**정답 및 해설**

**01** ⑤ 소멸시효의 기간은 <u>법률행위로 단축·경감할 수 있으나</u>, 연장·가중·배제할 수 없다.

**02** ⑤ ① 채권양도의 통지만으로 제척기간 준수에 필요한 '<u>권리의 재판 외 행사</u>'가 이루어졌다고 볼 수 없다.

    ② 점유물반환청구권은 침탈을 당한 날로부터 1년 내에 행사하여야 하는데, 이의 행사기간은 그 기간 내에 소를 제기하여야 하는 <u>출소기간(제척기간)</u>으로 보는 것이 판례의 입장이다(대판 2002.4.26, 2001다8097).

    ③ 제척기간은 최고권 행사 등으로 단축할 수 있으나, 당사자 사이의 약정으로 <u>연장할 수 없다</u>.

    ④ 소멸시효중단사유로서의 채무승인은 시효이익을 받는 당사자인 채무자가 소멸시효의 완성으로 채권을 상실하게 될 자에 대하여 상대방의 권리 또는 자신의 채무가 있음을 알고 있다는 뜻을 표시함으로써 성립하는 이른바 관념의 통지로, 여기에 어떠한 효과의사가 필요하지 않다. 이에 반하여 시효완성 후 시효이익의 포기가 인정되려면 시효이익을 받는 채무자가 시효의 완성으로 인한 법적인 이익을 받지 않겠다는 효과의사가 필요하기 때문에 시효완성 후 소멸시효중단사유에 해당하는 채무의 승인이 있었다 하더라도 그것만으로는 <u>곧바로 소멸시효이익의 포기라는 의사표시가 있었다고 단정할 수 없다</u>.

**소멸시효에 관한 설명으로 옳지 않은 것은?**

① 시효중단의 효력은 당사자 및 그 승계인에게만 미친다.

② 매수인이 그 부동산을 인도받아 점유하고 있는 경우에는 매수인의 등기청구권은 소멸시효에 걸리지 않는다.

③ 시효중단의 효력이 있는 승인에는 상대방의 권리에 관한 처분의 능력이나 권한 있음을 요한다.

④ 공법상의 권리도 소멸시효의 대상이 된다.

⑤ 근저당권설정약정에 의한 근저당권설정등기청구권은 채권이므로 10년의 소멸시효에 걸린다.

해설 | 시효중단의 효력이 있는 승인에는 상대방의 권리에 관한 처분의 능력이나 권한 있음을 요하지 아니한다.

기본서 p.409~411 정답 ③

---

**03** 민법상 소멸시효에 관한 설명으로 옳은 것은? (다툼이 있으면 판례에 따름)

① 어떤 채권이 1년의 단기소멸시효에 걸리는 경우, 그 채권의 발생원인이 된 계약에 기하여 상대방이 가지는 반대채권도 당연히 1년의 단기소멸시효에 걸린다.

② 본래의 소멸시효 기산일과 당사자가 주장하는 기산일이 서로 다른 경우에 법원은 당사자가 주장하는 기산일을 기준으로 소멸시효를 계산해야 한다.

③ 소멸시효의 기산점이 되는 '권리를 행사할 수 있는 때'란 권리를 행사하는 데 있어 사실상의 장애가 없는 경우를 말한다.

④ 어떤 권리의 소멸시효기간이 얼마나 되는지에 대해서 법원은 당사자의 주장에 따라 판단하여야 한다.

⑤ 판결에 의하여 확정된 채권은 판결확정 당시에 변제기가 도래하지 않아도 10년의 소멸시효에 걸린다.

**04** 3년의 단기소멸시효에 걸리는 채권을 모두 고른 것은? (다툼이 있으면 판례에 따름)

> ㉠ 의사의 치료에 관한 채권
> ㉡ 노역인의 임금채권
> ㉢ 도급받은 자의 공사에 관한 채권
> ㉣ 2년 후에 원금과 이자를 한꺼번에 받기로 하고 대여한 경우의 이자채권
> ㉤ 상인인 가구상이 판매한 자개장롱의 대금채권

① ㉠, ㉤                                    ② ㉠, ㉢, ㉤
③ ㉡, ㉢, ㉣                              ④ ㉢, ㉣, ㉤
⑤ ㉠, ㉡, ㉢, ㉣

---

정답 및 해설

**03 ②** ① 어떤 채권이 1년의 단기소멸시효에 걸리는 경우, 그 채권의 발생원인이 된 계약에 기하여 상대방이 가지는 <u>반대채권은 일반채권일 때 10년의 소멸시효에 걸린다.</u>

③ 소멸시효의 기산점이 되는 '권리를 행사할 수 있는 때'란 권리를 행사하는 데 있어 사실상의 장애가 아니라 <u>법률상의 장애가 없는 경우를 말한다.</u>

④ 어떤 권리의 소멸시효기간이 얼마나 되는지에 대해서 법원은 당사자의 주장에 따라 판단하는 것이 아니라 법원이 <u>직권으로 고려하여야 한다.</u>

⑤ 판결에 의하여 확정된 채권은 판결확정 당시에 변제기가 도래하지 않은 경우 10년의 소멸시효에 걸리지 않고 <u>본래의 소멸시효에 걸린다.</u>

**04 ②** ㉠㉢㉤ 3년
㉡ 1년
㉣ 10년

> 제163조 【3년의 단기소멸시효】 다음 각 호의 채권은 3년간 행사하지 아니하면 소멸시효가 완성한다.
> 1. 이자, 부양료, 급료, 사용료 기타 1년 이내의 기간으로 정한 금전 또는 물건의 지급을 목적으로 한 채권
> 2. 의사, 조산사, 간호사 및 약사의 치료, 근로 및 조제에 관한 채권
> 3. 도급받은 자, 기사 기타 공사의 설계 또는 감독에 종사하는 자의 공사에 관한 채권
> 4. 변호사, 변리사, 공증인, 공인회계사 및 법무사에 대한 직무상 보관한 서류의 반환을 청구하는 채권
> 5. 변호사, 변리사, 공증인, 공인회계사 및 법무사의 직무에 관한 채권
> 6. 생산자 및 상인이 판매한 생산물 및 상품의 대가
> 7. 수공업자 및 제조자의 업무에 관한 채권

소멸시효의 기산점 ★★★

소멸시효에 관한 설명으로 옳지 않은 것은? (다툼이 있으면 판례에 따름)

① 소유권이전등기의무의 이행불능으로 인한 전보배상청구권의 소멸시효는 이전등기의무가 이행불능으로 된 때로부터 진행한다.
② 정지조건부 채권의 소멸시효는 그 조건이 성취된 때로부터 진행한다.
③ 매수인이 매매목적의 부동산을 인도받아 점유하고 있다면, 그의 매도인에 대한 소유권이전등기청구권은 시효로 소멸하지 않는다.
④ 시효의 진행 중 그 완성 전에 이루어진 채무의 일부변제는 특별한 사정이 없는 한, 채무승인행위로서 시효중단사유에 해당한다.
⑤ 부동산 매도인의 매매대금청구권과 매수인의 소유권이전등기청구권은 동시이행의 관계에 있으므로 매도인에게 동시이행의 항변권이 인정되는 한, 매매대금청구권의 소멸시효는 진행하지 않는다.

해설 | 매도인에게 동시이행의 항변권이 인정된다고 하여, 매매대금청구권의 소멸시효가 중단되는 것은 아니다. 따라서 동시이행항변권의 존재나 유치권의 행사는 <u>소멸시효의 진행을 막지 못한다.</u>

기본서 p.411~414                                                                정답 ⑤

---

**05** 소멸시효에 관한 설명으로 옳지 않은 것은? (다툼이 있으면 판례에 따름) 제22회

① 정지조건부 권리는 조건이 성취된 때부터 소멸시효가 진행한다.
② 당사자가 본래의 소멸시효 기산일과 다른 기산일을 주장하는 경우, 법원은 본래의 소멸시효 기산일을 기준으로 소멸시효를 계산하여야 한다.
③ 공동불법행위자 사이에 인정되는 구상권의 소멸시효는 구상권자가 공동면책행위를 한 때부터 진행한다.
④ 특정물 매도인의 하자담보책임에 기한 매수인의 손해배상청구권은 특별한 사정이 없는 한, 그 목적물을 인도받은 때부터 소멸시효가 진행한다.
⑤ 채권자가 선택권자인 선택채권은 선택권을 행사할 수 있는 때부터 소멸시효가 진행한다.

**06** 소멸시효에 관한 설명으로 옳지 않은 것은? (다툼이 있으면 판례에 따름) 제21회

① 지상권은 20년간 행사하지 않으면 소멸시효가 완성된다.

② 시효중단사유가 종료한 때로부터 소멸시효는 새로이 진행된다.

③ 부작위를 목적으로 한 채권의 소멸시효는 계약 체결시부터 진행한다.

④ 최고가 있은 후 6개월 내에 압류 또는 가압류를 하면 그 최고는 시효중단의 효력이 있다.

⑤ 매도인의 소유권이전채무가 이행불능이 된 경우, 매수인의 손해배상채권의 소멸시효는 그 채무가 이행불능이 된 때부터 진행한다.

고난도

**07** 소멸시효의 기산점에 관한 설명으로 옳지 않은 것은? (다툼이 있으면 판례에 따름)

① 이행기가 도래한 후에 채권자가 채무자에 대하여 기한을 유예한 경우에는 유예한 이행기일부터 다시 시효가 진행한다.

② 집합건물의 하자보수에 대한 손해배상청구권의 소멸시효기간은 각 하자가 발생한 시점부터 별도로 진행한다.

③ 동시이행의 항변권이 붙은 채권은 이행기부터 소멸시효가 진행한다.

④ 본래의 소멸시효 기산일과 당사자가 주장하는 기산일이 서로 다른 경우에는 본래의 소멸시효 기산일을 기준으로 소멸시효를 계산하는 것이 원칙이다.

⑤ 건물에 관한 소유권이전등기청구권에 있어서 그 목적물인 건물이 완공되지 아니하여 이를 행사할 수 없었다는 사유는 법률상의 장애사유에 해당한다.

---

**정답 및 해설**

**05** ② 당사자가 본래의 소멸시효 기산일과 다른 기산일을 주장하는 경우, 법원은 본래의 소멸시효 기산일이 아니라 <u>당사자가 주장하는 기산일을 기준으로 소멸시효를 계산하여야 한다.</u>

**06** ③ 부작위를 목적으로 하는 채권의 소멸시효는 <u>계약 체결시가 아니라 위반행위를 한 때로부터 진행한다</u>(제166조 제2항).

**07** ④ 본래의 소멸시효 기산일과 당사자가 주장하는 기산일이 서로 다른 경우에는 변론주의의 원칙상 법원은 <u>당사자가 주장하는 기산일을 기준으로 소멸시효를 계산하여야 한다.</u>

**08** 소멸시효의 기산점에 관한 설명으로 옳은 것은? (다툼이 있으면 판례에 따름) 제11회

① 기한을 정하지 아니한 권리는 권리가 발생한 때로부터 소멸시효가 진행한다.

② 정지조건부 권리는 조건이 성취되지 않은 것으로 확정된 때로부터 소멸시효가 진행한다.

③ 부작위를 목적으로 하는 채권은 위반행위를 하였음을 채권자가 안 때로부터 소멸시효가 진행한다.

④ 병원에 장기간 입원하여 치료받은 환자의 치료비채권은 환자가 퇴원한 때로부터 소멸시효가 진행한다.

⑤ 공동불법행위자 중 1인의 다른 공동불법행위자에 대한 구상금채권은 불법행위시부터 소멸시효가 진행한다.

---

## 대표예제 74 　　소멸시효의 중단 ★★★

소멸시효의 중단에 관한 설명으로 옳지 않은 것은? (다툼이 있으면 판례에 따름)

① 소유권이전등기를 명한 확정판결의 피고가 여전히 자신에게 소유권이 있다고 주장하면서 제기한 재심의 소도 시효중단의 사유가 될 수 있다.

② 가압류에 의한 시효중단의 효력은 가압류의 집행보전의 효력이 존속하는 동안에는 계속된다.

③ 시효의 중단은 당사자 및 그 승계인간에만 효력이 있다.

④ 물상보증인이 제기한 저당권설정등기 말소청구소송에서 저당권자가 응소하여 피담보채권의 존재를 적극 주장하였다면 피담보채권에 관한 소멸시효는 중단된다.

⑤ 채무자가 소멸시효완성 후에 채권자에 대하여 채무를 승인함으로써 그 시효의 이익을 포기한 경우에는 포기의 의사표시가 도달한 때로부터 새로이 소멸시효가 진행한다.

해설 | 물상보증인이 제기한 저당권설정등기 말소청구소송에서 저당권자가 응소하였더라도 채무자에게 그 사실을 통지하지 않은 이상 피담보채권에 관한 소멸시효는 중단되지 않는다.

기본서 p.417~422 정답 ④

**09** 소멸시효에 관한 설명으로 옳은 것은? (다툼이 있으면 판례에 따름)

① 채무자는 소멸시효의 진행이 개시된 이후는 물론 그 이전에도 채무를 승인하여 시효를 중단할 수 있다.

② 무권대리인에 대한 상대방의 이행청구권이나 손해배상청구권의 소멸시효는 무권대리 행위시로부터 진행한다.

③ 근저당권설정등기청구권은 피담보채권에 부종하는 청구권이므로 독자적인 시효기간의 적용을 받지 않는다.

④ 물상보증인이 피담보채무의 부존재를 이유로 제기한 저당권설정등기 말소청구소송에서 저당권자가 청구기각의 판결을 구하였다면 이를 직접 채무자에 대한 재판상 청구로 볼 수 있다.

⑤ 시효의 중단사유가 재판상의 청구인 때에는 중단까지 경과한 시효기간은 이를 산입하지 아니하고 재판이 확정된 때부터 새로이 시효가 진행한다.

---

**정답 및 해설**

**08** ① ② 청지조건부 권리는 <u>정지조건이 성취되어 권리가 발생한 때</u>로부터 소멸시효가 진행한다. '조건이 성취되지 않은 경우'는 권리가 발생하지 않으므로 소멸시효의 기산점이 문제되지 않는다.

③ 부작위채권은 <u>의무자가 위반행위를 한 때</u>로부터 소멸시효가 진행한다.

④ 최후 진료가 종료하여 <u>의료비채권이 발생한 때</u>로부터 소멸시효가 진행한다.

⑤ 구상권이 발생한 시점, 즉 <u>구상권자가 공동면책행위를 한 때</u>로부터 기산하여야 할 것이고 그 기간도 일반채권과 같이 10년으로 보아야 한다.

**09** ⑤ ① 채무자는 <u>소멸시효의 진행이 개시되기 전</u>에는 채무가 존재하지 않으므로 <u>채무를 승인하여 시효를 중단할 수 없다</u>.

② 무권대리인에 대한 상대방의 이행청구권이나 손해배상청구권의 소멸시효는 그 <u>선택권을 행사할 수 있을 때</u>로부터 진행한다.

③ 근저당권설정등기청구권은 피담보채권에 부종하는 청구권이지만, 피담보채권의 소멸시효와 별개로 <u>독자적인 시효기간의 적용을 받는다</u>.

④ 물상보증인은 시효이익을 받을 자가 아니므로 물상보증인이 피담보채무의 부존재를 이유로 제기한 저당권설정등기 말소청구소송에서 저당권자가 청구기각의 판결을 구하였다면 이를 <u>직접 채무자에 대한 재판상 청구로 볼 수 없다</u>.

**10** 재판상 청구로서 시효중단의 효력이 발생하지 않는 것은? (다툼이 있으면 판례에 따름)

① 임금채권을 실현하기 위하여 파면처분 무효확인의 소를 제기한 경우
② 권리자가 응소하여 적극적으로 권리를 주장하였으나 소가 각하되어 본안판단 없이 소송이 종료되고 다른 조치 없이 6월이 경과한 경우
③ 소유권이전등기청구권이 발생한 기본적 법률관계에 해당하는 매매계약을 기초로 하여 건축주의 명의변경을 구하는 소를 제기한 경우
④ 오납한 조세에 대한 부당이득반환청구권을 실현하기 위하여 과세처분 무효확인의 소를 제기한 경우
⑤ 채권양도의 대항요건을 갖추지 못한 상태에서 대여금채권의 양수인이 채무자를 상대로 그 대여금채무의 이행을 구하는 소를 제기한 경우

**11** 시효의 중단사유에 관한 설명으로 옳지 않은 것은? (다툼이 있으면 판례에 따름)

① 승인은 이를 할 수 있는 자가 적법한 절차에 의하여 하여야 하지만, 처분권 또는 처분능력은 요하지 않는다.
② 시효취득을 주장하는 소송상 청구에 대하여 답변으로서 원고의 주장을 부인하고 목적 부동산이 피고의 소유라고 주장하는 것은 취득시효중단의 효력이 없다.
③ 가분채권의 일부분을 피보전채권으로 하여 가압류한 경우에 채권 중 가압류에 의하여 보전된 한도에서 시효중단의 효력이 있다.
④ 일부청구는 원칙적으로 채권 전체에 대한 시효중단의 효력이 발생하지 않는다.
⑤ 재판상의 청구가 있더라도 소의 각하가 있으면 시효중단의 효력은 없다.

**12** 시효중단의 효력에 관한 설명으로 옳지 않은 것은? (다툼이 있으면 판례에 따름)

① 주채무자에 대한 시효중단은 보증인에게도 효력이 있더라도 보증채무는 새롭게 연장되지 않고 종전 시효기간에 따른다.

② 연대채무자 중 1인에 대한 이행청구는 다른 연대채무자에게도 시효중단의 효력이 미친다.

③ 물상보증인의 재산에 대하여 압류를 한 경우에, 이를 채무자에게 통지하면 채무자에 대해서도 시효가 중단된다.

④ 요역지가 수인의 공유인 경우에, 어느 1인에 의한 지역권 소멸시효의 중단은 다른 공유자에 대해서도 효력이 있다.

⑤ 손해배상청구권을 공동상속한 자 중 1인이 자기의 상속분을 행사하여 승소판결을 얻었다면, 다른 공동상속인의 상속분에도 시효중단의 효력이 미친다.

---

정답 및 해설

**10** ② 권리자가 응소하여 적극적으로 권리를 주장하였으나 소가 각하되어 본안판단 없이 소송이 종료되고 다른 조치 없이 6월이 경과한 경우에는 <u>시효중단의 효력이 발생하지 않는다</u>(제170조 제2항).

> 제170조 【재판상의 청구와 시효중단】 ① 재판상의 청구는 소송의 각하, 기각 또는 취하의 경우에는 시효중단의 효력이 없다.
> ② 전항의 경우에 6월 내에 재판상의 청구, 파산절차참가, 압류 또는 가압류, 가처분을 한 때에는 시효는 최초의 재판상 청구로 인하여 중단된 것으로 본다.

**11** ② 시효취득을 주장하는 소송상 청구에 대하여 답변으로서 원고의 주장을 부인하고 목적부동산이 피고의 소유라고 주장하는 것은 <u>시효중단사유인 재판상 청구에 해당</u>하므로 시효중단의 효력이 있다.

**12** ⑤ 시효가 중단되면 이미 진행한 기간은 소멸하고, <u>시효중단의 효력은 당사자와 그 승계인에게만 미친다.</u> 당사자란 시효중단행위에 관여한 자만을 말하며, 승계인에는 포괄승계인과 특정승계인이 포함된다. 손해배상청구권을 공동상속한 자 중 1인이 자기의 상속분을 행사하여 승소판결을 얻었다면, <u>다른 공동상속인의 상속분에도 시효중단의 효력이 미치지 않는다.</u>

**13** 소멸시효의 중단 등에 관한 설명으로 옳은 것은? (다툼이 있으면 판례에 따름)

① 대여금채권의 소멸시효가 진행하는 중 채권자가 채무자 소유의 부동산에 가압류 집행을 함으로써 소멸시효의 진행을 중단시킨 경우 그 기입등기일로부터 새롭게 소멸시효기간이 진행한다.

② 비법인사단이 총유물을 매도한 후 그 대표자가 매수인에게 소유권이전등기의무에 대하여 시효중단의 효력이 있는 승인을 하는 경우에 있어 사원총회의 결의를 거치지 아니하였다면 그 승인은 무효이다.

③ 채권자가 물상보증인의 소유인 부동산에 경료된 근저당권을 실행하기 위하여 경매를 신청한 경우, 그 경매와 관련하여 채무자에게 압류사실이 통지되었는지 여부와 무관하게 소멸시효중단의 효력이 발생한다.

④ 담보가등기가 경료된 부동산을 양수하여 소유권이전등기를 마친 자는 그 가등기담보권에 의하여 담보된 채권의 채무자가 시효이익을 포기한 경우 독자적으로 시효이익을 주장할 수 없다.

⑤ 물상보증인이 채권자를 상대로 채무자의 채무가 모두 소멸하였다고 주장하면서 근저당권말소청구소송을 제기하였는데 채권자가 피고로서 응소하여 적극적으로 권리를 주장하고 받아들여진 경우에도 그 채권의 소멸시효는 중단되지 않는다.

**14** 甲은 乙에 대하여 채권을 가지고 있는데, 이에 대한 설명으로 옳은 것은? (다툼이 있으면 판례에 따름)

① 甲이 소멸시효기간 만료 전에 최고를 한 후 6개월 이내에 소를 제기한 경우, 그 소제기시에 시효중단의 효력이 생긴다.

② 甲의 乙에 대한 시효중단의 효력은 乙의 보증인에게는 미치지 않는다.

③ 乙이 명시적으로 채무를 승인한 경우뿐만 아니라 묵시적으로 승인한 경우에도 소멸시효는 중단될 수 있다.

④ 甲이 乙을 사기죄로 고소하여 형사재판이 개시된 경우, 특별한 사정이 없는 한 소멸시효의 중단사유인 재판상의 청구로 볼 수 있다.

⑤ 甲이 이미 사망한 乙을 피신청인으로 하여 가압류신청을 한 경우, 법원의 가압류결정이 내려지면 소멸시효가 중단된다.

## 15 소멸시효에 관한 설명으로 옳지 않은 것은? (다툼이 있으면 판례에 따름)

① 기각판결이 확정된 후 재심을 청구하였다면 소멸시효의 진행이 중단된다.

② 부동산 매도인의 매매대금청구권과 매수인의 소유권이전등기청구권은 동시이행의 항변권이 인정되더라도, 매매대금청구권의 소멸시효가 진행한다.

③ 채무자 · 연대채무자 · 보증인 등은 시효의 원용권자이다.

④ 주채무자에 대한 시효중단은 보증인에 대하여 그 효력이 있다.

⑤ 시효이익을 받은 자에 대하여 압류를 하지 않은 경우, 이를 그에게 통지한 후가 아니면 시효중단의 효력이 없다.

---

**정답 및 해설**

**13 ⑤** ① 대여금채권의 소멸시효가 진행하는 중 채권자가 채무자 소유의 부동산에 가압류집행을 함으로써 소멸시효의 진행을 중단시킨 경우 그 절차가 종료된 때로부터 새롭게 소멸시효기간이 진행한다.

② 비법인사단의 사원총회가 그 총유물에 관한 매매계약의 체결을 승인하는 결의를 하였다면, 통상 그러한 결의에는 그 매매계약의 체결에 따라 발생하는 채무의 부담과 이행을 승인하는 결의까지 포함되었다고 봄이 상당하므로, 비법인사단의 대표자가 그 채무에 대하여 소멸시효중단의 효력이 있는 승인을 하거나 그 채무를 이행할 경우에는 특별한 사정이 없는 한 별도로 그에 대한 사원총회의 결의를 거칠 필요는 없다.

③ 채권자가 물상보증인의 소유인 부동산에 경료된 근저당권을 실행하기 위하여 경매를 신청한 경우, 그 경매와 관련하여 채무자에게 압류사실이 통지되어야만 채무자에 대하여 소멸시효중단의 효력이 발생한다.

④ 시효이익포기는 제3자에게 효력이 없으므로 담보가등기가 경료된 부동산을 양수하여 소유권이전등기를 마친 자는 그 가등기담보권에 의하여 담보된 채권의 채무자가 시효이익을 포기한 경우 독자적으로 시효이익을 주장할 수 있다.

**14 ③** ① 최고 후 6개월 이내에 재판상 청구, 화해를 위한 소환, 지급명령신청, 파산절차참가, 임의출석 등의 한 가지 사유가 존재하면 6개월 전 최고시에 시효중단의 효력이 생긴다.

② 주채무자에 대한 시효중단의 효력은 보증채무에도 효력이 미친다.

④ 시효중단의 효력이 발생하는 재판상 청구는 민사소송을 말하는 것이지, 행정소송 또는 형사소송을 말하는 것이 아니다.

⑤ 甲이 이미 사망한 乙을 피신청인으로 하여 가압류신청을 한 경우, 신청 자체가 무효이므로 소멸시효중단의 효력은 발생하지 않는다.

**15 ①** 재판상 청구는 소송의 각하, 기각, 취하의 경우에는 시효중단의 효력이 없다. 6월 내에 다시 재판상 청구를 하면 시효는 중단되지만, 기각판결이 확정된 경우에는 청구권의 부존재가 확정됨으로써 중단의 효력이 생길 수 없으므로 청구기각판결의 확정 후 재심을 청구하였다 하더라도 시효의 진행이 중단된다고 할 수 없다.

**16** 소멸시효에 관한 설명으로 옳은 것은? (다툼이 있으면 판례에 따름)

① 소멸시효는 당사자의 합의에 의하여 단축할 수 없으나 연장할 수는 있다.
② 법원은 어떤 권리의 소멸시효기간이 얼마나 되는지를 직권으로 판단할 수 없다.
③ 연대채무자 중 한 사람에 대한 이행청구는 다른 연대채무자에 대하여도 시효중단의 효력이 있다.
④ 재판상 청구는 소송이 각하된 경우에는 시효중단의 효력이 없으나, 기각된 경우에는 시효중단의 효력이 있다.
⑤ 주채무가 민사채무이고 보증채무는 상행위로 인한 것일 경우, 보증채무는 주채무에 따라 10년의 소멸시효에 걸린다.

---

**대표예제 75** **소멸시효의 정지 ★★**

**소멸시효의 정지사유가 아닌 것은?**

① 제한능력자를 위한 경우
② 상속인이 확정되지 않은 상속재산에 관리인이 없는 경우
③ 시효기간이 진행하는 도중에 시효이익을 받을 자가 상대방이 주장하는 권리를 인정하는 경우
④ 천재지변으로 시효중단을 할 수 없는 경우
⑤ 혼인관계가 종료한 경우

**해설 |** 시효기간이 진행하는 도중에 시효이익을 받을 자가 상대방이 주장하는 권리를 인정하는 경우는 소멸시효의 <u>중단사유(승인)</u>에 해당한다.

기본서 p.423~424                                                                                          정답 ③

소멸시효완성의 효과에 관한 설명으로 옳지 않은 것은?

① 주된 권리의 소멸시효가 완성된 때에는 종된 권리에 그 영향을 미친다.

② 소멸시효의 이익은 미리 포기하지 못한다.

③ 소멸시효의 효력은 기산일에 소급하여 효력이 있다.

④ 소멸시효가 완성되면 권리는 소멸한다.

⑤ 소멸시효로 채무를 면하는 채무자는 시효완성까지의 이자를 지급함이 공평의 원리상 적합하다.

해설 | 소멸시효가 완성된 경우 소급효가 인정되므로 채무자는 소멸시효의 기산점부터 시효완성까지의 기간에 대한 이자를 지급할 필요가 없다.

기본서 p.425~426                       정답 ⑤

**정답 및 해설**

**16 ③** ① 소멸시효는 법률행위에 의하여 이를 배제, 연장 또는 가중할 수 없으나 이를 단축 또는 경감할 수 있다(제184조 제2항).

② 어떤 권리의 소멸시효기간이 얼마나 되는지에 관한 주장은 단순한 법률상의 주장에 불과하므로 변론주의의 적용대상이 되지 않고 법원이 직권으로 판단할 수 있다.

④ 재판상의 청구는 소송의 각하, 기각 또는 취하의 경우에는 시효중단의 효력이 없다(제170조 제1항).

⑤ 주채무가 민사채무이고 보증채무는 상행위로 발생한 것이면, 주채무는 10년의 소멸시효에 걸리지만 보증채무는 5년의 상사소멸시효에 걸린다.

**17** 소멸시효에 관한 설명으로 옳은 것은?

① 채권자가 확정판결에 의한 채권의 실현을 위하여 채무자를 상대로 민사소송법 소정의 재산관계명시신청을 하고 그 재산목록의 제출을 명하는 결정이 채무자에게 송달되었더라도 소멸시효 중단사유인 최고로서의 효력은 인정되지 않는다.

② 소멸시효의 효력은 그 기산일에 소급한다.

③ 이행기 없는 채권은 채권자가 최고한 때부터 소멸시효가 진행한다.

④ 소멸시효는 법률행위에 의하여 배제·연장·가중하거나 단축 또는 경감할 수 없으나, 소멸시효완성 후 그 이익을 포기하는 것은 허용된다.

⑤ 가압류의 피보전채권에 관하여 본안의 승소판결이 확정되었다면, 시효중단의 효력은 소멸하고 판결 확정시 새롭게 시효가 진행된다.

종합

**18** 소멸시효에 관한 설명으로 옳지 않은 것은? (다툼이 있으면 판례에 따름)  제20회

① 건물소유권은 소멸시효에 걸리지 않는다.

② 채권자대위소송의 상대방은 채권자의 채무자에 대한 피보전채권이 시효로 소멸하였음을 원용할 수 있음이 원칙이다.

③ 1개월 단위로 지급되는 집합건물의 관리비채권은 3년의 단기소멸시효에 걸린다.

④ 가등기담보권이 설정된 부동산의 제3취득자는 그 피담보채권에 관한 소멸시효를 독자적으로 원용할 수 있다.

⑤ 소멸시효가 완성된 채권이 그 완성 전에 상계할 수 있었던 것이면 그 채권자는 상계할 수 있다.

**19** 소멸시효에 관한 설명으로 옳지 않은 것은? (다툼이 있으면 판례에 따름)

① 채권자대위소송의 제3채무자는 채무자의 채권자에 대한 소멸시효완성의 항변을 원용할 수 없다.

② 가등기담보가 설정된 부동산을 매수한 자도 가등기담보권의 피담보채권이 시효로 소멸한 경우에는 그 사실을 독자적으로 주장할 수 있다.

③ 채무자가 소멸시효완성 후 채무를 승인하였다면 시효완성의 사실을 알고 그 이익을 포기한 것이라고 추정할 수 있다.

④ 어떤 권리의 소멸시효기간이 얼마나 되는지에 관한 주장은 단순한 법률상의 주장에 불과하므로 변론주의의 적용대상이 되지 않고 법원이 직권으로 판단할 수 있다.

⑤ 특정한 채무의 이행을 청구할 수 있는 기간을 제한하고 그 기간을 도과할 경우 채무가 소멸하도록 하는 약정은 무효이다.

---

**정답 및 해설**

**17** ② ① 채권자가 확정판결에 의한 채권의 실현을 위하여 채무자를 상대로 민사소송법 소정의 재산관계명시신청을 하고 그 재산목록의 제출을 명하는 결정이 채무자에게 송달되었다면 <u>소멸시효 중단사유인 최고로서의 효력이 인정된다.</u>
③ 이행기 없는 채권은 <u>채권 발생시부터 소멸시효가 진행한다.</u>
④ 소멸시효는 법률행위에 의하여 배제·연장·가중할 수는 없으나, <u>단축·경감할 수는 있다.</u>
⑤ 가압류의 피보전채권에 관하여 본안의 승소판결이 확정되었다고 하더라도 그와 별개로 가압류에 의한 <u>시효중단의 효력은 소멸하지 않는다.</u>

**18** ② 채권자의 채무자에 대한 피보전채권이 시효로 소멸하더라도 제3채무자가 채무자에 대하여 부담하는 의무에는 실체법상 아무런 영향이 없다. 따라서 채권자가 채권자대위권을 행사하여 제3자에 대하여 하는 청구에 있어서, 제3채무자는 채무자가 채권자에 대하여 가지는 항변으로 대항할 수 없다. 또한 채권의 소멸시효가 완성된 경우 이를 원용할 수 있는 자는 원칙적으로는 시효이익을 직접 받는 자뿐이고, <u>채권자대위소송의 제3채무자는 이를 행사할 수 없다</u>(대판 2009.9.10, 2009다34160).

**19** ⑤ 특정한 채무의 이행을 청구할 수 있는 기간을 제한하고 그 기간을 도과할 경우, 채무가 소멸하도록 하는 약정은 민법 또는 상법에 의한 소멸시효기간을 단축하는 약정으로서 특별한 사정이 없는 한 민법 제184조 제2항에 의하여 <u>유효하다.</u>

소멸시효이익의 포기에 관한 설명으로 옳지 않은 것은? (다툼이 있으면 판례에 따름)

① 시효완성 후에 채무를 승인한 경우에는 시효완성의 사실을 알고 그 이익을 포기한 것으로 추정할 수 있다.
② 소멸시효이익의 포기는 상대방 있는 단독행위이다.
③ 시효이익의 포기는 재판상, 재판 외를 불문한다.
④ 판례는 소멸시효가 완성된 후에 채무자가 기한의 유예를 요청한 것은 시효이익의 포기라고 본다.
⑤ 판례는 시효이익을 받는 자가 시효완성의 항변을 하지 않아도 법원이 직권으로 고려할 수 있다고 한다.

해설 | 민법상 당사자의 원용이 없어도 시효완성의 사실로서 채무는 당연히 소멸된다. 다만, 변론주의의 원칙상 소멸시효의 이익을 받을 자가 실제 소송에서 원용하여야 한다.

기본서 p.426~428                                                          정답 ⑤

---

**20** 소멸시효완성 후 시효이익의 포기에 관한 설명으로 옳지 않은 것은? (다툼이 있으면 판례에 따름)

① 시효완성 후 시효이익의 포기는 허용되지만, 시효완성 전 시효이익의 포기는 허용되지 않는다.
② 시효이익의 포기는 그 의사표시로 인하여 권리에 직접적인 영향을 받는 상대방에게 도달한 때에 그 효력이 발생한다.
③ 주채무자가 시효이익을 포기하면 보증인에게도 그 효과가 미친다.
④ 시효이익을 포기한 경우에는 그때부터 새로이 소멸시효가 진행한다.
⑤ 시효완성 후 당해 채무의 이행을 채무자가 약정한 경우에는 특별한 사정이 없는 한, 시효이익을 포기한 것으로 보아야 한다.

---

정답 및 해설

**20** ③ 시효이익의 포기는 다른 사람에게는 영향을 미치지 않는다. 따라서 주채무자의 시효이익의 포기는 보증인·연대채무자·물상보증인 등에 대해서는 그 영향을 미치지 않는다.

house.Hackers.com

**20.25%**

제2편
출제비중

장별 출제비중

5.25%

15%

1장

2장

# 제2편

# 물권법

제 1 장   물권법 총론
제 2 장   물권법 각론

---

**대표예제 78** \\ **물권의 객체 ★★**

물권의 객체에 관한 설명으로 옳지 않은 것은? (다툼이 있으면 판례에 따름)

① 사용·수익권능이 영구적·대세적으로 포기된 소유권은 특별한 사정이 없는 한 허용될 수 없다.

② 물권법정주의에 관한 민법 제185조의 '법률'에는 규칙이나 지방자치단체의 조례가 포함되지 않는다.

③ 명인방법을 갖춘 수목의 집단은 독립한 부동산으로서 저당권의 목적물이 될 수 있다.

④ 지상권과 지역권은 토지의 일부에도 설정할 수 있다.

⑤ 건물의 일부에도 전세권을 설정할 수 있다.

해설 | 명인방법을 갖춘 수목의 집단은 독립한 부동산으로서 소유권의 목적으로 할 수 있으나 <u>저당권의 목적물이 될 수 없다</u>.

기본서 p.442                                                                  정답 ③

---

**01** 물권에 관한 설명으로 옳지 않은 것은? (다툼이 있으면 판례에 따름)

① 일반적으로 일단의 증감 변동하는 동산을 하나의 물건으로 보아 이를 채권담보의 목적으로 삼으려는 이른바 집합물에 대한 양도담보설정계약 체결도 가능하다.

② 지상권 또는 전세권은 저당권의 목적으로 할 수 있다.

③ 물권은 법률 또는 관습법에 의하는 외에는 임의로 창설하지 못한다.

④ 기둥, 지붕, 주벽을 완성한 甲이 乙에게 건물을 양도하여 그 건물의 보존등기를 乙 명의로 하였다면 특별한 사정이 없는 한, 건물의 소유자는 乙이 된다.

⑤ 지상권자는 토지소유자의 동의 없이 지상권을 양도할 수 있다.

**02** 물권의 객체에 관한 설명으로 옳지 않은 것은? (다툼이 있으면 판례에 따름)

① 입목에 관한 법률에 의하여 등기된 수목의 집단은 토지와 별개로 저당권의 목적이 될 수 있다.

② 용익물권은 토지나 건물의 일부 위에 설정될 수 있다.

③ 1필의 토지 일부에 저당권을 설정할 수 없다.

④ 토지에 대한 경매절차에서 그 지상건물을 토지의 부합물 내지 종물로 보아 경매법원에서 저당 토지와 함께 경매를 진행하고 경락허가를 하였다면 매수인은 토지와 함께 그 지상건물의 소유권도 취득한다.

⑤ 집합물 위에 재단저당이 성립된 후에 그 구성물의 변동이 있더라도 그 특정성을 상실하지 않는다.

**03** 물권의 객체에 관한 설명으로 옳지 않은 것은? (다툼이 있으면 판례에 따름)

① 아파트분양권은 소유권의 객체가 될 수 없다.

② 매수한 입목을 특정하지 않고 한 명인방법에는 물권변동의 효력이 없다.

③ 구분등기를 하지 않는 한 1동의 건물 중 일부에 관한 소유권보존등기는 허용되지 않는다.

④ 1필 토지의 일부에 대해서는 용익물권 설정이 가능하고, 등기부취득시효가 인정된다.

⑤ 甲이 임차한 乙의 토지에서 경작한 쪽파를 수확하지 않은 채 丙에게 매도한 경우, 丙이 명인방법을 갖추면 그 쪽파의 소유권을 취득한다.

**정답 및 해설**

**01** ④ 기둥, 지붕, 주벽을 완성한 甲이 乙에게 건물을 양도하여 그 건물의 보존등기를 乙 명의로 하였다면 특별한 사정이 없는 한, 그 건물의 소유자는 乙이 아니라 원래의 건축주인 甲이 된다.

**02** ④ 건물은 토지의 부합물도 아니고 종물도 아니다. 따라서 토지에 대한 경매절차에서 그 지상건물을 토지의 부합물 내지 종물로 보아 경매법원에서 저당 토지와 함께 경매를 진행하고 경락허가를 하였더라도 매수인은 그 지상건물의 소유권을 취득할 수 없다.

**03** ④ 1필 토지의 일부에 대해서는 등기부취득시효는 인정되지 않는다.

**04** 관습법상의 물권에 관한 설명으로 옳은 것은? (다툼이 있으면 판례에 따름)

① 어느 토지나 건물의 소유자가 종전부터 향유하고 있던 경관이나 조망이 그에게 하나의 생활이익으로서의 가치를 가지고 있다고 객관적으로 인정된다 하더라도 법적인 보호의 대상이 될 수는 없다.

② 토지소유자가 건물의 처분권까지 함께 취득한 경우에도 건물의 소유권이전등기가 없으면 대지와 건물이 그 소유명의를 달리하므로 관습법상의 법정지상권이 인정된다.

③ 관습법상의 법정지상권을 취득한 건물소유자가 그 등기를 경료하지 않고 건물을 양도한 경우 양수인은 건물소유권과 함께 법정지상권을 취득한 것으로 본다.

④ 도시공원 및 녹지 등에 관한 법률상 일반주민의 자유이용이 인정되는 근린공원으로 지정된 사정만으로는 인근 주민들에게 관습법상 공원이용권이 인정되지 않는다.

⑤ 통행이 금지되면 막대한 노력과 비용을 들여야만 하는 사정이 있어 우회도로를 개설할 수밖에 없는 경우 관습법상 사도통행권이 인정된다.

---

**대표예제 79** \ **물권의 효력 ★**

**물권의 우선적 효력에 관한 설명으로 옳지 않은 것은? (다툼이 있으면 판례에 따름)**

① 제한물권 상호간에는 먼저 성립한 물권이 우선한다.

② 점유권은 배타성이 희박한 물권이므로 다른 물권과 병존할 수 있다.

③ 일물일권주의가 원칙이므로 동일한 물건 위에 종류와 성질 또는 순위가 같은 물권이 동시에 존재할 수 없다.

④ 소유권과 사용대차가 충돌하는 경우 소유권이 우선한다.

⑤ 소유권과 제한물권이 충돌하는 경우 언제나 소유권이 우선한다.

해설 | 소유권과 제한물권이 충돌하는 경우 제한물권이 언제나 소유권에 우선한다.

기본서 p.444~445                                                               정답 ⑤

---

**05** 물권의 효력에 관한 설명으로 옳지 않은 것은? (다툼이 있으면 판례에 따름)

① 甲이 자신의 소유토지를 乙에게 3년을 기한으로 하여 무상으로 빌려 준 후, 그 사실을 잘 알고 있는 丙에게 토지를 매도하였다면 乙에게 토지의 반환을 청구할 수 있다.

② 소유권은 사용가치와 교환가치를 전면적으로 지배할 수 있는 권리이지만, 담보물권은 교환가치만을 지배할 수 있는 권리이다.

③ 임차인은 임차목적물 침해자에 대하여 소유자인 임대인의 물권적 청구권을 대위행사할 수 있다.

④ 점유권의 양도는 점유물의 인도로 그 효력이 생긴다.

⑤ 소유자는 소유권을 방해할 염려가 있는 자에 대하여 그 예방과 함께 손해배상의 담보를 청구할 수 있다.

---

**정답 및 해설**

**04 ④** ① 어느 토지나 건물의 소유자가 종전부터 향유하고 있던 경관이나 조망이 그에게 하나의 생활이익으로서의 가치를 가지고 있다고 객관적으로 인정된다면 <u>법적인 보호의 대상이 될 수 있다.</u>
② 관습법상의 법정지상권은 동일인의 소유인 토지와 그 지상건물이 매매 기타 원인으로 인하여 각각 소유자를 달리하게 된 경우에 인정된다. 따라서 미등기건물을 그 대지와 함께 매도하였다면, 비록 매수인에게 그 대지에 관하여만 소유권이전등기가 경료되고 건물에 관하여는 등기가 경료되지 아니하여 형식적으로 대지와 건물이 그 소유명의자를 달리하게 되어 <u>관습법상의 법정지상권을 인정할 수 없다.</u>
③ 법정지상권을 가진 건물소유자로부터 건물을 양수하면서 법정지상권까지 양도받기로 한 자는 <u>지상권등기를 하여야 지상권자가</u> 된다.
⑤ 관습법상의 사도통행권은 <u>인정되지 않는다.</u>

**05 ⑤** 소유자는 소유권 행사를 방해할 염려가 있는 자에 대하여 그 <u>예방 또는 손해배상의 담보</u>를 청구할 수 있다.

甲은 자신이 소유하고 있던 X토지를 乙에게 매도하였다. 乙은 매매대금을 모두 지급하고 X토지를 인도받아 점유·사용하고 있으나 乙 앞으로 소유권이전등기는 하지 않은 상태이다. 이에 관한 설명으로 옳은 것은? (다툼이 있으면 판례에 따름)

① 제3자인 丙이 무단으로 X토지에 건물을 신축하고 그 건물을 丁에게 임대하고 있다면, 甲은 丙에 대하여 건물철거를 청구할 수 없다.

② 乙이 X토지를 인도받은 지 10년이 경과한 경우, 甲은 乙에게 등기청구권의 소멸시효를 원용하면서 X토지의 반환을 청구할 수 있다.

③ 제3자인 丙이 X토지상에 무단으로 건물을 신축하였다면, 乙은 甲의 丙에 대한 물권적 청구권을 대위행사할 수 없다.

④ 甲은 자신의 소유권에 기하여 乙에게 X토지에 대한 소유물반환청구권을 행사할 수 없다.

⑤ 미등기자인 乙이 丙에게 X토지를 매도하고 인도하였다면, 甲은 丙에 대하여 소유권에 기한 물권적 반환청구권을 행사할 수 있다.

오답
체크
① 甲은 불법건물의 소유자이면서 토지의 무단점유자인 丙에게 <u>건물철거를 청구할 수 있다</u>.
② 부동산매수인의 이전등기청구권은 매수인이 그 <u>부동산을 인도받아 점유하는 경우 소멸시효에 걸리지 않는다</u>. 따라서 乙이 X토지를 인도받은 지 10년이 경과한 경우에도 甲에 대한 乙의 등기청구권은 소멸시효에 걸리지 않는다.
③ 이전등기를 청구할 수 있는 채권자 乙은 채무자인 소유자 甲을 대위하여 <u>물권적 청구권을 행사할 수 있다</u>.
⑤ 매도인 甲은 이전등기는 하지 않았지만 부동산을 인도받아 점유하는 매수인 乙 또는 그 승계인 丙에 대하여 소유권에 기한 <u>물권적 반환청구권을 행사할 수 없다</u>.

기본서 p.445~447　　　　　　　　　　　　　　　　　　　　　　　　　　　　　　정답 ④

**06** 물권적 청구권에 관한 설명으로 옳은 것은? (다툼이 있으면 판례에 따름)

① 장래에 물권의 방해의 염려가 있는 경우에도 물권적 방해예방의 청구와 함께 손해배상의 담보를 청구할 수 있다.

② 물권적 청구권의 상대방은 현재 방해를 하고 있는 자로서 이미 방해가 종료된 경우에도 방해제거의 청구를 할 수 있다.

③ 물권적 청구권 행사에는 상대방의 고의·과실을 요하지 않으므로 불가항력의 사유로 방해가 발생한 경우에도 물권자는 물권적 청구권을 행사할 수 있다.

④ 지역권자 및 저당권자도 목적물반환청구권을 행사할 수 있다.

⑤ 매도인 甲의 토지를 매수인 乙에게 매도하여 등기를 이전하여 준 경우에도 매도인 甲은 토지의 불법점유자 A에게 물권적 청구권을 행사할 수 있다.

**07** 물권적 청구권에 관한 설명으로 옳지 않은 것은? (다툼이 있으면 판례에 따름)

① 점유물방해제거청구권은 방해가 종료한 날로부터 1년 내에 행사하여야 하는데, 그 기간은 출소기간으로 해석된다.

② 불법점유를 이유로 한 건물명도청구를 하는 경우 현실적으로 불법점유하고 있는 직접점유자를 상대로 할 수도 있고, 간접점유자를 상대로 명도를 청구할 수도 있다.

③ 소유권을 양도한 전(前) 소유자는 제3자인 불법점유자에 대하여 소유권에 기한 물권적 청구권에 의한 방해배제를 청구할 수 있다.

④ 사기에 의해 물건을 인도한 자는 점유회수의 소(= 점유물반환청구권)를 제기할 수 없다.

⑤ 인근의 소음으로 생활이익이 침해된 건물의 소유자는 그 침해가 사회통념상 수인한도를 넘는 경우에 소유권에 기하여 소음피해의 제거청구나 예방을 위한 청구를 할 수 있다.

---

**정답 및 해설**

**06** ③ ① 장래에 물권의 방해의 염려가 있는 경우에도 물권적 방해예방의 청구 또는 손해배상의 담보를 청구할 수 있다.
② 물권적 청구권의 상대방은 현재 방해를 하고 있는 자로서 이미 방해가 종료된 경우에는 그 방해제거의 청구를 할 수 없다.
④ 지역권자 및 저당권자는 목적물반환청구권을 행사할 수 없다.
⑤ 매도인 甲의 토지를 매수인 乙에게 매도하여 등기를 이전하여 준 경우 매도인 甲은 토지의 불법점유자 A에게 물권적 청구권을 행사할 수 없다.

**07** ③ 물권적 청구권은 물권과 운명을 같이하기 때문에 소유권을 양도한 전 소유자는 제3자인 불법점유자에 대하여 소유권에 기한 물권적 청구권을 행사할 수 없다.

---

**08** 물권적 청구권에 관한 설명으로 옳지 않은 것은? (다툼이 있으면 판례에 따름)

① 甲의 물건을 乙이 불법점유하는 경우 甲은 丙에게 그 소유권을 양도하면서 乙에 대한 소유물반환청구권을 자신에게 유보할 수 없다.

② 소유자는 현재 점유하고 있지 않은 자를 상대로 소유물의 반환을 청구할 수 없다.

③ 물권적 청구권은 점유권과 소유권 이외의 물권에 대하여도 인정된다.

④ 소유권에 기한 물권적 청구권은 소멸시효에 걸리지 않는다.

⑤ 간접점유자는 직접점유자가 점유의 침탈을 당한 때에는 그 물건의 반환을 청구할 수 없다.

---

다음 중 등기를 하여야만 물권변동의 효과가 발생하는 것을 모두 고른 것은? (다툼이 있으면 판례에 따름)

ㄱ 피담보채권의 소멸로 저당권이 소멸하는 경우
ㄴ 소유권이전등기청구소송에서 이행판결이 있는 경우
ㄷ 부동산에 대한 유치권을 취득하는 경우
ㄹ 채권담보를 위하여 근저당권을 설정하는 경우
ㅁ 점유취득시효로 토지소유권을 취득하는 경우

① ㄱ, ㄷ                    ② ㄴ, ㄷ, ㅁ
③ ㄴ, ㄹ, ㅁ                ④ ㄱ, ㄷ, ㄹ, ㅁ
⑤ ㄱ, ㄴ, ㄷ, ㄹ, ㅁ

해설 | ㄴㄹㅁ 등기를 하여야 물권변동의 효과가 발생한다.
　　　ㄱㄷ 등기를 하지 않아도 물권변동의 효과가 발생한다.

기본서 p.448~453                                              정답 ③

---

## 09 부동산물권변동에 관한 설명으로 옳지 않은 것은? (다툼이 있으면 판례에 따름)

① 점유취득시효에 의한 소유권 취득은 법규정에 의한 소유권 취득이지만, 등기를 하여야 원시취득한다.

② 물건의 멸실, 혼동, 소멸시효로 인한 물권의 소멸 등은 제187조 법규정에 의한 부동산 물권변동이므로 그 소멸에는 등기를 요하지 않는다.

③ 피담보채권의 변제가 있는 경우 그 저당권은 등기를 밀소할 필요가 없이 소멸한다.

④ 신축건물의 소유권 취득, 첨부, 법정지상권, 관습법상의 법정지상권 취득 등은 제187조 법규정에 의한 부동산물권변동이므로 그 취득에는 등기를 요하지 않는다.

⑤ 관습법의 법정지상권을 등기하지 않고 있던 중, 토지의 소유자가 변동되었을 때에는 새로운 소유자에게 관습법상의 법정지상권을 주장할 수 없다.

---

**정답 및 해설**

**08** ⑤ 간접점유자도 직접점유자가 점유의 침탈을 당한 때에는 침탈자에게 그 물건의 반환을 청구할 수 있다.

**09** ⑤ 관습법상의 법정지상권 취득은 제187조에 의한 물권의 취득이므로 지상권 등기를 하지 않더라도 즉시 취득한다. 따라서 관습법상의 법정지상권을 취득한 자는 토지소유자가 변경되었더라도 지상권의 등기 없이 새로운 소유자에게도 관습법상의 법정지상권을 주장할 수 있다.

**10** 부동산물권변동에 관한 설명으로 옳지 않은 것은? (다툼이 있으면 판례에 따름)

① 소유권이전등기를 마친 등기명의인은 제3자에 대하여 적법한 등기원인으로 소유권을 취득한 것으로 추정되지만 그 전(前) 소유자에 대하여는 그렇지 않다.

② 미등기 건물의 원시취득자는 그 승계인과 합의하여 승계인 명의로 소유권보존등기를 하여 건물소유권을 이전할 수 있다.

③ 등기는 물권의 존속요건이 아니므로 등기가 원인 없이 말소되더라도 그 권리는 소멸하지 않는다.

④ 미등기 건물의 소유자가 건물을 그 대지와 함께 팔고 대지에 관한 소유권이전등기를 마친 때에는 매도인에게 관습법상 법정지상권이 인정되지 않는다.

⑤ 저당권설정등기가 원인 없이 말소된 때에도 그 부동산이 경매되어 매수인이 매각대금을 납부하면 원인 없이 말소된 저당권은 소멸한다.

**11** 甲이 사망하여 그의 X부동산을 乙이 상속받았는데, 乙은 자기 명의로 소유권이전등기를 하지 않은 채, 丙에게 X부동산을 매도하고 매매대금을 모두 받았다. 이에 관한 설명으로 옳은 것은? (다툼이 있으면 판례에 따름) <sub>제18회</sub>

① 甲이 여전히 X부동산의 소유자이다.

② 乙이 자신의 명의로 등기하지 않고 甲으로부터 丙에게 바로 소유권이전등기를 마친 경우, 丙은 X부동산에 대한 소유권을 취득하지 못한다.

③ 乙이 상속을 원인으로 한 소유권이전등기를 하지 않더라도 甲이 사망한 때에 X부동산에 대한 소유권을 취득한다.

④ 丙은 매매대금을 모두 지급하였으므로 자신의 명의로 X부동산에 대한 소유권이전등기를 하지 않더라도 소유권을 취득한다.

⑤ 丙이 X부동산에 대한 소유권이전등기절차의 이행을 구하는 소를 제기하여 승소판결이 확정된 경우, 丙은 소유권이전등기를 하지 않더라도 소유권을 취득한다.

## 대표예제 82 　 등기청구권의 성질 ★

등기청구권의 성질에 관한 설명으로 옳지 않은 것은? (다툼이 있으면 판례에 따름)

① 부동산의 점유취득시효가 완성된 경우 시효취득자가 등기명의인에 대하여 가지는 소유권이
　 전등기청구권은 채권적 청구권이다.
② 수급인이 도급인에 대하여 보수채권을 위하여 가지는 저당권설정등기청구권은 채권적 청구
　 권이다.
③ 부동산임차권에 기하여 임차인이 임대인에 대하여 가지는 임차권등기청구권은 채권적 청구
　 권이다.
④ 매매계약에 의하여 매수인이 매도인에 대하여 가지는 소유권이전등기청구권은 채권적 청구
　 권이다.
⑤ 매도인 甲이 매수인 乙의 사기를 이유로 취소한 후에 가지는 소유권이전등기청구권은 채권적
　 청구권이다.

해설 | 법률행위가 해제 · 무효 · 취소 등 실효되어 실체적 관계와 부합하지 않는 경우 상대방에 대하여 가지는
　　　 등기말소청구권(= 소유권이전등기청구권)은 물권적 청구권이므로 소멸시효에 걸리지 않는다.

기본서 p.458　　　　　　　　　　　　　　　　　　　　　　　　　　　　　　　　　　　　 정답 ⑤

---

### 정답 및 해설

**10** ① 부동산에 관하여 소유권이전등기가 마쳐져 있는 경우에는 그 등기명의자는 <u>제3자에 대하여서뿐 아니라 그
전 소유자에 대하여서도 적법한 등기원인에 의하여 소유권을 취득한 것으로 추정된다.</u> 따라서 이를 다투는
측에서 그 무효사유를 주장 · 입증하여야 하고, 부동산 등기는 현재의 진실한 권리상태를 공시하면 그에 이
른 과정이나 태양을 그대로 반영하지 아니하였어도 유효한 것으로서, 등기명의자가 전 소유자로부터 부동
산을 취득함에 있어 등기부상 기재된 등기원인에 의하지 아니하고 다른 원인으로 적법하게 취득하였다고
하면서 등기원인 행위의 태양이나 과정을 다소 다르게 주장한다고 하여 이러한 주장만 가지고 그 등기의
추정력이 깨어진다고 할 수는 없으므로, 이러한 경우에도 이를 다투는 측에서 등기명의자의 소유권이전등
기가 전 등기명의인의 의사에 반하여 이루어진 것으로서 무효라는 주장 · 입증을 하여야 한다.

**11** ③ ① 상속이 개시되었으므로 등기와 상관없이 <u>상속인 乙이 X부동산의 소유권을 취득한다</u>(제187조).
　　② 상속인 乙이 자신의 명의로 등기하지 않고 피상속인 甲으로부터 매수인 丙에게 바로 소유권이전등기를
　　　 마친 경우라고 하더라도, 일종의 중간생략등기와 유사한 것이므로 매수인 丙은 X부동산에 대한 <u>소유권을
　　　 취득한다.</u>
　　④ 법률행위에 의한 부동산물권변동은 제186조에 의하여 등기를 하여야 하므로, 매수인 丙이 매매대금을
　　　 모두 지급하였더라도, 자신의 명의로 X부동산에 대한 소유권이전등기를 하지 않은 이상 그 부동산의
　　　 <u>소유권을 취득할 수 없다</u>(제186조).
　　⑤ 제187조 판결은 형성판결을 의미하므로 이행판결이 확정된 경우, 丙은 <u>소유권이전등기를 하여야</u> 소유
　　　 권을 취득한다.

**12** 등기청구권의 법적 성질이 같은 것을 모두 고른 것은? (다툼이 있으면 판례에 따름)

> ㉠ 청구권 보전을 위한 가등기에 기하여 하는 본등기청구권
> ㉡ 중간생략등기에 있어서 최종양수인의 최초양도인에 대하여 가지는 등기청구권
> ㉢ 매매계약의 해제로 인한 매도인 甲이 매수인 乙에 대하여 가지는 등기청구권
> ㉣ 저당권자 甲이 저당권설정자 乙에 대하여 가지는 저당권설정등기청구권
> ㉤ 점유취득시효가 완성된 후 가지는 등기청구권

① ㉠, ㉡
② ㉠, ㉢, ㉣
③ ㉠, ㉡, ㉣, ㉤
④ ㉡, ㉢, ㉣, ㉤
⑤ ㉠, ㉡, ㉢, ㉣, ㉤

---

## 대표예제 83　등기의 효력 ★★★

건물의 중간생략등기에 관한 설명으로 옳은 것을 모두 고른 것은? (다툼이 있으면 판례에 따름)

제22회

> ㉠ 부동산등기 특별조치법은 중간생략등기를 금지하고 있다.
> ㉡ 최종매수인이 최초매도인에게 직접 소유권이전등기청구권을 행사하기 위해서는 당사자 전원이 중간생략등기에 관한 합의를 하여야 한다.
> ㉢ 적법한 원인행위에 의해 중간생략등기가 마쳐진 경우, 특별한 사정이 없는 한 그 등기는 유효하다.
> ㉣ 중간생략등기를 하기로 한 경우, 중간자의 채무불이행이 있어도 최초매도인은 최종매수인의 명의로의 소유권이전등기 이행을 거절할 수 없다.

① ㉠, ㉡　　　　　　　　　　　　② ㉡, ㉣
③ ㉢, ㉣　　　　　　　　　　　　④ ㉠, ㉡, ㉢
⑤ ㉠, ㉢, ㉣

해설 | ㉣ 중간생략등기를 하기로 한 경우라도, 각 당사자 사이에서의 소유권이전등기청구권 행사 또는 대금지급청구권 행사는 제한되지 않는다. 따라서 중간자의 채무불이행이 있다면 최초매도인은 최종매수인의 명의로의 소유권이전등기 이행을 거절할 수 있다.

기본서 p.453~457　　　　　　　　　　　　　　　　　　　　　　　　　정답 ④

**13** 부동산등기의 유효요건에 관한 설명 중 옳지 않은 것은? (다툼이 있으면 판례에 따름)

① 소유권이전등기가 된 후에 등기부가 멸실되었더라도 물권변동의 효력이 상실되는 것은 아니다.

② 등기는 물권변동의 효력발생요건일 뿐 존속요건이 아니므로, 등기가 불법 말소되었더라도 물권의 존속에는 영향이 없다.

③ 매매계약이 무효·취소되어 명의등기를 회복하는 방법으로 말소등기 대신 새로운 이전등기를 청구할 수 있다.

④ 무효등기의 유용은 그 등기를 유용하기로 하는 합의가 이루어지기 전에 등기상 이해관계가 있는 제3자가 생기지 않은 경우에 한하여 허용된다.

⑤ 등기상 이해관계인이 없는 한 멸실된 건물의 보존등기를 멸실 후 신축한 건물의 보존등기로 유용하는 것도 허용된다.

**14** 등기에 관한 설명으로 옳지 않은 것은? (다툼이 있으면 판례에 따름)

① 실질관계의 소멸로 무효가 된 등기의 유용은, 그 등기를 유용하기로 하는 합의가 이루어지기 전에 등기상 이해관계 있는 제3자가 생기지 않아야 허용된다.

② 하나의 부동산에 甲 명의로 소유권보존등기가 된 후 다시 乙 명의로 소유권보존등기가 된 경우, 甲이 허위의 등기서류에 의하여 보존등기를 한 것이라면 甲의 보존등기는 원인무효이므로 乙의 보존등기가 유효하다.

③ 무효인 부동산소유권이전등기를 기초로 하여 이루어진 근저당권설정등기는 특별한 사정이 없는 한 무효이므로, 무효인 근저당권에 기하여 진행된 임의경매절차에서 부동산을 경락받은 자는 그 소유권을 취득할 수 없다.

④ 중간생략등기의 제3자 합의가 없는 경우, 부동산의 최종매수인은 중간자를 대위하여 최초매도인에게 직접 자기 앞으로 소유권이전등기를 구할 수 없다.

⑤ 중간생략등기의 제3자 합의가 있는 경우라도 최종매수인은 최초매도인에게 직접 소유권이전등기를 청구할 수는 없다.

---

**정답 및 해설**

**12** ③ ㉠㉡㉢㉤ 채권적 청구권으로서의 성질을 가진다.
　　㉢ 물권적 청구권으로서의 성질을 가진다.

**13** ⑤ 멸실된 건물의 보존등기를 멸실 후 신축한 건물의 보존등기로 유용하는 것은 허용되지 않는다.

**14** ⑤ 중간생략등기의 제3자 합의가 있는 경우 최종매수인은 최초매도인에게 직접 소유권이전등기를 청구할 수 있다.

**15** 등기의 효력에 관한 설명으로 옳은 것은? (다툼이 있으면 판례에 따름)

① 허무인(虛無人)으로부터 이어받은 소유권이전등기의 경우에도 그 등기명의자의 소유권은 추정된다.

② 등기는 효력발생요건인 동시에 존속요건이므로 등기가 불법말소된 경우 물권의 효력은 소멸한다.

③ 위조된 등기신청서류에 의하여 경유된 소유권이전등기라 할지라도 그 등기가 실체적 권리관계에 부합되는 경우에는 유효하다.

④ 부동산등기는 실체적 권리관계에 부합한다고 하더라도, 그 권리취득의 경위나 방법이 사실과 다르다면 그 등기는 무효가 된다.

⑤ 건물의 신축자가 명의자에게 매도한 사실을 부정하더라도, 신축된 건물의 소유권보존등기가 명의자에게 경료된 경우 명의자는 적법한 권리자로 추정된다.

**16** 중간생략등기에 관한 설명으로 옳지 않은 것은? (다툼이 있으면 판례에 따름)

① 부동산이 전전 양도된 경우에 최종양수인이 중간자로부터 소유권이전등기청구권을 양도받았다 하더라도 최초양도인이 그 양도에 대하여 동의하지 않고 있다면 최종양수인은 최초양도인에 대하여 채권양도를 원인으로 하여 소유권이전등기절차의 이행을 청구할 수 없다.

② 토지거래허가구역 내의 토지를 토지거래허가 없이 순차로 매매한 후, 최종매수인이 중간생략등기의 합의하에 자신과 최초매도인을 매매당사자로 하는 토지거래허가를 받아 경료한 소유권이전등기는 무효이다.

③ 중간생략등기의 합의는 명시적인 것뿐만이 아니라 묵시적인 경우에도 가능하다.

④ 중간생략등기의 합의가 있었다 하더라도 중간매수인의 첫 매도인에 대한 소유권이전등기청구권이 소멸되는 것은 아니다.

⑤ 중간생략등기의 합의가 있으면 최초매도인이 자신이 당사자가 된 매매계약상의 매수인인 중간자에 대하여 가지고 있는 매매대금청구권의 행사가 제한된다.

## 17 등기의 추정력에 관한 설명으로 옳지 않은 것은? (다툼이 있으면 판례에 따름)

① 부동산에 관한 소유권이전등기가 있는 이상 그 절차는 정당한 것으로 추정된다.

② 전(前) 등기명의인이 직접 처분행위를 하지 아니하고 제3자가 등기서류를 위조하여 처분하는 행위가 개입된 경우에도 현(現) 등기명의인에게 등기가 적법하게 이루어진 것으로 추정된다.

③ 근저당권의 설정등기가 되어 있으면 이에 상응한 피담보채권의 존재가 추정된다.

④ 소유권이전등기에 인정되는 원인의 적법추정은 그 전(前) 소유자에 대해서도 인정된다.

⑤ 등기명의자의 보존등기가 있으면 전(前) 소유자가 그에게 소유권을 양도한 사실을 부인하여도 보존등기 명의자의 소유권이 추정된다.

---

### 정답 및 해설

**15 ③** ① 허무인(虛無人)으로부터 이어받은 소유권이전등기의 경우에는 <u>그 등기명의자의 소유권은 추정되지 않는다</u>.

② 등기는 효력발생요건이지만, 그 존속요건이 아니므로 <u>등기가 불법말소된 경우 물권의 효력은 소멸하지 않는다</u>.

④ 부동산등기는 실체적 권리관계에 부합하는 한, 그 <u>권리취득의 경위나 방법이 사실과 다르다고 하더라도 유효이다</u>.

⑤ 신축된 건물의 소유권보존등기 명의자가 실제로 그 건물을 신축하지 않았고, <u>건물의 신축자가 명의자에게 매도한 사실을 부정하였다면 명의자는 적법한 권리자로 추정되지 않는다</u>.

**16 ⑤** 중간생략등기의 합의가 있다고 하더라도 최초매도인이 중간매수인에 대하여 가지고 있는 <u>매매대금청구권의 행사가 제한되지 않는다</u>.

**17 ⑤** 소유권보존등기는 소유권이 진실에 맞게 보존되어 있다는 사실에 대해서만 추정력을 가지는 것이고, <u>권리변동의 사실에 대해서는 추정력을 주지 않는다</u>. 따라서 보존등기의 명의자가 전(前) 소유자로부터 매수하였다고 주장하는 데 대하여 전(前) 소유자가 이를 부인하는 경우에는 <u>보존등기 명의자의 소유권이 추정되지 않는다</u>.

**18** 甲 소유의 X토지에 乙 명의로 소유권이전청구권을 보전하기 위한 가등기를 한 경우에 관한 설명으로 옳은 것은? (다툼이 있으면 판례에 따름)

① 乙은 부기등기의 형식으로는 가등기된 소유권이전청구권을 양도하지 못한다.

② 가등기가 있으면 乙이 甲에게 소유권이전을 청구할 법률관계가 있다고 추정된다.

③ 乙이 가등기에 기하여 본등기를 하면 乙은 가등기한 때부터 X토지의 소유권을 취득한다.

④ 가등기 후에 甲이 그의 채권자 丙에게 저당권을 설정한 경우, 가등기에 기하여 본등기를 마친 乙은 丙에 대하여 물상보증인의 지위를 가진다.

⑤ 乙이 별도의 원인으로 X토지의 소유권을 취득한 때에는, 특별한 사정이 없으면 가등기로 보전된 소유권이전청구권은 소멸하지 않는다.

---

**대표예제 84** | **동산의 선의취득 ★★★**

동산의 선의취득에 관한 설명으로 옳지 않은 것은? (다툼이 있으면 판례에 따름)

① 등기나 등록에 의하여 공시되는 동산은 원칙적으로 선의취득의 대상이 될 수 없다.

② 선의취득이 성립하기 위해서는 양도인이 무권리자라고 하는 점을 제외하고는 아무런 흠이 없는 거래행위이어야 한다.

③ 양도인이 제3자에 대한 반환청구권을 양수인에게 양도하고 지명채권 양도의 대항요건을 갖춘 경우, 선의취득에 필요한 점유의 취득요건을 충족한다.

④ 동산질권의 선의취득을 저지하기 위해서는 취득자의 점유취득이 과실에 의한 것임을 동산의 소유자가 증명하여야 한다.

⑤ 양수인이 도품을 공개시장에서 선의·무과실로 매수한 경우, 피해자는 양수인이 지급한 대가를 변상하고 그 물건의 반환을 청구할 수 있다.

해설 | 동산질권의 선의취득을 저지하기 위해서는 취득자의 점유취득이 과실에 의한 것이라는 사실에 대한 증명은 동산의 소유자가 아니라 <u>선의취득을 주장하는 자가 스스로 증명하여야 한다</u>.

기본서 p.459~461

정답 ④

**19** 동산의 선의취득에 관한 설명으로 옳지 않은 것은? (다툼이 있으면 판례에 따름)

① 법정대리인의 동의 없이 제한능력자가 동산을 처분한 경우 그 상대방은 선의취득을 주장할 수 없다.

② 선의취득의 효과는 법률의 규정에 의하여 발생되므로, 선의취득자가 임의로 이와 같은 선의취득의 효과를 거부하고 종전 소유자에게 동산을 반환받아 갈 것을 요구할 수 없다.

③ 경매에 의해서 선의취득하는 것도 가능하다.

④ 타인의 산림을 자기의 것으로 잘못 알고 벌채하는 경우 그 산림의 목재는 선의취득할 수 없다.

⑤ 무권대리인이 본인의 시계를 처분한 경우, 상대방이 무권대리인에게 대리권이 있다고 오신하였다면 선의취득할 수 있다.

---

**정답 및 해설**

**18** ⑤ ① 가등기도 재산권에 해당된다. 따라서 乙은 부기등기의 형식으로 가등기된 소유권이전청구권을 <u>양도할 수 있다.</u>
② 가등기가 있더라도 乙이 甲에게 소유권이전을 청구할 법률관계가 있다고 <u>추정되지 않는다.</u>
③ 乙이 가등기에 기하여 본등기를 하면 乙은 가등기한 때부터 X토지의 소유권을 취득하는 것이 아니고 <u>본등기시부터 소유권을 취득한다.</u>
④ 가등기 후에 甲이 그의 채권자 丙에게 저당권을 설정한 경우, 가등기에 기하여 본등기를 마친 乙은 丙과의 저당권설정계약을 맺은 자가 아니므로 <u>물상보증인의 지위를 갖지 않는다.</u>

**19** ⑤ 양도인이 자신의 이름으로 양도하여야 선의취득이 적용되므로, 무권대리인이 본인을 대리하여 양도한 경우에는 <u>선의취득은 적용되지 않는다.</u>

**20** 중고노트북 판매상인 乙은 甲의 노트북을 훔쳐서, 자신의 가게에서 丙에게 50만원에 팔고 넘겨주었다. 이에 관한 설명으로 옳지 않은 것은? (다툼이 있으면 판례에 따름)

제18회

① 丙이 훔친 노트북이라는 사실을 안 경우, 丙은 선의취득하지 못한다.

② 丙의 선의취득이 성립하려면 乙과 丙 사이의 매매가 유효하여야 한다.

③ 甲은 乙에 대하여 부당이득반환 또는 불법행위에 기한 손해배상을 청구할 수 있다.

④ 丙이 선의취득의 요건을 갖추었더라도, 甲은 도난된 날로부터 2년 내에 丙에 대하여 노트북의 반환을 청구할 수 있다.

⑤ 도품·유실물에 관한 특례(민법 제251조)에 따라 丙이 甲에게 노트북을 반환하는 경우, 丙은 甲에게 대가변상을 청구하지 못한다.

---

**대표예제 85** **물권의 소멸 ★**

물권의 소멸에 관한 설명으로 옳지 않은 것을 모두 고르면? (다툼이 있으면 판례에 따름)

㉠ 甲이 乙의 토지 위에 선순위 저당권을 가지고 있고 丙이 그 토지 위에 후순위 저당권을 가지고 있는 경우에 甲이 乙을 상속하였다면 甲의 선순위 저당권은 소멸하지 않는다.

㉡ 물권의 포기와 혼동은 물권의 공통되는 소멸원인에 해당한다.

㉢ 광업권 또는 점유권이 토지소유권과 함께 동일인에게 귀속되더라도 광업권 또는 점유권은 소멸하지 않는다.

㉣ 근저당권자가 소유권을 취득하면 그 근저당권은 혼동에 의하여 소멸하고, 혼동에 의한 물권 소멸의 효과는 절대적이기 때문에, 그 뒤 그 소유권 취득이 무효인 것이 밝혀지더라도 소멸하였던 근저당권은 부활하지 않는다는 것이 판례의 태도이다.

㉤ 물권이 혼동으로 인하여 소멸하는 경우에는 원칙적으로 등기를 요하지 않는다.

① ㉠, ㉣
② ㉡, ㉢
③ ㉡, ㉣
④ ㉢, ㉣
⑤ ㉡, ㉢, ㉣

해설 | ㉠ 1번 저당권자 甲이 乙의 토지 위에 선순위 저당권을 가지고 있고 丙이 그 토지 위에 2번 저당권을 가지고 있는 경우 甲이 乙을 상속하였다면 甲의 1번 저당권은 소멸한다.

㉣ 혼동의 원인이 된 소유권 취득이 무효인 것이 밝혀지면 소멸하였던 근저당권은 부활한다는 것이 판례의 태도이다.

기본서 p.462~463

정답 ①

**21** 물권의 소멸에 관한 설명으로 옳지 않은 것은? (다툼이 있으면 판례에 따름)

① 물건이 멸실되더라도 물건의 가치적 변형물이 남아 있는 경우에는 담보물권은 그 가치적 변형물에 미친다.

② 지역권은 소멸시효의 대상이 될 수 있다.

③ 부동산에 대한 합유지분의 포기는 형성권의 행사이므로 등기하지 않더라도 포기의 효력이 생긴다.

④ 점유권과 본권이 동일인에게 귀속하더라도 점유권은 소멸하지 않는다.

⑤ 근저당권자가 그 저당물의 소유권을 취득하면 그 근저당권은 원칙적으로 혼동에 의하여 소멸하지만, 그 뒤 그 소유권 취득이 무효인 것이 밝혀지면 소멸하였던 근저당권은 당연히 부활한다.

**22** 혼동에 의한 물권소멸에 관한 설명으로 옳은 것을 모두 고른 것은? (다툼이 있으면 판례에 따름)

---

㉠ 甲의 토지 위에 乙이 1번 저당권, 丙이 2번 저당권을 가지고 있다가 乙이 증여를 받아 토지소유권을 취득하면 1번 저당권은 소멸한다.

㉡ 乙이 甲의 토지 위에 지상권을 설정받고, 丙이 그 지상권 위에 저당권을 취득한 후 乙이 甲으로부터 그 토지를 매수한 경우, 乙의 지상권은 소멸한다.

㉢ 甲의 토지를 乙이 점유하다가 乙이 이 토지의 소유권을 취득하더라도 乙의 점유권은 소멸하지 않는다.

㉣ 甲의 토지 위에 乙이 지상권, 丙이 저당권을 가지고 있는 경우, 丙이 그 소유권을 취득하면 丙의 저당권은 소멸한다.

---

① ㉠, ㉡        ② ㉡, ㉢        ③ ㉢, ㉣

④ ㉠, ㉣        ⑤ ㉠, ㉢

---

**정답 및 해설**

**20** ⑤ 양수인이 도품 또는 유실물을 경매나 공개시장에서 또는 동종류의 물건을 판매하는 상인에게서 선의로 매수한 때에는 피해자 또는 유실자는 양수인이 지급한 대가를 변상하고 그 물건의 반환을 청구할 수 있다(제251조).

**21** ③ 부동산에 대한 합유지분의 포기는 형성권의 행사, 즉 법률행위에 의한 물권의 변동이므로 등기하여야 포기의 효력이 생긴다.

**22** ③ ㉠ 丙의 2번 저당권 순위승진을 허용할 수 없으므로, 乙의 1번 저당권은 소멸하지 않는다.
㉡ 乙의 지상권이 丙이 가지는 저당권의 대상이므로 乙이 甲의 토지를 매수하여 소유권을 취득하였더라도 乙의 지상권은 혼동으로 소멸하지 않는다.

# 제2장 물권법 각론

**점유권 ★★★**

점유에 관한 설명으로 옳은 것은? (다툼이 있으면 판례에 따름) 제17회

① 과실을 취득한 선의의 점유자는 회복자를 상대로 그 점유물에 대하여 지출한 통상 필요비의 상환을 청구할 수 없다.

② 선의의 점유자가 본권에 관한 소에서 패소하면 그 소에서 패소한 때부터 악의의 점유자로 간주된다.

③ 점유자는 선의·무과실로 점유하는 것으로 추정되므로 점유자에게 과실 있음을 주장하는 자는 이를 증명할 책임이 있다.

④ 폭력 또는 은비에 의한 점유자도 선의인 경우에는 점유물의 과실을 취득할 수 있다.

⑤ 유익비는 그 가액의 증가가 현존한 경우에 한하여 점유자의 선택에 좇아 그 지출금액이나 증가액의 상환을 청구할 수 있다.

**해설 |** 과실을 취득한 선의의 점유자는 회복자를 상대로 그 점유물에 대하여 지출한 <u>통상 필요비의 상환을 청구할 수 없다</u>(제203조 제1항). 그러나 특별필요비는 청구할 수 있다.

**오답 체크 |**
② 선의의 점유자라도 본권에 관한 소에서 패소한 때에는 그 <u>소가 제기된 때로부터</u> 악의의 점유자로 본다(제197조 제2항).

③ 점유자는 소유의 의사로 선의·평온 및 공연하게 점유한 것으로 추정한다. 따라서 무과실은 추정되지 않으므로 <u>점유자 스스로 과실 없음을 증명하여야 한다</u>(제197조 제1항).

④ 폭력 또는 은비에 의한 점유자는 <u>과실을 수취할 수 없고</u> 수취한 과실을 반환하여야 하며, 소비하였거나 과실로 인하여 훼손 또는 수취하지 못한 경우에는 그 <u>과실의 대가를 보상</u>하여야 한다(제201조 제3항).

⑤ 유익비는 그 가액의 <u>증가가 현존</u>한 경우, 점유자의 선택이 아니라 <u>회복자의 선택</u>에 좇아 그 지출금액이나 증가액의 상환을 청구할 수 있다.

기본서 p.479~488 정답 ①

**01** 점유의 관념화에 관한 설명으로 옳은 것은? (다툼이 있으면 판례에 따름)

① 임차인 乙이 임의로 그 점유를 타인 丙에게 양도한 경우, 그 점유이전이 임대인 甲의 의사에 위반한다면 甲의 점유가 침탈된 경우에 해당된다.

② 甲의 건물을 乙이 무단으로 불법점유하여 丙에게 임차한 경우, 乙에게는 건물의 명도를 청구할 수 없다.

③ 점유보조자는 점유자가 아니므로 점유보호청구권, 점유권, 자력구제권이 인정되지 않는다.

④ 점유매개관계가 성립하려면 그 근거가 되는 계약관계가 유효이어야 하고, 단일하게 존재하여야 한다.

⑤ 점유매개관계가 존재하는 경우 직접점유자는 언제나 타주점유자이다.

---

**정답 및 해설**

**01 ⑤** ① 임차인 乙이 임의로 그 점유를 타인 丙에게 양도한 경우에는 점유이전이 <u>임대인 甲의 의사에 반한다</u> <u>하더라도 甲의 점유가 침탈된 경우에 해당하지 않는다.</u>

② 甲의 건물을 乙이 무단으로 불법점유하여 丙에게 임차한 경우, <u>직접점유자 丙뿐만 아니라 간접점유자</u> <u>乙에게도 건물의 명도를 청구할 수 있다.</u>

③ 점유보조자는 점유자가 아니므로 점유보호청구권, 점유권은 인정되지 않지만, <u>자력구제권은 인정된다.</u>

④ 점유매개관계가 성립하기 위한 계약관계는 <u>유·무효를 불문하고,</u> 단일하게 존재할 필요도 없으므로 <u>중</u> <u>첩적으로 존재할 수도 있다.</u>

**02** 점유에 관한 설명으로 옳은 것은? (다툼이 있으면 판례에 따름)

① 무권리자로부터 토지를 매수한 자의 점유는 다른 특별한 사정이 없는 한 자주점유이다.

② 점유가 성립하기 위해서는 반드시 물건에 대한 물리적·현실적 지배가 수반되어야 한다.

③ 건물의 소유자가 아닌 자가 실제로 건물을 점유하고 있다면 특별한 사정이 없는 한, 당연히 건물의 부지를 점유한다고 보아야 한다.

④ 토지에 대한 소유권보존등기가 이루어졌다면, 그 등기명의자는 그 무렵 다른 사람으로부터 당해 토지에 대한 점유를 이전받았다고 본다.

⑤ 부동산을 매도하고 등기를 이전하였으나, 아직 그 부동산을 인도하지 않은 매도인의 점유는 특별한 사정이 없는 한 자주점유로 본다.

**03** 자주점유와 타주점유에 관한 설명으로 옳지 않은 것은? (다툼이 있으면 판례에 따름)

① 점유의 원인이 자주점유인지 타주점유인지 분명하지 않을 경우 그 점유자는 소유의사로써 점유하는 것으로 추정한다.

② 타주점유는 그 점유물의 소유권이 타인에게 있음을 전제로 하는 점유로서 지상권자, 전세권자, 임차인 등의 점유가 이에 해당한다.

③ 타주점유가 자주점유로 바뀌기 위해서는 타주점유자가 매매, 증여, 상속 등 새로운 권원에 기하여 소유의사로써 점유하여야 한다.

④ 자주점유는 소유자와 동일한 지배를 행사하려는 의사를 가지고 있는 점유로서 반드시 법률상 지배할 수 있는 권원이 있을 필요는 없다.

⑤ 소유의사의 유무는 점유취득의 원인이 된 권원의 객관적 성질에 의하여 정해지므로 선의의 매수인에 의한 점유는 자주점유이다.

**04** 점유권에 관한 설명 중 옳지 않은 것은? (다툼이 있으면 판례에 따름)

① 점유는 상속에 의하여 상속인에게 이전되고, 이러한 경우에 상속인이 피상속인의 점유의 성질과 하자를 그대로 승계한다.

② 점유보조자에게는 점유자를 위한 점유보호청구권은 인정되지 않지만, 자력구제권은 인정된다.

③ 타인 소유의 물건을 자신에게 소유권이 있다고 믿고 점유하는 자가 점유물을 소유자에게 반환할 때, 점유자는 그동안 과실을 취득한 경우에도 소유자에게 유익비 상환을 청구할 수 있다.

④ 전(前) 점유자의 점유가 타주점유라 하더라도 점유자의 특정승계인은 자기의 점유만을 주장할 수 있으며, 이 경우 승계인의 점유는 자주점유로 추정된다.

⑤ 점유자가 회복자에게 유익비상환을 청구한 것에 대하여 법원이 유익비상환기간을 6개월 유예한 경우, 점유자는 유예기간 동안 점유물에 관하여 유치권을 행사할 수 있다.

---

**정답 및 해설**

**02** ① ② 점유도 관념적 점유가 가능하므로 <u>반드시 물건에 대한 물리적·현실적 지배가 수반될 필요는 없다.</u>

③ 건물의 소유자가 실제로 건물을 점유하고 있다면 특별한 사정이 없는 한, 당연히 건물의 부지를 점유한다고 보아야 한다.

④ <u>토지에 대한 소유권보존등기가 아니라 이전등기가 이루어졌다면</u>, 그 등기명의자는 그 무렵 다른 사람으로부터 당해 토지에 대한 점유를 이전받았다고 본다.

⑤ 부동산을 매도하고 등기를 이전하였으나, 아직 그 부동산을 인도하지 않은 매도인의 점유는 특별한 사정이 없는 한 <u>자주점유가 아닌 타주점유로 전환된다.</u>

**03** ③ 상속인의 점유는 피상속인의 하자를 그대로 승계하므로 <u>상속은 자주점유로 바뀌는 새로운 권원이 될 수 없다.</u>

**04** ⑤ 유치권은 채권이 변제기에 있는 경우에 성립하므로(제320조, 제328조), 유익비의 상환청구에 대하여 법원이 <u>상당한 상환기간을 허여한 경우 유익비상환청구권에 대하여는 유치권은 성립되지 않는다.</u>

**05** 점유자와 회복자의 관계에 관한 설명으로 옳지 않은 것은?

① 점유자가 점유물을 개량하기 위하여 지출한 비용은 그 가액의 증가가 현존하는 경우에 한하여 회복자의 선택에 좇아 그 지출금액이나 증가액의 상환을 청구할 수 있다.

② 점유자가 점유물을 반환할 때에는 회복자에 대하여 점유물을 보존하기 위하여 지출한 필요비의 상환을 청구할 수 있으나, 점유자가 과실을 취득한 경우에는 통상의 필요비는 청구하지 못한다.

③ 유익비상환청구의 경우에는 회복자의 청구에 의하여 법원이 상당한 상환기간을 허여할 수 있다.

④ 악의의 점유자는 점유의 회복자에 대하여 수취한 과실(果實)을 반환하여야 하나, 과실(過失)로 인하여 훼손 또는 수취하지 못한 경우에는 과실(果實)의 대가를 보상하여야 한다.

⑤ 점유물이 점유자의 유책사유로 인하여 멸실 또는 훼손된 때, 소유의사가 없는 점유자가 선의인 경우에는 이익이 현존하는 한도에서 배상하여야 한다.

**06** 점유보호청구권에 관한 설명으로 옳은 것을 모두 고른 것은? (다툼이 있으면 판례에 따름)

㉠ 점유자가 점유의 침탈을 당한 경우, 침탈자의 선의의 매수인으로부터 이를 악의로 전득한 자에 대하여 점유물반환청구권을 행사할 수 있다.
㉡ 점유자가 사기를 당하여 점유를 이전한 경우 점유물반환청구권을 행사할 수 있다.
㉢ 점유의 방해를 받을 염려가 있을 때 점유자는 방해의 예방과 함께 손해배상의 담보를 청구할 수 있다.
㉣ 점유의 방해를 받은 점유자는 방해의 제거 및 손해의 배상을 청구할 수 있으나, 손해배상을 청구하려면 방해자의 고의 또는 과실이 있어야 한다.
㉤ 직접점유자와 간접점유자는 자력구제권을 행사할 수 있다.

① ㉡

② ㉣

③ ㉠, ㉡, ㉣

④ ㉢, ㉣, ㉤

⑤ ㉠, ㉡, ㉢, ㉣, ㉤

## 대표예제 87 소유권 ★★★

甲 소유의 X토지를 乙이 20년간 소유의 의사로 평온·공연하게 점유하여 취득시효기간이 만료되었으나, 乙은 그 등기를 하지 않았다. 그 후 甲은 丙과 X토지에 대한 매매계약을 체결하였다. 다음 설명 중 옳지 않은 것은? (다툼이 있으면 판례에 따름)  제17회

① 丙의 소유권이전등기 완료 후에도 乙의 평온·공연한 자주점유가 20년 이상 계속되었다면 乙은 丙에 대하여 취득시효의 완성을 주장할 수 있다.

② 甲·丙간의 토지매매계약은 원칙적으로 유효하므로 丙이 X토지에 대한 소유권이전등기를 완료하였다면 그 토지의 소유권을 취득할 수 있다.

③ 乙이 甲에게 소유권이전등기를 청구한 후 甲이 X토지를 丙에게 매도하여 이전등기까지 경료해 준 경우, 乙은 甲에 대하여 손해배상을 청구할 수 있다.

④ 만약 丙이 甲의 배임행위에 적극가담하여 乙에 대한 소유권이전등기의무를 불가능하게 하였다면 丙은 소유권을 취득하지 못한다.

⑤ X토지가 미등기 부동산인 경우에는 소유권이전등기가 불가능하므로 乙은 취득시효의 완성만으로 등기 없이 소유권을 취득할 수 있다.

해설 | 점유취득시효의 경우 소유권 자체를 취득하는 것이 아니고 소유권이전등기청구권을 취득하는 것이다. 따라서 법률행위가 아닌 법규정에 의한 소유권의 취득이지만, 취득시효의 완성만으로는 소유권 취득을 주장할 수 없고, 소유권이전등기가 이루어져야 소유권을 취득한다.

기본서 p.488~502  정답 ⑤

---

### 정답 및 해설

**05 ⑤** 점유자의 유책사유에 의한 점유물의 멸실·훼손에 대하여 선의·자주인 점유자는 현존이익만 반환하면 되고, 타주점유자는 선의이더라도 전 손해를 배상하여야 한다(제202조 후단).

**06 ②** ㉠ 점유자가 점유의 침탈을 당한 경우, 침탈자의 선의의 매수인으로부터 이를 악의로 전득한 자는 선의의 매수인의 지위를 승계하므로 그에게 점유물반환청구권을 행사할 수 없다.

ⓛ 점유자가 사기를 당하여 점유를 이전한 경우, 점유의 침탈에 해당하지 않으므로 점유물반환청구권을 행사할 수 없다.

ⓒ 점유의 방해를 받을 염려가 있을 때 점유자는 방해의 예방 또는 손해배상의 담보를 청구할 수 있다.

ⓜ 직접점유자와 점유보조자는 자력구제권을 행사할 수 있으나, 간접점유자는 자력구제권을 행사할 수 없다.

**07** 상린관계에 관한 설명으로 옳은 것을 모두 고르면? (다툼이 있으면 판례에 따름)

> ⊙ 상린관계는 그 기초가 되는 권리관계가 존속하는 한 독립하여 시효로 소멸할 수 있다.
> ⓛ 민법 제244조 지하시설을 하는 경우 경계로부터 2m 이상의 거리를 두어야 한다는 규정을 두고 있는데, 이것은 강행규정이므로 이와 다른 당사자의 특약은 무효이다.
> ⓒ 이웃 사람의 승낙이 없으면 원칙적으로 그 주거에 들어갈 수 없으며, 승낙이 없는 경우에는 판결로써 승낙에 갈음할 수 있다.
> ⓔ 타인소유 토지에 통과시설을 한 후 사정의 변경이 있는 때에는 그 토지의 소유자는 통과시설의 변경을 청구할 수 있고, 이 경우 시설변경의 비용은 통과시설을 한 자가 부담한다.
> ⓜ 토지소유자와 이웃하는 건물전세권자 사이에서는 상린관계의 적용이 없다.

① ⓔ  
② ⊙, ⓛ, ⓒ  
③ ⓒ, ⓔ, ⓜ  
④ ⓛ, ⓒ, ⓔ, ⓜ  
⑤ ⊙, ⓛ, ⓒ, ⓔ, ⓜ

**08** 주위토지통행권에 관한 설명으로 옳지 않은 것은? (다툼이 있으면 판례에 따름)

① 통행지소유자는 주위토지통행권자의 허락을 얻어 사실상 통행하고 있는 자에게 손해배상을 청구할 수 없다.

② 주위토지통행권은 인접한 토지의 상호이용의 조절에 기한 권리로서 토지의 소유자 또는 지상권자, 전세권자 등 토지사용권을 가진 자에게 인정되는 권리이지만, 명의신탁자에게는 인정되지 않는다.

③ 통행지소유자가 주위토지통행권에 기한 통행에 방해가 되는 담장 등 축조물을 설치한 경우에는 주위토지통행권의 본래적 기능발휘를 위하여 통행지소유자가 그 철거의무를 부담한다.

④ 주위토지통행권의 범위는 현재 토지의 용법은 물론 장래의 이용상황도 미리 대비하여 정하여야 한다.

⑤ 주위토지통행권자가 통로를 개설하는 경우에 통행지소유자는 원칙적으로 통행권자의 통행을 수인할 소극적 의무를 부담할 뿐, 통로개설 등 적극적인 작위의무를 부담하는 것은 아니다.

**09** 甲 명의로 등기되어 있는 X토지에 대하여 乙이 점유취득시효의 요건을 모두 갖추었다. 이에 관한 설명으로 옳지 않은 것은? (다툼이 있으면 판례에 따름)

① 乙은 甲에게 소유권이전등기를 청구할 수 있고, 그 청구권의 법적 성질은 채권적 청구권이다.

② 甲이 취득시효가 완성된 사실을 알고 X토지를 제3자 丙에게 양도하고 소유권이전등기를 넘겨줌으로써 乙에 대한 소유권이전등기의무를 이행불능에 빠지게 한 경우, 甲은 乙에게 불법행위책임을 진다.

③ 乙이 소유권이전등기를 하기 전에 甲이 X토지를 제3자 丙에게 양도하고 이전등기를 해 준 경우, 乙은 甲에게 채무불이행책임을 물을 수 없다.

④ 乙이 소유권이전등기를 하기 전에 甲이 X토지를 제3자 丙에게 양도하고 이전등기를 해 준 경우, 丙이 乙의 취득시효사실을 알면서 소유권을 취득하였더라도 특별한 사정이 없는 한 甲의 乙에 대한 소유권이전등기의무를 丙이 승계하는 것은 아니다.

⑤ 乙이 소유권이전등기를 하기 전에 甲이 X토지를 제3자 丙에게 양도하고 이전등기를 해 준 경우, 丙이 乙의 취득시효사실을 알면서 X토지를 양도받은 경우라면 乙은 丙에게 시효취득을 주장할 수 있다.

---

**정답 및 해설**

**07** ① ㉠ 상린관계는 법률상 당연히 생기는 것이므로, 그 기초가 되는 권리관계가 존속하는 한 <u>독립하여 시효로 소멸할 수 없다.</u>
ㄴ 민법 제244조 지하시설을 하는 경우 경계로부터 2m 이상의 거리를 두어야 한다는 규정을 두고 있는데, 이것은 임의규정이므로 이와 다른 <u>당사자의 특약은 유효이다.</u>
ㄷ 이웃 사람의 승낙이 없으면 그 주거에 들어갈 수 없으며, 이 경우에는 <u>판결로써 갈음할 수 없다.</u>
ㄹ 상린관계는 소유권뿐만 아니라 지상권·전세권에 준용규정을 두고 있다. 다만 부동산의 임차권에는 준용규정이 없지만 해석상 인정된다. 따라서 <u>토지소유자와 이웃하는 건물전세권자 사이에서도 상린관계는 적용된다.</u>

**08** ④ 주위토지통행권의 범위는 현재 토지의 용법에 따른 이용의 범위에서 인정할 수 있을 뿐, <u>장래의 이용상황까지 미리 대비하여 정할 것은 아니다.</u>

**09** ⑤ 점유취득자 乙이 소유권이전등기를 하기 전에 등기명의인 甲이 X토지를 제3자 丙에게 양도하고 이전등기를 해 준 경우, 丙이 乙의 취득시효사실을 알면서 X토지를 양도받은 경우라 하더라도 <u>적극 가담행위가 없는 한 점유취득자 乙은 제3자 丙에게 시효취득을 주장할 수 없다.</u>

**10** 甲 소유의 X토지를 乙이 소유의 의사로 평온·공연하게 20년간 점유하였지만, 등기 전에 甲이 丙에게 그 토지를 매도하고 유효하게 이전등기해 준 경우에 관한 설명으로 옳은 것은? (다툼이 있으면 판례에 따름)

① 甲은 丙을 대위하여 乙에게 불법점유를 이유로 토지인도를 청구할 수 있다.

② 乙은 丙에 대하여 취득시효를 주장할 수 있다.

③ 丙이 소유권을 취득한 시점을 새로운 기산점으로 삼아 다시 취득시효가 완성된 경우에도 乙은 등기명의자인 丙에게 소유권이전등기를 청구할 수 없다.

④ 어떤 사유로 甲에게 X토지의 소유권이 회복되면 乙은 甲에게 시효취득을 주장할 수 있다.

⑤ 만일 丙 명의의 등기가 원인무효인 경우, 乙은 甲을 대위하여 丙에게 등기말소를 청구할 수 없다.

**11** 甲 소유의 토지에 관하여 乙이 점유취득시효를 완성하였다. 시효완성 후에 丙이 甲으로부터 그 토지를 매수하여 소유권이전등기를 마친 뒤 1년이 지난 상태이다. 이에 관한 설명으로 옳은 것을 모두 고른 것은? (다툼이 있으면 판례에 따름) 제21회

> ㉠ 乙은 등기 없이도 토지소유권을 취득한다.
> ㉡ 乙은 甲에게 소유권이전등기의무의 불이행을 이유로 손해배상을 청구할 수 있다.
> ㉢ 丙이 시효완성사실을 알지 못한 경우, 乙은 丙에게 시효완성을 주장할 수 없다.
> ㉣ 甲이 시효완성사실을 모르고 丙에게 처분했더라도, 乙은 甲에게 불법행위를 이유로 손해배상을 청구할 수 있다.

① ㉢
② ㉣
③ ㉠, ㉡
④ ㉠, ㉢
⑤ ㉡, ㉣

**12** 등기부취득시효에 관한 설명으로 옳지 않은 것은? (다툼이 있으면 판례에 따름)

① 시효취득의 원인이 되는 등기는 반드시 적법·유효한 등기일 필요는 없다.

② 점유자의 선의는 추정되므로 다투는 자가 점유자의 악의를 증명하여야 하지만, 무과실은 추정되지 않으므로 시효취득을 주장하는 자가 스스로 증명하여야 한다.

③ 소유권보존등기가 2중으로 된 경우 무효인 후보존등기를 기초로 하여서 등기부취득시효를 주장할 수 있다.

④ 소유의 의사를 가지고 평온·공연·선의·무과실로 점유하여야 하는데, 선의·무과실은 점유를 개시한 때에 있으면 충분하고 시효기간 내내 계속될 필요는 없다.

⑤ 등기부취득시효에 의하여 소유권을 취득하는 자는 10년간 반드시 그의 명의로 등기가 되어 있어야 할 필요는 없으므로, 앞 사람의 등기까지 포함하여 그 기간 동안 부동산 소유자로 등기되어 있으면 충분하다.

---

**정답 및 해설**

**10 ④** ① 乙의 점유는 <u>불법점유가 아니다</u>.
　②③ <u>취득시효완성 후 새로운 소유자에 대하여는 이전등기를 청구할 수 없다</u>(대판 1986.8.19, 85다카 2306). 다만, 취득시효완성 후 소유자가 변동된 시점을 새로운 기산점으로 삼아 다시 취득시효가 완성된 경우에는 2차 <u>취득시효의 완성을 이유로 소유권이전등기를 청구할 수 있다</u>.
　⑤ <u>乙은 甲을 대위하여 등기말소를 청구할 수 있다</u>(대판 1999.9.3, 99다20926).

**11 ①** ㉠ 점유취득시효가 완성된 사실만으로는 소유권을 취득할 수 없고, 이전등기를 하여야 한다. 따라서 乙은 <u>이전등기를 하여야만</u> 토지소유권을 취득한다.
　㉡ 점유취득시효가 완성된 사실만으로는 甲이 乙에게 소유권이전등기의무를 부담하는 것이 아니다. 따라서 <u>乙의 등기청구가 없는 이상 乙은 甲에게 소유권이전등기의무의 불이행을 이유로 손해배상을 청구할 수 없다</u>.
　㉢ 甲이 시효완성사실을 모르고 丙에게 처분했다면, 乙은 甲에게 불법행위를 이유로 <u>손해배상을 청구할 수 없다</u>.

**12 ③** 등기부취득시효의 원인이 되는 앞 선 등기는 반드시 적법·유효한 등기일 필요는 없다. 그러나 소유권보존등기가 2중으로 된 경우 무효인 후보존등기를 기초로 하여서 <u>등기부취득시효를 주장할 수 없다</u>.

## 13 첨부에 관한 설명으로 옳지 않은 것은? (다툼이 있으면 판례에 따름)

① 자신의 토지에 농작물을 경작하여 수확기에 있는 경우, 그 농작물은 토지에 부합하지 않는다.

② 동산의 부합에서 주종을 구별할 수 없는 경우, 동산의 소유자는 부합 당시 가액의 비율로 합성물을 공유한다.

③ 타인의 동산에 가공한 때에는 그 물건의 소유권은 원재료의 소유자에게 속하는 것이 원칙이나, 가공으로 인한 가액의 증가가 원재료의 가액보다 현저히 다액인 때에는 가공자의 소유로 한다.

④ 동산의 소유자가 혼화물의 단독소유자가 된 때에는 그 동산을 목적으로 한 다른 권리는 혼화물에 존속하고, 그 공유자가 된 때에는 그 지분에 존속한다.

⑤ 부동산의 소유지는 그 부동산에 부합한 물건의 소유권을 취득하므로 타인의 토지 위에 권원 없이 건물을 지은 경우에 그 건물은 토지에 부합한다.

## 14 부합에 관한 설명으로 옳지 않은 것은? (다툼이 있으면 판례에 따름)

① 동산이 부동산에 부합한 경우에는 부동산소유자가 동산의 소유권을 취득한다.

② 임차인이 임차건물 위에 증축한 부분이 임차건물의 구성부분이 된 경우 그 증축이 임차인의 권원에 의하여 이루어진 것이라면 그 부분은 임차인의 소유에 속한다.

③ 건물의 증축 부분이 기존 건물에 부합된 경우에는 기존 건물에 대한 경매절차에서 경매목적물로 평가되지 않았더라도 경락인은 부합된 증축 부분의 소유권을 취득한다.

④ 주유소 지하에 매설된 유류저장탱크의 경우, 그것을 토지로부터 분리하는 데에 과다한 비용이 들고 분리할 경우에 그 경제적 가치가 현저히 감소할 것으로 판단되는 경우 그 유류저장탱크는 토지에 부합한 것으로 볼 수 있다.

⑤ 건물임차인이 그 권원에 의하여 그 건물의 내부벽 및 내부천정에 부착시킨 장식석재와 합판은 임차인이 아닌 임대인이 소유권을 취득한다.

## 대표예제 88 / 공동소유 ★★★

甲(3분의 1 지분)과 乙(3분의 2 지분)이 공유하는 X토지는 乙이 단독으로 丙에게 임대한 후 丁과 매매계약을 체결하였으나 丁 명의로의 이전등기는 마쳐지지 않았다. 이에 관한 설명으로 옳지 않은 것은? (다툼이 있으면 판례에 따름) 제22회

① 乙의 丙에 대한 임대행위는 X토지의 관리방법으로 적법하다.
② 丙은 甲에 대하여 X토지의 사용에 따른 부당이득반환의무를 부담하지 아니한다.
③ 乙과 丁 사이의 매매계약은 무효이다.
④ 甲이 X토지에 관한 공유물분할청구의 소를 제기한 경우, 법원은 甲이 청구한 분할방법에 구애받지 않고 공유자의 지분비율에 따른 합리적인 분할을 하면 된다.
⑤ 甲이 1년 이상 X토지의 관리비용 기타 의무의 이행을 지체한 경우, 乙은 상당한 가액으로 甲의 지분을 매수할 수 있다.

해설 | 과반수 지분권자 乙이 소수 지분권자 甲의 동의 없이 타인에게 매매한 경우, 그 매매계약은 무효가 아니고, 과반수 지분권자 乙의 지분 범위 내에서는 유효이다.
매도인 소유가 아닌 물건의 매매도 유효한 계약이다.

기본서 p.502~508 정답 ③

---

**정답 및 해설**

**13** ⑤ 우리 민법상 토지와 건물은 별개의 부동산으로 취급(제279조 참조)되기 때문에 건물이 토지에 부합하는 것은 허용되지 않는다.

**14** ② 임차인이 증축한 부분이 임대인 소유건물의 구성부분이 된 경우에 증축한 부분은 임대인의 소유에 속하고, 임차인의 증축비용은 비용상환청구권으로 행사하여야 한다(제256조, 제626조).

**15** 공유에 관한 설명으로 옳지 않은 것은? (다툼이 있으면 판례에 따름)

① 공유자가 그의 지분을 포기하거나 상속인 없이 사망하면 그 지분은 다른 공유자에게 각 지분의 비율로 귀속한다.

② 소수 지분권자가 공유물의 전부 또는 일부를 배타적·독점적으로 사용하는 경우에 다른 공유자는 자신의 지분이 과반수에 미달되더라도 단독으로 공유물 전부의 인도를 청구할 수 없다.

③ 공유자는 다른 공유자가 분할로 인하여 취득한 물건에 대하여 그 지분의 비율로 매도인과 동일한 담보책임이 있다.

④ 제3자가 공유물을 무단으로 사용한 경우, 공유자 1인은 공유자 전원을 위하여 제3자에게 부당이득 전부의 반환을 청구할 수 있다.

⑤ 甲과 乙이 각각 3분의 2, 3분의 1의 지분으로 공유하는 토지를 甲이 배타적으로 사용·수익하는 경우, 乙은 甲에게 공유물의 반환을 청구할 수 없다.

**16** 공유에 관한 설명으로 옳지 않은 것은? (다툼이 있으면 판례에 따름)

① 과반수의 지분을 가진 공유자 중 1인은 다른 공유자와 사이에 미리 공유물의 관리방법에 관한 협의를 하지 않았더라도 공유물의 관리에 관한 사항을 단독으로 결정할 수 있다.

② 공유부동산이 공유자 중 1인의 단독소유로 등기되어 있는 경우 다른 공유자는 이를 공동명의로 하여 자기 지분권의 표시를 청구할 수 있다.

③ 공유물의 처분 및 변경에는 공유자 전원의 동의가 있어야 한다.

④ 부동산공유자는 각자 그 부동산에 관하여 제3자 명의로 원인무효의 소유권이전등기가 경료되어 있는 경우 공유물에 대한 보존행위로서 제3자에 대하여 그 등기 전부의 말소를 청구할 수 있다.

⑤ 각각 2분의 1 지분을 균분하여 공유하는 물건의 공유자 중 1인이 다른 공유자와 협의 없이 공유물을 독점적으로 사용하는 경우, 지분과반수에 미달하는 다른 공유자는 그에게 공유물의 반환을 청구할 수 있다.

**17** 공유물분할에 관한 설명으로 옳지 않은 것은? (다툼이 있으면 판례에 따름)

① 공유자는 원칙상 언제든지 공유물의 분할을 청구할 수 있다.

② 공유물분할은 협의분할이 원칙이지만, 협의가 성립하지 않은 경우에는 재판상 분할을 청구할 수 있다.

③ 건물을 구분소유하는 경우의 공용 부분과 경계선상의 경계표에 대해서는 분할이 인정되지 않는다.

④ 공유물의 분할은 공유자 전원이 참석하여야 하며, 재판상 분할은 현물분할을 원칙으로 한다.

⑤ 공유물분할의 협의가 이루어졌으나 다른 공유자가 이전등기에 협조하지 않은 경우 공유자는 공유물분할청구소송을 제기할 수 있다.

---

**정답 및 해설**

**15** ④  ④ 제3자가 공유물을 무단으로 사용한 경우, 공유자 1인은 <u>자기지분의 비율 범위 내에서</u> 제3자에게 부당이득반환을 청구할 수 있을 뿐이다(대판 1977.9.13, 77다1366).
⑤ 과반수의 지분권을 가진 공유자가 공유물의 특정 부분을 배타적으로 사용·수익할 것을 정하더라도 이는 공유물의 관리방법으로서 적법하다.

**16** ⑤  지분이 과반수에 미달되는 공유자가 공유물을 독점적으로 사용하는 경우 공유자는 그 공유자에 대하여 공유물의 보존행위로서 <u>공유물의 인도를 청구할 수 없다.</u>

**17** ⑤  공유물분할의 협의가 이루어졌으므로 다른 공유자가 이전등기에 협조하지 않은 경우라도 공유자는 <u>공유물분할청구소송을 제기할 수 없다.</u>

**18** 甲과 乙이 X토지를 공유하고 있는 경우에 관한 설명으로 옳은 것은? (다툼이 있으면 판례에 따름)

① 5분의 1 지분권자 乙은 甲의 동의 없이 자신의 지분을 丙에게 처분하지 못한다.

② 甲과 乙이 각 3분의 2, 3분의 1의 지분으로 공유하는 토지를 甲이 배타적으로 사용·수익하는 경우, 乙은 甲에게 공유물의 반환을 청구할 수 없다.

③ 甲과 乙이 각 3분의 2, 3분의 1의 지분으로 공유하는 토지를 乙이 배타적으로 사용·수익하는 경우, 甲은 乙에게 공유물의 반환을 청구할 수 있다.

④ 2분의 1 지분권자 甲이 乙의 동의 없이 X토지에 건물을 축조한 경우, 乙은 甲에게 그 건물 전부의 철거를 청구하지 못한다.

⑤ 3분의 2 지분권자 甲이 乙의 동의 없이 X토지 전부를 丙에게 사용하게 한 경우, 乙은 丙에게 X토지의 인도를 청구할 수 있다.

**19** 권리능력 없는 사단의 공동소유형태인 총유에 관한 설명으로 옳지 않은 것은?

① 총유물의 관리 및 처분은 사원총회의 결의에 의한다.

② 각 사원은 정관 기타의 규약에 좇아 총유물을 사용·수익할 수 있다.

③ 각 사원은 총유물의 보존을 위하여 단독으로 소를 제기할 수 있다.

④ 총유물에 관한 사원의 권리·의무는 사원의 지위를 취득·상실함으로써 취득·상실된다.

⑤ 총유에는 공유나 합유와는 달리 지분이 없다.

## 대표예제 89  지상권 ★★★

**지상권에 관한 설명으로 옳지 않은 것은? (다툼이 있으면 판례에 따름)**

① 석조·석회조·연와조의 소유를 목적으로 한 최단존속기간 30년에 관한 규정은 기존 건물의 사용을 목적으로 지상권을 설정한 경우에는 적용되지 않는다.

② 지상권의 경우 설정행위로 그 기간을 정하지 않았다고 하더라도 전세권이나 민법상 임대차와 달리 지상권의 소멸을 통고할 수 없다.

③ 지료의 합산액이 2년분 이상 연체된 경우 지상권설정자는 지상권자에게 지상권 소멸을 청구할 수 있다.

④ 지상권자가 토지를 사용하는 데 적합한 상태로 유지하기 위하여 필요비를 지출한 경우 지상권자는 그 비용의 상환을 청구할 수 있다.

⑤ 지상권에 있어서 지료는 그 요건이 아니지만, 지료를 등기하면 제3자에게도 대항할 수 있다.

**해설** | 지상권자는 그 토지에 대한 유지·수선의무를 부담하므로 <u>필요비의 상환은 청구할 수 없고</u>, 가치증가가 현존하는 때에 한하여 <u>유익비의 상환을 청구할 수 있다.</u>

기본서 p.509~518  정답 ④

---

**정답 및 해설**

**18** ② ① 공유지분의 처분은 다른 공유자의 동의를 받을 필요가 없이 단독으로 처분할 수 있다. 그러나 <u>공유물의 처분과 변경은 전원의 동의를 필요로 한다.</u>
③ 甲과 乙이 각 3분의 2, 3분의 1의 지분으로 공유하는 토지를 소수 지분권자 乙이 배타적으로 사용·수익하는 경우, 甲은 乙에게 공유물의 <u>반환을 청구할 수 없고</u> 방해의 제거만을 청구할 수 있을 뿐이다.
④ 공유하는 나대지에 건물을 신축하는 행위는 관리행위가 아니라 공유물의 처분·변경을 초래하는 행위가 되므로 다른 공유자 전원의 동의를 요한다. 따라서 <u>다른 공유자의 동의 없이 건물을 신축한 때에는 건물 전부에 대한 철거를 청구할 수 있다.</u>
⑤ 과반수 지분권자가 공유물을 임대하여 준 것은 관리행위로서 적법하고 이를 임차하여 점유하는 자는 적법한 점유자이므로 '<u>다른 소수 지분권자</u>'는 임차인에게 토지인도나 부당이득의 반환을 청구할 수 없다.

**19** ③ 총유물의 보존행위는 사원총회의 결의를 요하므로 각 사원은 총유물의 보존을 위하여 <u>단독으로 소를 제기할 수 없다.</u>

**20** 지상권에 관한 설명으로 옳지 않은 것은? (다툼이 있으면 판례에 따름)

> ㉠ 지상권자는 타인의 토지에 건물 기타 공작물이나 수목을 소유하기 위하여 그 토지를 사용하는 권리가 있다.
> ㉡ 지상권자는 지상권설정자의 동의 없이 타인에게 지상권을 양도하거나, 지상권의 존속기간 내에서 그 토지를 임대할 수 있다.
> ㉢ 지상권설정자가 상당한 가액을 제공하여 그 공작물이나 수목의 매수를 청구한 때에는 지상권자는 정당한 이유 없이 이를 거절하지 못한다.
> ㉣ 지상권 설정 당시에 공작물의 종류와 구조를 정하지 아니한 때에는 존속기간의 정함이 없는 지상권이 된다.
> ㉤ 지상권설정자가 계약의 갱신을 원하지 아니하는 때에는 지상권자는 상당한 가액으로 그 공작물이나 수목의 매수를 청구할 수 있다.

① ㉠  
② ㉡  
③ ㉢  
④ ㉣  
⑤ ㉤

종합

**21** 지상권에 관한 설명으로 옳지 않은 것은? (다툼이 있으면 판례에 따름) 제22회

① 지상권설정등기를 하면서 지료를 등기하지 않은 경우, 지상권설정자는 그 지상권을 양수한 자에게 지료를 청구할 수 없다.
② 1필의 토지의 일부에는 지상권을 설정할 수 없다.
③ 지상권설정등기 후 그 존속기간 중에는 지상물인 건물이 멸실되어도 지상권이 소멸하지 않는다.
④ 하나의 채무를 담보하기 위하여 나대지(裸垈地)에 저당권과 함께 지상권을 설정한 경우, 피담보채권이 소멸하면 그 지상권도 소멸한다.
⑤ 지상권자는 타인에게 그 권리를 양도하거나 그 권리의 존속기간 내에서 그 토지를 임대할 수 있다.

**22** 관습상 법정지상권에 관한 설명으로 옳은 것은? (다툼이 있으면 판례에 따름) 제21회

① 무허가건물을 위해서는 관습상 법정지상권이 성립할 여지가 없다.

② 국세징수법에 의한 공매로 인하여 대지와 건물의 소유자가 달라지는 경우에는 관습상 법정지상권이 성립하지 않는다.

③ 건물만을 매수하면서 그 대지에 관한 임대차계약을 체결했더라도, 특별한 사정이 없는 한 관습상 법정지상권을 포기한 것으로 볼 수 있다.

④ 토지와 그 지상건물이 처음부터 동일인 소유가 아니었더라도 그중 어느 하나를 처분할 당시에 동일인 소유에 속했다면, 관습상 법정지상권이 성립할 수 있다.

⑤ 甲으로부터 그 소유 대지와 미등기 지상건물을 양수한 乙이 대지에 관하여서만 소유권이전등기를 넘겨받은 상태에서 丙에게 대지를 매도하여 소유권을 이전한 경우, 乙은 관습상 법정지상권을 취득한다.

---

**정답 및 해설**

**20** ④ ㄹ 지상권 설정 당시에 공작물의 종류와 구조를 정하지 아니한 때에는 존속기간의 정함이 없는 지상권이 아니라 15년의 지상권이 된다.

**21** ② 1필의 토지의 일부에도 지상권·지역권·전세권 등의 용익물권을 설정할 수 있다.

**22** ④ ① 미등기·무허가건물에도 관습상 법정지상권이 성립한다.
　② 관습상 법정지상권은 매매 기타 원인에 의하여 철거한다는 특약이 없으면 성립한다. 따라서 매매, 증여, 공매 등으로 인하여 대지와 건물의 소유자가 달라지는 경우에도 관습상 법정지상권이 성립한다.
　③ 건물만을 매수하면서 그 대지에 관한 임대차계약을 체결하였다면, 특별한 사정이 없는 한 관습상 법정지상권을 포기한 것으로 본다.
　⑤ 甲으로부터 그 소유 대지와 미등기 지상건물을 양수한 乙이 대지에 관하여서만 소유권이전등기를 넘겨받은 상태에서 丙에게 대지를 매도하여 소유권을 이전한 경우, 乙은 관습상 법정지상권을 취득할 수 없다.

**23** 법정지상권 또는 관습법상의 법정지상권에 관한 설명으로 옳지 않은 것은? (다툼이 있으면 판례에 따름)

① 토지의 매수인이 그 토지에 대한 이전등기를 하지 않은 상태에서 매도인의 승낙을 얻어 건물을 신축하였더라도 나중에 매매계약이 해제되었다면 매수인은 관습법상의 법정지상권을 취득하지 못한다.

② 미등기 건물을 그 대지와 함께 매수한 사람이 그 대지에 관해서만 소유권이전등기를 넘겨받고, 건물에 대해서는 그 등기를 이전받지 못하고 있다가 대지에 대하여 저당권을 설정하고 그 저당권의 실행으로 대지가 경매되어 다른 사람의 소유로 된 경우에는 법정지상권이 성립될 여지가 없다.

③ 토지에 저당권을 설정할 당시 토지의 지상에 건물이 존재하고 있었고 그 양자가 동일한 소유자에게 속하였다가 그 후 저당권의 실행으로 토지가 낙찰되기 전에 건물이 제3자에게 양도된 경우 건물을 양수한 제3자는 법정지상권을 취득한다.

④ 저당권 설정 당사자간의 특약으로 저당목적물인 토지에 대하여 법정지상권을 배제하는 약정을 하더라도 그 특약은 효력이 없다.

⑤ 동일인의 소유에 속하는 토지 및 그 지상건물에 관하여 공동저당권이 설정된 후, 그 지상건물이 철거되고 새로 건물이 신축된 경우에도 저당물의 경매로 인하여 토지와 그 신축건물이 다른 소유자에 속하게 되면 그 신축건물을 위한 법정지상권이 성립한다.

**24** 관습법상 법정지상권에 관한 설명으로 옳지 않은 것은? (다툼이 있으면 판례에 따름)

① 토지의 건물 중 건물만을 양도하면서 건물을 위하여 대지에 대한 임대차계약을 따로 체결한 경우, 그 대지에 성립하는 관습법상의 법정지상권을 포기한 것으로 해석한다.

② 토지와 건물이 동일인의 소유에 속하지 않는 경우, 즉 대지소유자의 승낙을 얻어 지은 건물을 매수한 자는 법정지상권을 취득할 수 없다.

③ 토지와 건물이 같은 소유자의 소유에 속하였다가 그 건물 또는 토지가 매각 또는 그 외의 원인으로 인하여 양자의 소유자가 다르게 된 경우, 건물을 철거한다는 특약이 없는 한 건물소유자는 토지소유자에 대하여 관습에 의한 법정지상권을 취득한다.

④ 동일인에게의 소유권 귀속이 원인무효로 이루어졌다가 그 후에 원인무효를 이유로 등기가 말소되어 건물과 토지의 소유자가 달라지게 된 경우에도 관습상의 법정지상권이 성립한다.

⑤ 토지소유자가 건물을 건축할 당시에 이미 토지를 타인에게 매도하여 소유권을 이전하여 줄 의무를 부담하고 있었다면, 토지의 매수인이 그 건축행위를 승낙하지 않는 이상 그 건물은 장차 철거되어야 할 것이고, 토지소유자가 이를 예상하면서도 건물을 신축하였다면 그 건물을 위한 법정지상권은 발생하지 않는다.

**25** 분묘기지권에 관한 설명으로 옳은 것은? (다툼이 있으면 판례에 따름)

① 타인의 토지에 분묘를 설치 · 소유하는 자에게는 그 토지에 대한 소유의사가 추정된다.

② 토지소유자의 승낙 없이 분묘를 설치한 후에 20년간 평온 · 공연하게 분묘기지를 점유한 자는 그 기지의 소유권을 시효취득한다.

③ 등기는 분묘기지권의 취득요건이다.

④ 분묘기지권을 시효취득한 경우에는 토지소유자의 청구가 있는 때로부터 지료를 지급하여야 한다.

⑤ 존속기간에 관한 약정이 없는 분묘기지권의 존속기간은 5년이다.

정답 및 해설

**23** ⑤ 동일인의 소유에 속하는 토지 및 그 지상건물에 관하여 공동저당권이 설정된 경우에는, 처음부터 지상건물로 인하여 토지의 이용이 제한받는 것을 용인하고 토지에 대해서만 저당권을 설정하여 법정지상권의 가치만큼 감소된 토지의 교환가치를 담보로 취득한 경우와는 달리, 공동저당권자는 토지 및 건물 각각의 교환가치 전부를 담보로 취득한 것으로서, 저당권의 목적이 된 건물이 그대로 존속하는 이상 건물을 위한 법정지상권이 성립해도 그로 인하여 토지의 교환가치에서 제외된 법정지상권의 가액 상당 가치는 법정지상권이 성립하는 건물의 교환가치에서 되찾을 수 있어 궁극적으로 토지에 관하여 아무런 제한이 없는 나대지로서의 교환가치 전체를 실현시킬 수 있다고 기대하지만, 건물이 철거된 후 신축된 건물에 토지와 동순위의 공동저당권이 설정되지 아니하였는데도 그 신축건물을 위한 법정지상권이 성립한다고 해석하게 되면, 공동저당권자가 법정지상권이 성립하는 신축건물의 교환가치를 취득할 수 없게 되는 결과 법정지상권의 가액 상당 가치를 되찾을 길이 막혀 위와 같이 당초 나대지로서의 토지의 교환가치 전체를 기대하여 담보를 취득한 공동저당권자에게 불측의 손해를 입게 하기 때문이다[대판 2003.12.18, 98다43601(전합)].

**24** ④ 동일인에게의 소유권 귀속이 원인무효로 이루어졌다가 그 후에 원인무효를 이유로 등기가 말소되어 건물과 토지의 소유자가 달라진 경우, 관습상의 법정지상권이 성립하지 않는다(대판 1999.3.26, 98다64189).

**25** ④ ④ 분묘기지권을 시효취득한 경우에는 토지소유자의 청구가 있는 때로부터 지료를 지급하여야 한다.
　① 분묘기지권은 지상권의 일종으로 소유의사가 추정되지 않는다.
　② 분묘기지권(지상권)을 시효취득하는 것이지, 소유권을 취득하는 것이 아니다(소유의사 부정).
　③ 분묘의 형태가 공시의 기능을 한다.
　⑤ 분묘에 대한 봉사를 계속하는 한 분묘기지권은 지속된다.

**26** 구분지상권에 관한 설명으로 옳은 것은? (다툼이 있으면 판례에 따름)

① 甲 소유의 토지 전부에 乙이 지상권을 가지는 경우, 甲은 乙의 동의를 얻어야 丙에게 그 지하 공간의 일부에 대하여 지상권을 설정할 수 있다.

② 토지의 일부에 대해서는 구분지상권을 설정할 수 없다.

③ 구분지상권을 설정하려는 토지에 대하여 제3자가 이미 전세권을 가지고 있는 경우에는 그 토지에 구분지상권을 설정할 수 없다.

④ 구분지상권의 행사를 위하여 토지소유자의 사용을 제한한다는 내용을 등기하더라도 소유권자에게만 대항할 수 있을 뿐 제3자에게는 이를 주장할 수 없다.

⑤ 건물·공작물 이외에 수목을 소유하기 위하여 구분지상권을 설정할 수 있다.

---

**대표예제 90** ＼ **지역권 ★**

지역권에 관한 설명으로 옳은 것을 모두 고르면? (다툼이 있으면 판례에 따름)

㉠ 지역권이 유상인 경우에는 그 약정을 등기하여야 효력이 발생한다.
㉡ 지역권은 요역지와 분리하여 양도하거나 다른 권리의 목적으로 할 수 있다.
㉢ 지역권이 침해된 경우 지역권자는 반환청구권·방해제거청구권·방해예방청구권을 가진다.
㉣ 요역지와 승역지는 서로 인접하고 있어야 한다.
㉤ 요역지는 1필의 토지일 필요가 없지만, 승역지는 반드시 1필 토지 전체를 대상으로 한다.

① ㉠, ㉢
② ㉠, ㉤
③ ㉡, ㉢, ㉣, ㉤
④ ㉠, ㉡, ㉢, ㉣, ㉤
⑤ 없음

해설 | ㉠ 지역권은 유상과 무상으로 설정할 수 있으나, 지역권이 유상인 경우에는 그 약정을 등기할 방법이 없다.
㉡ 지역권은 부종성이 있으므로 요역지와 분리하여 양도하거나 다른 권리의 목적으로 할 수 없다.
㉢ 지역권이 침해된 경우 지역권자는 방해제거청구권·방해예방청구권을 가지지만, 반환청구권은 행사할 수 없다.
㉣ 요역지와 승역지는 서로 인접하고 있을 필요가 없다.
㉤ 요역지는 1필의 토지 전체이어야 하는데, 승역지는 1필 토지의 일부이어도 충분하다.

기본서 p.519~522
정답 ⑤

**27** 지역권에 관한 설명으로 옳지 않은 것은? (다툼이 있으면 판례에 따름)

① 도자기 생산업자가 도자기를 만들기 위하여 이웃 토지의 토사를 채취할 목적으로 지역권을 취득할 수는 없다.

② 요역지가 공유관계에 있는 경우 공유자 1인이 지역권을 시효로 취득한 때에는 다른 공유자도 지역권을 취득한다.

③ 요역지가 2인 이상의 공유인 경우 그중 1인에 의한 지역권 소멸시효 중단행위는 다른 공유자에게 중단의 효력이 있다.

④ 지역권을 취득한 甲이 乙에게 요역지를 처분하여 소유권이전등기를 마치면 특별한 사정이 없는 한 지역권의 이전등기가 없더라도 지역권 이전의 효력이 생긴다.

⑤ 乙이 甲 소유의 토지 일부를 평온·공연하게 20년 이상 통행하고 있다면, 스스로 통로를 개설하지 않았더라도 통행지역권을 시효취득한다.

**28** 甲토지의 전부에 乙토지를 위한 지역권이 설정되어 있는 경우에 관한 설명으로 옳지 않은 것은?

① 乙토지가 공유지인 경우, 공유자의 1인은 지분에 관하여 지역권을 소멸시킬 수 없다.

② 乙토지의 일부를 양수받은 자는 지역권을 행사할 수 없다.

③ 甲토지가 공유지인 경우 그것이 분할된 때에는 분할 후의 각 토지에 지역권이 존속한다.

④ 乙토지의 소유자는 乙토지와 분리하여 지역권만을 제3자에게 양도할 수 없다.

⑤ 乙토지가 공유지인 경우, 공유자의 1인에게 지역권 소멸시효의 중단이 있으면 다른 공유자에게도 그 효력이 생긴다.

---

**정답 및 해설**

**26** ① ② 구분지상권은 토지의 일부에 대하여서도 설정할 수 있다.
③ 구분지상권을 설정하려는 토지에 대하여 제3자가 이미 전세권을 가지고 있는 경우, 그 토지에도 전세권자의 동의를 얻어 구분지상권을 설정할 수 있다(제289조의2 제2항).
④ 구분지상권의 행사를 위하여 토지소유자의 사용을 제한한다는 내용을 등기하면 소유권자뿐만 아니라, 제3자에게도 대항할 수 있다(제289조의2 제2항).
⑤ 구분지상권은 지표에 대한 사용은 배제되기 때문에 수목을 소유하기 위하여는 구분지상권을 설정할 수 없다(제289조의2).

**27** ⑤ 요역지소유자가 통로를 개설하여야 통행지역권을 시효취득한다(대판 2001.4.13, 2001다8493).

**28** ② 토지의 분할이나 일부의 양도가 있는 경우에도 지역권은 요역지 각 부분을 위하여 또는 승역지의 각 부분에 존속한다(제293조). 따라서 乙토지의 일부를 양수받은 자도 지역권을 행사할 수 있다.

전세권에 관한 설명으로 옳지 않은 것은? (다툼이 있으면 판례에 따름)

① 전세권자가 전세목적물을 타인에게 임대한 경우, 전세권자는 임대하지 아니하였으면 면할 수 있는 불가항력으로 인한 손해에 대하여 책임을 부담한다.

② 전세권자는 전세목적물의 현상을 유지하고 그 통상의 관리에 속한 수선을 하여야 한다.

③ 전세권자가 전세목적물에 필요비를 지출한 경우, 전세권설정자의 선택에 좇아 그 지출액이나 증가액의 상환을 청구할 수 있다.

④ 대지와 건물의 소유자가 동일한 경우, 건물에 전세권을 설정한 때에는 그 대지소유권의 특별승계인은 전세권설정자에 대하여 지상권을 설정한 것으로 본다.

⑤ 전세권자는 전세목적물을 점유하여 그 목적물의 용도에 좇이 사용·수익할 수 있다.

해설 | 전세권자는 전세목적물에 대하여 유지·보수·수선의 의무가 있으므로 <u>필요비의 상환을 청구할 수 없다</u>. 그러나 전세권자가 <u>유익비를 지출한 경우</u> 전세권설정자의 선택에 좇아 그 지출액이나 증가액의 상환을 청구할 수 있다.

기본서 p.522~528                                          정답 ③

---

종합

## 29 전세권에 관한 설명으로 옳은 것을 모두 고르면? (다툼이 있으면 판례에 따름)

㉠ 전세권자가 전세목적물에 유익비를 지출한 경우, 전세권자의 선택에 좇아 그 지출액이나 증가액의 상환을 청구할 수 있다.

㉡ 전세권자가 전세목적물을 타인에게 임대한 경우, 전세권자는 불가항력으로 인한 손해에 대해서는 책임을 부담하지 않는다.

㉢ 건물전세권의 경우 최단존속기간은 2년이다.

㉣ 전세권의 존속기간을 약정하지 않은 때에는 각 당사자는 언제든지 상대방에 대하여 전세권의 소멸을 통고할 수 있고, 상대방이 이 통고를 받은 날로부터 3월이 경과하면 전세권은 소멸한다.

① 없음                             ② ㉠

③ ㉠, ㉡                      ④ ㉠, ㉡, ㉢

⑤ ㉠, ㉡, ㉢, ㉣

## 30 전세권에 관한 설명으로 옳은 것을 모두 고른 것은? (다툼이 있으면 판례에 따름)

> ㉠ 전세권은 전세권의 양도나 상속에 의해서도 취득할 수 있다.
> ㉡ 전세권자와 인지소유자 사이에는 상린관계에 의한 민법 규정이 준용된다.
> ㉢ 동일한 건물에 저당권이 전세권보다 먼저 설정된 경우, 전세권자가 경매를 신청하여 매각되면 전세권과 저당권은 모두 소멸한다.
> ㉣ 임대인과 임차인이 임대차계약을 체결하면서 임차보증금을 전세금으로 하는 전세권설정계약을 체결하고 전세권설정등기를 경료한 경우, 다른 약정이 없는 한 임차보증금 반환의무와 전세권설정등기 말소의무는 동시이행관계에 있다.

① ㉠, ㉡  ② ㉢, ㉣
③ ㉠, ㉡, ㉢  ④ ㉡, ㉢, ㉣
⑤ ㉠, ㉡, ㉢, ㉣

---

### 정답 및 해설

29 ① ㉠ 전세권자가 전세목적물에 유익비를 지출한 경우, <u>소유자의 선택에 좇아 그 지출액이나 증가액의 상환을 청구할 수 있다.</u>
㉡ 전세권자가 전세목적물을 타인에게 임대한 경우, 전세권자는 임대하지 아니하였으면 면할 수 있는 <u>불가항력으로 인한 손해에 대해서도 책임을 부담한다.</u>
㉢ 건물전세권의 경우 <u>최단존속기간은 1년이다.</u>
㉣ 전세권의 존속기간을 약정하지 않은 때에는 각 당사자는 언제든지 상대방에 대하여 전세권의 소멸을 통고할 수 있고, 상대방이 이 <u>통고를 받은 날로부터 6월이 경과하면 전세권은 소멸한다.</u>

30 ⑤ ㉠ 전세권은 설정행위로 금지하지 않은 이상 전세권의 양도도 가능하고 재산권이므로 전세권자의 사망이 있는 경우 상속에 의해서도 취득할 수 있다.
㉡ 전세권자와 인지소유자 사이에는 상린관계에 의한 민법 규정이 준용된다(제319조).
㉢ 최선순위가 저당권인 경우, 후순위 전세권자가 경매를 신청하여 매각되면 전세권과 저당권은 모두 소멸한다.
㉣ 기존채권인 임차보증금을 전세금으로 하는 전세권설정계약을 체결하고 전세권설정등기를 경료한 경우, 다른 약정이 없는 한 임차보증금 반환의무와 전세권설정등기 말소의무는 동시이행관계에 있다.

**31** 전세권에 관한 설명으로 옳지 않은 것은? (다툼이 있으면 판례에 따름)

① 전세권의 목적물의 전부 또는 일부가 전세권자의 책임 있는 사유로 인하여 멸실된 때에는 전세권자는 손해를 배상할 책임이 있다.

② 기존 채권으로도 전세금의 지급에 대신할 수 있다.

③ 전세권의 법정갱신은 법률의 규정에 의한 부동산에 관한 물권의 변동으로 전세권갱신에 관한 등기를 필요로 하지 않는다.

④ 불가항력적 사유로 전세목적물의 일부가 멸실한 경우, 전세권자가 그 잔존 부분으로 전세권의 목적을 달성할 수 없는 때에는 전세권설정자에 대하여 전세권 전부의 소멸을 통고하고 전세금의 반환을 청구할 수 있다.

⑤ 토지와 건물이 동일한 소유자에게 속한 경우에 건물에 전세권을 설정한 때에는 대지소유권의 특정승계인은 전세권자에 대하여 지상권을 설정한 것으로 본다.

**32** 전세권에 관한 설명으로 옳지 않은 것은? (다툼이 있으면 판례에 따름)

① 전세금반환청구권은 전세권과 분리하여 양도할 수 없는 것이 원칙이지만, 정지조건부 전세금반환청구권의 양도는 가능하다.

② 전세권이 그 존속기간의 만료로 인하여 소멸한 경우 전세권자는 그 목적물을 원상에 회복하여야 하며 그 목적물에 부속시킨 물건은 수거할 수 있으나, 전세권설정자가 그 부속물건의 매수를 청구한 때에는 전세권자는 정당한 이유 없이 거절하지 못한다.

③ 전세권의 존속기간을 약정하지 아니한 경우 각 당사자는 언제든지 상대방에 대하여 전세권의 소멸을 통고할 수 있고 상대방이 이 통고를 받은 날로부터 6월이 경과하면 전세권은 소멸한다.

④ 부속물건이 전세권설정자의 동의를 얻어 부속시켰거나 매수한 경우 전세권자는 전세권설정자에 대하여 그 부속물건의 매수를 청구할 수 있다.

⑤ 건물의 전세권설정자가 전세권의 존속기간 만료 전 6월부터 1월까지 사이에 전세권자에 대하여 갱신거절의 통지 또는 조건을 변경하지 아니하면 갱신하지 아니한다는 뜻의 통지를 하지 아니한 경우에는 그 기간이 만료된 때에 전전세권과 동일한 기간으로 다시 전세권을 설정한 것으로 본다.

## 33 전세권에 관한 설명으로 옳지 않은 것은? (다툼이 있으면 판례에 따름)

① 전세권이 소멸한 경우, 전세권설정자의 전세금반환의무와 전세권자의 목적물 인도 및 전세권설정등기의 말소등기에 필요한 서류의 교부의무는 동시이행의 관계에 있다.

② 전세권자가 존속기간 만료 후 전세목적물에 대한 경매를 청구하려면 먼저 전세권설정자에 대하여 전세목적물의 인도 및 전세권설정등기 말소의무의 이행제공을 완료하여 전세권설정자를 이행지체에 빠지게 하여야 한다.

③ 건물의 일부분에 전세권이 설정되어 있는 경우 전세권설정자가 전세금의 반환을 지체하면 전세권자는 건물 전체에 대하여 경매를 신청할 수 있다.

④ 전세금은 등기사항으로서 등기된 금액에 한하여 제3자에게 대항할 수 있고, 또한 전세권 존속기간 중에 전세금을 증액한 경우에도 등기하여야 제3자에게 대항할 수 있다.

⑤ 전세권이 성립된 후 목적물의 소유권이 이전된 경우, 종전 소유자는 원칙적으로 전세권설정자의 지위를 상실하여 전세금반환의무를 면한다.

## 34 전전세에 관한 설명으로 옳지 않은 것은? (다툼이 있으면 판례에 따름)

① 전전세권이 설정되더라도 원전세권은 소멸하지 않는다.

② 전전세금의 액수는 원전세권의 전세금 액수를 초과하지 못한다.

③ 전전세권은 원전세권의 존재를 기초로 하여 성립하는 것이므로 전세권이 소멸하면 전전세권도 소멸한다.

④ 전전세권의 당사자는 원전세권자와 전전세권자로서 원전세권설정자의 동의를 얻어야 한다.

⑤ 전전세권자가 전세금을 반환받지 못한 경우, 경매를 하기 위해서는 원전세권의 존속기간이 만료하여야 하고 원전세권설정자가 원전세권자에게 전세금의 반환을 지체하고 있어야 한다.

---

### 정답 및 해설

**31 ⑤** 토지와 건물이 동일한 소유자에게 속한 경우에 건물에 전세권을 설정한 때에는 대지소유권의 특정승계인은 전세권설정자에 대하여 지상권을 설정한 것으로 본다(제305조 제1항).

**32 ⑤** 건물의 전세권설정자가 전세권의 존속기간 만료 전 6월부터 1월까지 사이에 전세권자에 대하여 갱신거절의 통지 또는 조건을 변경하지 아니하면 갱신하지 아니한다는 뜻의 통지를 하지 아니한 경우에는 그 기간이 만료된 때에 전전세권과 동일한 조건으로 다시 전세권을 설정한 것으로 보게 되고 이 경우에는 기간의 정함이 없는 것이다.

**33 ③** 건물의 일부분에 전세권이 설정되어 있는 경우, 전세권설정자가 전세금의 반환을 지체하더라도 전세권의 목적물이 아닌 나머지 건물 부분에 대하여 우선변제권은 별론으로 하고 경매신청권은 없다.

**34 ④** 전전세권의 당사자는 원전세권자와 전전세권자로서 원전세권설정자의 동의를 얻을 필요가 없다.

---

**35** 甲이 乙 소유의 대지에 전세권을 취득한 후 丙에 대한 채무의 담보로 그 전세권에 저당권을 설정하여 주었다. 이에 관한 설명으로 옳지 않은 것은? (다툼이 있으면 판례에 따름)

제22회

① 甲과 乙은 전세권을 설정하면서 존속기간을 6개월로 정할 수 있다.
② 설정행위로 금지하지 않은 경우, 甲은 전세권의 존속기간 중에 丙에게 전세권을 양도할 수 있다.
③ 전세권의 존속기간 중에 甲은 전세권을 보유한 채, 전세금반환채권을 丙에게 확정적으로 양도할 수 없다.
④ 전세권의 갱신 없이 甲의 전세권의 존속기간이 만료되면, 丙은 甲의 전세권 자체에 대하여 저당권을 실행할 수 없다.
⑤ 존속기간의 만료로 甲의 전세권이 소멸하면 특별한 사정이 없는 한, 乙은 丙에게 전세금을 반환하여야 한다.

---

## 대표예제 92 　　유치권 ★★★

유치권에 관한 설명으로 옳지 않은 것은? (다툼이 있으면 판례에 따름)

① 유치권자는 경매를 신청할 수는 있으나, 물상대위성이 인정되지 않으므로 우선변제권은 가지지 못한다.
② 유치권자는 정당한 이유가 있는 때에는 감정인의 평가에 의하여 유치물로 직접 변제에 충당할 것을 법원에 청구할 수 있다.
③ 유치권자는 선량한 관리자의 주의로 유치물을 점유하여야 한다.
④ 유치권이 성립하기 위해서는 타인의 물건을 점유하여야 하는데, 여기에서 말하는 타인은 채무자에 한하고 제3자는 해당되지 않는다.
⑤ 유치권자의 점유는 직접점유이든지 간접점유이든지 상관없다.

해설 | 유치권이 성립하기 위해서는 타인의 물건을 점유하여야 하는데, 여기에서 말하는 타인은 <u>채무자에 한하지 않고 제3자도 해당된다.</u>

기본서 p.532~537　　　　　　　　　　　　　　　　　　　　　　　　　　　　정답 ④

**36** 유치권에 관한 설명으로 옳지 않은 것은? (다툼이 있으면 판례에 따름)

① 유치물의 소유자가 변동된 후 유치권자가 유치물에 관하여 새로이 유익비를 지급하여 가격증가가 현존하는 경우, 유치권자는 그 유익비를 피보전채권으로 하여서도 유치권을 행사할 수 있다.

② 다세대주택의 창호공사를 완성한 하수급인이 공사대금채권 잔액을 변제받기 위하여 그중 한 세대를 점유하는 유치권 행사는 인정되지 않는다.

③ 수급인의 재료와 노력으로 건물을 신축한 경우, 특별한 사정이 없는 한 그 건물에 대한 수급인의 유치권은 인정되지 않는다.

④ 유치권의 목적이 될 수 있는 것은 타인의 동산, 부동산 그리고 유가증권이다.

⑤ 유치권자가 유치물에 대한 보존행위로서 목적물을 사용하는 것은 적법하다.

**37** 유치권에 관한 설명으로 옳지 않은 것은? (다툼이 있으면 판례에 따름)

① 채무자는 유치권자에게 상당한 담보를 제공하고 유치권을 소멸시킬 수 있다.

② 유치권자는 보존에 필요한 범위 내에서 유치물을 사용할 수 있으나 채무자의 승낙 없이 유치물을 사용하거나 임대·담보제공을 할 수 없다.

③ 유치권의 발생을 배제하는 특약을 하면 유치권은 성립하지 않는다.

④ 피담보채권이 변제기에 있지 않으면, 유치권은 성립하지 않는다.

⑤ 유치권자가 유치물에 관하여 필요비를 지출한 때에는 그 가액이 현존한 경우에 한하여 상환을 청구할 수 있다.

---

**정답 및 해설**

**35** ⑤ 존속기간의 만료로 甲의 전세권이 소멸하면 특별한 사정이 없는 한, 전세권설정자 乙은 저당권자인 丙이 아니라 전세권자인 甲에게 그 전세금을 반환하여야 한다.

**36** ② 다세대주택의 창호 등의 공사를 완성한 하수급인이 공사대금채권 잔액을 변제받기 위하여 위 다세대주택 중 한 세대를 점유하여 유치권을 행사하는 경우, 그 유치권은 위 한 세대에 대하여 시행한 공사대금만이 아니라 다세대주택 전체에 대하여 시행한 공사대금채권의 잔액 전부를 피담보채권으로 하여 성립한다.

**37** ⑤ 유치권자가 유치물에 관하여 유익비를 지출한 때에는 그 가액의 증가가 현존한 경우에 한하여 소유자의 선택에 좇아 그 지출한 금액이나 증가액의 상환을 청구할 수 있다(제325조 제2항).

---

**38** 민법상 유치권에 관한 설명으로 옳지 않은 것은? (다툼이 있으면 판례에 따름) 제20회

① 유치권은 점유의 상실로 소멸한다.

② 유치권은 동시이행의 항변권과 병존할 수 있다.

③ 유치권자는 채권의 변제를 받기 위하여 유치물을 경매할 수 있다.

④ 임대인과 임차인 사이에 임차건물의 명도시 권리금을 반환하기로 하는 약정이 있었던 경우, 임차인은 권리금반환채권을 가지고 건물에 대한 유치권을 행사할 수 있다.

⑤ 채권자가 채무자를 직접점유자로 하여 유치물을 간접점유하는 경우에는 유치권이 성립하지 않는다.


**39** 유치권에 관한 설명으로 옳지 않은 것은? (다툼이 있으면 판례에 따름) 제21회

① 유치권에는 물상대위성이 인정되지 않는다.

② 당사자가 미리 유치권 발생을 배제하는 특약을 한 경우, 유치권은 발생하지 않는다.

③ 유치권에 의하여 담보되고 있는 채권의 소멸시효는 유치권 행사시점부터 중단된다.

④ 유치권자의 점유가 간접점유이고 채무자가 직접점유자인 경우, 유치권은 성립하지 않는다.

⑤ 유치권자는 유치목적물을 경매로 매각받은 자에게 그 피담보채권의 변제를 청구할 수 없다.


종합

**40** 유치권에 관한 설명으로 옳지 않은 것은? (다툼이 있으면 판례에 따름)

① 유치권자가 보존에 필요한, 사용에 의하여 얻은 이익은 부당이득이므로 채무자에게 반환하여야 한다.

② 유치물을 점유하기 전에 채권이 발생한 경우에는 그 후 그 물건의 점유를 취득하였다 하더라도 유치권이 성립하지 않는다.

③ 건물점유자가 건물의 원시취득자에게 그 건물에 관한 유치권이 있다고 하더라도, 그 건물의 존재와 점유가 토지소유자에게 불법행위가 되는 한, 그 유치권으로 토지소유자에게 대항할 수 없다.

④ 유치권의 점유를 상실하더라도 점유물반환청구에 의하여 그 점유를 회복하게 되면 유치권은 되살아난다.

⑤ 채무자가 그의 채무를 이행하지 않고 유치물반환청구를 하면 상환급부의 판결을 한다.

## 대표예제 93 질권 ★

질권에 관한 설명으로 옳지 않은 것은? (다툼이 있으면 판례에 따름)

① 동산질권자는 채권의 담보로 채무자 또는 제3자가 제공한 동산을 점유하고 그 동산에 대하여 다른 채권자보다 자기채권의 우선변제를 받을 권리가 있다.

② 질권자는 설정자로 하여금 질물의 점유를 하게 할 수 있다.

③ 수개의 채권을 담보하기 위하여 동일한 동산에 수개의 질권을 설정한 경우 그 순위는 설정의 선후에 의한다.

④ 질권은 원본, 이자, 위약금, 질권실행의 비용, 질물보존의 비용 및 채무불이행 또는 질물의 하자로 인한 손해배상의 채권을 담보한다. 그러나 다른 약정이 있는 때에는 그 약정에 의한다.

⑤ 질권자는 전조의 채권의 변제를 받을 때까지 질물을 유치할 수 있으나, 자기보다 우선권이 있는 채권자에게 대항하지 못한다.

해설 | 질권자는 설정자로 하여금 질물의 점유를 하게 하지 못한다.

기본서 p.537~543                                               정답 ②

---

**정답 및 해설**

**38** ④ 권리금반환채권, 임대차보증금, 전세금 등은 비용상환청구권과 달리 물건 자체에 관한 채무가 아니므로 유치권을 행사할 수 없다.

**39** ③ 유치권의 행사는 채권의 소멸시효의 진행에 영향을 미치지 않기 때문에(제326조), 유치권을 행사하더라도 피담보채권의 소멸시효는 중단되지 않는다.

**40** ② 유치권자가 유치물을 점유하기 전에 발생된 채권이라도 그 후 그 물건의 점유를 취득하였다면 유치권이 성립한다(대판 1995.9.15, 95다16202). 즉, 판례에 의하면 채권과 그 목적물의 견련성은 요구되지만, 채권과 목적물의 '점유' 사이에는 견련관계를 요구하지 않는다.

**41** 질권에 관한 설명으로 옳지 않은 것은? (다툼이 있으면 판례에 따름)

① 질권은 양도할 수 없는 물건을 목적으로 하지 못한다.

② 질권의 설정은 질권자에게 목적물을 인도함으로써 그 효력이 생긴다.

③ 질권자가 그 권리의 범위 내에서 자기의 책임으로 질물을 전질한 경우, 전질을 하지 아니하였으면 면할 수 있는 불가항력으로 인한 손해에 대해서는 책임을 면한다.

④ 물상보증인도 질권설정계약의 당사자가 될 수 있다.

⑤ 질권설정자는 법률에 정한 방법에 의하지 아니하고 질물을 처분할 것을 약정하지 못한다.

종합

**42** 질권에 관한 설명으로 옳지 않은 것은? (다툼이 있으면 판례에 따름)

① 질권자는 채권의 변제를 받기 위하여 질물을 경매할 수 있고 물상대위성이 인정되므로 우선변제를 받을 권리가 있다.

② 정당한 이유가 있다면 질권자는 감정인의 평가에 의하여 질물로 직접변제에 충당할 것을 법원에 청구할 수 있다.

③ 질권자는 질물에 의하여 변제받지 못한 부분의 채권에 한하여 채무자의 다른 재산으로부터 변제를 받을 수 있다.

④ 질권자가 물상대위를 하는 경우에는 그 금전의 지급 또는 인도 후에 압류하여야 한다.

⑤ 질권은 동산뿐만 아니라 재산권을 그 목적으로 할 수 있는데, 채권증서가 있는 경우 질권의 설정은 그 증서를 질권자에게 교부하여야 한다.

---

## 대표예제 94 │ 저당권 ★★★

**저당권에 관한 설명으로 옳지 않은 것은? (다툼이 있으면 판례에 따름)**

① 저당권의 효력은 원칙적으로 저당부동산의 종물에 미친다.

② 저당부동산의 제3취득자는 경매인(競買人)이 될 수 있다.

③ 저당권은 장래의 채권을 담보하기 위하여 설정될 수 있다.

④ 저당권설정등기가 원인 없이 말소되었더라도 그로 인하여 저당권이 소멸하는 것은 아니다.

⑤ 저당부동산의 매매로 인한 매매대금청구권에 대한 물상대위가 인정된다.

해설 | 저당부동산 매매의 경우 매수인이 취득한 부동산에 대하여 저당권자가 경매할 수 있는 추급력이 인정되므로 매매대금에 대해서는 물상대위가 인정되지 않는다.

기본서 p.544~555

정답 ⑤

**43** 甲은 乙은행으로부터 1억원을 빌리면서 그 채무를 담보하기 위하여 자신 소유의 X토지 (나대지)에 1번 저당권을 설정해 주었다. 이에 관한 설명으로 옳은 것은? (다툼이 있으면 판례에 따름) 제20회

① 乙이 X토지 위에 건물 신축을 방지하기 위하여 지상권을 설정한 경우, 그 지상권은 무효이다.

② X토지의 2번 저당권자인 A가 甲의 채무 일부를 변제한 경우, A는 乙의 지당권을 대위행사할 수 없다.

③ 乙의 채권이 일부무효인 경우, 甲은 유효인 부분의 채권에 대한 변제 없이도 저당권등기의 말소를 청구할 수 있다.

④ 저당권 설정 후에 X토지의 임차인 B가 그 지상에 Y건물을 신축하고 甲이 이를 매수한 경우, 乙은 X토지와 Y건물에 대하여 일괄경매를 청구할 수 있다.

⑤ 乙은 원본의 이행기일을 경과한 후 3년분의 지연손해에 한하여 저당권을 행사할 수 있다.

---

**정답 및 해설**

**41** ③ 질권자는 그 권리의 범위 내에서 자기의 책임으로 질물을 전질할 수 있다. 이 경우에는 전질을 하지 아니하였으면 면할 수 있는 불가항력으로 인한 손해에 대하여도 <u>책임을 부담한다</u>(제336조).

**42** ④ 질권자가 물상대위를 하는 경우에는 그 <u>금전의 지급 또는 인도 전에 압류</u>하여야 한다.

**43** ④ ① 저당권자 乙이 X토지 위에 건물 신축을 방지하기 위하여 지상권을 설정한 경우, 그 지상권은 <u>유효</u>이다.
② X토지의 2번 저당권자인 A가 甲의 채무 일부를 대위변제한 경우, A는 <u>乙의 저당권을 대위행사할 수 있다</u>.
③ 乙의 채권이 일부무효인 경우라도 甲은 유효인 부분의 채권에 대한 변제를 하여야만 저당권등기의 말소를 청구할 수 있다. 따라서 <u>유효인 부분의 채권에 대한 변제를 하지 않은 이상 저당권등기의 말소를 청구할 수 없다</u>.
⑤ 乙은 원본의 이행기일을 경과한 후 <u>1년분</u>의 지연손해에 한하여 저당권을 행사할 수 있다.

## 44 저당권에 관한 설명으로 옳지 않은 것은?

① 저당권의 효력은 법률에 특별한 규정 또는 설정행위에 다른 약정이 없으면 저당부동 산에 부합된 물건과 종물에도 미친다.

② 전세권을 목적으로 저당권을 설정한 자는 저당권자의 동의 없이 전세권을 소멸하게 하는 행위를 하지 못한다.

③ 후순위 저당권자가 경매를 신청하더라도 선순위 저당권은 소멸하며 그 배당에서 우선 변제를 받게 된다.

④ 수개의 채권을 담보하기 위하여 동일한 부동산에 수개의 저당권이 설정된 때에 그 순위는 설정등기의 선후에 의한다.

⑤ 저당권은 그 담보한 채권과 분리하여 타인에게 양도하거나 다른 채권의 담보로 제공할 수 있다.

## 45 저당권에 관한 설명으로 옳지 않은 것은? (다툼이 있으면 판례에 따름)

① 저당권자는 저당권이 침해된 경우에 물권적 반환청구권을 가지지 않는다.

② 저당부동산의 제3취득자는 저당권자에게 그 부동산으로 담보된 채권만을 변제하고, 저당권의 소멸을 청구할 수 있다.

③ 저당부동산의 제3취득자는 경매인(競買人)이 될 수 없다.

④ 판례는 토지에 저당권이 설정될 당시에 존재하던 건물이 그 후 증·개축된 경우에도 민법 제366조 소정의 법정지상권의 성립을 인정하면서, 그 내용은 구(旧) 건물을 기준으로 한다고 한다.

⑤ 토지저당권자가 지상건물을 일괄경매하는 경우에 그가 우선변제를 받는 범위는 토지의 매각대금에 한정된다.

## 고난도

**46** 乙은 甲에게 차용한 3억원의 채무를 담보하기 위하여 甲에게 자신의 X토지 위에 저당권을 설정하여 주었다. 이에 관한 설명으로 옳지 않은 것은? (다툼이 있으면 판례에 따름)

① 乙의 고의·과실로 인하여 X토지의 가액이 현저히 감소된 경우, 甲은 乙에게 그 원상회복 또는 상당한 담보제공을 청구할 수 있다.

② 甲의 저당권은 원본, 이자, 위약금, 채무불이행으로 인한 손해배상뿐만 아니라 저당권 실행비용도 담보하는 것이 원칙이나.

③ 甲이 저당권부 채권을 丙에게 양도하려면 채권양도의 요건 이외에 저당권 이전에 대한 물권적 합의와 등기가 있어야 하는데, 여기서 물권적 합의는 甲·丙 사이에만 있으면 충분하고 그 외에 乙의 합의까지 있어야 하는 것은 아니다.

④ 3억원의 대여금채권이 소멸한 후에 甲이 별도로 취득한 乙에 대한 채권을 담보하기 위해서 종전의 저당권등기를 유용하기로 합의한 경우, 그 합의 이전에 丁 명의의 지상권이 설정되어 있다면 丁에게 저당권의 유효를 가지고 대항할 수 없다.

⑤ 저당권이 설정된 후 乙이 X토지에 건물을 축조하여 소유하고 있다면, 甲은 X토지와 함께 그 건물에 대해서도 경매를 청구할 수 있으며, 이 경우 그 건물의 매각대금으로부터 우선변제를 받을 수 있다.

---

**정답 및 해설**

**44** ⑤ 저당권은 그 담보한 채권과 분리하여 <u>타인에게 양도하거나 다른 채권의 담보로 제공하지 못한다</u>(제361조).

**45** ③ 저당부동산의 제3취득자는 <u>경매인(競買人)이 될 수 있다</u>(제363조 제2항).

**46** ⑤ 토지를 목적으로 저당권을 설정한 후 그 설정자가 그 토지에 건물을 축조한 때에는 저당권자는 토지와 함께 그 건물에 대하여도 경매를 청구할 수 있다. 그러나 그 <u>건물의 경매대가에 대하여는 우선변제를 받을 권리가 없다</u>.

**47** 물상대위에 관한 설명으로 옳은 것은? (다툼이 있으면 판례에 따름)

① 멸실, 훼손 또는 공용징수에 의하여 저당권이 소멸하거나 저당물의 가치가 감소된 경우에만 인정된다.

② 화재보험계약이라는 별도의 요건이 게재된 화재보험금청구권은 물상대위의 객체로 되지 못한다.

③ 압류는 반드시 저당권자에 의하여 행하여져야 한다.

④ 물상대위권의 행사는 늦어도 배당요구의 종기까지 하여야 하며, 그 후에는 물상대위권자로서의 우선변제권을 행사할 수 없다.

⑤ 물상대위권자의 압류 전에 보상금채권이 타인에게 이전되면, 더 이상 물상대위권을 행사할 수 없다.

**48** 저당권의 효력에 관한 설명으로 옳지 않은 것은? (다툼이 있으면 판례에 따름)

① 저당부동산에 관하여 이해관계인이 없는 경우, 원본의 이행기를 경과한 후의 1년분 이상의 지연손해에 대해서도 저당권의 효력이 미칠 수 있다.

② 건물에 저당권이 설정된 경우, 원칙적으로 그 건물에 부속된 창고에도 저당권의 효력이 미친다.

③ 저당권의 효력이 미치는 종물은 저당권 설정 전부터 존재하였던 것이어야 한다.

④ 건물에 대한 저당권의 효력은 원칙적으로 그 대지이용권인 지상권에도 미친다.

⑤ 저당권과 전세권이 경합하는 경우에는 설정등기의 선후에 의하여 우선순위를 정한다.

**49** 저당권에 관한 설명으로 옳지 않은 것은? (다툼이 있으면 판례에 따름)

① 저당부동산에 대하여 소유권, 지상권 또는 전세권을 취득한 제3자는 저당권자에게 그 부동산으로 담보된 채권을 변제하고 저당권의 소멸을 청구할 수 있다.

② X토지의 2번 저당권자인 A가 채무자 甲의 채무 일부를 변제한 경우, A는 1번 저당권자 乙의 저당권을 대위행사할 수 없다.

③ 저당권자 乙이 채무자 丙에 대한 채권이 일부 무효인 경우라도, 丙은 유효인 부분의 채권에 대한 변제를 하여야만 저당권등기의 말소를 청구할 수 있다.

④ 채무자 소유의 여러 부동산에 공동저당권을 설정한 경우 그 경매대가를 동시에 배당하는 때에는 각 부동산의 경매대가에 비례하여 그 채권의 분담을 정한다.

⑤ 저당권자 乙이 X토지 위에 건물 신축을 방지하기 위하여 지상권을 설정한 경우, 그 지상권은 유효이다.

정답 및 해설

**47** ④ ④ 물상대위권의 행사는 늦어도 배당요구의 종기까지 하여야 하며, 그 후에는 물상대위권자로서의 우선변제권을 행사할 수 없다(대판 2003.3.28, 2002다13539).

① 멸실, 훼손 또는 공용징수에 의한 경우에만 물상대위를 인정하는 것은 부당하다. 즉, 멸실, 훼손, 공용징수는 하나의 예시에 불과하므로 전세권이 저당권의 목적인데 전세기간의 만료로 전세권이 소멸한 경우에도 인정될 수 있다(대판 1999.9.17, 98다31301).

② 화재보험계약이라는 별도의 요건이 게재된 화재보험금청구권은 물상대위의 객체로 된다.

③ 압류는 저당권자에 의하지 않아도 된다. 즉, 제3자가 하더라도 상관없다.

⑤ 물상대위자의 압류 전에 보상금채권이 타인에게 이전되면 더 이상 물상대위권을 행사할 수 없는 것이 아니라, 보상금이 직접 지급되거나 보상금지급청구권에 관한 강제집행절차에 있어서 배당요구의 종기에 이르기 전에는 여전히 그 청구권에 대한 추급이 가능하다(대판 2000.6.23, 98다31899).

**48** ③ 저당권의 효력이 미치는 종물은 저당권 설정 전후를 불문한다.

**49** ② X토지의 2번 저당권자인 A가 甲의 채무 일부를 대위변제한 경우, A는 乙의 저당권을 대위행사할 수 있다.

**50** 근저당권에 관한 설명으로 옳지 않은 것은? (다툼이 있으면 판례에 따름)

① 근저당권의 피담보채무는 원칙적으로 당사자가 약정한 존속기간이나 결산기가 도래한 때에 확정된다.

② 장래에 발생할 특정의 조건부채권을 피담보채권으로 하는 근저당권의 설정은 허용되지 않는다.

③ 근지당부동산의 제3취득자는 담보채무가 확정된 이후에 채권최고액의 범위 내에서 그 확정된 피담보채무를 변제하고 근저당권의 소멸을 청구할 수 있다.

④ 근저당권자가 피담보채무의 불이행을 이유로 경매신청을 하여 경매 신청시에 근저당채무액이 확정된 경우, 경매개시 결정 후 경매신청에 취하되더라도 채무확정의 효과가 번복되지 않는다.

⑤ 재권최고액은 반드시 등기되어야 하지만, 근저당권의 손속기간은 필요적 등기사항이 아니다.

고난도

**51** 甲이 채무자 乙 소유의 A부동산에 대하여 채권최고액 1억원의 근저당권을 취득하였는데, 이에 관한 설명으로 옳지 않은 것은? (다툼이 있으면 판례에 따름)

① 甲의 채권이 확정되기 전이라면 피담보채권의 금액과 함께 채무자를 변경할 수 있다.

② 甲이 경매를 신청하여 경매개시결정이 있은 후에 경매신청이 취하되었다면 채무확정의 효과는 번복된다.

③ 근저당권의 실행비용은 甲의 채권최고액 2천만원에 포함되지 아니한다.

④ 甲이 경매를 신청하는 경우, 경매신청시에 근저당권이 확정되므로 그 이후에 발생하는 甲의 원금채권은 근저당으로 담보하지 않는다.

⑤ 만일 丙이 A부동산에 대하여 후순위 저당권을 취득한 경우, 丙이 경매를 신청하는 경우에는 매각대금 완납시에 甲의 근저당권이 확정된다.

**52** 근저당권에 관한 설명으로 옳은 것만을 모두 고른 것은? (다툼이 있으면 판례에 따름)

> ㉠ 피담보채무의 확정 전 채무자가 변경된 경우, 변경 후의 채무자에 대한 채권만이 당해 근저당권에 의하여 담보된다.
> ㉡ 근저당권의 존속기간이나 결산기의 정함이 없는 경우, 근저당권설정자는 근저당권자를 상대로 언제든지 해지의 의사표시를 함으로써 피담보채무를 확정시킬 수 있다.
> ㉢ 근서당권자가 피담보채무의 불이행을 이유로 경매신청을 한 경우, 경매신청시에 근저당권이 확정된다.
> ㉣ 선순위 근저당권의 확정된 피담보채권액이 채권최고액을 초과하는 경우, 후순위 근저당권자가 선순위 근저당권의 채권최고액을 변제하더라도 선순위 근저당권의 소멸을 청구할 수 없다.

① ㉠, ㉡  
② ㉡, ㉢  
③ ㉡, ㉣  
④ ㉠, ㉢, ㉣  
⑤ ㉠, ㉡, ㉢, ㉣

---

**정답 및 해설**

**50** ② 장래에 발생할 특정의 조건부채권을 피담보채권으로 하는 <u>근저당권의 설정도 유효하다</u>.

**51** ② 근저당권자가 피담보채무의 불이행을 이유로 경매신청을 한 경우에는 경매신청시에 근저당채무액이 확정되고, 그 이후부터 근저당권은 부종성을 가지게 되어 보통의 저당권과 같은 취급을 받게 된다. 이와 같이 경매신청을 하여 경매개시결정이 있은 후에 경매신청이 취하되었다고 하더라도 <u>채무확정의 효과가 번복되는 것은 아니다</u>.

**52** ⑤ ㉠㉡㉢㉣ 모두 옳은 지문이다.

**53** 공동저당에 관한 설명으로 옳지 않은 것은? (다툼이 있으면 판례에 따름)

① 공동저당부동산이 5개 이상일 때에는 공동담보목록을 첨부하여야 한다.

② 공동저당에 있어서 저당권의 수와 목적물의 수는 같다.

③ 공동저당은 각 저당권이 그 목적물 위에 반드시 동시에 성립하여야 한다.

④ 공동저당권자는 임의로 어느 저당목적물로부터 채권의 전부나 일부의 우선변제를 받을 수 있다.

⑤ 공동저당의 목적물 중 어느 부동산에 선순위 저당권이 존재하는 경우에는 그 부동산만을 따로 경매하여야 한다.

고난도

**54** 공동저당에 관한 설명으로 옳지 않은 것은? (다툼이 있으면 판례에 따름)

① 공동저당은 저당권설정계약 당시에 포함된 목적물뿐만 아니라 저당권설정계약 체결 후 다른 목적물을 추가로 공동저당에 편입시킬 수 있다.

② 공동저당권자가 일부만을 실행하는 경우에도 그 매각대금으로부터 피담보채권의 전액을 변제받을 수 있다.

③ 공동저당의 목적인 부동산 전부를 동시에 배당하는 경우에 각 부동산의 매각대금에 비례하여 피담보채권의 부담이 나누어진다.

④ 공동저당이 설정된 토지와 건물이 각각 다른 사람에게 경락된 경우 토지소유자는 건물소유자에게 건물의 철거를 청구하지 못한다.

⑤ 공동저당의 목적물 중 일부가 물상보증인에게 속하고 채무자 소유의 목적부동산 위에 후순위 저당권자가 존재하는 경우 후순위 저당권자가 우선한다.

**55** 甲은 乙로부터 3억원을 차용하면서 자신의 A · B · C 부동산에 대하여 저당권을 설정하였다. 그 후 乙은 甲이 채무를 변제하지 않자 위 부동산을 함께 경매하여 동시에 배당하였고, 각각의 경락대금이 A부동산 1억 8천만원, B부동산 1억 2천만원, C부동산 6천만원이었다면, 乙이 A부동산에 대해서 변제받는 금액은 얼마인가? (단, 각각의 부동산에 대한 乙의 저당권 순위는 모두 제1순위이다)

① 3천만원
② 6천만원
③ 1억원
④ 1억 5천만원
⑤ 1억 8천만원

제2편 물권법

제2장

---

**53** ③ 공동저당은 각 저당권이 그 목적물 위에 <u>반드시 동시에 성립할 필요가 없다</u>.

**54** ⑤ 공동저당의 목적물 중 일부가 물상보증인에게 속한 경우, 채무자 소유의 목적부동산 위에 후순위 저당권자와 물상보증인이 존재하는 경우 <u>물상보증인이 우선</u>하는 것이 판례의 입장이다.

**55** ④ 전체 경락대금은 3억 6천만원이므로 A부동산에 대한 변제비율은 1억 8천만원/3억 6천만원(= 1/2)이므로, 차용금 3억 × 1/2은 <u>1억 5천만원</u>이다.

제2장 물권법 각론  **309**

## 10개년 출제비중분석

### 19.75%

제3편
출제비중

### 장별 출제비중

| 1장 | 2장 | 3장 | 4장 | 5장 | 6장 | 7장 |
|-----|------|------|-------|-------|-------|-------|
| 0% | 2.5% | 0.5% | 1.25% | 0.75% | 11.5% | 3.25% |

# 제3편

# 채권법

# 제1장 채권법 총론

**채권의 목적과 관련된 민법의 규정에 관한 설명으로 옳은 것은?**

① 채권의 목적을 종류로만 지정한 경우에 법률행위의 성질이나 당사자의 의사에 의하여 품질을 정할 수 없을 때에는 그 물건의 품질은 채무자가 임의로 정하여 이행하면 된다.

② 채권액이 다른 나라의 통화로 지정된 경우 채무자는 지급할 때에 있어서의 이행지의 환금시가에 의하여 우리나라 통화로 변제할 수 있다.

③ 채권 성립 후 선택권 없는 당사자의 과실로 급부가 불능으로 된 경우, 선택권자는 불능으로 된 급부를 선택할 수 없다.

④ 채권의 목적이 수개의 행위 중에서 선택에 좇아 확정될 경우에 다른 법률의 규정이나 당사자의 약정이 없으면 선택권은 채권자에게 있다.

⑤ 채권의 목적이 어느 종류의 다른 나라 통화로 지급할 것인 경우에 그 통화가 변제기에 강제통용력을 잃은 때에는 우리나라 통화로 변제하여야 한다.

**오답체크** | ① 채권의 목적을 종류로만 지정한 경우에 법률행위의 성질이나 당사자의 의사에 의하여 품질을 정할 수 없을 때에는 그 물건의 품질은 채무자가 임의로 정하여 이행하는 것이 아니라 <u>중등품질의 물건으로 이행하여야 한다</u>(제375조 제1항).

③ 채권 성립 후 선택권 없는 당사자의 과실로 급부가 불능으로 된 경우, 선택권자는 <u>불능으로 된 급부도 선택할 수 있다</u>(제385조 제2항).

④ 채권의 목적이 수개의 행위 중에서 선택에 좇아 확정될 경우에 다른 법률의 규정이나 당사자의 약정이 없으면 선택권은 <u>채권자가 아니라 채무자에게 있다</u>(제380조).

⑤ 채권의 목적이 어느 종류의 다른 나라 통화로 지급할 것인 경우에 그 통화가 변제기에 강제통용력을 잃은 때에는 우리나라 통화가 아니라 <u>그 나라의 다른 통화로 변제하여야 한다</u>(제377조 제2항).

기본서 p.581~588

정답 ②

## 종합

**01** 특정물의 인도채권에 관한 설명으로 옳지 않은 것은?

① 채권 성립 당시부터 특정물의 인도를 목적으로 하는 경우뿐만 아니라 종류채권이나 선택채권에서 목적물이 특정된 때에도 특정물채권이 된다.

② 특정물채권의 채무자는 이행기의 현상대로 그 물건을 인도하여야 한다.

③ 특정물채권의 채무자는 그 물건을 인도하기까지 선량한 관리자의 주의로 보존하여야 한다.

④ 특정물채권의 채무자가 이행의 제공을 하였음에도 채권자가 그 책임 있는 사유로 수령을 거절한 경우에 채무자는 고의 또는 중과실이 없는 한 불이행으로 인한 책임은 부담하지 않는다.

⑤ 특정물채권의 이행은 당사자 사이에 특별한 약정이 없는 한 채권자의 현주소지 또는 영업소에서 하여야 한다.

**02** 甲은 乙이 사육하는 여러 앵무새 중에서 앵무새 A를 특정하여 매수하면서, 1주일 후 잔금 지급과 동시에 A를 인도받기로 하였다. 이에 대한 설명으로 옳지 않은 것은? (단, 담보 책임은 문제 삼지 않으며, 다툼이 있으면 판례에 따름)

① 乙이 선관주의의무를 다하여 A를 관리하였으나 A가 질병에 걸린 경우, 乙은 A를 현상 그대로 인도하면 된다.

② 乙이 선관주의의무를 다하여 A를 관리하였으나 丙이 A를 훔쳐간 경우, 乙은 甲에게 손해를 배상할 책임이 없다.

③ 乙이 선관주의의무를 다하여 A를 관리하였는지 여부에 대한 증명책임은 甲에게 있다.

④ 乙은 다른 약정이 없는 한 A를 자신의 농장에서 甲에게 인도하면 된다.

⑤ 乙이 선관주의의무를 다하여 A를 관리할 의무는 A에 대한 매매계약이 성립한 시점부터 발생한다.

---

**정답 및 해설**

**01** ⑤ 특정물채권의 이행은 당사자 사이에 특별한 약정이 없는 한 <u>물건이 있던 장소에서 인도</u>하여야 한다.

**02** ③ 乙이 선관주의의무를 다하여 A를 관리하였는지 여부에 대한 증명책임은 <u>채무자 乙 자신</u>에게 있다.

**03** 종류채권에 관한 설명으로 옳지 않은 것은?

① 채무자가 이행에 필요한 행위를 완료한 때에는 그로부터 그 물건을 채권의 목적물로 한다.

② 종류채권의 이행은 원칙적으로 지참채무로서 채권자의 주소지에서 이행하여야 한다.

③ 채권의 목적을 종류로만 지정한 경우에 법률행위의 성질에 의하여 품질을 정할 수 있는 때에도 채무자는 중등품질의 물건으로 이행하여야 한다.

④ 채권의 목적을 종류로만 지정한 경우에 당사자의 의사 등에 의하여 품질을 정할 수 없는 때에 채무자는 중등품질의 물건으로 이행하여야 한다.

⑤ 종류채권이라도 채권자의 동의를 얻어 목적물이 특정된 후 멸실되면 이행불능이 된다.

종합

**04** 금전채권에 관한 설명으로 옳지 않은 것은? (다툼이 있으면 판례에 따름)

① 금전채권의 경우 특약이 없는 한 어떠한 통화로도 지급할 수 있다.

② 채무자가 이자제한법 소정의 최고이자율을 초과하는 이자를 지급한 경우 초과 지급된 부분은 원본에 충당되고, 원본이 소멸된 때에는 그 반환을 청구할 수 있다.

③ 금전은 지불수단이므로 소유와 점유가 일치하여 원칙적으로 물권적 반환청구권은 행사할 수 없고 채권적 가치반환의 청구를 할 수 있다.

④ 금전소비대차의 경우 변제기가 경과한 후라도 별도의 지연이자 지급에 관한 특약이 없다면 지연이자는 처음 약정된 계약이자를 지급하는 것이 아니고 법정이자를 지급하여야 한다.

⑤ 금전채무불이행의 경우 약정이율에 따라 산정된 금액을 초과하는 손해가 발생하였고, 채무자도 그 사실을 알았다면 채권자는 특별손해로 그 배상을 청구할 수 있다.

**05** 금전채권에 관한 설명으로 옳지 않은 것은? (다툼이 있으면 판례에 따름)

① 금전채무에 대하여는 이행불능이 있을 수 없으므로 이행지체만이 인정된다.

② 어느 종류의 외국통화로 지급하여야 하는 경우, 그 통화가 변제기에 강제통용력을 잃은 때에는 그 나라의 다른 통화로 변제하여야 한다.

③ 채권의 목적이 다른 나라 통화로 지급할 것인 경우에 채무자는 자기가 선택한 그 나라의 각 종류의 통화로 변제할 수 있다.

④ 채무자는 외국통화의 지급이 명시적 조건으로 되어 있지 않는 한, 이행지의 환금시가에 의하여 우리나라의 통화로 변제할 수 있다.

⑤ 금전채권의 경우 채무자는 과실 없음을 항변하여 손해배상채무를 면할 수 있다.

---

**정답 및 해설**

**03** ③ 채권의 목적을 종류로만 지정한 경우에 법률행위의 성질에 의하여 품질을 정할 수 없는 때에 채무자는 중등품질의 물건으로 이행하여야 한다.

**04** ④ 금전소비대차의 경우 변제기가 경과한 후라도 별도의 지연이자 지급에 관한 특약이 없다면 처음 약정된 계약이자를 지급하여야 하고 법정이자를 지급하는 것이 아니다.

**05** ⑤ 금전채무불이행의 경우 그 채무자는 과실 없음을 항변하지 못한다(제397조 제2항).

**06** 이자채권에 관한 설명으로 옳지 않은 것은? (다툼이 있으면 판례에 따름)

① 이자는 원본사용의 대가로서 법정과실이다.

② 이자는 반드시 금전만을 지칭하는 것은 아니고, 원본과 이자는 동종의 물건이 아니라도 상관없다.

③ 원본채권이 양도되면 이미 변제기에 도달한 지분적 이자채권은 같이 양도되지 않는다.

④ 이자를 원본에 산입하여 그에 대하여 다시 이자를 붙이는 약정, 즉 복리의 약정을 한 경우 원칙적으로 유효하다.

⑤ 지분적 이자채권은 원본채권 및 기본적 이자채권 없이도 발생할 수 있다.

종합

**07** 선택채권에 관한 설명으로 옳은 것은?

① 제3자가 선택하지 아니하는 경우에는 채권자나 채무자는 상당한 기간을 정하여 그 선택을 최고할 수 있고, 제3자가 그 기간 내에 선택하지 아니하면 선택권은 소멸한다.

② 선택의 효력은 그 채권이 발생한 때에 소급하지 않는다.

③ 선택권 없는 당사자의 과실로 인하여 이행불능이 된 때에는 선택권자는 이행불능이 된 급부를 선택할 수 없다.

④ 채권의 목적이 수개의 행위 중에서 선택에 좇아 확정될 경우에 다른 법률의 규정이나 당사자의 약정이 없으면 선택권은 채권자에게 있다.

⑤ 선택채권에 있어서 선택의 의사표시는 상대방의 동의가 없으면 철회하지 못한다.

## 08 甲은 乙에 대하여 A말 혹은 B말을 급부하여야 하는 채무를 부담하고 있는데, 이에 관한 설명으로 옳은 것은?

① 甲·乙이 계약으로 선택권을 정하지 아니한 경우 乙이 선택권을 가진다.

② 甲이 선택권을 가지는 경우에 선택권을 행사하지 아니하면 당연히 선택권은 乙에게 이전한다.

③ 제3자가 선택권을 가지는 경우에 선택권을 행사할 수 없는 때에는 선택권의 행사가 乙에게 이전한다.

④ 제3자가 선택권을 행사한 때에는 甲 혹은 乙에 대한 의사표시에 의한다.

⑤ 甲의 과실에 의하여 A말이 죽은 경우에는 목적물이 B말로 특정되지만, 乙의 과실에 의하여 A말이 죽은 경우에는 목적물이 B말로 특정되지 아니한다.

---

### 정답 및 해설

**06 ⑤** 지분적 이자채권은 원본채권 및 기본적 이자채권 없이 발생할 수 없다.

**07 ⑤** ① 제3자가 선택하지 아니하는 경우에는 채권자나 채무자는 상당한 기간을 정하여 그 선택을 최고할 수 있고, 제3자가 그 기간 내에 선택하지 아니하면 선택권은 채무자에게 이전한다.

② 선택의 효력은 그 채권이 발생한 때로 소급한다.

③ 선택권 없는 당사자의 과실로 인하여 이행불능이 된 때에는 선택권자는 이행불능이 된 급부를 선택하여 자신의 채무를 면할 수 있다.

④ 채권의 목적이 수개의 행위 중에서 선택에 좇아 확정될 경우에 다른 법률의 규정이나 당사자의 약정이 없으면 선택권은 채무자에게 있다.

**08 ⑤** ⑤ 특약이 없는 경우에 선택권은 채무자 甲에게 있다(제380조). 선택권을 가지는 甲의 과실에 의하여 일방이 멸실된 경우에는 특정이 되지만(제385조 제1항), 선택권이 없는 乙의 과실에 의하여 일방이 멸실된 경우에는 타방에 특정되지 아니한다(제385조 제2항).

① 당사자의 약정이 없으면 선택권은 채무자 甲에게 있다(제380조).

② 乙에 의하여 상당한 기간을 정하여 선택을 최고하고, 만일 甲이 최고기간 내에 선택을 하지 아니하면 선택권은 乙에게 이전한다(제381조 제1항).

③ 선택권을 가진 제3자가 선택할 수 없는 경우에 선택권은 채무자 甲에게 이전한다(제384조 제1항).

④ 제3자가 선택하는 경우에 그 선택은 채무자 甲 및 채권자 乙에 대한 의사표시로 한다(제383조 제1항).

# 제2장 채권의 효력

채무불이행 등에 관한 설명으로 옳지 않은 것은? (다툼이 있으면 판례에 따름)

① 채무자가 임의로 채무를 이행하지 않은 경우 채권자는 그 강제이행 또는 손해배상을 법원에 청구할 수 있다.

② 추완이 가능한 불완전이행의 경우 채권자가 계약을 해제하려면 상당한 기간을 정하여 최고 하여야 한다.

③ 민법은 채무불이행에 관하여 이행지체, 이행불능, 불완전이행 및 채권자 수령지체 등을 명문으로 규정하고 있다.

④ 채무이행에 관하여 확정기한이 있는 경우에 채무자가 담보제공의 의무를 이행하지 않은 경우, 채권자의 최고가 없다면 채무자는 기한의 이익을 주장할 수 있다.

⑤ 채무불이행이란 채무자가 정당한 사유가 없이 채무의 내용에 좇은 이행을 하지 않는 것을 말한다.

해설 | 민법에 명문으로 규정하고 있는 채무불이행의 유형은 이행지체와 이행불능이다. 불완전이행과 채권자 수령지체는 명문으로 규정하고 있지 않고, 학설과 판례에 의해서 인정된다.

기본서 p.596~602                                                                                             정답 ③

---

**01** 이행지체에 관한 설명으로 옳지 않은 것은? (다툼이 있으면 판례에 따름)    제21회

① 이행지체를 이유로 한 계약의 해제는 손해배상의 청구에 영향을 미치지 않는다.

② 불법행위로 인한 손해배상채무의 지연손해금 기산일은 채무이행을 통지받은 때이다.

③ 채무이행의 기한이 없는 경우, 채무자는 이행청구를 받은 다음 날부터 지체책임이 있다.

④ 채무자는 자기에게 과실이 없는 경우에도 원칙적으로 이행지체 중에 생긴 손해를 배상하여야 한다.

⑤ 동시이행관계에 있는 채무의 이행기가 도래하였더라도 상대방이 이행제공을 하지 않는 한 이행지체가 성립하지 않는다.

**02** **이행지체 등에 관한 설명으로 옳지 않은 것은?**

① 채무자가 이행이 가능함에도 불구하고 이행을 하지 않음으로써 지체가 되며, 이행지체 중에 이행불능이 되면 불능이 된 때로부터 이행불능으로 본다.

② 채무이행의 불확정한 기한이 있는 경우에는 채무자는 객관적 사실이 발생한 때로부터 지체책임이 있다.

③ 채무이행의 확정한 기한이 있는 경우에는 채무자는 기한이 도래한 다음 날로부터 지체책임이 있다.

④ 불법행위로 인한 손해배상채무는 최고 없이 불법행위시로부터, 즉 그 성립과 동시에 지체가 된다.

⑤ 채무이행의 기한이 없는 경우에는 채무자는 이행청구를 받은 다음 날부터 지체책임이 있다.

**03** **이행지체의 효과에 관한 설명으로 옳지 않은 것은?**

① 이행지체가 있는 경우에는 지연배상을 청구할 수 있다.

② 채무자가 채무의 이행을 지체한 경우에 채권자가 상당한 기간을 정하여 이행을 최고하여도 그 기간 내에 이행하지 아니하거나 지체 후의 이행이 채권자에게 이익이 없는 경우 채권자는 수령을 거절하고 이행에 대신한 손해배상을 청구할 수 있다.

③ 채무불이행으로 인한 손해배상은 통상의 손해를 그 한도로 한다. 따라서 특별한 사정으로 인한 손해는 채무자가 그 사정을 알았거나 알 수 있었을 때에 한하여 배상의 책임이 있다.

④ 채무자는 자기에게 과실이 없는 경우에도 그 이행지체 중에 생긴 손해를 배상하여야 한다.

⑤ 이행지체의 경우 채무자의 책임이 가중되므로 채무자가 이행기에 이행하여도 손해를 면할 수 없는 경우에는 배상책임이 있다.

---

**정답 및 해설**

**01** ② 불법행위로 인한 손해배상채무는 손해발생과 동시에 이행기에 있는 것이므로 불법행위 성립일이 지연손해금의 기산일이 된다.

**02** ② 채무이행의 불확정한 기한이 있는 경우에 채무자는 객관적 사실이 발생한 것을 안 다음 날로부터 지체책임이 있다.

**03** ⑤ 채무자가 이행기에 이행하여도 손해를 면할 수 없는 경우에는 배상책임이 없다.

**04** 이행지체 등에 관한 설명으로 옳지 않은 것은?

① 이행지체가 위법하여야 되므로 유치권 또는 동시이행항변권 등 정당한 사유가 있는 때에는 이행지체가 되지 않는다.

② 이행지체의 경우 채권자가 고의·과실 없음에 대한 증명책임을 진다.

③ 채무불이행시 채권자는 손해배상을 청구할 수 있으나, 채무자에게 고의·과실이 없을 때에는 청구할 수 없다.

④ 채무자의 법정대리인이 채무자를 위하여 이행하거나 채무자가 타인을 사용하여 이행하는 경우에는 법정대리인 또는 피용자의 고의나 과실은 채무자의 고의나 과실로 본다.

⑤ 이행지체가 있는 경우에는 현실의 이행강제, 손해배상, 책임가중, 계약해제권 등의 효과가 발생한다.

**05** 이행불능에 관한 설명으로 옳지 않은 것은?

① 전보배상청구권은 채무의 내용의 변경에 해당되며, 채무는 그 동일성을 유지한다.

② 불가항력으로 인한 이행불능의 경우 위험부담의 문제가 발생하고 민법은 채무자위험부담주의를 원칙으로 한다.

③ 이행불능이 되면 채권자는 상당한 기간을 정하여 최고할 필요 없이 즉시 계약을 해제할 수 있고, 전보배상청구권, 대상청구권 등을 주장할 수 있다.

④ 이행지체 중에 불가항력으로 이행불능이 된 경우 채무자는 지체책임을 진다.

⑤ 이행불능이란 채권이 성립하기 전 또는 성립한 후에 채무자에게 책임 있는 사유로 이행이 불가능하게 된 것을 말한다.

**06** 불완전이행에 관한 설명으로 옳지 않은 것은?

① 완전이행이 가능한 경우 상당한 기간을 정하여 최고한 후 해제할 수 있으나, 불가능한 경우 최고 없이 즉시 해제할 수 있다.

② 완전이행이 가능한 경우 불완전한 급부를 반환하고 완전한 급부를 청구할 수 있다.

③ 불완전이행이란 채무자가 채무의 이행으로서 이행행위를 하였으나, 그것이 채무 내용에 따른 완전한 이행이 아니라 하자(흠) 있는 불완전한 이행으로 채무자에게 손해가 생긴 경우를 말한다.

④ 불완전이행이 있는 경우 추완청구와 동시에 이행지체로 인한 손해배상을 청구할 수 있으나, 확대손해배상청구는 허용되지 않는다.

⑤ 불완전이행이 있는 경우 추완방법이 있으면 추완청구권만 가진다.

**07** 채권자 수령지체에 관한 설명으로 옳지 않은 것은?

① 채권자 수령지체로 인하여 그 목적물의 보관 또는 변제의 비용이 증가된 때에는 그 증가액은 채권자의 부담으로 한다.

② 채권자 수령지체 중에는 이자 있는 채권이라도 채무자는 이자를 지급할 의무가 없다.

③ 채권자 수령지체의 경우 채무자에게 손해배상청구권을 청구할 수 있고, 채권자에게 수령을 최고한 후 계약을 해세할 수 있다.

④ 채권자 수령지체란 채권자가 이행을 받을 수 없거나 받지 아니한 경우를 말하며, 채무자가 이행을 제공한 때로부터 지체책임이 있다.

⑤ 채권자 수령지체 중에 채무자는 불이행으로 인한 모든 책임이 없다.

---

**정답 및 해설**

**04** ② 이행지체의 경우 <u>채무자가 고의·과실 없음</u>에 대한 증명책임을 진다.

**05** ⑤ 이행불능이란 채권이 <u>성립한 후(= 후발적 불능)</u>에 채무자에게 책임 있는 사유로 이행이 불가능하게 된 것을 말한다.

**06** ④ 불완전이행이 있는 경우 추완청구와 동시에 이행지체로 인한 손해배상을 청구할 수 있고, <u>확대손해배상청구도 허용된다.</u>

**07** ⑤ 채권자 수령지체 중에 채무자는 <u>고의 또는 중대한 과실이 없으면</u> 불이행으로 인한 모든 책임이 없다.

손해배상에 관한 설명으로 옳지 않은 것은?

① 채권자가 그 채권의 목적인 물건 또는 권리의 가액 전부를 손해배상으로 받은 경우 채무자는 그 물건 또는 권리에 관하여 당연히 채권자를 대위한다.

② 금전채무불이행의 손해배상액은 법정이율에 의하지만, 법령의 제한에 위반하지 아니한 약정이율이 있으면 그 이율에 의한다.

③ 채무불이행으로 인한 손해배상은 통상의 손해를 그 한도로 하므로, 특별한 사정으로 인한 손해는 채무자가 그 사정을 알았거나 알 수 있었을 때에 한하여 배상의 책임이 있다.

④ 손해배상액의 예정은 이행의 청구나 계약의 해제에 영향을 미치지 아니한다.

⑤ 위약금의 약정은 손해배상액의 예정으로 간주한다.

해설 | 위약금의 약정은 손해배상액의 예정으로 <u>추정</u>한다.

> 제398조【손해배상액의 예정】① 당사자는 채무불이행에 관한 손해배상액을 예정할 수 있다.
> ② 손해배상의 예정액이 부당히 과다한 경우에는 법원은 적당히 감액할 수 있다.
> ③ 손해배상액의 예정은 이행의 청구나 계약의 해제에 영향을 미치지 아니한다.
> ④ 위약금의 약정은 손해배상액의 예정으로 추정한다.
> ⑤ 당사자가 금전이 아닌 것으로써 손해의 배상에 충당할 것을 예정한 경우에도 전 4항의 규정을 준용한다.

기본서 p.602~604                                                              정답 ⑤

**08** 민법상 과실상계에 관한 설명으로 옳지 않은 것은? (다툼이 있으면 판례에 따름)

① 불법행위의 성립에 관한 가해자의 과실과 과실상계에서의 피해자의 과실은 그 의미를 달리한다.

② 피해자에게 과실이 있는 경우 가해자가 과실상계를 주장하지 않았더라도 법원은 손해배상액을 정함에 있어서 이를 참작하여야 한다.

③ 매도인의 하자담보책임은 법이 특별히 인정한 무과실책임이지만 그 하자의 발생 및 확대에 가공한 매수인의 잘못이 있다면 법원은 이를 참작하여 손해배상의 범위를 정하여야 한다.

④ 피해자의 부주의를 이용하여 고의의 불법행위를 한 자는 특별한 사정이 없는 한 피해자의 그 부주의를 이유로 과실상계를 주장할 수 없다.

⑤ 손해를 산정함에 있어서 손익상계와 과실상계를 모두 하는 경우 손익상계를 먼저 하여야 한다.

## 대표예제 98  채권자대위권 ★

채권자대위권에 관한 설명으로 옳지 않은 것은? (다툼이 있으면 판례에 따름)

① 채권자대위권은 채권보전에 필요한 범위에 한정된다.
② 채권자가 보전행위 이외의 권리를 행사한 때에는 채무자에게 통지하여야 한다.
③ 채무자가 채권자대위권 행사의 통지를 받은 후에는 그 권리를 처분하여도 이로써 채권자에게 대항하지 못한다.
④ 채권자는 자기의 채권을 보전하기 위하여 채무자의 권리를 대위하여 행사할 수 있다.
⑤ 그 채권의 기한이 도래하기 전에 보전행위가 필요한 경우 채권자대위권을 행사하기 위해서는 법원의 허가를 받아야 한다.

해설 | 채권자는 그 채권의 기한이 도래하기 전에는 법원의 허가 없이 채권자대위권을 행사하지 못하지만, 보전행위는 채권의 기한이 도래하기 전이라도 법원의 허가 없이 채권자대위권을 행사할 수 있다.

기본서 p.605~607                                                           정답 ⑤

**09** 채권자대위권에 관한 설명으로 옳지 않은 것은?

① 채권자의 채권이 이행기에 있어야 한다.
② 채권자대위권은 법정재산관리권으로 실체법상의 권리이다.
③ 채권자대위권이란 채권자가 자기의 채권을 보전하기 위하여 그의 채무자에 속하는 권리를 행사할 수 있는 권리를 말한다.
④ 채권보전의 필요가 있어야 하므로 단순히 채무자가 무자력이라면 채권자대위권을 행사할 수 없다.
⑤ 채권자대위권의 행사는 채무자의 책임재산을 보전하여 '강제집행을 준비'하는 기능뿐만 아니라 '특정채권의 보전'을 위하여 행사하는 것도 가능하다.

---

**정답 및 해설**

**08** ⑤  손해를 산정함에 있어서 손익상계와 과실상계를 모두 하는 경우 과실상계를 먼저 하여야 한다.
**09** ④  채무자가 무자력이어도 채권자대위권을 행사할 수 있다.

**10** 채권자대위권에 관한 설명으로 옳지 않은 것은?

① 채권자대위권 행사로 제3채무자가 변제한 경우라도 그 범위에서 채권자가 우선변제를 받는 것은 아니지만, 채무자가 변제를 수령한 후에도 채권자에게 이행을 하지 않는다면 그에 대한 강제집행도 할 수 있다.

② 채권자는 자기이름으로 행사하는 것이므로 채무자의 대리인으로서 대위권을 행사하는 것이 아니다.

③ 채무자가 자신의 채권을 행사하지 않고 있어서, 그의 일반재산이 감소하거나 방해받고 있을 것을 요건으로 한다.

④ 채권자대위권을 행사하기 위해서는 채무자의 일신전속권이 아니어야 하고, 압류가 금지되는 채권(연금청구권 등)도 채권자대위권 행사의 대상이 될 수 없다.

⑤ 채권자대위권은 반드시 재판을 통해서 행사하여야 한다.

---

**대표예제 99** | **채권자취소권 ★★★**

채권자취소권에 관한 설명으로 옳은 것을 모두 고른 것은? (다툼이 있으면 판례에 따름)

제22회

⊙ 채권자취소권은 상대방에 대한 의사표시로 행사할 수 있다.
ⓛ 채무자를 상대로 채권자취소권을 행사할 수 없다.
ⓒ 채권자취소권 행사에 따른 원상회복은 가액반환이 원칙이다.

① ⊙
② ⓛ
③ ⊙, ⓒ
④ ⓛ, ⓒ
⑤ ⊙, ⓛ, ⓒ

해설 | ⊙ 채권자취소권은 상대방에 대한 의사표시로 행사할 수 있는 것이 아니라 <u>반드시 소송을 통해서 하여야 한다</u>.
　　ⓒ 채권자취소권 행사에 따른 원상회복은 가액반환이 아니라 <u>원물반환이 원칙이다</u>.

기본서 p.607~609

정답 ②

---

## 11 채권자취소권에 관한 설명으로 옳지 않은 것은? (다툼이 있으면 판례에 따름)

① 채권자취소권은 형성권이다.

② 채권자취소권은 재산권을 그 대상으로 하며, 가족권은 그 대상이 될 수 없다.

③ 채권자취소권의 대상이 되는 피보전채권은 원칙적으로 사해행위 이전에 존재하여야 한다.

④ 유일한 부동산을 매각하여 소비하기 쉬운 금전으로 바꾸는 행위, 기존 채권의 유예를 위하여 특정채권자에게 부동산을 담보로 제공하는 행위 등은 채권자취소권의 대상이 된다.

⑤ 증여 등의 무상행위는 채권자취소권의 대상이 되지만, 위자료 지급에 대한 행위는 채권자취소권의 대상이 되지 않는다.

## 12 甲에 대하여 금전채무를 부담하고 있는 乙은 자신의 유일한 재산인 X토지를 丙에게 매도하고 1개월 후 소유권이전등기를 마쳐 주었다. 이에 관한 설명으로 옳지 않은 것을 모두 고른 것은? (다툼이 있으면 판례에 따름) 제20회

> ㉠ 甲은 乙을 상대로 사해행위취소의 소를 제기할 수 있다.
> ㉡ 금전채권의 이행기가 도래하지 않은 경우, 甲은 乙·丙간의 부동산매매를 사해행위로 취소할 수 없다.
> ㉢ 사해행위취소소송이 제기된 경우, 丙은 甲의 채권이 소멸시효의 완성으로 소멸하였음을 원용할 수 있다.
> ㉣ 甲은 소유권이전등기가 된 날로부터 5년 이내에 채권자취소권을 행사하여야 한다.

① ㉠, ㉢   ② ㉡, ㉢   ③ ㉠, ㉡, ㉣

④ ㉠, ㉢, ㉣   ⑤ ㉡, ㉢, ㉣

---

**정답 및 해설**

**10 ⑤** 채권자대위권은 채권자의 이름으로 행사하되, 반드시 <u>재판상으로 행사할 필요는 없다.</u>

**11 ⑤** <u>증여 등의 무상행위, 위자료 지급에 대한 행위 등은 채권자취소권의 대상이 된다.</u> 위자료청구권자는 다른 일반채권자에 대하여 우월한 지위에 있는 것이 아니므로 채무자의 위자료 지급에 관한 협의도 사해행위에 해당하는 경우 채권자취소권의 대상이 된다.

**12 ③** ㉠ 채권자취소소송의 당사자는 채권자 甲이 <u>전득자 丙</u>을 상대로 사해행위취소의 소를 제기하는 것이지, 채무자 乙을 상대방으로 하는 것이 아니다.
㉡ 금전채권의 이행기가 도래하기 전이라도, 甲은 乙·丙간의 부동산매매를 <u>사해행위로 취소할 수 있다.</u>
㉣ 채권자취소소송은 채권자가 취소원인을 안 날로부터 1년, 법률행위가 있은 날로부터 5년 이내에 제기하여야 한다. 따라서 甲은 소유권이전등기가 된 날이 아니라 <u>매매계약이 체결된 날</u>로부터 5년 이내에 채권자취소권을 행사하여야 한다.

# 제3장 다수당사자의 채권관계

**대표예제 100** / **다수당사자의 채권관계 ★**

**다수당사자의 채권관계 등에 관한 설명으로 옳지 않은 것은?**

① 채권자나 채무자가 수인인 경우에 특별한 의사표시가 없으면 각 채권자 또는 각 채무자는 균등한 비율의 권리가 있고 의무를 부담한다.

② 민법은 다수당사자의 채권관계에 있어서 불가분채권관계를 원칙으로 한다.

③ 불가분채권이나 불가분채무가 가분채권 또는 가분채무로 변경된 경우 각 채권자는 자기 부분만의 이행을 청구할 권리가 있고, 각 채무자는 자기부담 부분만을 이행할 의무가 있다.

④ 불가분채권인 경우 각 채권자는 모든 채권자를 위하여 이행을 청구할 수 있고, 채무자는 모든 채권자를 위하여 각 채권자에게 이행할 수 있다.

⑤ 불가분채권의 경우 채권자의 1인의 이행청구에 의한 시효중단, 이행지체의 효과, 변제 등은 전 채권자를 위하여 효력이 발생하고 시효중단 등의 효과가 생긴다.

해설 | 민법은 다수당사자의 채권관계에 있어서 <u>가분채권관계를 원칙</u>으로 한다.

기본서 p.619~629

정답 ②

---

종합

**01** 연대채무에 관한 설명으로 옳지 않은 것은? (다툼이 있으면 판례에 따름)

① 연대채무자의 부담 부분은 균등한 것으로 추정한다.

② 어느 연대채무자에 대한 채권자의 지체는 다른 연대채무자에게도 그 효력이 있다.

③ 연대채무자의 부담 부분에 대한 당사자 사이의 특약이 있으면 부담 부분의 균등추정은 깨어진다.

④ 상환할 자력이 없는 채무자의 부담 부분을 분담할 다른 채무자가 채권자로부터 연대의 면제를 받은 경우 그 채무자가 분담할 부분은 채권자의 부담으로 한다.

⑤ 어느 연대채무자가 변제한 사실을 다른 연대채무자에게 통지하지 아니하여 다른 연대채무자가 선의로 채권자에게 변제 기타 유상의 면책행위를 한 때에는 그 연대채무자는 자기의 면책행위의 유효를 주장할 수 없다.

**02** 연대채무에 관한 설명으로 옳지 않은 것은?

① 상계할 채권이 있는 연대채무자가 상계하지 아니한 때에는 그 채무자의 부담 부분에 한하여 다른 연대채무자가 상계할 수 있다.

② 어느 연대채무자와 채권자간에 채무의 경개가 있는 경우 채권은 모든 연대채무자의 이익을 위하여 소멸한다.

③ 어느 연대채무자가 채권자에 대하여 채권이 있는 경우에 그 채무자가 상계하였다면 채권은 모든 연대채무자의 이익을 위하여 소멸한다.

④ 어느 연대채무자에 대한 채무면제는 그 채무자의 부담 부분에 한하여 다른 연대채무자의 이익을 위하여 효력이 있다.

⑤ 어느 연대채무자에 대한 이행청구는 다른 연대채무자에게 효력이 없다.

**03** 보증채무에 관한 설명으로 옳지 않은 것은?

① 보증채무는 주채무의 이자, 위약금, 손해배상 기타 주채무에 종속한 채무를 포함한다.

② 주채무자의 부탁 없이 보증인이 된 자가 변제 기타 자기의 출재로 주채무를 소멸하게 한 경우 주채무자는 그 당시에 이익을 받은 한도에서 배상하여야 한다.

③ 보증계약은 유상·편무·낙성·불요식계약이다.

④ 주채무자의 부탁으로 보증인이 된 자가 과실 없이 변제 기타의 출재로 주채무를 소멸하게 한 때에는 주채무자에 대하여 구상권이 있다.

⑤ 주채무자가 자기의 행위로 면책하였음을 그 부탁으로 보증인이 된 자에게 통지하지 아니한 경우, 보증인이 선의로 채권자에게 변제 기타 유상의 면책행위를 한 경우에 보증인은 자기의 면책행위의 유효를 주장할 수 있다.

---

**정답 및 해설**

**01** ⑤ 어느 연대채무자가 변제한 사실을 다른 연대채무자에게 통지하지 아니하여 다른 연대채무자가 선의로 채권자에게 변제 기타 유상의 면책행위를 한 때에는 그 연대채무자는 자기의 면책행위의 <u>유효를 주장할 수 있다.</u>

**02** ⑤ 어느 연대채무자에 대한 이행청구는 <u>다른 연대채무자에게도 효력이 있다.</u> 연대채무자 중 1인에 대하여 이행을 청구하여 다른 연대채무자에게 효력이 있는 경우(= 절대적 효력)는 소멸시효의 완성, 면제, 상계, 혼동, 대물변제, 변제, 공탁, 경개, 이행청구, 채권자지체 등이다.

**03** ③ 보증계약은 <u>무상</u>·편무·낙성·불요식·종된 계약이다.

**04** 보증채무에 관한 설명으로 옳지 않은 것은?

① 보증인은 주채무자의 채권에 의한 상계로 채권자에게 대항할 수 있다.

② 보증인은 그 보증채무에 관한 위약금 기타 손해배상액을 예정할 수 있다.

③ 보증인은 주채무자의 항변으로 채권자에게 대항할 수 없다.

④ 채무자가 보증인을 세울 의무가 있는 경우, 채권자가 보증인을 지명하지 않은 한 그 보증인은 행위능력 및 변제자력이 있는 자로 하여야 한다.

⑤ 주채무 및 보증채무가 모두 이행기에 있는 때에 채권자는 주채무자와 보증인에 대하여 동시 또는 순차로, 전부 또는 일부의 이행을 청구할 수 있다.

종합

**05** 보증채무에 관한 설명으로 옳지 않은 것은? (다툼이 있으면 판례에 따름)

① 보증채무를 보증인에게 불리하게 변경하는 경우에도 보증인의 기명날인 또는 서명이 있는 서면으로 표시되어야 효력이 발생한다.

② 보증인이 보증채무를 이행한 경우에는 그 한도에서 기명날인 또는 서명이 있는 서면으로 표시되지 않음에 따른 방식의 하자를 이유로 보증의 무효를 주장할 수 없다.

③ 채권자는 보증계약을 체결하거나 갱신하는 경우, 보증계약의 체결 여부 또는 그 내용에 영향을 미칠 수 있는 주채무자의 채무 관련 신용정보를 보유하고 있거나 알고 있는 경우에는 보증인에게 그 정보를 알려야 한다.

④ 보증은 그 의사가 보증인의 기명날인 또는 서명이 있는 서면으로 표시되어야 효력이 발생한다.

⑤ 보증의 의사가 전자적 형태로 표시된 경우에도 효력이 있다.

## 06 다수당사자의 채권관계에 관한 설명으로 옳지 않은 것은?

① 甲의 乙에 대한 채무에 대하여 丙이 보증채무를 부담하는 경우, 乙이 丙에 대하여 이행을 청구하더라도 乙의 甲에 대한 채권의 소멸시효는 중단되지 않는다.

② 甲·乙이 공동으로 丙으로부터 건물을 임차한 경우, 丙은 乙에 대하여 차임 전액을 청구할 수 없다.

③ 甲·乙·丙 3인이 공동으로 丁으로부터 자전거를 3만원에 매수하고 각각 1만원씩의 분할채무를 부담하는 경우, 丁이 계약을 해제하려면 甲·乙·丙 전원에 대하여 해제의 의사표시를 하여야 한다.

④ 甲·乙·丙 3인이 丁에 대하여 연대채무를 부담하는 경우, 이행지체를 이유로 한 해제권을 발생시키기 위한 최고는 丁이 甲·乙·丙 중 어느 1인에 대해서만 하면 충분하다.

⑤ 甲·乙이 공동으로 丙 소유의 자동차를 매수한 경우, 甲이 丙에 대하여 이행을 청구하면 乙의 丙에 대한 채권의 소멸시효도 중단된다.

---

**정답 및 해설**

**04** ③ 보증인은 주채무자의 항변으로 채권자에게 <u>대항할 수 있다</u>.

**05** ⑤ 보증은 그 의사가 보증인의 기명날인 또는 서명이 있는 서면으로 표시되어야 효력이 발생한다. 다만, 보증의 의사가 <u>전자적 형태로 표시된 경우에는 효력이 없다</u>.

**06** ② 甲·乙이 공동으로 丙으로부터 건물을 임차한 경우, 丙은 乙에 대하여 <u>차임 전액을 청구할 수 있다</u>.

# 제4장 채권양도와 채무인수

## 대표예제 101 | 채권양도 ★★

**채권양도에 관한 설명으로 옳지 않은 것은? (다툼이 있으면 판례에 따름)**

① 채권이 이중으로 양도된 경우에는 그 양수인들 사이의 우열관계는 1차적으로 이들 중 누구에 대한 채권양도가 확정일자에 의한 통지 또는 승낙을 갖추었느냐에 의하여 정해진다.

② 채무자가 이의를 보류하지 아니하고 채권양도를 승낙한 경우, 채무자는 그 채권이 처음부터 발생하지 아니하였다는 사유로써 양수인에게 대항할 수 없다.

③ 매도인이 매매대금채권을 甲에게 양도하고 그 채무자인 매수인에 대하여 채권양도의 통지를 하였는데, 그 후 매도인이 자신의 채무를 이행하지 아니하여 매수인이 매매계약을 적법하게 해제한 경우에 매수인은 이로써 매매대금청구에 대항할 수 있다.

④ 임대차관계가 존속하고 있는 동안이라도 임차인은 임대차보증금 반환채권을 양도할 수 있다.

⑤ 채권의 양도인이 채무자에 대하여 양도통지를 한 경우에 채무자가 그 후 양수인으로부터 채무를 면제받았다 하더라도 그 채권양도가 가장행위였다면 채무자는 선의·악의를 불문하고 양도인에게 대항할 수 없다.

해설 | ⑤의 지문은 제452조 제1항에 반하는 내용이다. 즉, <u>선의의 채무자는 양도인에게 대항할 수 있다.</u>

기본서 p.637~640                                                                                  정답 ⑤

**종합**

**01** 채권양도에 관한 설명으로 옳지 않은 것은? (다툼이 있으면 판례에 따름)

① 장래의 채권도 양도 당시 기본적 채권관계가 어느 정도 확정되어 있어 그 권리의 특정이 가능하고 가까운 장래에 발생할 것임이 상당 정도 기대되는 경우 이를 양도할 수 있다.

② 가압류된 채권도 양도할 수 있으며, 이 경우 양수인은 가압류에 의하여 권리가 제한된 상태의 채권을 양수받게 된다.

③ 기존 채권이 제3자에게 이전되어 채권양도인지 경개인지 당사자의 의사가 명백하지 않은 경우, 일반적으로 채권의 양도로 보아야 한다.

④ 채무자에 대한 대항요건으로서의 양도통지에는 조건이나 기한을 붙일 수 없지만, 승낙은 이의를 유보할 수 있을 뿐만 아니라 조건을 붙여서 할 수도 있다.

⑤ 양도인의 채권양도의 통지만 있는 경우, 채무자는 그 통지 이전에 양도인에 대하여 가지고 있었던 동시이행의 항변권으로 양수인에게 대항할 수 없다.

**종합**

**02** 지명채권의 양도에 관한 설명으로 옳지 않은 것은? (다툼이 있으면 판례에 따름)

제20회

① 소유권이전등기청구권을 양도받은 양수인은 특별한 사정이 없는 한 채무자의 동의나 승낙을 받아야 대항력이 생긴다.

② 채권매매에 따른 지명채권의 양도는 준물권행위로서의 성질을 가진다.

③ 당사자 사이에 양도금지의 특약이 있는 채권이더라도 전부명령에 의하여 전부될 수 있다.

④ 채권이 확정일자 있는 증서에 의하여 이중으로 양도된 경우, 양수인 상호간의 우열은 통지에 붙여진 확정일자의 선후를 기준으로 정한다.

⑤ 임차인은 임차보증금 반환채권을 임차권과 분리하여 제3자에게 양도할 수 있다.

---

**정답 및 해설**

**01** ⑤ 양도인의 채권양도의 통지만 있는 경우, 채무자는 그 통지 이전에 양도인에 대하여 가지고 있었던 동시이행의 항변권으로 양수인에게 <u>대항할 수 있다</u>.

**02** ④ 채권이 이중으로 양도된 경우 양수인 상호간의 우열은 통지 또는 승낙에 붙여진 확정일자의 선후에 의하여 결정할 것이 아니라, 채권양도에 대한 채무자의 인식, 즉 확정일자 있는 양도통지가 채무자에게 도달한 일시 <u>또는 확정일자 있는 승낙의 일시의 선후에 의하여 결정하여야 한다</u>[대판 1994.4.26, 93다24223(전합)].

**03** 지시채권의 양도에 관한 설명으로 옳지 않은 것은? (다툼이 있으면 판례에 따름)

① 채무자는 증서와 교환하여 변제할 의무가 있다.

② 증서에 변제기한이 있는 경우, 그 기한이 도래한 후에 소지인이 증서를 제시하여 이행을 청구한 때로부터 채무자는 지체책임을 진다.

③ 지시채권은 그 증서에 배서하여 양수인에게 교부하는 방식으로 양도할 수 있다.

④ 채무자는 배서의 연속 여부를 조사할 의무가 있는 동시에, 배서인의 서명 또는 날인의 진위나 소지인의 진위를 조사할 권리가 있다.

⑤ 배서로 지시채권을 양수한 채무자는 다시 그 채권을 양도할 수 없다.

**04** 채권양도에 관한 설명으로 옳지 않은 것은? (다툼이 있으면 판례에 따름) 제11회

① 채권양도 당시 양도 목적 채권이 확정되어 있지 아니하였다 하더라도, 현재 그 발생기초가 되는 법률관계가 존재하고 있으며 채무의 이행기까지 이를 확정할 수 있는 기준이 설정되어 있다면 그 채권의 양도는 유효하다.

② 임금채권도 양도 가능하며, 그 양수인이 사용자에게 직접 이행을 청구할 수 있다.

③ 임차인과 임대인 사이의 약정에 의하여 임차권의 양도가 금지되어 있더라도 임차보증금 반환채권의 양도까지 금지되는 것은 아니다.

④ 채권양도의 통지는 양도인이 채무자에게 이를 하여야 하나, 양수인이 양도인의 사자 또는 대리인으로서 양도사실을 통지할 수도 있다.

⑤ 채무자에 의한 승낙의 경우 사전승낙도 유효하다.

## 대표예제 102 채무인수 ★

채무인수에 관한 설명으로 옳지 않은 것은? (다툼이 있으면 판례에 따름)

① 제3자가 채무자와의 계약으로 채무를 인수한 경우 제3자나 채무자는 상당한 기간을 정하여
　승낙 여부의 확답을 채권자에게 최고할 수 있다.
② 제3자는 채권자와의 계약으로 채무를 인수하여 채무자의 채무를 면하게 할 수 있다.
③ 이해관계 없는 제3자는 채무자의 의사에 반하여 그 채무를 인수할 수 있다.
④ 제3자가 채무자와의 계약으로 채무를 인수한 경우에는 채권자의 승낙에 의하여 그 효력이
　생기는데, 이 경우 채권자의 승낙 또는 거절의 상대방은 채무자나 제3자이다.
⑤ 제3자나 채무자가 상당한 기간을 정하여 확답을 최고하였음에도 채권자가 그 기간 내에 확
　답을 발송하지 아니한 때에는 거절한 것으로 본다.

해설 | 이해관계 없는 제3자는 채무자의 의사에 반하여 그 채무를 인수할 수 없다.
기본서 p.641~643　　　　　　　　　　　　　　　　　　　　　　　　　　　　　　　정답 ③

---

**정답 및 해설**

**03** ⑤ 　배서로 지시채권을 양수한 채무자는 다시 그 채권을 양도할 수 있다.
**04** ② 　근로자의 임금채권은 그 양도를 금지하는 법률의 규정이 없으므로 이를 양도할 수 있다. 그러나 근로자가
　　　그 임금채권을 양도한 경우라 할지라도 사용자는 직접 근로자에게 임금을 지급하지 아니하면 안 되는 것이고,
　　　그 결과 비록 양수인이라고 할지라도 스스로 사용자에 대하여 임금의 지급을 청구할 수는 없다.

**05** 채무인수에 관한 설명으로 옳지 않은 것은? (다툼이 있으면 판례에 따름)

① 채무인수는 인수 당시의 채무를 승인하는 것이므로 그 채무의 소멸시효는 중단된다는 것이 판례의 입장이다.

② 채권자와 인수인의 합의로 병존적 채무인수를 하는 경우, 채무자의 의사에 반하여서도 이루어질 수 있다.

③ 채권자의 승낙에 의하여 채무인수의 효력이 생기는 경우, 채권자가 승낙을 거절한 후 나중에 승낙하여도 채무인수로서의 효력은 생기지 않는다.

④ 채무자와 인수인의 합의에 의한 병존적 채무인수는 일종의 제3자를 위한 계약이다.

⑤ 병존적 채무인수에서 인수인이 채권자에 대하여 상계를 한 경우, 원채무자에게는 상계의 효력이 미치지 않는다.

**06** 채무인수에 관한 설명으로 옳지 않은 것은?

① 이자채무, 위약금채무 등 종된 채무도 원칙적으로 이전한다.

② 채무의 발생원인이 되는 계약의 취소권·해제권·상계권은 이전되지 않는다.

③ 채권자의 승낙 또는 거절의 의사표시는 채무자 또는 인수인의 어느 쪽에 하여도 된다.

④ 채무자·인수인 사이의 계약에 의하는 경우, 그 계약은 채권자의 승낙으로 효력이 생기며, 승낙의 효력이 발생하는 것은 승낙시이고 채무자·인수인 사이의 계약 체결시로 소급하는 것은 아니다.

⑤ 채무자나 인수인은 채권자의 승낙이 있을 때까지는 계약을 철회 또는 변경할 수 있다.

---

**정답 및 해설**

**05** ⑤ 중첩적 채무인수인이 상계의 의사표시를 하였다면, 연대채무자 1인이 한 상계의 절대적 효력을 규정하고 있는 민법 제418조 제1항의 규정에 의하여, 다른 연대채무자인 원채무자의 채권자에 대한 채무도 상계에 의하여 소멸된다는 것이 판례의 입장이다.

**06** ④ 채권자의 채무인수에 대한 승낙은 다른 의사표시가 없으면 채무를 인수한 때에 소급하여 그 효력이 생긴다 (제457조).

# 제5장 채권의 소멸

## 대표예제 103 \ 변제 ★★

변제에 관한 설명으로 옳지 않은 것은? (다툼이 있으면 판례에 따름)

① 특정물의 인도가 채권의 목적인 때에는 채무자는 이행기의 현상대로 그 물건을 인도하여야 한다.

② 채권자가 미리 변제받기를 거절하거나 채무의 이행에 채권자의 행위를 요하는 경우에는 변제준비의 완료를 통지하고 그 수령을 최고하면 된다.

③ 변제는 채무 내용에 좇은 현실제공으로 하여야 한다.

④ 변제를 제공하면 그때부터 채무불이행의 책임을 면하게 된다.

⑤ 채무의 변제로 타인의 물건을 인도한 채무자는 그 물건의 반환을 청구할 수 있다.

해설 | 채무의 변제로 타인의 물건을 인도한 채무자는 <u>다시 유효한 변제를 하지 아니하면 그 물건의 반환을 청구하지 못한다</u>(제463조).

기본서 p.651~658 정답 ⑤

**01** 변제에 관한 설명으로 옳은 것은? (다툼이 있으면 판례에 따름) 제22회

① 특정물의 인도가 채권의 목적인 때에는 채무자는 채권 발생 당시의 현상대로 그 물건을 인도하여야 한다.

② 채무의 변제로 타인의 물건을 인도한 채무자는 채권자에게 손해를 배상하고 물건의 반환을 청구할 수 있다.

③ 채무자가 채권자의 승낙 없이 본래의 채무이행에 갈음하여 동일한 가치의 물건으로 급여한 때에는 변제와 같은 효력이 있다.

④ 채무의 성질 또는 당사자의 의사표시로 변제장소를 정하지 아니한 경우 특정물의 인도는 채권자의 현주소에서 하여야 한다.

⑤ 법률상 이해관계 있는 제3자는 특별한 사정이 없는 한, 채무자의 의사에 반하여 변제할 수 있다.

┌고난도┐

**02** 변제에 관한 설명으로 옳지 않은 것은? (다툼이 있으면 판례에 따름)

① 양도할 능력 없는 소유자가 채무의 변제로 물건을 인도한 경우에는 그 변제가 취소된 때에도 다시 유효한 변제를 하지 아니하면 그 물건의 반환을 청구하지 못한다.

② 채무자가 채권자의 승낙을 얻어 본래의 채무이행에 갈음하여 다른 급여를 한 때에는 변제와 같은 효력이 있다.

③ 채무의 변제로 타인의 물건을 인도한 경우, 채권자가 변제로 받은 물건을 선의로 소비하거나 타인에게 양도한 때에는 변제의 효력이 있다.

④ 채무의 성질 또는 당사자의 의사표시로 변제장소를 정하지 아니한 때에는 특정물의 인도는 채권 성립 당시에 그 물건이 있던 장소에서 하여야 한다.

⑤ 당사자의 특별한 의사표시가 없으면 변제기 전에 채무자는 변제할 수 없다.

**03** 변제에 관한 설명으로 옳지 않은 것은? (다툼이 있으면 판례에 따름)

① 영수증을 소지한 자에 대한 변제는 그 소지자가 변제를 받을 권한이 없는 경우에도 효력이 있다.

② 영수증의 작성, 교부비용은 채권자가 부담하며, 변제와 영수증의 교부는 동시이행의 관계에 있다.

③ 채권의 준점유자에 대한 변제는 변제자가 선의이며 과실 없는 때에 한하여 효력이 있다.

④ 채무의 변제는 제3자도 할 수 있으나, 채무의 성질 또는 당사자의 의사표시로 제3자의 변제를 허용하지 아니하는 때에는 변제할 수 없다.

⑤ 변제비용은 다른 의사표시가 없으면 채권자와 채무자가 공동으로 부담한다.

---

**정답 및 해설**

**01** ⑤ ① 특정물의 인도가 채권의 목적인 때에는 채무자는 채권 발생 당시의 현상이 아니라 <u>이행기의 현상대로 그 물건을 인도하여야 한다</u>(제462조).

② 채무의 변제로 타인의 물건을 인도한 채무자는 채권자에게 손해를 배상하고 물건의 반환을 청구할 수 있음이 아니라 다시 <u>유효한 변제를 하지 아니하면 그 물건의 반환을 청구하지 못한다</u>(제463조).

③ 채무자가 채권자의 승낙을 얻어 본래의 채무이행에 갈음하여 <u>다른 급여를 한 때에는 변제와 같은 효력이 있다</u>(제466조).

④ 채무의 성질 또는 당사자의 의사표시로 변제의 장소를 정하지 아니한 때에는 특정물의 인도는 채권자의 현주소가 아니라 <u>채권 성립 당시에 그 물건이 있던 장소에서 하여야 한다</u>(제467조 제1항).

**02** ⑤ 당사자의 특별한 의사표시가 없으면 <u>변제기 전이라도 채무자는 변제할 수 있다</u>(제468조).

**03** ⑤ 변제비용은 다른 의사표시가 없으면 <u>채무자의 부담</u>으로 한다.

**04** 법정변제충당에 관한 설명으로 옳지 않은 것은? (다툼이 있으면 판례에 따름)

① 채무 중에 이행기가 도래한 것과 도래하지 아니한 것이 있으면 이행기가 도래한 채무의 변제에 충당한다.

② 채무에 대한 변제기와 변제이익이 같은 때에는 그 채무액에 비례하여 각 채무의 변제에 충당한다.

③ 채무 전부의 이행기가 도래하였거나 도래하지 아니한 때에는 채무자에게 변제이익이 큰 채무의 변제에 충당한다.

④ 채무자에게 변제이익이 같으면 이행기가 먼저 도래한 채무나 먼저 도래할 채무의 변제에 충당한다.

⑤ 법정변제충당은 당사자가 변제에 충당할 채무를 지정하였거나 지정하지 아니한 때에 적용된다.

**05** 변제자대위에 관한 설명으로 옳지 않은 것은? (다툼이 있으면 판례에 따름)

① 자기의 재산을 타인 채무의 담보로 제공한 자와 보증인은 그 인원수에 비례하여 채권자를 대위한다.

② 보증인은 미리 전세권이나 저당권의 등기에 그 대위를 부기할 필요 없이 전세물이나 저당물에 권리를 취득한 제3자에 대하여 채권자를 대위할 수 있다.

③ 제3취득자는 보증인에 대하여 채권자를 대위하지 못한다.

④ 변제할 정당한 이익이 있는 자는 변제로 당연히 채권자를 대위한다.

⑤ 채무자를 위하여 변제한 자는 변제와 동시에 채권자의 승낙을 얻어 채권자를 대위할 수 있다.

06 甲은 乙에 대하여 채무를 부담하고 있고, 그 채무에 대하여 丙은 甲의 부탁을 받고 보증인이 되었다. 丁은 자기의 부동산에 대하여 甲을 위한 저당권을 설정하였는데, 이에 관한 설명으로 옳지 않은 것은?

① 저당권이 실행되어 채권이 소멸하면 丁은 乙이 가지는 채권·이자 등을 대위할 수 있다.

② 丙이 甲에 갈음하여 변제를 한 경우, 丙은 면책된 날 이후의 법정이자 및 피할 수 없는 비용 기타의 손해배상을 구상할 수 있다.

③ 甲의 채무가 변제기에 있는 경우, 丙은 미리 甲에게 구상할 수 있다.

④ 丙이 甲에 갈음하여 변제를 한 경우, 丙은 乙에 대하여 저당권의 이전등기를 청구할 수 있다.

⑤ 丁이 甲에 갈음하여 임의로 전부 변제를 하여도 乙의 보증계약상의 권리 혹은 저당권을 행사할 수 없다.

---

**정답 및 해설**

**04** ⑤ 법정변제충당은 당사자가 변제에 충당할 채무를 지정하지 아니한 때에 적용된다.

**05** ② 보증인은 미리 전세권이나 저당권의 등기에 그 대위를 부기하지 아니하면 전세물이나 저당물에 권리를 취득한 제3자에 대하여 채권자를 대위하지 못한다.

**06** ⑤ 丁이 甲에 갈음하여 임의로 전부 변제를 한 경우 乙의 보증계약상의 권리 혹은 저당권을 대위행사할 수 있다.

▶ 제482조 제2항 제5호: 자기의 재산을 타인의 채무의 담보로 제공한 자와 보증인간에는 그 인원수에 비례하여 채권자를 대위한다.

공탁에 관한 설명으로 옳지 않은 것은? (다툼이 있으면 판례에 따름)

① 채권자가 변제를 받지 아니하거나 받을 수 없는 경우 변제자는 채권자를 위하여 변제의 목적물을 공탁하여 그 채무를 면할 수 있다.
② 변제자가 과실 없이 채권자를 알 수 없는 경우 변제자는 채권자를 위하여 변제의 목적물을 공탁하여 그 채무를 면할 수 있다.
③ 공탁자는 지체 없이 채권자에게 공탁통지를 하여야 한다.
④ 채권자가 공탁을 승인하거나 공탁소에 대하여 공탁물 받기를 통고하거나 공탁유효의 판결이 확정되기까지는 변제자는 공탁물을 회수할 수 있다.
⑤ 채무의 일부에 대한 변제공탁은 채권자가 수락하지 않아도 유효함이 원칙이다.

해설 | 채무의 일부에 대한 변제공탁은 특약이 없는 한, 채권자가 수락하지 않으면 원칙적으로 무효이다.

기본서 p.658~659

정답 ⑤

## 07 공탁에 관한 설명으로 옳지 않은 것은?

① 공탁하여야 할 장소는 채무자 주소지의 공탁소이다.
② 채권자가 미리 수령을 거절한 때에는 변제제공을 하지 않고 공탁을 할 수 있다.
③ 공탁으로 채무는 소멸한다.
④ 공탁의 경우에는 제3자를 위한 계약의 경우와는 달리 채권자의 수익의 의사표시가 필요하지 않다.
⑤ 채권자가 공탁소에 대하여 공탁물 받기를 통고한 경우 공탁자는 공탁물을 회수할 수 없다.

## 대표예제 105 | 상계 ★

**상계에 관한 설명으로 옳지 않은 것은? (다툼이 있으면 판례에 따름)**

① 소멸시효가 완성된 채권이 그 완성 전에 상계할 수 있었던 것이면 그 채권자는 상계할 수 있다.

② 채권이 압류하지 못할 것인 때에는 그 채무지는 상계로 채권자에게 대항하지 못한다.

③ 쌍방이 서로 같은 종류를 목적으로 한 채무를 부담한 경우, 그 쌍방의 채무가 이행기에 도래한 때에 각 채무자는 대등액에 관하여 상계할 수 있다.

④ 각 채무의 이행지가 다른 경우에도 상계할 수 있으나, 상대방에게 상계로 인한 손해를 배상하여야 한다.

⑤ 고의의 불법행위로 인하여 생긴 채권은 수동채권으로 하여 상계할 수 있다.

해설 | 고의의 불법행위로 인하여 생긴 채권은 <u>수동채권으로 하여 상계할 수 없다</u>.

기본서 p.659~661 정답 ⑤

---

## 08 상계에 관한 설명으로 옳지 않은 것은?

① 채무가 고의의 불법행위로 인한 것인 경우 그 채무자는 상계로 채권자에게 대항할 수 없다.

② 쌍방이 서로 같은 종류를 목적으로 한 채무를 부담한 경우에 그 쌍방의 채무가 이행기에 도래한 경우 각 채무자는 대등액에 관하여 상계할 수 있다.

③ 소멸시효가 완성된 채권이 그 완성 전에 상계할 수 있었던 것이면 그 채권자는 상계할 수 있다.

④ 상계의 의사표시에도 조건과 기한을 붙일 수 있다.

⑤ 채권이 압류하지 못할 것인 경우 그 채무자는 상계로 채권자에게 대항할 수 없다.

---

**정답 및 해설**

**07** ① 공탁은 <u>채무이행지의 공탁소</u>에서 하여야 한다.

**08** ④ 상계의 의사표시에는 <u>조건과 기한을 붙일 수 없다</u>.

---

**대표예제 106** \ **계약의 성립 · 효력 ★★**

계약의 성립에 관한 설명으로 옳지 않은 것은?

① 청약에 '승낙기간 내에 회답하지 않으면, 계약이 체결된 것으로 본다.'는 내용의 조건이 붙어 있는 경우, 상대방이 승낙기간 내에 회답을 발하지 않아도 계약은 체결되지 않는다.

② 연착된 승낙은 새로운 청약으로 보아, 청약자는 이에 대하여 승낙함으로써 계약을 체결할 수 있다.

③ 10만원에 팔겠다는 A의 청약에 대하여 B가 8만원이면 사겠다고 하였는데, 이에 대하여 A가 응하지 않자 B가 처음대로 10만원에 사겠다고 한 경우 10만원에 매매계약이 체결된다.

④ 청약은 불특정 다수인에 대해서 할 수 있지만, 승낙은 특정의 청약자에 대해서 하여야 한다.

⑤ 서점에서 신간서적을 보내오면 그중에서 필요한 책을 사기로 하고, 보내온 책에 이름을 적는 경우 그때에 매매계약이 성립한다.

**해설** | 10만원에 팔겠다는 A의 청약에 대하여 B가 8만원이면 사겠다고 한 경우 이는 변경된 승낙이므로 새로운 청약으로 간주된다. 따라서 A가 응하지 않으면 청약은 실효되고, 이후에 B가 처음대로 10만원에 사겠다고 한 경우 새로운 청약을 한 것이므로 <u>A의 승낙이 있어야 10만원에 매매계약이 체결된다</u>.

기본서 p.673~681

정답 ③

---

**01** 甲이 乙에게 물건을 매도하겠다는 뜻과 승낙의 기간을 10월 30일로 하는 내용의 서면을 발송하여 乙에게 도달하였다. 이에 관한 설명으로 옳지 않은 것은? (다툼이 있으면 판례에 따름)

① 甲은 청약을 철회할 수 없다.

② 10월 29일에 발송한 乙의 승낙통지가 10월 31일에 도달한 경우, 甲이 승낙을 하면 계약은 성립한다.

③ 乙이 10월 25일에 승낙통지를 발송하여 10월 27일에 도달한 경우, 계약은 10월 25일에 성립한다.

④ 甲의 서면이 乙에게 도달하기 전에 甲이 사망한 경우, 乙이 甲의 단독상속인 丙에게 승낙통지를 발송하여 10월 30일에 도달하더라도, 계약은 성립하지 아니한다.

⑤ 甲과 乙이 같은 내용의 청약을 한 경우에도 계약이 성립될 수 있다.

**02** 청약과 승낙에 관한 설명으로 옳지 않은 것은? 제22회

① 승낙기간을 정한 청약은 청약자가 그 기간 내에 승낙의 통지를 받지 못한 때에는 그 효력을 잃는다.

② 승낙의 연착 통지를 하여야 할 청약자가 연착의 통지를 하면 계약이 성립한다.

③ 청약자는 연착된 승낙을 새로운 청약으로 볼 수 있다.

④ 당사자간에 동일한 내용의 청약이 상호교차된 경우에는 양 청약이 상대방에게 도달한 때에 계약이 성립한다.

⑤ 관습에 의하여 승낙의 통지가 필요 없는 경우, 계약은 승낙의 의사표시로 인정되는 사실이 있는 때에 성립한다.

---

**정답 및 해설**

**01** ④ 의사표시자가 그 통지를 발송한 후 사망하거나 제한능력자가 되어도 <u>의사표시의 효력에 영향을 미치지 아니한다</u>.

**02** ② 승낙의 연착 통지를 하여야 할 청약자가 연착의 통지를 하면 <u>계약은 성립하지 않는다</u>.

**03** 甲이 乙의 X건물을 매수하기 위하여 2013년 5월 1일에 계약금 1억원을 지급하고 계약을 체결하였으나, 계약 체결 전날 밤 원인 모를 화재로 인하여 X건물이 전소되었다. 이에 관한 설명으로 옳지 않은 것은?

① 甲이 乙에게 신뢰이익의 배상을 청구하기 위해서는 乙이 원시적 전부불능이라는 사실을 알았거나 알 수 있었어야 한다.

② 乙은 甲에게 매도인의 담보책임을 부담한다.

③ 원시적 전부불능이므로 甲과 乙의 계약은 무효이다.

④ 甲이 乙에게 신뢰이익의 배상을 청구하기 위해서는 선의이고 무과실이어야 한다.

⑤ 甲은 乙에게 신뢰이익의 배상을 청구할 수 있다.


**04** 甲이 乙에게 자신의 건물을 매도하는 계약을 체결한 후 소유권 이전 및 인도 전에 화재가 발생하여 건물이 전소되었다. 이에 관한 설명으로 옳지 않은 것은?

① 소유권 이전은 불가능하게 되었으므로 乙은 더 이상 소유권 이전을 청구할 수 없다.

② 양 당사자의 책임 없는 사유로 화재가 발생한 경우, 甲은 乙에게 매매대금을 청구할 수 없다.

③ 乙의 과실로 인하여 화재가 발생한 경우, 甲은 乙에게 매매대금을 청구할 수 있다.

④ 乙의 채권자지체 중에 양 당사자의 책임 없는 사유로 화재가 발생한 경우, 甲은 乙에게 매매대금을 청구할 수 있다.

⑤ 위 ④의 경우 채권자지체 중이었으므로 甲은 자기의 채무를 면함으로써 얻은 이익을 乙에게 상환할 필요가 없다.

## 05 이행불능과 위험부담에 관한 설명으로 옳지 않은 것은? (다툼이 있으면 판례에 따름)

① 쌍무계약의 당사자 일방의 채무가 채권자의 책임 있는 사유로 이행할 수 없게 된 경우 채무자는 상대방의 이행을 청구할 수 있다.

② 채무자의 책임 없는 사유로 후발적 불능이 된 경우에도 채권자는 대상청구권을 행사할 수 있다.

③ 채무자의 책임 있는 사유로 이행불능이 되면 채권자는 이행의 최고 없이 전보배상을 청구할 수 있다.

④ 매매계약을 체결한 후, 매도인이 매매목적물에 관하여 다시 제3자와 매매계약을 체결하였다는 사실만으로는 매매계약이 법률상 이행불능이라고 할 수 없다.

⑤ 이행지체 중에 이행보조자의 과실로 이행불능으로 된 경우, 채무자는 자신의 책임 없는 사유를 증명하여 채무불이행책임을 면할 수 있다.

---

**정답 및 해설**

**03** ② 원시적 전부불능이므로 <u>계약 체결상의 과실책임을 부담한다.</u>

**04** ⑤ 채권자지체 중 매도인 甲이 <u>자기의 채무를 면함으로써 얻은 이익은 매수인 乙에게 상환하여야 한다.</u>

**05** ⑤ 채무자의 법정대리인이 채무자를 위하여 이행하거나 채무자가 타인을 사용하여 이행하는 경우에는 <u>법정대리인 또는 피용자의 고의나 과실은 채무자의 고의나 과실로 본다</u>(제391조).

**동시이행항변권의 효력 등에 관한 설명으로 옳지 않은 것은? (다툼이 있으면 판례에 따름)**

① 쌍무계약이 무효 또는 해제되어 각 당사자가 서로 취득한 것을 반환하여야 할 경우, 각 당사자의 반환의무는 동시이행관계에 있다.

② 동시이행의 항변권을 행사하고 있는 동안 자신의 금전채무는 상대방의 이행이 있을 때까지 이자가 발생하지 않는다.

③ 동시이행의 관계에 있는 쌍방의 채무 중 어느 한 채무가 이행불능이 됨으로 인하여 발생한 손해배상채무도 여전히 다른 채무와 동시이행의 관계에 있다.

④ 특정채무의 담보를 위하여 경료된 채권자 명의의 소유권이전등기의 말소청구와 피담보채무의 변제는 동시이행관계에 있다.

⑤ 당사자 일방이 채무의 이행청구소송을 제기하면 피고에 대하여 원고의 이행과 동시에 이행하라는 뜻의 일부승소판결을 내려야 한다.

해설 | 특정채무의 담보를 위하여 경료된 채권자 명의의 소유권이전등기의 말소청구와 피담보채무의 변제는 동시이행관계가 아니라 <u>변제가 선이행되어야</u> 한다.

기본서 p.677~678                                        정답 ④

**06 동시이행의 항변권에 관한 설명으로 옳지 않은 것은? (다툼이 있으면 판례에 따름)**

① 쌍무계약이 무효가 되어 각 당사자가 서로 취득한 것을 반환하여야 할 경우, 각 당사자의 반환의무는 동시이행관계에 있다.

② 당사자 일방의 책임 있는 사유로 채무이행이 불능으로 되어 그 채무가 손해배상채무로 바뀌게 되면 동시이행관계는 소멸한다.

③ 채무자는 상대방의 이행제공이 없는 한 이행기에 채무를 이행하지 않더라도 이행지체책임이 없다.

④ 상대방이 채무내용에 좇은 이행을 제공한 때에는 동시이행의 항변권을 행사할 수 없다.

⑤ 선이행의무를 부담하는 당사자 일방은 상대방의 이행이 곤란할 현저한 사유가 있으면 자기의 채무이행을 거절할 수 있다.

**07** 동시이행항변권에 관한 설명으로 옳지 않은 것은? (다툼이 있으면 판례에 따름)

① 동시이행의 항변권 행사가 있더라도 소멸시효는 중단되지 않는다.

② 변제와 영수증 교부는 동시이행의 관계이지만, 변제와 채권증서 반환은 동시이행관계에 있지 않다.

③ 근저당권 실행을 위한 경매가 무효인 경우, 낙찰자의 채무자에 대한 소유권이전등기 말소의무와 근저당권자의 낙찰자에 대한 배당금반환의무는 동시이행관계에 있지 않다.

④ 쌍방의 채무가 별개의 계약에 기인한 것이라도 특약이 있으면 동시이행항변권을 주장할 수 있다.

⑤ 채권양도, 채무인수, 상속, 경개와 같은 경우 동시이행의 항변권은 존속한다.

---

**대표예제 108** **제3자를 위한 계약 ★★**

제3자를 위한 계약에 관한 설명으로 옳지 않은 것은?                                                   제12회

① 제3자의 권리는 제3자가 채무자에 대하여 계약의 이익을 받을 의사를 표시한 때에 생긴다.

② 채무자는 상당한 기간을 정하여 계약이익의 향수 여부의 확답을 제3자에게 최고할 수 있다.

③ 채무자가 상당한 기간을 정하여 계약이익의 향수 여부의 확답을 제3자에게 최고하였으나 그 기간 내에 확답을 받지 못한 때에는 거절한 것으로 본다.

④ 채무자는 계약에 기한 항변으로 계약의 이익을 받을 제3자에게 대항할 수 없다.

⑤ 제3자의 권리가 생긴 후에는 계약당사자는 이를 변경 또는 소멸시킬 수 없다.

해설 | 채무자(낙약자)는 계약에 기한 항변으로 계약의 이익을 받을 제3자(수익자)에게 대항할 수 있다.

기본서 p.680~681                                                                       정답 ④

---

**정답 및 해설**

**06** ② 당사자 일방의 책임 있는 사유로 채무이행이 불능으로 되어 그 채무가 손해배상채무로 바뀌게 되었더라도 동일한 법률관계가 존속하는 한 동시이행관계는 소멸하지 않는다.

**07** ⑤ 채권양도, 채무인수, 상속 등으로 당사자가 변경되더라도 채무의 동일성이 유지되는 한 동시이행의 항변권은 존속한다. 그러나 일방의 채무에 관해서 경개가 있는 경우에는 채무의 동일성이 상실되므로 동시이행의 항변권이 소멸한다.

**08** 제3자를 위한 계약에 관한 설명으로 옳지 않은 것은?

① 수익의 의사표시는 제3자를 위한 계약의 성립요건이 아니다.

② 수익의 의사표시를 함으로써 제3자에게 권리가 생긴 후에는 요약자와 낙약자의 합의 만으로 그 권리를 소멸시키지 못한다.

③ 낙약자는 요약자와의 계약에서 발생한 항변으로 제3자에게 대항할 수 있다.

④ 수익의 의사표시를 한 제3자는 낙약자의 채무불이행을 이유로 계약을 해제할 수 없다.

⑤ 제3자가 하는 수익의 의사표시의 상대방은 요약자이다.

**09** 채무자 甲(낙약자)과 채권자 乙(요약자)은 丙을 수익자로 한 제3자를 위한 계약을 체결하였고, 丙은 수익의 의사표시를 하였는데, 이에 관한 설명으로 옳은 것은? (다툼이 있으면 판례에 따름)

① 甲은 丙이 이행을 청구하는 경우에 乙과 丙 사이의 법률관계에 기한 항변으로 丙에게 대항하지 못한다.

② 甲의 귀책사유로 채무가 불이행된 경우, 丙은 甲에 대하여 손해배상을 청구할 수 없다.

③ 계약이 해제된 경우 丙은 원상회복을 甲에게 청구할 수 있다.

④ 제3자를 위한 계약에서 丙은 계약 당시에 특정되어야 한다.

⑤ 만일 甲이 丙에 대하여 가진 채권에 관하여 그 채무를 면제하는 계약을 乙과 체결한 경우, 이는 제3자를 위한 계약에 준하는 것으로 볼 수 없다.

## 대표예제 109 \ 계약의 해제 ★★★

**계약의 해제에 관한 설명으로 옳지 않은 것은? (다툼이 있으면 판례에 따름)**

① 해제권은 이행불능과 동시에 발생한다.

② 해제권자의 고의나 과실로 인하여 계약의 목적물이 현저히 훼손되거나 이를 반환할 수 없게 된 때 또는 가공이나 개조로 인하여 다른 종류의 물건으로 변경된 경우 해제권은 소멸한다.

③ 채무자가 미리 이행거절의 의사를 표시한 경우에도 계약을 해제하기 위해서는 최고를 하여야 한다.

④ 당사자의 일방 또는 쌍방이 수인인 경우에는 계약의 해지나 해제는 그 전원으로부터 또는 전원에 대해서 하여야 한다.

⑤ 일부불능의 경우 채권자는 원칙적으로 계약 전부를 해제할 수 있으나 일정한 경우 일부 해제도 가능하다.

해설 | 채무자가 미리 이행하지 아니할 의사를 표시한 경우에는 상당한 기간을 정하여 <u>최고를 할 필요가 없다</u>(제544조 단서).

기본서 p.682~688                                                                                          정답 ③

**정답 및 해설** |

**08** ⑤ 제3자가 하는 수익의 의사표시의 상대방은 낙약자이다.

**09** ① ② 제3자도 낙약자에 대하여 <u>손해배상을 청구할 수 있다</u>.
   ③ 계약해제권과 원상회복청구권은 제3자가 아닌 <u>계약당사자(요약자 또는 낙약자)</u>에게 귀속한다.
   ④ 제3자를 위한 <u>계약 당시 제3자가 특정될 필요는 없다</u>(태아나 설립 중인 법인도 제3자를 위한 계약의 제3자가 될 수 있다).
   ⑤ 병존적 채무인수로서 <u>제3자를 위한 계약</u>으로 볼 수 있다(대판 2004.9.3, 2002다37405).

**10** 계약해제에 관한 설명으로 옳지 않은 것은? (다툼이 있으면 판례에 따름)

① 토지거래허가를 요하는 계약의 당사자는 토지거래허가 신청절차에 협력할 의무를 부담하지만, 일방당사자의 협력의무 불이행을 이유로 그 계약을 일방적으로 해제할 수 없다.

② 소제기의 방식으로 해제권을 행사한 후 그 소를 취하하더라도 그 해제권 행사의 효력에는 영향이 없다.

③ 해제권 행사의 기간을 정하지 아니한 때에는 상대방은 상당한 기간을 정하여 해제권 행사 여부의 확답을 해제권자에게 최고할 수 있고, 이 경우 기간 내에 해제의 통지를 받지 못한 때에는 해제권은 소멸한다.

④ 정기행위에 있어서 해제권의 발생과 당사자 사이에서 최고권 배제의 특약이 있는 경우, 최고 없이 계약을 즉시 해제할 수 있다.

⑤ 당사자 일방이 채무를 이행하지 않겠다는 의사를 명백히 표시하였다가 이를 적법하게 철회하였더라도 그 상대방은 최고 없이 계약을 해제할 수 있다.

**11** 매매계약의 법정해제에 관한 설명으로 옳지 않은 것은? (다툼이 있으면 판례에 따름)

제20회

① 계약해제는 손해배상의 청구에 영향을 미치지 아니한다.

② 해제권자의 과실로 계약목적물이 현저히 훼손된 경우에는 해제권은 소멸한다.

③ 계약에 기하여 매수인 앞으로 소유권이전등기가 마쳐진 토지를 압류하고 그 등기까지 마친 자에 대하여는 해제의 소급효로 대항할 수 없다.

④ 계약이 적법하게 해제된 후에도 매수인은 착오를 원인으로 그 계약을 취소할 수 있다.

⑤ 만약 계약이 합의해제된 경우, 민법상 해제의 효과에 따른 제3자 보호규정이 적용되지 않는다.

**12** 계약의 해제에 관한 설명으로 옳지 않은 것은? (다툼이 있으면 판례에 따름)

① 당사자 일방이 이행을 제공하더라도 상대방이 그 채무를 이행하지 아니할 것이 객관적으로 명백한 경우, 그 일방은 이행의 제공 없이 계약을 해제할 수 있다.

② 매도인의 매매목적물에 관한 소유권이전의무가 매수인의 귀책사유만으로 이행불능이 된 경우, 매수인은 그 이행불능을 이유로 계약을 해제할 수 없다.

③ 계약의 목적달성에 영향을 미치지 않는 부수적 채무의 불이행을 이유로 계약을 해제할 수 없다.

④ 당사자 일방이 이행지체를 이유로 적법하게 계약을 해제한 경우, 상대방은 계약을 이행할 책임을 면한다.

⑤ 계약이 해제된 경우 그 원상회복의 범위를 정함에 있어서는 과실상계가 적용된다.

**13** 甲 소유 토지의 매수인 乙이 중도금을 그 이행기에 지급하지 않고 있는데, 소유권 이전은 잔금지급과 동시에 하기로 하였다. 이에 관한 설명으로 옳지 않은 것은? (다툼이 있으면 판례에 따름)

① 乙이 대금지급을 확정적으로 거절하면 甲은 즉시 계약을 해제할 수 있다.

② 甲이 잔금지급일에 자기채무의 이행을 제공하면 乙은 중도금, 중도금 미지급에 따른 지연배상금 및 잔금을 지급하여야 한다.

③ 甲이 자기채무의 이행을 제공하지 않더라도 乙은 잔금지급일 이후의 중도금에 대한 지연배상책임을 부담한다.

④ 甲이 이행최고와 함께 정한 상당한 기간 내에 乙이 중도금을 지급하지 않으면 甲은 계약을 해제할 수 있다.

⑤ 甲이 잔금지급일에 자기채무의 이행을 제공하였음에도 乙이 매매대금을 지급하지 않으면 일정한 요건 아래 甲은 계약을 해제할 수 있다.

---

**정답 및 해설**

**10 ⑤** 당사자 일방이 채무를 이행하지 않겠다는 의사를 명백히 표시하였다가 이를 적법하게 철회하였다면 <u>상대방은 상당한 기간을 정하여 최고한 후 계약을 해제할 수 있다.</u>

**11 ⑤** 계약이 합의해제된 경우에도 합의해제 전에 그 계약으로부터 생긴 법률효과를 기초로 하여 등기, 인도 등으로 <u>완전한 권리를 취득한 제3자는 보호된다.</u>

**12 ⑤** 계약이 해제된 경우 그 원상회복의 범위를 정함에 있어서는 <u>과실상계가 적용될 여지가 없다.</u>

**13 ③** 매도인 甲이 자기채무의 이행을 제공하지 않고 있다면 매수인 乙은 <u>잔금지급일 이후의 중도금에 대한 지연배상책임을 부담하지 않는다.</u>

**14** 법정해제권에 관한 설명으로 옳지 않은 것은? (다툼이 있으면 판례에 따름)

① 저당부동산의 매수인이 그 피담보채무 전부를 인수하는 것으로 매매대금 일부의 지급에 갈음하기로 약정하고 소유권을 취득하였으나 그 저당권의 실행으로 그 소유권을 상실한 경우, 매수인은 계약을 해제할 수 없다.

② 당사자 일방이 수인인 경우에 그중 한 사람에 대하여 해제권이 소멸하면 다른 사람에 대해서도 소멸한다.

③ 제3자가 매수인으로부터 매매목적물에 관하여 소유권이전등기를 경료받은 후에 매도인이 계약을 해제하더라도 매도인은 소유권에 기하여 매수인 명의의 소유권이전등기 말소를 청구할 수 없다.

④ 매매의 목적물에 전세권이 설정되어 있었으나 이를 알지 못한 매수인은 계약의 목적을 달성할 수 없는 경우에 한하여 계약을 해제할 수 있다.

⑤ 해제의 의사표시에는 조건이나 기한을 붙일 수 없으며, 해제권의 불가분성에 관한 민법의 규정은 강행규정이다.

---

**정답 및 해설**

**14 ⑤** 제547조 제1항의 '해제불가분의 원칙'은 <u>임의규정</u>이므로 당사자의 특약으로 배제할 수 있으나, 해제는 단독행위이므로 원칙적으로 조건·기한을 붙이지 못한다.

## 대표예제 110 \ 매매 ★★★

**매매에 관한 설명으로 옳지 않은 것은?** (다툼이 있으면 판례에 따름)

① 매매의 목적이 된 권리가 매도인에게 속하지 않은 경우라도 원칙적으로 매매계약은 유효하다.

② 장래에 본계약을 체결하기로 하는 약정은 특별한 사정이 없으면 일방예약으로 추정한다.

③ 매매의 대가는 금전으로 지급하여야 한다.

④ 현존하지 않는 목적물은 매매의 목적으로 할 수 없다.

⑤ 변제기에 도달하지 아니한 채권의 매도인이 채무자의 자력을 담보한 때에는 변제기의 자력을 담보한 것으로 추정한다.

해설 | 현존하지 않는 목적물, 타인의 물건, 장래의 물건, 타인의 권리 등은 <u>매매의 목적으로 할 수 있다.</u>

기본서 p.688~693 정답 ④

┌종합

**01** **매매에 관한 설명으로 옳지 않은 것은?** (다툼이 있으면 판례에 따름) 제20회

① 매매예약의 완결권은 형성권에 속한다.

② 매매계약에 관한 비용은 다른 약정이 없으면 당사자 쌍방이 균분하여 부담한다.

③ 타인 권리의 매매에서 매도인이 그 권리를 취득하여 매수인에게 이전할 수 없는 경우, 악의의 매수인은 매매계약을 해제할 수 없다.

④ 매매목적물이 인도되지 않았더라도 매수인이 대금을 완납하였다면, 특별한 사정이 없는 한 그 시점 이후의 과실은 매수인에게 귀속된다.

⑤ 매매당사자 일방에 대한 의무이행의 기한이 있는 때에는 상대방의 의무이행에 대하여도 동일한 기한이 있는 것으로 추정한다.

---

**정답 및 해설**

**01** ③ 타인 권리의 매매에서 매도인이 그 권리를 취득하여 매수인에게 이전할 수 없는 경우, <u>매수인은 선의·악의를 불문하고 매매계약을 해제할 수 있다.</u> 단, 손해배상청구는 선의의 매수인에게만 인정된다.

**02** 계약금 또는 해약금의 효력에 관한 설명으로 옳지 않은 것은?

① 해약금에 의한 해제시에는 손해배상청구권은 발생하지 않는다.

② 해약금에 의한 해제는 채권관계를 소급적으로 소멸하게 하지만, 원상회복의무는 발생하지 않는다.

③ 계약금의 수령자는 배액을 제공하고 해제할 수 있으며, 제공된 금액을 상대방이 수령하지 않는다고 하여 공탁까지 할 필요는 없다.

④ 배액의 제공에 의한 해제를 원할 때에는 반드시 배액이어야 하므로 배액이 되지 못하는 일부 제공만으로는 해제할 수 없다.

⑤ 계약금이 교부된 경우에는 상대방이 계약을 이행하지 않은 때에도 채무불이행을 이유로 계약을 해제할 수 없다.

**03** 계약금에 관한 설명으로 옳지 않은 것은? (다툼이 있으면 판례에 따름)

① 계약금 일부만 지급된 경우 수령자가 매매계약을 해제할 수 있다고 하더라도 해약금의 기준이 되는 금원은 '실제 교부받은 계약금'이 아니라 '약정 계약금'이라고 봄이 타당하므로, 매도인이 계약금의 일부로서 지급받은 금원의 배액을 상환하는 것으로는 매매계약을 해제할 수 없다.

② 계약금을 위약벌로서 교부한 경우에는 채무불이행에 따른 별도의 손해배상을 청구할 수도 있다.

③ 계약금을 포기하고 해제할 수 있는 권리는 당사자의 특약으로 배제할 수 있다.

④ 계약금계약은 요물계약으로서 주된 계약의 성립 이전에 또는 동시에 행해져야 한다.

⑤ 계약금이 교부되어 있다고 하더라도 계약금에 의한 해제와 상관없이 당사자는 채무불이행을 이유로 해제할 수 있다.

**04** **계약금에 관한 설명으로 옳지 않은 것은? (다툼이 있으면 판례에 따름)**

① "임차인이 보증금의 잔액을 지정된 기일까지 납부하지 않을 경우 임대인은 계약을 해제하고 계약금조로 불입한 보증금을 반환하지 아니한다."라는 약정은 있으나 임대인이 계약을 위반할 경우에 관하여 아무런 합의가 없다면, 임대인의 채무불이행이 있는 경우 임차인은 그로 인한 손해를 구체적으로 입증하여 배상받을 수 있을 뿐이다.

② 매도인이 매수인에게 이행을 최고하고 대금지급을 구하는 소송을 제기한 후에도 매수인은 계약금을 포기하고 계약을 해제할 수 있다.

③ 계약금은 이를 위약금으로 하기로 하는 특약이 없는 이상 손해배상의 예정액으로서의 성질을 가지는 것이 아니다.

④ 매도인이 매매계약의 이행에 착수한 바가 없더라도 중도금을 지급한 매수인은 계약금을 포기하고 매매계약을 해제할 수 없다.

⑤ 매수인이 잔금을 지급하기 위하여 은행에 융자를 신청한 사실이 있는 경우, 그 사실만으로도 당사자 일방이 이행에 착수하였다고 할 수 있으므로 매도인은 배액을 상환하여 계약을 해제할 수 없다.

---

**정답 및 해설**

**02 ⑤** 계약금이 교부된 경우라도 상대방이 계약을 이행하지 않은 때에는 <u>채무불이행을 이유로 계약을 해제할 수 있다.</u>

**03 ④** 계약금계약은 유상계약에 종된 계약이므로 <u>주된 계약의 성립 이전에 성립될 수 없으며, 주된 계약과의 동시성이 요구되는 것도 아니다.</u>

**04 ⑤** 매수인이 잔금을 지급하기 위하여 은행에 융자를 신청한 사실이 있는 경우, 그 사실만으로는 <u>당사자 일방이 이행에 착수하였다고 할 수 없으므로 매도인은 배액을 상환하여 계약을 해제할 수 있다.</u>

**05** 매매의 효력에 관한 설명으로 옳지 않은 것은?

① 매수인이 계약 당시에 목적물에 하자가 있음을 알고 있었을 경우에는 매도인이 하자 담보책임을 부담하지 않는다.

② 매매는 쌍무계약인바, 매도인은 재산권을 이전하여야 하고 매수인은 대금을 지급하여야 한다.

③ 매매계약이 성립함과 동시에 목적물로부터 생긴 과실은 매수인에게 속하므로 매도인이 목적물을 인도할 때에 이를 함께 이전하여야 한다.

④ 매수인에게는 목적물을 수령할 권한이 있으며, 경우에 따라서는 신의칙상 목적물 수령 의무가 있다고도 할 수 있다.

⑤ 매매목적물에 대하여 권리를 주장하는 자가 있는 경우에 매수인은 매수한 권리를 잃을 위험이 있는 한도에서 대금의 지급을 거절할 수 있다.

---

### 대표예제 111 \ 매도인의 담보책임 ★★★

**매도인의 담보책임에 관한 설명으로 옳지 않은 것은?**

① 매매계약 당시 이미 목적물의 일부가 멸실된 경우, 선의의 매수인은 대금의 감액을 청구할 수 있다.

② 매매목적물이 전세권의 목적이 된 경우, 선의의 매수인은 계약의 목적을 달성할 수 없는 경우에 한하여 계약을 해제할 수 있다.

③ 저당권이 설정된 목적물의 매수인이 출재하여 그 소유권을 보존한 경우, 매수인은 매도인에 대하여 그 상환을 청구할 수 있다.

④ 종류로 지정된 매매목적물이 특정된 후에 하자가 발견된 경우, 선의 · 무과실의 매수인은 하자 없는 물건을 청구할 수 있다.

⑤ 매매목적인 권리의 일부가 타인에게 속하여 매도인이 매수인에게 이전할 수 없는 경우, 선의의 매수인은 계약해제를 청구할 수 있으나 손해배상을 청구할 수는 없다.

해설 | 매매목적인 권리의 일부가 타인에게 속하여 매도인이 매수인에게 이전할 수 없는 경우, <u>선의의 매수인은 계약해제 외에 손해배상을 청구할 수 있다</u>(제572조).

기본서 p.693~704                                                                              정답 ⑤

---

**06** 매매계약에 관한 설명으로 옳지 않은 것은?

제21회

① 매매계약은 쌍무·유상의 계약이다.

② 변제기에 도달하지 않은 채권의 매도인이 채무자의 자력을 담보한 때에는 변제기의 자력을 담보한 것으로 추정한다.

③ 매도인은 담보책임면제의 특약을 한 경우에도 제3자에게 권리를 설정 또는 양도한 행위에 대하여는 책임을 면하지 못한다.

④ 매매목적물이 전세권의 목적이 된 경우, 선의의 매수인은 이로 인하여 계약의 목적을 달성할 수 없으면 계약을 해제할 수 있다.

⑤ 타인의 권리매매에서 매도인이 그 권리를 취득하여 매수인에게 이전할 수 없는 경우, 계약 당시에 그 사실을 안 매수인은 계약을 해제할 수 없다.

종합

**07** 매도인의 담보책임에 관한 설명으로 옳지 않은 것은?

① '수량을 지정한 매매'란 당사자가 매매목적물인 특정물이 일정수량을 가지고 있다는 것에 주안을 두고 대금도 그 수량을 기준으로 정한 경우를 말한다.

② 매매목적인 권리 전부가 타인에게 속한 경우, 악의의 매수인은 손해배상을 청구할 수 없다.

③ 건축목적으로 매매된 토지가 관련 법령상 건축허가를 받을 수 없는 경우, 그 하자의 유무는 계약 성립시를 기준으로 판단한다.

④ 매매목적인 권리 전부가 타인에게 속한 경우, 매도인이 손해배상책임을 진다면 그 배상액은 이행이익 상당액이다.

⑤ 매매목적인 권리 일부가 타인에게 속한 경우, 선의의 매수인은 계약한 날로부터 1년 내에 권리를 행사하여야 한다.

---

**정답 및 해설**

**05** ③ 전부 타인권리의 매매나 제한물권의 실행매매에서는 매수인이 악의라도 담보책임을 물을 수 있다. 이행기를 경과한 후에도 목적물 인도 전의 과실은 매도인에게 속한다. 다만, 매수인이 이미 대금을 지급한 경우에는 매수인에게 속한다.

**06** ⑤ 타인의 권리매매에서 매도인이 그 권리를 취득하여 매수인에게 이전할 수 없는 경우, 계약 당시에 그 사실을 안 매수인은 계약을 해제할 수 있으나 손해배상은 청구할 수 없다.

**07** ⑤ 매매목적인 권리 일부가 타인에게 속한 경우, 선의의 매수인은 그 사실을 안 날로부터 1년 내에 권리를 행사하여야 한다.

제7장 계약법 각론 **357**

**08** '물건의 하자'를 이유로 한 매도인의 담보책임에 관한 설명으로 옳은 것을 모두 고른 것은? (다툼이 있으면 판례에 따름) 제17회

> ㉠ 매매목적물에 부과된 법률상의 장애로 인하여 물건의 사용·수익이 제한된다면, 그러한 장애는 권리의 하자에 해당한다.
> ㉡ 특정물매매에서는 완전물급부청구권이 인정되지 않는다.
> ㉢ 매수인은 하자를 안 날로부터 6개월 이내에는 언제든지 모든 손해의 배상을 청구할 수 있다.
> ㉣ 매도인의 담보책임에 대한 규정은 강행규정이 아니므로, 당사자는 특약으로 이를 경감할 수 있다.

① ㉠, ㉡

② ㉠, ㉣

③ ㉡, ㉢

④ ㉡, ㉣

⑤ ㉢, ㉣

**09** 매도인의 담보책임에 관한 설명으로 옳지 않은 것은? (다툼이 있으면 판례에 따름) 제22회

① 특정물매매의 경우 목적물에 하자가 있더라도 악의의 매수인은 계약을 해제할 수 없다.

② 변제기에 도달한 채권의 매도인이 채무자의 자력을 담보한 때에는 매매계약 당시의 자력을 담보한 것으로 추정한다.

③ 무효인 강제경매절차를 통하여 하자 있는 권리를 경락받은 자는 경매의 채무자나 채권자에게 담보책임을 물을 수 없다.

④ 매매계약 내용의 중요 부분에 착오가 있는 경우, 매수인은 매도인의 하자담보책임이 성립하는지와 상관없이 착오를 이유로 그 매매계약을 취소할 수 있다.

⑤ 종류매매의 경우 인도된 목적물에 하자가 있는 때에는 선의의 매수인은 하자 없는 물건을 청구하는 동시에 손해배상을 청구할 수 있다.

## 대표예제 112 \ 임대차 ★★★

임차인 甲은 임대인 乙과 乙의 건물 전부에 대하여 임대차계약을 체결하였는데 임차권등기를 하지 못하였다. 이에 관한 설명으로 옳은 것은? (다툼이 있으면 판례에 따름)

① 甲이 乙의 동의 없이 해당 건물 전부를 전대한 경우, 전차인은 乙에게 대항할 수 있다.

② 계약 체결시 제3사 丙이 건물 진부를 불법점유 하고 있는 경우, 甲은 임차권에 기한 방해배제청구권으로 丙에게 퇴거를 청구할 수 있다.

③ 甲이 필요비와 유익비를 지출한 때에는 임대차 종료시에 그 가액의 증가가 현존한 때에 한하여 상환을 청구할 수 있다.

④ 임차인의 비용상환청구권에 관한 규정은 임의규정이므로 甲이 이를 포기하는 약정은 유효하다.

⑤ 甲과 乙이 건물면적을 지정하여 계약을 체결하였는데 면적이 부족하더라도 甲은 乙에게 담보책임을 물을 수 없다.

> **오답체크** ① 임차인 甲이 전대차하기 위해서는 임대인 乙의 동의를 받아야 한다. 따라서 임대인 乙의 동의 없이 위 건물 전부를 전대한 경우, 전차인은 임대인 乙에게 대항할 수 없다.
> ② 임대차계약의 체결시 제3자 丙이 건물 전부를 불법점유하고 있는 경우, 임차인 甲은 임대인 乙에게 제3자의 방해행위제거를 청구할 수 있는 것이고, 직접 임차권에 기한 방해배제청구권으로 丙에게 퇴거를 청구할 수는 없다.
> ③ 유익비를 지출한 때에는 임대차 종료시에 그 가액의 증가가 현존한 때에 한하여 상환을 청구할 수 있다.
> ⑤ 건물면적을 지정하여 계약을 체결한 경우, 그 면적이 부족하였다면 임차인은 임대인에게 담보책임을 물을 수 있다.

기본서 p.709~721

정답 ④

---

### 정답 및 해설

**08** ④ ⊙ 매매목적물에 부과된 법률상의 장애로 인하여 물건의 사용·수익이 제한된다면, 그러한 장애는 권리의 하자가 아닌 물건의 하자에 해당하여 민법 제580조의 하자담보책임 대상이 된다. 매매의 목적물이 거래통념상 기대되는 객관적 성질·성능을 결여하거나, 당사자가 예정 또는 보증한 성질을 결여한 경우에 매도인은 매수인에 대하여 그 하자로 인한 담보책임을 부담한다 할 것이고, 한편 건축을 목적으로 매매된 토지에 대하여 건축허가를 받을 수 없어 건축이 불가능한 경우, 위와 같은 법률적 제한 내지 장애 역시 매매목적물의 하자에 해당한다 할 것이나, 다만 위와 같은 하자의 존부는 매매계약 성립시를 기준으로 판단하여야 할 것이다(대판 2000.1.18, 98다18506).

ⓒ 매수인은 하자를 안 날로부터 6개월 이내에 모든 손해의 배상이 아니라 신뢰이익의 배상을 청구할 수 있다.

**09** ⑤ 종류매매의 목적물에 하자가 있는 때에는 선의·무과실의 매수인만이 계약의 해제 또는 손해배상의 청구를 하지 아니하고 하자 없는 물건을 청구할 수 있다(제581조 제2항).

**10** 임대차에 관한 설명으로 옳은 것은?

① 건물의 소유를 목적으로 한 토지임대차의 경우, 이를 등기하지 아니하면 임차인이 지상건물을 등기하더라도 제3자에 대하여 토지임대차의 효력은 주장할 수 없다.

② 임대인이 임대물의 보존에 필요한 행위를 하는 때에 임차인은 이를 거절하지 못한다.

③ 임대인이 임차인의 의사에 반하는 보존행위를 하는 때에 임차인에게는 언제나 계약해지권이 주어진다.

④ 임차물의 일부가 임차인의 과실 없이 멸실 기타의 사유로 사용·수익할 수 없는 경우, 그 잔존 부분으로 임차의 목적을 달성할 수 있다 하더라도 임차인은 계약을 해지할 수 있다.

⑤ 민법은 건물 기타 공작물의 임대차에는 임차인의 차임연체액이 2년분에 달하는 경우에 임대인이 계약을 해지할 수 있도록 규정하고 있다.

**11** 임차인의 부속물매수청구권에 관한 설명으로 옳지 않은 것은? (다툼이 있으면 판례에 따름)

① 일시사용을 위한 임대차가 명백한 경우, 임차인은 부속물매수청구권을 행사할 수 없다.

② 임대차계약이 임차인의 채무불이행으로 인하여 해지된 경우에는 부속물매수청구권이 인정되지 않는다.

③ 임차인이 부속물매수청구권을 적법하게 행사한 경우, 임차인은 임대인이 매도대금을 지급할 때까지 부속물의 인도를 거절할 수 있다.

④ 오로지 임차인의 특수목적에 사용하기 위하여 부속된 물건은 부속물매수청구권의 대상이 되지 않는다.

⑤ 건물임차인이 자신의 비용으로 증축한 부분을 임대인 소유로 귀속시키기로 약정하였더라도, 특별한 사정이 없는 한 이는 강행규정에 반하여 무효이므로 임차인의 부속물매수청구권은 인정된다.

**12** 甲 소유의 건물을 乙이 甲으로부터 임차하여 다시 丙에게 전대하였다. 다음 중 옳지 않은 것은?

① 甲이 전대차에 동의하지 않은 경우에 乙은 매매에서 매도인과 같은 담보책임을 부담한다.

② 丙이 甲으로부터 건물을 매수하여 임대인의 지위를 승계한 때에는 당연히 전차인으로서의 지위를 싱실힌다.

③ 丙은 甲이 전대차에 동의하지 않고 건물의 명도청구를 하는 때에는 전대차계약을 해지할 수 있다.

④ 甲은 전대차에 대하여 동의를 한 때에는 乙과 임대차를 합의 해지하여도 丙에 대하여 건물의 명도청구를 할 수 없다.

⑤ 甲이 전대차에 대하여 동의한 경우에는 丙이 乙에게 차임을 지급하여도 甲에 대하여 대항하지 못한다.

---

**정답 및 해설**

**10** ② ① 건물에 등기하면 토지임대차의 등기 없이도 대항할 수 있다.
③ 임차인의 의사에 반하는 경우에 이로 인하여 임차의 목적을 달성할 수 없는 때에 한하여 계약을 해지할 수 있다.
④ 임차인은 계약을 해지할 수 없다.
⑤ 2기 연체시에 계약을 해지할 수 있다.

**11** ⑤ 건물임차인이 자신의 비용을 들여 증축한 부분을 임대인 소유로 귀속시키기로 하는 약정은 임차인이 원상회복의무를 면하는 대신 투입비용의 변상이나 권리주장을 포기하는 내용이 포함된 것으로서 특별한 사정이 없는 한 유효하므로, 그 약정이 부속물매수청구권을 포기하는 약정으로서 강행규정에 반하여 무효라고 할 수 없고, 또한 그 증축부분의 원상회복이 불가능하다고 해서 유익비상환을 청구할 수도 없다(대판 1996. 8.20, 94다44705, 44712).

**12** ② 丙은 乙의 법률관계로 전대차관계가 성립한 것이므로, 丙이 甲의 건물을 매수하였더라도 丙의 전차인의 지위는 그대로 유지된다.

---

제7장 계약법 각론  **361**

## 13 임대차에 관한 설명으로 옳지 않은 것은?

① 건물의 소유를 목적으로 한 임대차는 이를 등기하지 아니한 경우에도 임차인이 그 지상건물을 등기한 때에는 제3자에 대하여 임대차의 효력이 생긴다.

② 임차권은 채권이므로 임차인은 유익비, 필요비 등 비용상환청구권에 대하여 유치권을 행사할 수는 없다.

③ 임차물의 일부가 임차인의 과실 없이 멸실 기타 사유로 인하여 사용·수익할 수 없는 경우 임차인은 그 부분의 비율에 의한 차임의 감액을 청구할 수 있다.

④ 임차권은 양도 또는 임차물의 전대에 관한 임대인의 동의는 철회할 수 없다.

⑤ 임대인이 임대물의 보존에 필요한 행위를 하는 경우 임차인은 이를 거절하지 못한다.

## 14 임차인의 유익비상환청구권에 관한 설명으로 옳지 않은 것은? (다툼이 있으면 판례에 따름)

제21회

① 임차인은 임대차가 종료하기 전에는 유익비상환을 청구할 수 없다.

② 임대인은 임차인의 선택에 따라 지출한 금액이나 가치증가액을 상환하여야 한다.

③ 유익비상환청구권은 임대인이 목적물을 반환받은 날로부터 6개월 내에 행사하여야 한다.

④ 임대인에게 비용상환을 요구하지 않기로 약정한 경우, 임차인은 유익비상환을 청구할 수 없다.

⑤ 임대인이 유익비를 상환하지 않으면, 임차인은 특별한 사정이 없는 한 임대차 종료 후 임차목적물의 반환을 거절할 수 있다.

**15** 임차인 甲은 임대인 乙과 乙의 건물 전부에 대해 임대차계약을 체결하였는데 임차권등기를 하지 못했다. 이에 관한 설명으로 옳은 것은? (다툼이 있으면 판례에 따름)

① 甲과 乙이 건물면적을 지정하여 계약을 체결하였는데 면적이 부족하더라도 甲은 乙에게 담보책임을 물을 수 없다.

② 계약 체결시 제3자 丙이 건물 전부를 불법점유하고 있는 경우, 甲은 임차권에 기한 방해배제청구권으로 丙에게 퇴거를 청구할 수 있다.

③ 甲이 필요비와 유익비를 지출한 때에는 임대차 종료시에 그 가액의 증가가 현존한 때에 한하여 상환을 청구할 수 있다.

④ 임차인의 비용상환청구권에 관한 규정은 임의규정이므로 甲이 이를 포기하는 약정은 유효하다.

⑤ 甲이 乙의 동의 없이 위 건물 전부를 전대한 경우, 전차인은 乙에게 대항할 수 있다.

---

**정답 및 해설**

**13 ②** 임차인의 비용상환청구권은 임대차목적물로부터 생긴 것으로서 견련성이 인정되므로 이에 대하여 유치권을 행사할 수 있다(제320조 제1항).

**14 ②** 임차인이 유익비를 지출한 경우에는 임대인은 임대차 종료시에 그 가액의 증가가 현존한 때에 한하여 임차인의 지출한 금액이나 그 증가액을 상환하여야 한다. 이 경우 임차인은 임대인의 선택에 따라 지출한 금액이나 가치증가액의 상환을 청구할 수 있다.

**15 ④** ① 건물면적을 지정하여 계약을 체결한 경우 그 면적이 부족하였다면 임차인은 임대인에게 담보책임을 물을 수 있다.

② 임대차계약 체결시 제3자 丙이 건물 전부를 불법점유하고 있는 경우, 임차인 甲은 임대인 乙에게 제3자의 방해행위 제거를 청구할 수 있는 것이고, 직접 임차권에 기한 방해배제청구권으로 丙에게 퇴거를 청구할 수는 없다.

③ 유익비를 지출한 때에는 임대차 종료시에 그 가액의 증가가 현존한 때에 한하여 상환을 청구할 수 있다.

⑤ 임차인 甲이 전대차하기 위해서는 임대인 乙의 동의를 받아야 한다. 따라서 임대인 乙의 동의 없이 위 건물 전부를 전대한 경우, 전차인은 임대인 乙에게 대항할 수 없다.

**16** 乙은 사과나무를 식재하여 과수원을 운영할 목적으로 甲 소유의 X임야에 대해 甲과 존속기간을 10년으로 하는 임대차계약을 체결하였다. 이에 관한 설명으로 옳은 것은?

제22회

① 차임지급시기에 대한 관습 또는 다른 약정이 없으면 乙은 甲에게 매월 말에 차임을 지급하여야 한다.

② 산사태로 X임야가 일부 유실되어 복구가 필요한 경우, 乙은 甲에게 그 복구를 청구할 수 없다.

③ 甲이 X임야에 산사태 예방을 위해 필요한 옹벽설치공사를 하려는 경우, 乙은 과수원 운영을 이유로 이를 거부할 수 없다.

④ 乙이 X임야에 대하여 유익비를 지출하여 그 가액이 증가된 경우, 甲에게 임대차 종료 전에도 그 상환을 청구할 수 있다.

⑤ 임대차가 존속기간의 만료로 종료되는 경우, 乙이 식재한 사과나무들이 존재하는 때에도 乙은 甲에게 갱신을 청구할 수 없다.

---

## 대표예제 113 도급 ★★★

도급에 관한 설명으로 옳지 않은 것은? (다툼이 있으면 판례에 따름)

① 보수는 금전에 한하지 않으며 노무의 제공이라도 상관없다.

② 부동산공사의 수급인은 보수채권을 담보하기 위하여 그 부동산을 목적으로 한 저당권의 설정을 도급인에게 청구할 수 있다.

③ 수급인이 자기의 노력과 출재로 건축하여 완성한 건물의 소유권은 특별한 사정이 없는 한 도급인에게 귀속한다.

④ 수급인은 보수(報酬)를 받을 때까지는 도급의 목적물을 유치권의 대상으로 할 수 있다.

⑤ 수급인의 완성한 목적물의 인도의무와 도급인의 보수지급의무는 특약이 없는 한 동시이행의 관계에 있다.

해설 | 수급인이 자기의 노력과 출재로 건축하여 완성한 건물의 소유권은 특별한 사정이 없는 한 <u>수급인에게 귀속</u>한다.

기본서 p.721~724

정답 ③

**17** 도급에 관한 설명으로 옳지 않은 것은? (다툼이 있으면 판례에 따름)

① 도급인이 파산선고를 받은 때에는 수급인 또는 파산관재인은 계약을 해제할 수 있다.

② 부동산공사의 수급인은 자기의 보수채권을 담보하기 위하여 그 부동산을 목적으로 한 저당권의 설정을 청구할 수 있다.

③ 수급인이 자기의 노력과 재료를 들여 건물을 완성한 경우에 특별한 사정이 없는 한 완성된 건물은 수급인의 소유에 속한다.

④ 완성된 목적물 또는 완성 전의 성취된 부분의 하자가 중요하지 않고 그 보수에 과다한 비용을 요할 때에는 하자의 보수를 청구할 수 없다.

⑤ 기성고에 따라 공사대금을 분할하여 지급하기로 약정한 경우, 특별한 사정이 없는 한 하자보수의무와 동시이행관계에 있는 공사대금지급채무는 당해 하자가 발생한 부분의 기성공사대금에 한정된다.

---

**정답 및 해설**

**16 ③** ① 토지의 차임지급시기에 대한 관습 또는 다른 약정이 없으면 乙은 甲에게 매월 말이 아니라 <u>매년 말에 차임을 지급하여야 한다</u>(제633조).

② 임대인은 목적물을 임차인에게 인도하고 계약존속 중 그 사용 · 수익에 필요한 상태를 유지하게 할 의무를 부담하므로, 산사태로 X임야가 일부 유실되어 복구가 필요한 경우, <u>임차인 乙은 임대인 甲에게 그 복구를 청구할 수 있다</u>(제623조).

④ 임차인이 유익비를 지출한 경우에는 임대인은 임대차 종료시에 그 가액의 증가가 현존한 때에 한하여 임차인의 지출한 금액이나 그 증가액을 상환하여야 한다. 따라서 임차인 乙이 X임야에 대하여 유익비를 지출하여 그 가액이 증가된 경우, 임대인 甲에게 <u>임대차 종료 전에는 그 상환을 청구할 수 없다</u>(제626조 제2항).

⑤ 건물 기타 공작물의 소유 또는 식목, 채염, 목축을 목적으로 한 토지임대차의 기간이 만료한 경우에 건물, 수목 기타 지상시설이 현존한 때에는 지상권자의 지상물매수청구권에 관한 제283조의 규정을 준용한다. 따라서 임대차가 존속기간의 만료로 종료되는 경우, 임차인 乙이 식재한 사과나무들이 <u>존재하는 때에는 임차인 乙은 임대인 甲에게 갱신을 청구할 수 있다</u>(제643조).

**17 ⑤** 기성고에 따라 공사대금을 분할하여 지급하기로 약정한 경우라도 특별한 사정이 없는 한 하자보수의무와 동시이행관계에 있는 공사대금지급채무는 <u>당해 하자가 발생한 부분의 기성공사대금에 한정되는 것은 아니다</u>.

**18** 도급에 관한 설명으로 옳지 않은 것은? (다툼이 있으면 판례에 따름) 제20회

① 하자가 중요한 경우, 하자보수에 갈음하는 손해배상의 액수는 목적물의 완성시를 기준으로 산정하여야 한다.

② 완성된 건물의 하자로 인하여 계약의 목적을 달성할 수 없게 된 경우, 도급인은 계약을 해제할 수 없다.

③ 일의 완성에 관한 증명책임은 보수의 지급을 구하는 수급인에게 있다.

④ 공사도급계약상 도급인의 지체상금채권과 수급인의 공사대금채권은 특별한 사정이 없는 한 동시이행의 관계에 있지 않다.

⑤ 수급인이 자기의 노력과 재료를 들여 신축할 건물의 소유권을 도급인에게 귀속시키기로 합의하였다면 그 완성된 건물의 소유권은 도급인에게 원시적으로 귀속한다.

**19** 도급에 관한 설명으로 옳지 않은 것은? (다툼이 있으면 판례에 따름) 제21회

① 수급인의 완성물인도의무와 도급인의 보수지급의무는 원칙적으로 동시이행관계에 있다.

② 완성된 건물에 하자가 있는 경우, 계약목적을 달성할 수 없더라도 도급인은 계약을 해제할 수 없다.

③ 수급인이 일을 완성하기 전에는 도급인은 수급인이 입게 될 손해를 배상하고 계약을 해제할 수 있다.

④ 완성된 목적물의 하자가 중요하지 않고 그 보수에 과다한 비용을 요할 때에는 하자의 보수를 청구할 수 없다.

⑤ 수급인의 공사대금이 도급인의 손해배상채권액을 현저히 초과하더라도, 도급인은 공사대금 전액에 대하여 하자에 갈음한 손해배상채권에 기하여 동시이행항변권을 행사할 수 있다.

**민법상 위임에 관한 설명으로 옳은 것은?**  제19회

① 수임인이 위임인의 승낙을 받고 위임인이 지명한 제3자에게 대신 위임사무를 처리하게 한 경우, 제3자의 사무처리에 관하여는 원칙적으로 수임인에게 책임이 있다.

② 위임계약은 특별한 사정이 없는 한 당사자기 언제든지 해지할 수 있다.

③ 수임인은 특별한 사정이 없는 한 위임인에 대하여 보수를 청구할 수 있다.

④ 당사자 일방이 부득이한 사유로 상대방의 불리한 시기에 위임계약을 해지한 때에는 그 손해를 배상하여야 한다.

⑤ 위임 종료의 경우에 특별한 사정이 없는 한 수임인은 위임인, 그 상속인이나 법정대리인이 위임사무를 처리할 수 있을 때까지 그 사무의 처리를 계속하여야 한다.

오답
체크

① 수임인이 위임인의 승낙을 받고 위임인이 지명한 제3자에게 대신 위임사무를 처리하게 한 경우, 제3자의 사무처리에 관하여는 <u>원칙적으로 수임인에게 책임이 없다.</u>

③ 수임인은 특별한 사정이 없는 한 위임인에 대하여 <u>보수를 청구할 수 없다.</u>

④ 당사자 일방이 <u>부득이한 사유가 없이</u> 상대방의 불리한 시기에 위임계약을 해지한 때에는 그 손해를 배상하여야 한다.

⑤ 위임 종료의 경우 <u>급박한 사정이 있으면</u> 수임인은 위임인, 그 상속인이나 법정대리인이 위임사무를 처리할 수 있을 때까지 그 사무의 처리를 계속하여야 한다. 따라서 <u>특별한 사정이 없으면 그 사무의 처리를 계속할 필요가 없다.</u>

기본서 p.724~726  정답 ②

제3편 채권법

제7장

---

**정답 및 해설**

**18** ① 도급계약의 완성물에 하자가 중요한 경우, 하자보수에 갈음하는 손해배상의 액수는 목적물의 완성시를 기준으로 산정하는 것이 아니고 <u>청구시를 기준으로 산정하여야 한다</u>(대판 1998.3.13, 95다30345).

**19** ⑤ 도급인은 그 손해배상의 제공을 받을 때까지 손해배상액에 상당하는 보수액의 지급만을 거절할 수 있는 것이고 그 나머지 보수액의 지급은 이를 거절할 수 없다. 따라서 수급인의 공사대금이 도급인의 손해배상채권액을 현저히 초과하는 경우, 도급인은 공사대금 전액에 대하여 동시이행항변권을 행사할 수 없으므로 하자에 갈음한 손해배상채권에 대해서만 동시이행항변권을 행사할 수 있다.

**20** 위임에 관한 설명으로 옳지 않은 것은?

① 위임계약은 각 당사자가 언제든지 해지할 수 있다.

② 복위임은 위임인이 승낙한 경우나 부득이한 경우에만 허용된다.

③ 수임인은 위임이 종료한 때에는 지체 없이 그 전말을 위임인에게 보고하여야 한다.

④ 위임이 무상인 경우, 수임인은 선량한 관리자의 주의의무로써 위임사무를 처리하여야 한다.

⑤ 당사자 일방이 상대방의 불리한 시기에 위임계약을 해지하는 경우, 부득이한 사유가 있더라도 그 손해를 배상하여야 한다.


**21** 위임계약에 관한 설명으로 옳지 않은 것은? (다툼이 있으면 판례에 따름)

① 수임인은 위임인의 청구가 있는 때에는 위임사무의 처리상황을 보고하여야 한다.

② 무상위임의 경우에도 수임인은 선량한 관리자의 주의로 위임사무를 처리하여야 한다.

③ 수임인은 위임사무를 완료한 후가 아니면 위임사무처리비용을 청구할 수 없다.

④ 수임인은 위임인의 승낙이나 부득이한 사유 없이 제3자로 하여금 자기에 갈음하여 위임사무를 처리하게 할 수 없다.

⑤ 수임인은 위임사무의 처리로 인하여 받은 금전을 위임인에게 인도하여야 하며, 특별한 사정이 없는 한 그 반환범위는 위임 종료시를 기준으로 정하여진다.


## 대표예제 115 　 부당이득 ★

부당이득에 관한 설명으로 옳지 않은 것은? (다툼이 있으면 판례에 따름)

① 법률상 원인 없이 타인의 재산 또는 노무로 인하여 얻은 이익을 부당이득이라 한다.

② 부당이득반환의 대상이 되는 이득은 실질적 이득을 말한다.

③ 수익자가 받은 이익이 손실자의 손실보다 큰 경우에는 손실의 범위에서 반환하면 된다.

④ 악의의 수익자는 그 받은 이익에 이자를 붙여 반환하고 손해가 있으면 이를 배상하여야 한다.

⑤ 불법원인급여임을 이유로 부당이득반환청구가 부정되더라도 물권적 청구권을 근거로 그 급부의 반환을 청구할 수 있다.

해설 | 불법원인급여임을 이유로 부당이득반환청구가 부정되면 <u>어떠한 반환청구도 할 수 없다.</u> 따라서 물권적 청구권 또는 채권적 청구권을 근거로 그 급부의 반환을 청구할 수 없다.

기본서 p.745~748

정답 ⑤

종합

**22** 부당이득에 관한 설명으로 옳지 않은 것은? (다툼이 있으면 판례에 따름)

① 채무자가 변제기에 있지 아니한 채무를 변제한 때에는 그 반환을 청구하지 못한다.
② 채무가 없음을 알고 이를 변제한 때에는 그 반환을 청구하지 못한다.
③ 법률상 원인 없이 타인의 재산 또는 노무로 인하여 이익을 얻고 이로 인하여 타인에게 손해를 가한 자는 그 이익을 반환하여야 한다.
④ 채무자가 착오로 인하여 변제한 경우 채권자는 이로 인하여 얻은 이익을 반환할 필요가 없다.
⑤ 채무자 아닌 자가 착오로 인하여 타인의 채무를 변제한 경우에 채권자가 선의로 증서를 훼멸하거나 담보를 포기하거나 시효로 인하여 그 채권을 잃은 경우 변제자는 그 반환을 청구하지 못한다.

종합

**23** 부당이득에 관한 설명으로 옳지 않은 것은? (다툼이 있으면 판례에 따름)

① 선의의 수익자가 패소한 때에는 그 소를 제기한 때부터 악의의 수익자로 본다.
② 부당이득의 경우 원물반환이 원칙이지만, 원물반환이 불가능한 경우 그 가액을 반환하여야 한다.
③ 수익자가 그 이익을 반환할 수 없는 경우에는 수익자로부터 무상으로 그 이익의 목적물을 양수한 제3자는 선의·악의를 불문하고 이익을 반환할 책임이 있다.
④ 선의의 수익자는 그 받은 이익이 현존하는 한도에서 반환할 책임이 있으나, 악의의 수익자는 그 받은 이익에 이자를 붙여 반환하고 손해가 있으면 이를 배상하여야 한다.
⑤ 불법의 원인으로 인하여 재산을 급여하거나 노무를 제공한 때에는 쌍방당사자는 서로 그 이익의 반환을 청구하지 못하지만, 그 불법원인이 수익자에게만 있는 때에는 피해자는 반환을 청구할 수 있다.

---

**정답 및 해설**

**20** ⑤ 당사자 일방이 부득이한 사유 없이 상대방의 불리한 시기에 계약을 해지한 때에는 그 손해를 배상하여야 한다(제689조). 따라서 부득이한 사유가 있는 경우에는 그 손해를 배상할 책임이 없다.

**21** ③ 위임사무의 처리에 비용을 요하는 때에는 위임인은 수임인의 청구에 의하여 이를 선급하여야 한다(제687조).

**22** ④ 채무자가 착오로 인하여 변제한 경우 채권자는 이로 인하여 얻은 이익을 반환하여야 한다.

**23** ③ 수익자가 그 이익을 반환할 수 없는 경우에는 수익자로부터 무상으로 그 이익의 목적물을 양수한 악의의 제3자가 반환할 책임이 있다.

불법행위에 관한 설명으로 옳지 않은 것은? (다툼이 있으면 판례에 따름)

① 가해자가 훼손된 물건에 관하여 피해자에게 그 가액의 전부를 배상한 경우 그 물건에 대한 권리는 손해배상을 한 가해자에게 이전된다.

② 책임을 변식할 지능이 없는 미성년자는 타인에게 손해를 가한 경우에도 그에 대한 손해배 상책임을 지지 않는다.

③ 타인의 생명을 해한 자는 피해자의 직계존속, 직계비속 및 배우자가 입은 정신적 손해에 대하여 배상책임을 진다.

④ 다른 제3자의 행위 또는 피해자의 행위와 경합하여 손해가 발생하였다면 그 손해는 공작물의 설치·보존상의 하자에 의하여 발생한 것이라고 볼 수 없다.

⑤ 고의의 불법행위자는 그 불법행위로 인한 피해자의 손해배상청구권을 수동채권으로 하여 상계하지 못한다.

해설 | 다른 제3자의 행위 또는 피해자의 행위와 경합하여 손해가 발생하더라도 공작물의 설치·보존상의 하자가 공동원인의 하나가 되는 이상 그 손해는 공작물의 설치·보존상의 하자에 의하여 발생한 것이라고 보아야 한다(대판 2007.6.28, 2007다10139).

기본서 p.748~756                                                                정답 ④

---

**24** 불법행위에 관한 설명으로 옳지 않은 것은? (다툼이 있으면 판례에 따름)

① 공작물의 설치 또는 보존의 하자로 인하여 타인에게 손해를 가한 때에는 제1차적으로 공작물의 점유자가 손해를 배상할 책임이 있고 공작물의 소유자는 점유자가 손해의 방지에 필요한 주의를 해태하지 아니한 때에 비로소 제2차적으로 손해를 배상할 책임이 있을 뿐이다.

② 타인의 신체, 자유 또는 명예를 해하거나 기타 정신상 고통을 가한 자는 재산 이외의 손해에 대해서도 배상할 책임이 있다.

③ 법원은 불법행위로 인한 손해배상을 정기금채무로 지급할 것을 명할 수 있고, 그 이행을 확보하기 위하여 상당한 담보의 제공을 명할 수 있다.

④ 타인의 생명을 해한 자는 피해자의 직계존속, 직계비속 및 배우자에 대한 재산상 손해가 없는 경우에는 손해배상의 책임이 없다.

⑤ 심신상실 중에 타인에게 손해를 가한 자는 배상의 책임이 없으나, 고의 또는 과실로 인하여 심신상실을 초래한 때에는 배상할 책임이 있다.

**25** 불법행위에 관한 설명으로 옳지 않은 것은? (다툼이 있으면 판례에 따름)

① 수인이 공동의 불법행위로 타인에게 손해를 가한 때에는 연대하여 그 손해를 배상할 책임이 있다.

② 타인을 사용하여 어느 사무에 종사하게 한 자는 피용자가 그 사무집행에 관하여 제3자에게 가한 손해를 배상할 책임이 있으나, 사용자가 피용자의 선임 및 그 사무감독에 상당한 주의를 한 때 또는 상당한 주의를 하여도 손해가 있을 경우에는 배상할 책임이 없다.

③ 도급인은 수급인이 그 일에 관하여 제3자에게 가한 손해를 배상할 책임이 있다.

④ 동물의 점유자와 보관자는 그 동물이 타인에게 가한 손해를 배상할 책임이 있다.

⑤ 미성년자나 심신상실자가 다른 자에게 손해를 가한 경우에는 그를 감독할 법정의무 있는 자가 그 손해를 배상할 책임이 있으나, 감독의무를 게을리하지 아니한 때에는 배상할 책임이 없다.

**26** 甲은 채무자 乙에게 채무변제를 요구하였는데, 乙은 1개월을 더 유예하여 달라고 요청하였다. 甲은 화가 나서 일방적으로 乙을 폭행하던 중 지나가던 丙이 甲의 폭행에 적극가담하였고, 乙은 중상을 입었다. 이에 관한 설명으로 옳지 않은 것은? (다툼이 있으면 판례에 따름)

① 乙은 甲에게 병원비뿐만 아니라 위자료도 청구할 수 있다.

② 乙이 향후 계속적으로 치료비를 지출하여야 하는 경우, 甲에게 손해배상을 정기금으로 지급할 것을 청구할 수 있다.

③ 丙이 甲과 공모하지 않았더라도 甲과 함께 乙에 대한 공동불법행위책임을 부담한다.

④ 甲은 자신의 손해배상채무를 乙에 대한 기존의 금전채권과 상계할 수 있다.

⑤ 만약 위 폭행으로 乙이 사망하였다면, 乙의 아들 丁은 甲에 대하여 위자료청구권을 행사할 수 있다.

---

**정답 및 해설**

**24** ④ 타인의 생명을 해한 자는 피해자의 직계존속, 직계비속 및 배우자에 대한 <u>재산상 손해가 없는 경우에도</u> 손해배상의 책임이 있다.

**25** ③ 도급인은 수급인이 그 일에 관하여 <u>제3자에게 가한 손해를 배상할 책임이 없다.</u>

**26** ④ 불법행위자 甲은 피해자 乙의 손해배상채권을 <u>수동채권으로 상계할 수 없다.</u>

**27** 사용자책임에 관한 설명으로 옳지 않은 것은? (다툼이 있으면 판례에 따름) 제20회

① 민법 제35조에 따른 법인의 불법행위책임이 인정되더라도 피해자는 법인에 대하여 사용자책임을 물을 수 있다.

② 사용자가 갈음하여 그 사무를 감독하는 자도 사용자책임의 주체가 될 수 있다.

③ 사용자의 피용자에 대한 구상권은 신의칙에 기하여 제한될 수 있다.

④ 피용자와 제3자가 공동불법행위로 피해자에게 손해배상채무를 부담하는 경우, 사용자도 제3자와 연대하여 손해배상책임을 진다.

⑤ 도급인과 수급인 사이에 실질적인 지휘·감독관계가 인정되는 경우, 도급인은 사용자책임을 질 수 있다.

중합

**28** 甲회사에 근무하는 乙은 甲의 관리감독 부실을 이용하여 그 직무와 관련하여 제3자 丙과 공동으로 丁을 상대로 불법행위를 하였고 그로 인하여 丁에게 1억원의 손해를 입혔다. 이에 관한 설명으로 옳지 않은 것은? (다툼이 있으면 판례에 따름) 제21회

① 丁은 동시에 乙과 丙에게 1억원의 손해배상을 청구할 수 있다.

② 丁은 乙과 丙에게 각각 5천만원의 손해배상을 청구할 수 있다.

③ 丁은 甲과 乙에게 각각 5천만원의 손해배상을 청구할 수 있다.

④ 甲이 丁에게 1억원의 손해 전부를 배상한 경우, 甲은 乙에게 구상할 수 있다.

⑤ 丁이 丙에게 손해배상채무 중 5천만원을 면제해 준 경우, 丁은 乙에게 5천만원을 한도로 손해배상을 청구할 수 있다.

---

**정답 및 해설**

**27** ① 법인의 대표자가 직무에 관하여 불법행위를 한 경우, <u>사용자책임을 규정한 민법 제756조 제1항은 적용할 수 없다</u>(대판 2009.11.26, 2009다57033).

**28** ⑤ 공동불법행위로 인한 손해배상책임은 부진정연대채무관계에 있는 것이므로 그중의 한 채무자에 대한 채무면제는 다른 채무자에게는 그 효력이 미치지 않는다. 따라서 丁은 乙에게 <u>1억원</u>에 대한 손해배상을 청구할 수 있다.

# 해커스 합격 선배들의
# 생생한 합격 후기!

해커스는 교재가 **단원별로 핵심 요약정리**가 참 잘되어 있습니다. 또한 커리큘럼도 매우 좋았고, 교수님들의 강의가 제가 생각할 때는 **국보급 강의**였습니다. 교수님들이 시키는 대로, 강의가 진행되는 대로만 공부했더니 고득점이 나왔습니다. 한 2~3개월 정도만 들어보면, 여러분들도 충분히 고득점을 맞을 수 있는 실력을 갖추게 될 거라고 판단됩니다.

**해커스 합격생**
권*섭 님

**해커스는 주택관리사 커리큘럼이 되게 잘 되어있습니다.** 저같이 처음 공부하시는 분들도 입문과정, 기본과정, 심화과정, 모의고사, 마무리 특강까지 이렇게 최소 5회독 반복하시면 처음에 몰랐던 것도 알 수 있을 것입니다. 모의고사와 기출문제 풀이가 도움이 많이 되었는데, **실전 모의고사를 실제 시험 보듯이 시간을 맞춰 연습하니 실전에서 도움이 많이 되었습니다.**

**해커스 합격생**
전*미 님

해커스 주택관리사가 **기본 강의와 교재가 매우 잘되어 있다고 생각**했습니다. 가장 좋았던 점은 가장 기본인 기본서를 뽑고 싶습니다. 다른 학원의 기본서는 너무 어렵고 복잡했는데, 그런 부분을 다 빼고 **엑기스만 들어있어 좋았고** 교수님의 강의를 충실히 따라가니 공부하는 데 큰 어려움이 없었습니다.

**해커스 합격생**
김*수 님

**해커스 커리큘럼대로만 따라 갔고, 교수님들 100% 믿고 하라는 대로만 했더니 1년도 안 되어 합격했습니다.** 다른 교수님들 강의도 들어봐야 한다고 생각하시는 분 많은데 절대 그러지 마시고, 해커스 교수님들 강의와 특강만 들으셔도 도움이 많이 됩니다. 그리고 매달 진행되는 모의고사 그냥 보세요! 그럼 한 단계 더 업그레이드가 됩니다.

**해커스 합격생**
최*운 님